普通高等教育经管类专业“十二五”规划教材

现代连锁经营与管理

(第2版)

汤伟伟　主编

清华大学出版社

北　京

内 容 简 介

本书系统、全面地介绍了连锁经营的一般原理和基本方法。其内容包括：第一篇绪论篇，主要介绍了连锁经营的历史沿革、发展趋势以及连锁经营的基本理论；第二篇连锁企业经营与管理篇，主要介绍了开店管理、商品采购与管理、财务管理、配送管理和信息管理；第三篇现代连锁企业提升篇，主要是从连锁企业培训和企业文化方面介绍了连锁企业管理水平的提升渠道以及连锁企业文化的建设与管理。本书内容新颖、图文并茂、简明通俗、实用性强，并附有大量实例。此外，章节最后安排了小结、思考题以及案例分析供读者在学习过程中进行自我检验和提高，帮助读者更好地掌握本章理论知识和经营管理技巧。为使读者了解国家相关法规，书尾附有国家有关连锁经营管理的意见。

本书既可作为高等院校经济管理类及相关专业的教材，也可供相关从业人员参考使用。本书配有完整的课件(教学 PPT)，读者可从 http://www.tupwk.com.cn 免费下载。

图书在版编目(CIP)数据

现代连锁经营与管理 / 汤伟伟　主编. —2 版. —北京：清华大学出版社，2014（2019.8 重印）
(普通高等教育经管类专业“十二五”规划教材)
ISBN 978-7-302-34546-6

Ⅰ. ①现…　Ⅱ. ①汤…　Ⅲ. ①连锁商店－商业经营－高等学校－教材　Ⅳ. ①F717.6

中国版本图书馆 CIP 数据核字(2013)第 276972 号

责任编辑：王　定　程　琪
封面设计：周周设计
版式设计：孔祥丰
责任校对：曹　阳
责任印制：杨　艳

出版发行：清华大学出版社
　　网　　址：http://www.tup.com.cn，http://www.wqbook.com
　　地　　址：北京清华大学学研大厦 A 座　　**邮　　编**：100084
　　社 总 机：010-62770175　　**邮　　购**：010-62786544
　　投稿与读者服务：010-62776969，c-service@tup.tsinghua.edu.cn
　　质 量 反 馈：010-62772015，zhiliang@tup.tsinghua.edu.cn
印 装 者：北京嘉实印刷有限公司
经　　销：全国新华书店
开　　本：185mm×260mm　　**印　　张**：20.25　　**字　　数**：558 千字
版　　次：2010 年 3 月第 1 版　2014 年 1 月第 2 版　　**印　　次**：2019 年 8 月第 6 次印刷
定　　价：48.00 元

产品编号：055456-02

自　　序

《现代连锁经营与管理》(ISBN：978-7-302-22116-6)自 2010 年 3 月出版以来，得到了社会各界和同行业的广泛关注，并得到专业学者的高度评价。该教材作为本科专业基础教材在各高校已经使用 3 年，受到市场营销专业广大师生的一致好评。在我国连锁行业与相应管理水平不断提高的情况下，我们结合近几年积累的管理经验和最新理论知识，为本书增加了新的典型案例，特别是在现代连锁企业提升篇章中适时加入连锁企业文化的建设与管理。借此通过本书的再版，使其更加符合连锁经营与管理的普世逻辑与规则。

据国家统计局的消息，2011 年全国连锁行业销售规模稳步增长，按同口径相比增幅超过 20%。其中，连锁型便利店、商场、物流等也在不同程度上呈现快速增长。然而，在连锁行业快速发展的同时，商业竞争也在不断升级，各业态尤其是超市和百货都在寻求差异化发展与连锁企业文化的建设。

纵观国内外的连锁行业模式面临着愈来愈多的新型挑战，诸如多元化投资不善、组织管理体系不完善、产品或服务质量不合格、数字化与信息化系统不匹配、跨文化企业管理冲突等。而连锁行业新近出现的发展趋势，会对未来较长一段时间内行业发展方向起到决定性作用。连锁行业新进的发展趋势主要表现在以下几个方面：

首先，连锁行业与商业地产的深度整合。近年来经济形势的转变，在一定程度上促使连锁经营商跨区域经营。Frandata 的研究数据表明，目前超过 50%的特许经营连锁业务由地产商掌控，因此地产商同时扮演着区域开发商的角色。另外，连锁行业普遍认为即使租赁业务复苏，连锁经营商仍然倾向与区域开发商、地产商深度合作的模式。

其次，连锁店面重组发展迅速。近年来连锁行业的店面重组情况日益增多，而之前出现该现象的公司一般会被认为是运营状况不景气，但是目前的情况发生了变化。许多连锁餐厅开始通过店面重组为自身经营做减法，包括汉堡王、必胜客、肯德基等知名餐饮机构也纷纷加入店面重组的队伍中来。

再次，连锁行业数字化日益凸显。当前连锁经营商已经充分意识到数据收集和分析能够为企业带来的强大优势。因此，近年来国外出现包括Site Analytics公司在内的专业选址服务机构，为经营者提供客观数据辅助科学选址。另外，Google和Facebook近两年也发布一些个性化设计，为特许授权者与特许经营人提供数字化沟通应用的大数据平台，从而快速推动连锁行业的数字化进程。

最后，连锁企业文化路径不断创新。缺乏整体规划、各自为政的连锁企业文化构筑会造成核心企业的弱化，最终导致分割品牌经营。因此就要科学地定位连锁企业文化的创新方向，即对核心企业的核心价值理念和精神气质以概念的形式存入连锁企业的整体布局之中，包括具体的管理目标、经营计划设计、营销策略等，都要尽可能地体现出连锁企业的文化特色。连锁经营企业文化的建设需要长期性，从而保证连锁企业文化的长效机制与创新，从真正意义上促进连锁企业文化融入管理实践。

因此，基于对国际、国内连锁业态以及最新研究成果的持续性关注和总结，并且融入自身的丰富实践经验，对本书上一个版本的内容(包括部分数据、图表和案例)更新升级，加入连锁企业文化的建设与管理，以期为国内连锁行业提供与国际同步的发展思路，同时为国内连锁业人才的培养做出相应贡献。本书可以更好地作为高等院校经济管理类相关专业的教材，同时也可以作为培训教材更好地服务于连锁企业管理人员。

汤伟伟

2013 年 11 月

前　言

据统计，美国70%的零售额都是连锁经营企业产生的，而目前我国连锁经营企业在零售业中的比例才占30%左右。但是自20世纪90年代初连锁经营在我国出现以来，经过近二十年的发展，已经显示出其强大的生命力和蓬勃的发展潜力。连锁经营在拓展市场、扩大销售、规范流通秩序、满足人民需求、提高人民生活质量、扩大就业等方面发挥着重要的作用。作为现代主流商业模式，连锁经营使我国商业的发展出现了质的飞跃，取得了突破性进展，改变和加快了我国商业的发展进程，但是连锁经营的发展在面临机遇的同时也面临着严峻的挑战，首先，市场竞争加剧，对企业销售额和毛利率带来直接影响。其次，经营成本持续提高。逐年增加的房租成本，已成为企业开店的最大难题，同时，人工成本的不断提高使得整个经营成本的增加已经在不断地蚕食连锁企业微薄的利润。再次，消费者不断分流、分化。一是门店增多，顾客在同类店铺中分流；二是顾客阶层细分，低价已不是万能的竞争良药。面对挑战，我们只有积极应对，才能化解危机。解决问题的关键是提升连锁经营的管理能力，而管理能力的提升离不开人才。因此，本书读者定位于高等院校连锁经营管理专业人才以及连锁经营管理者，相信我们的良苦用心会让它成为一本连锁经营管理实践的指导手册。

本书分三篇共9章，第1章介绍连锁经营的历史沿革与发展趋势；第2章介绍连锁经营的基本理论；第3章介绍连锁经营开店管理；第4章介绍连锁企业商品采购与管理；第5章介绍连锁企业财务管理；第6章介绍连锁企业配送管理；第7章介绍连锁企业信息管理；第8章介绍现代连锁企业培训管理；第9章介绍现代连锁企业文化建设与管理。

本书特点如下。

一是系统性。通过对连锁经营的历史沿革与发展趋势、开店管理、商品采购与管理、财务管理、配送管理、信息管理、培训管理等方面的阐述，循序渐进，层层深入，提高了本书的整体联系，便于教学和学习。

二是借鉴性。在编写过程中，所举案例主要来自国外著名连锁经营企业，比如沃尔玛、麦当劳、欧尚超市，其连锁经营管理实践对我国连锁企业的发展有很好的借鉴作用。同时，紧贴中国市场经济的实际与当前连锁经营的发展现状，指出我国连锁经营发展存在的问题并给出了合理化建议与改进措施。作者在编写过程中查阅了大量的资料，并到一些连锁企业进行调研，了解和掌握了大量第一手资料；然后从实用角度把这些信息编入书中。

三是实用性。针对我国连锁经营的特点，首先注重技能操作方法的改进；其次注重在培养读者能力的同时，通过穿插“阅读材料”的方式，引导、提高读者对相关连锁经营理论的兴趣及研究与探讨的能力。

四是规范性。每章结尾通过本章小结概括要点；设置思考题帮助读者回顾、吸收和拓展本章内容，同时还有助于提高其实际操作能力。

本书在写作过程中，参考了众多专家学者的研究文献及成果，在此谨向所有参考文献原作者以及在写作过程中给予大力支持的企业和有关人士表示衷心的感谢！由于作者水平有限，书中难免存在疏漏与不足之处，特此就请诸方，以匡不逮。

汤伟伟

2013年11月

目　　录

第一篇　绪　论　篇

第二篇 连锁企业经营与管理篇

第一篇

绪论篇

第 1 章

连锁经营的历史沿革与发展趋势

学习目标

- 了解连锁经营的起源与发展阶段
- 了解连锁经营的发展历程
- 熟悉连锁经营的发展趋势

1.1 连锁经营的起源及背景

1.1.1 连锁经营的起源

1859年，世界上第一家颇具规模的连锁商店出现在杂货业，即乔治·吉尔曼和乔治·亨廷顿·哈特福特在纽约创办的大美国茶叶公司。该公司到1865年已经营了26家分店，全部在百老汇大街和华尔街一带，全部经销茶叶。1869年，该公司改名为大西洋和太平洋茶叶公司，并开始把它的连锁商店延伸到东北部，越过了阿巴拉契亚山脉。这是当时世界上最初的正规连锁公司。因此，连锁经营通常被认为起源于美国，但据《美国文献百科全书》和《美国连锁店百年史》介绍，在公元前200年，一个中国商人就拥有多家店铺，这称得上是连锁经营最早的萌芽。这一点也可以从美国零售业巨头沃尔玛公司创始人山姆·沃尔顿的话中得到证实，他生前曾说："我创立沃尔玛的最初灵感来自中国的一家古老的商号(‘八大祥’商号之一的‘瑞蚨祥’老店)，它的名字来源于传说中一种可以带来金钱的昆虫。我想，它大约是世界上最早的连锁企业，它做得很好，好极了！"

1.1.2 连锁经营起源的背景

任何一种经济现象的产生和发展与各种经营管理形态的演变和发展都可以从当时变化发展着的社会经济环境中找到依据。在英美战争结束后1814—1860年的47年间，美国的资本主义工业化走上快速发展的道路。这期间，生铁产量达到84万吨，钢产量达到1.2万吨，煤的开采量达到1818万吨，仅加工工业中工人人数就达到了130万，工业总产值增长了近9倍，仅次于英、法而居世界第3位。美国的城市化水平也迅速提高，1881年，纽约人口已达120万，商品化、货币化的消费方式也已全面进入各个城市，快速发展的资本主义经济，以及城市化和完全商品化、货币化的城市居民的消费方式，客观上给美国商业企业的发展提供了广阔的市场空间和机会。

广阔的市场空间和商业机会在客观上诱导了美国当时的商业企业以不断发展分店的途径来达到不断扩大市场占有率和实现商业扩张的目的，而不断增强的品牌意识启发了某些商业企业家发展分店时，按不断“克隆”同一种商号、同一种经营模式的方式来快速发展分店，达到降低市场投资风险、提高扩张分店的成功率的目的。这样，连锁经营方式就从偶然到必然、从不成熟到逐渐成熟、从小规模到大规模逐步发展起来了。

综上所述，促使美国连锁经营方式产生的是两个相互关联的因素：其一，当时美国资本主义工业化和市场化经济的初期繁荣发展，城市化水平的快速提高和完全商品化的城市居民消费方式，造就了比较宽松的商业发展与扩张的市场环境；其二，美国的商标保护法规的初步建立与消费者品牌意识的形成，为扩大消费者认知和接受以商号为代表的某些规范化、模式化的商业经营方式和服务质量奠定了基础。

1.2 发达国家连锁经营的发展与现状

1.2.1 美国的连锁业

从全球范围来看，美国连锁经营的发展始终充当着“领头羊”的角色。迄今为止，美国仍是世界上最发达的连锁经营大国。连锁经营在美国的发展过程，大致经历传统连锁经营创立期、超级市场导入期、现代连锁期、连锁加盟店全球化时代4个阶段。

1. 传统连锁经营创立期(19世纪中—20世纪30年代)

这一时期，表现为直营连锁、特许连锁和自由连锁的出现并迅速发展。

连锁经营模式的运用使得大西洋与太平洋茶叶公司赢得了对单个零售点的竞争优势。1865年，该公司已拥有25家门店，全部设在百老汇大街和华尔街一带，且只经营茶叶。到1880年，发展到100家连锁店，经营地区扩展到圣保罗、明尼苏达、诺福克、弗吉尼亚州。1900年猛增到200家，经营区域横跨太平洋和大西洋之间的整个大陆，经营品种扩大到咖啡、可可茶、糖和各种浓缩果汁等，年销售额达560万美元。这家茶叶公司由于是以同一资本开办的门店，进行连锁经营，其形式后来被称为直营连锁。

1865年，美国南北战争结束，国内统一市场基本形成，美国胜家缝纫机公司为了在全国进一步扩大推销产品，在全美各地设立了有销售权的特约经销店，公司凭借产品特许经营权，把一批店铺组织起来，实行连锁经营，这就是世界上第一家特许连锁店。

1887年，美国又有130多家独立的食品零售商自愿联合，共同投资开办了一个共同进货的食品批发公司，对参加者实行联购分销，成为美国的第一家自愿连锁店。

在随后的时间里，美国相继有1879年伍尔沃兹兄弟开办了廉价杂货连锁店；1887年开办了巴尔的摩杂货批发公司和纽约曼哈顿药品联合公司的连锁店；1898年开办了辛辛那提杂货批发公司等一批连锁店。到1900年，全美连锁企业发展到58家，美国传统连锁初步形成，之后的30年里，美国的连锁业得到了突飞猛进的发展，连锁商店开始成为美国零售业中重要的组织形式。连锁商店的销售额占整个零售业销售额的比重从1919年的4%上升到1929年的25%，连锁店的数量在1929年已达到16万家，占当时零售店总数的10.8%，其中食品零售额的32%是由连锁商店经营的，但是这一时期，连锁经营主要以“商标商品连锁”，连锁店借用总公司的商标名称和商品，而在经营管理制度上统一性较小。

2. 超级市场导入期(20 世纪 30—50 年代)

20 世纪 30—50 年代后期，由于世界经济大萧条和第二次世界大战的阻碍，连锁商业的发展有所放缓。但就在这一时期，连锁经营与超级市场的结合使两者得到了共同的发展。从 1930 年 8 月迈克尔・库仑在牙买加开设了第一家超级市场，到 1939 年，美国超级市场迅速发展到 5000 多家，销售额占到食品杂货类销售额的 20%以上，并发展到一般商店和大型商场。新的模式的运用，减少了经济萧条与世界大战对连锁经营发展的影响。

3. 现代连锁期(20 世纪 50—80 年代)

“二战”以后，美国高速公路网的建成，计算机技术的普及，自我服务的销售方式以及多种营销策略的兼容并蓄，促进了美国连锁商业的高速发展，称为连锁商业黄金时代。其特点是由传统的商品商标连锁发展成为全套盈利方式连锁，各连锁店已不仅限于使用公司的各种商标的名称，还承袭了公司总部的全套管理制度，包括统一进货、地点选择、店铺设计、广告促销、资金调剂等。

4. 连锁加盟店全球化时代(20 世纪 80 年代至今)

20 世纪 80 年代以来，美国连锁业进入一个全面开拓时期，不仅在量上发展很快，而且从零售、餐饮等传统行业渗透到旅馆业、不动产业、租赁业、健身美容业、清洁维护业、旅游休闲业、教育进修业、咨询服务业等。据美国《连锁店时代》杂志 1994 年 8 月的资料显示，1993 年全美最大的 100 家零售企业共有连锁网点 10 万个，平均每家企业有连锁网点 1000 个，共创销售额 5830 亿美元。

同时，随着科技进步、信息高速公路的建设、国家政策企业化、市场饱和等条件的出现，经济出现了全球一体化趋势。这时美国连锁巨头凭借雄厚的资金、成熟的技术、现代的经营管理理念纷纷抢占海外市场，连锁经营进入了全球时代。美国的连锁企业在雄心勃勃地开拓海外市场的同时，也注意协调国际化与本土化的关系，使美国的连锁企业在国际化发展中逐步走向成熟。美国连锁企业的国际化不仅为世界各国带去商品，推动了商业经营的技术进步，而且在全世界范围内传播消费文化，推动了世界文明的发展。

【案例 1-1】

沃尔玛的高速发展之路

沃尔玛公司由美国零售业的传奇人物山姆・沃尔顿先生于1962年在阿肯色州成立。经过四十多年的发展，沃尔玛公司已经成为美国最大的私人雇主和世界上最大的连锁零售商。至2008年2月28日，沃尔玛在全球开设了7266家店铺，其中在美国国内有4141家，另外3121家分布在全球14个国家。员工总数190多万人，每周光临沃尔玛的顾客有1.76亿人次。美国《财富》杂志评出2007年度美国500强公司，其中零售业巨头沃尔玛公司名列榜首，营业收入351 139百万美元。沃尔玛之所以如此成功，最主要的原因是：它是一个由卫星指挥的商业帝国。20世纪80年代初，沃尔玛总部就建立了自己的商业卫星系统，它力图以美国人对机器和数字的偏执狂来精心规划自己的每一秒钟。沃尔玛拥有世界上最为庞大的民用数据库，通过计算机屏幕，沃尔玛的管理人员可以随时得知万里之外任何一家分店的运转情况。沃尔玛这样做的目的只有一个：随时控制库存和进货，降低成本，让自己的每一美元以最快的速度繁衍生息。

1.2.2 欧洲的连锁业

欧洲的市场经济在发展模式、发展进程等方面与美国有比较显著的差别，所以，连锁经营在欧洲的发展必然带有欧洲浓厚的文化与经济色彩。英国、法国、德国代表了欧洲连锁经营的情况。

1. 英国连锁经营发展概况

英国最早的连锁商店是1862年成立的伦敦酵母面包股份有限公司。托马斯・利普顿于1898年拥有分店245家和茶叶经销处3800个。英国的连锁经营在20世纪六七十年代发展很快，逐步形成了巨大的垄断销售网，营业额、就业人员等在英国整个零售业中有举足轻重的地位，1987年英国连锁商业员工总人数为149.7万人，占整个零售业员工总数的64.1%，营业额为684.9亿英镑，占整个零售业总额的51%。进入20世纪90年代后，英国的连锁经营日渐成熟，80%的食品市场已由连锁商店控制，其中有5家最大的食品连锁经营企业的市场占有率已达50%以上。从业态上看，英国的超级市场连锁、方便商店连锁已成为连锁发展的主流，连锁商店从地区性发展为国内连锁，有些连锁店成为国际性连锁经营企业。例如，马狮集团(M&S)有110多年的历史，是全球百货业的领导者，马狮百货是经营自有品牌的成功典范，其店内销售商品的95%为“圣米高”自有品牌，优异的品质与富有竞争力的价格使其独具魅力，畅销全球。2000年马狮百货有343家分店，遍及整个欧洲，并扩展到中国香港、新加坡、泰国、韩国等国家或地区，由于看好中国的市场潜力，马狮集团已于1997年进军中国的上海。

【案例1-2】

英国马狮公司——英国连锁商店的典型

英国马狮公司的前身是建于1884年的一元便利店，专门销售价格为一个便士的商品。到了1915年它已经发展成为一家零售连锁店，今天它已经成为世界上屈指可数的百货公司之一。如果回顾一下它的发展历程会发现有趣的现象。1924年公司总裁西蒙・马克斯去美国实地考察了带来营销革命的百货商店的运作情况，回来后对马狮公司进行了大刀阔斧的改革。马狮公司将公司的主要目标定为社会革命，而不仅仅是普通的零售业务。所谓社会革命是和英国当时的社会现实紧密相连的，人的阶级属性靠穿着来区分。上流社会的人穿着时髦而且精致，而下层人士则衣衫褴褛。马狮公司决定靠给下层人士提供物美价廉的衣物来突破社会的阶级壁垒。公司一旦采取了此项战略决定后，就将全部精力都集中在这个唯一的目标上，由此造就了马狮公司的增长奇迹。

如今，马狮公司已成为英国最大的连锁商店，在全英设有900多家，每周共接待顾客约1400万人次，占英国整个服装销售额的62%，其中裤袜系列大约占英国整个裤袜销售额的25%，食品大约占英国整个食品销售额的37%，该公司逐步形成了巨大的垄断销售网，2006年世界500强排名493位。

2. 法国连锁经营发展概况

在欧洲，法国的连锁经营发展仅次于英国。中小型连锁店数目占多数，零售商业网点密度大、规模小。大型连锁店数目虽然不多，但营业额所占比重却很大，1989年法国营业额在10亿法郎以上的连锁公司只有27家，营业额却占全国连锁营业总额的63.1%。法国家乐福股份有限公司是法国最大的国际性连锁公司，家乐福超市定位于广大中等收入的消费者，以经营日常生活用品为主，该消费层次的特点是人员多，对商品价格敏感度高，因此保证商品在市场中的较低价格，就成为迅速开拓市场并稳固地占有市场的重要竞争手段。家乐福超市保持商品低价的经营策略：一是从厂家统一大宗进货，采取买断式经营，做到购货付现金或按合同要求到期付款，不做代销，不再退货；二是家乐福利用自身宽大的商场面积和丰富的营销经验，帮助生产厂家进行促销活动，得到供货商提供的各种优质和低于出厂价的商品；三是精打细算，严格管理，多方面减少经营费用。

【案例 1-3】

家乐福在中国的扩张

家乐福超级市场集团于 1959 年成立。到 1999 年，已成为法国、西班牙、巴西、阿根廷四国中最大的零售商，在全球共有 200 多家大型超市。1995 年，家乐福成功地开设了当时中国规模最大的超级购物市场——北京创益家店，对现代零售业在中国的发展产生了深远的影响。其新型的经营理念成功地被消费者所接受。其声誉卓越的专业管理技术和迅速赢利的业绩得到了中方合作伙伴的积极肯定。其“开心购物家乐福”和“一站式购物”等理念得到了广大消费者的青睐和厚爱。

家乐福在中国 12 年来的发展历程：

- 1995 年，家乐福在中国开设第一家大卖场
- 1996 年，成功进入上海和深圳
- 1997 年，进入天津市场
- 1998 年，成功进入重庆、珠海、武汉、东莞
- 2000 年，配合迅速发展的需要，家乐福开设了 5 家酒店
- 2001 年，家乐福积极声援 2008 北京申奥
- 2002 年，家乐福在 20 个城市开设了 35 家商店，并积极支持上海申博
- 2003 年，家乐福在杭州开设了第 40 家商店，迪亚折扣店进入上海和北京
- 2004 年，家乐福中国食品安全基金会成立
- 2005 年，家乐福在深圳开设第 70 家分店
- 2007 年，在中国有 98 家分店

3. 德国连锁经营发展概况

德国连锁系统风格独特，已成为德国普遍的商业企业组织形式，规模也越来越大。成立于 1964 年的麦德龙是德国大型连锁超市，经营从食品、生活用品到建筑材料、电器等多种多样的商品，是世界上第四大贸易集团，2006 年销售额达 728.143 亿美元，世界 500 强排名第 56 位。阿尔迪是德国最大的以经营食品为主的连锁折扣商店，这个商场自 1948 年开设于埃森以来，一直以薄利多销而驰名国内外，其成功之处在于严格的进货原则、长期的订货合同。阿尔迪连锁店过去曾占西德全部居民饮食方面支出的 12%以上。2004 年销售额达到 370 亿美元，拥有店铺 7000 家，并且成为德国第三大受人尊重的品牌，仅次于西门子和宝马。此外，德国著名的连锁企业还有卡尔斯塔特百货公司等。

【案例 1-4】

麦德龙连锁超市

麦德龙推出全新的销售概念：现购自运配销体制，即会员客户以支付现钞和自运自助方式选购物品。经营理念的核心为两个有限，即有限顾客和有限利润，有限顾客是指把顾客定位在法人团体，法人的经营需要是麦德龙服务的方向；有限利润是指麦德龙只赚取较低的利润，以较低的价格保证法人企业通过这一环节还能得到下一层利润，它出售的商品价格有的低于出厂价。麦德龙的强大优势表现在 3 个方面：一是流通规模大，在全世界有 3000 多个连锁店，采取统一定购体制，订货批量大，进货成本低，实现了低价位经营，供应商进入麦德龙就等于进入全球销售网络；

二是采用高科技手段，拥有顾客管理、财务管理、商品物流管理、采购管理的计算机系统，随时、全面反映各种商品的进销存状态，实现了科学决策；三是麦德龙把从厂家获得的折扣率让利于顾客，其低价位在市场上具有很强的价格竞争力，吸引了广泛的客流。

1.2.3 日本的连锁业

日本是亚洲从美国最先引入超级市场这一零售业态，进而发展连锁经营的国家。1953年12月，日本东京开设了第一家超级市场——纪国屋，到1957年日本已有144家超级市场。20世纪60年代，战后日本经济迅速发展，日本的连锁商业伴随着经济的迅猛发展而得以快速成长，大体可分为3个阶段。

1. 引入期(1970 年以前)

1970 年以前是日本连锁业引进、摸索、尝试阶段。特别是 20 世纪 60—70 年代，日本经济经历了第二个高速发展期，为连锁业的引入和发展提供了有利时机。大荣、伊藤洋华堂都是在当时成立的，到现在已发展成世界上鼎鼎有名的商业连锁公司。

2. 成长期(1970—1980 年)

1970—1980 年是日本连锁经营期，1970 年日本大阪举行万国博览会，许多海外公司特别是美国的连锁经营企业，开始积极投入日本的餐饮、服务连锁业，如麦当劳、肯德基等，健全并巩固了日本的连锁体系。

3. 成熟期(1980 年以后)

20 世纪 80 年代以后，日本的连锁业飞速发展，销售信息管理系统(POS)和企业内部信息通讯网(LAN)在连锁业得到了广泛应用。日本的连锁经营行业分为零售业、餐饮业、服务业 3 大类，其中零售业业态主要有大型综合超市、超级市场、方便商店、廉价店、家庭服务中心、专业店等。

1.3 连锁经营在中国的发展

1.3.1 我国连锁经营的发展历程

连锁经营在我国的发展历程大体可分为初始期与成长期两个时期。

1. 初始期(20 世纪 90 年代初期至中期)

我国出现最早的连锁企业是 1986 年由天津立达集团公司创办的天津立达国际商场，但由于百货店是当时零售商业的主导形式，其利润和成长性都非常好，因此，连锁还只是个别现象，没有普遍意义。连锁经营在我国的真正发展是在 20 世纪 90 年代。1990 年，广东省东莞市烟酒公司创办了“佳美”连锁超级商场；1991 年，上海市出现了第一家连锁企业——联华超市商业公司；两年后，上海另一家大型连锁公司华联超市公司的 6 家分店同时开业；1992 年 1 月，北京西城区副食品公司创办了“希福”连锁店，到 1994 年，分店发展到 30 家以上，年销售额达 1.25 亿元。随后，“希福”连锁店加盟“好邻居”，开创了我国连锁企业间的兼并先河。

1993 年初，粮食企业加快改革步伐，也开始了连锁经营的试点。到 1995 年 6 月，粮食部门在国内 12 个大中城市开办的各种形式连锁店 1166 个，为粮食系统全面推广连锁经营做好了前期准备。在餐饮行业，我国第一家快餐连锁企业是 1991 年由上海新亚集团创办的上海新亚快餐食品股份有限公司，该企业是我国第一家上市的连锁公司。同期，一些名牌老店也加入连锁行列，如“全聚德”烤鸭店、“狗不理”包子店、“荣华鸡”快餐店等，国际上知名的连锁集团也大举进入中国市场，在北京、上海、广州等大城市相继出现了“麦当劳”、“肯德基”、“马克西姆”、“加州牛肉面”等洋快餐的连锁店，这些连锁店的出现及初期运作的极大成功，带动了我国各地特别是沿海开放城市的商业、服务业连锁经营的全面推广。

2. 成长期(1995 年至今)

1995 年 3 月，国务院在上海召开了全国部分省市连锁商业座谈会，李岚清到会并作了重要讲话，指出：连锁经营是我国流通领域的一场革命，发展连锁经营在我国社会主义市场经济体制下具有重要意义和广阔前景。同年 6 月，原国内贸易部在成立了全国连锁店指导小组的基础上，颁布了全国连锁经营发展规划，加大政府扶持力度和宏观指导，这标志着我国连锁经营的发展进入了一个新的阶段。这一时期，连锁经营的发展具有以下特点：

(1) 在与百姓日常消费密切相关的零售业态，如超级市场、便民店，连锁已成为主导形式。1998 年，我国超市、便利店、仓储商场的销售额为 600 亿元，占连锁企业交易额的 60%以上，全国上千家连锁公司、数万个连锁网点，多数为超市和便民店这类连锁企业。

(2) 作为零售企业机制转换的重要形式，全国粮食系统全面推广连锁经营，并取得了显著成效。以上海为例，1990—1992 年，全市粮油销售亏损 2500 多万元，国有粮食商业市场占有率仅为 35%，到 1995 年 6 月，上海市 800 家粮食零售网点已全部转为便民连锁店，商品销售额平均增长 50%以上，为 1992 年的 26 倍，国有商业市场占有率平均上升到 90%。

(3) 连锁业态规模扩大，连锁业种增多。连锁经营不仅出现在传统的餐饮、零售店，还发展到许多新兴的业态形式上，如折扣店、货仓销售、邮购、专卖店等，有些很有声势，如连邦软件专卖店，5 年间在全国 145 座城市建有 256 家专卖店，1998 年销售额为 3.5 亿元。连锁业种扩大表现为由零售业、餐饮业扩大到服务业、修理业、咨询业、旅店业，并显示出方兴未艾的发展势头。美国在连锁经营发展的成熟期，连锁的范围已扩大到 19 个业种。

(4) 连锁企业成长迅速，已由企业规模优势向产业规模优势转化。如上海的“联华”超市连锁公司已发展为分店在 600 个以上、年销售额 70 亿元的大型连锁集团，“华联”的店铺规模也在 500 家以上、销售额达 40 亿元。1999 年，在我国零售业十强的企业排名中，第一、三、五、八、九名都是连锁超市公司。

(5) 连锁经营本身也向多样化发展。连锁经营有 3 种形式，即正规连锁、特许连锁和自由连锁。在我国连锁经营的发展初期，90%以上是正规连锁，但随着这种经营方式的日益推广，特许连锁发展迅速，显现出更大的灵活性和优越性。根据发达国家连锁经营发展的经验，特许连锁是最有发展潜力的形式，一般要占到全部连锁企业的 2/3 以上。

1.3.2　中国连锁百强的发展现状

根据国家统计局和中国连锁经营协会的统计数据，2011 年“中国连锁百强”销售规模突破 1

万亿元人民币，达到1.65万亿元，按同口径统计，增幅超过20%，门店总数达到55 407个。2011年，“连锁百强”销售规模占社会消费品零售总额的比重为9.1%，如图1-1所示。

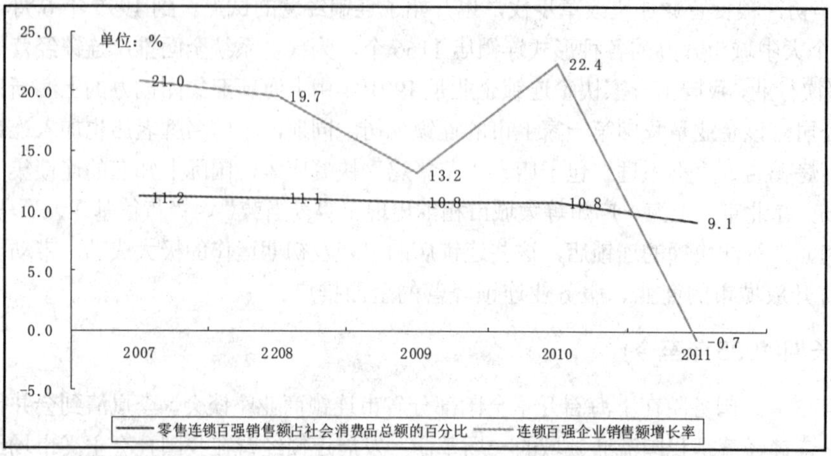

图1-1　2007—2011年连锁百强销售额增长情况及在社会消费品零售总额中的占比情况

注：1. 资料来源于国家统计局、中国连锁经营协会。

2. 2011年统计口径发生变化，按同口径相比，2011年销售规模稳步增长，超过20%。

在2011年度的“连锁百强”中，百联集团有限公司以1182.08亿元销售规模、5604家门店的业绩位居第一，苏宁电器股份有限公司、国美电器有限公司、华润万家有限公司、康成投资(中国)有限公司(大润发)分别以1100.00亿元、1100.00亿元、827.00亿元、615.67亿元的业绩排名第二至五位。2011年中国连锁百强前十强如表1-1所示。

表1-1　2011年中国连锁百强前十强

序号	企业名称	销售规模(亿元)	增幅(%)	门店总数(个)	增幅(%)
1	百联集团有限公司	1182.08	13.40	5604	-3.53
2	苏宁电器股份有限公司①	1100.00	-29.59	1724	28.46
3	国美电器有限公司②	1100.00	-28.99	1737	29.05
4	华润万家有限公司	827.00	15.18	3977	26.05
	其中：苏果超市有限公司	330.08	-10.37	2001	5.04
5	康成投资(中国)有限公司(大润发)	615.67	22.58	185	29.37
6	重庆商社(集团)有限公司	478.03	25.09	325	1.88
	其中：重庆百货大楼股份有限公司	299.56	17.64	263	3.95
7	家乐福(中国)管理咨询服务有限公司	451.96	7.61	203	11.54
8	百胜餐饮集团中国事业部③	434.00	29.17	4450	27.14
9	沃尔玛(中国)投资有限公司	430.00	7.50	271	23.74
10	物美控股集团有限公司	410.75	9.52	2609	1.20

注：1. 百强统计采用销售规模的口径，包括含税的直营店、加盟店、输出管理等以公司品牌经营的所有连锁店的销售总额，以及对外批发的销售额，除此以外的销售额不计入内。

2. 销售规模或门店数量以特许加盟为主的企业不列入本表，将纳入“2011年特许百强”榜。

3. 部分企业数据说明：①苏宁电器股份有限公司销售额为含税的上市公司营业收入，其不含税年报数据为9 388 864万元。②国美电器有限公司销售额为含税的上市公司营业收入加上非上市部分的估计数。③百胜餐饮集团中国事业部数据不含内蒙古小肥羊餐饮连锁有限公司数据。

通过对“连锁百强”2007—2011 年 5 年发展的分析发现，“连锁百强”有以下特点：

1. 行业保持快速发展的势头，转型期到来

2007—2011 年的五年中，“连锁百强”销售规模增幅分别为 21%、19.7%、13.2%、22.4%、-0.7%(口径改变)。从增幅数据看，虽然增速放缓，但一直保持发展的势头。

从整体经济环境看，城市化进程的不断推进，消费市场的持续增长，特别是 80 后和 90 后逐渐成为消费重要力量，中产阶层数量持续扩大，三四线市场发展加速，必将有力推动连锁经营的发展。

从业态发展情况看，各个业态尤其是百货和超市，都在寻求差异化发展。高端超市、便利店、专卖店、网络销售、购物中心等成为发展热点。2011 年“连锁百强”榜单中的家电专业店表现突出，有两家企业销售规模超过千亿，即苏宁、国美。它们的销售规模有所下降，但店铺数量增幅分别为 28.46%和 29.05%。百货店通过连锁经营，绩效得到提升。2011 年“连锁百强”中以百货业为主的 51 家连锁企业，销售额增长了 1.34%，而店铺数量则飞速增长了 45.11%。

从店面数量上看，2011 年连锁百强企业拥有的门店总数大幅下降，相比 2010 年降低 63.1%，业内解释是与大幅度的并购有关，如图 1-2 所示。虽然门店数量大幅减少，但连锁百强企业的单店平均销售额则从 2007 年的 9.5 亿元增加到 2011 年的 29.8 亿元，单店销售额相比 2010 年提升了 169.2%，如图 1-3 所示。

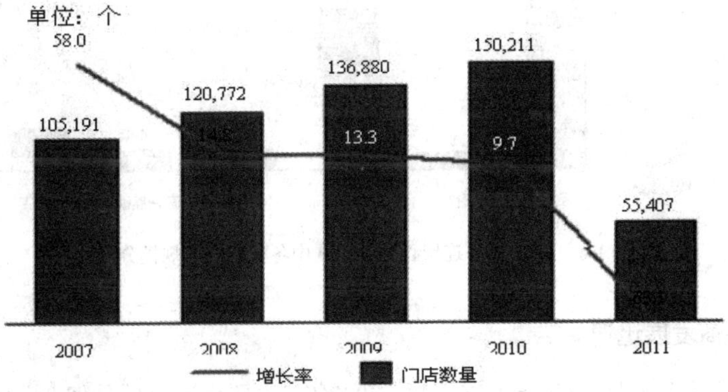

图 1-2　2007—2011 年中国连锁百强企业拥有的店面数量

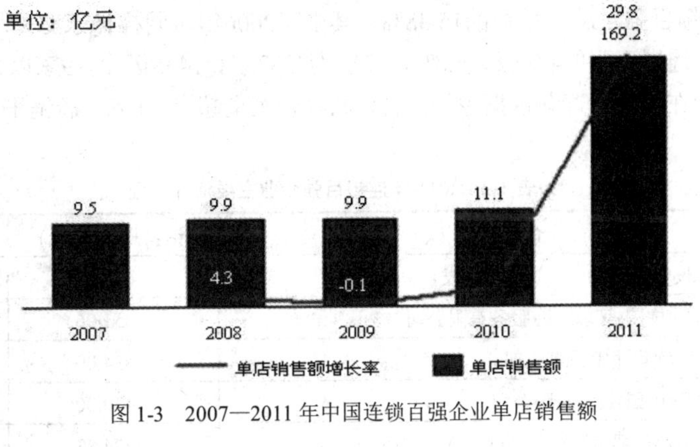

图 1-3　2007—2011 年中国连锁百强企业单店销售额

2. 行业集中度进一步提高

从 2011 年“连锁百强”的数据来看，连锁百强企业仍然以百货连锁和大型超市/超市连锁为主，分别占比 51%和 30%，如图 1-4 所示。销售规模也相对集中在百亿左右，超过千亿的仅 3%，低于 50 亿的占 15%，百亿规模的占到 50%，如图 1-5 所示。结合销售规模和业态分布会发现，千亿以上的主要分布在百货和家电，分别是百联集团、苏宁、国美；百亿规模的企业主要分布在百货、大型超市/超市，如图 1-6 所示。

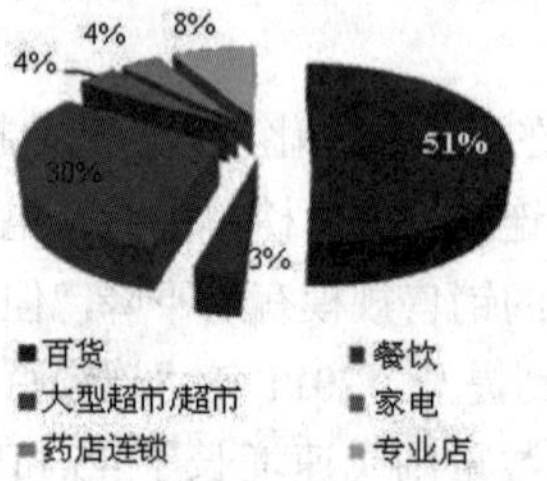

图 1-4 2011 年“连锁百强”企业中业态分布

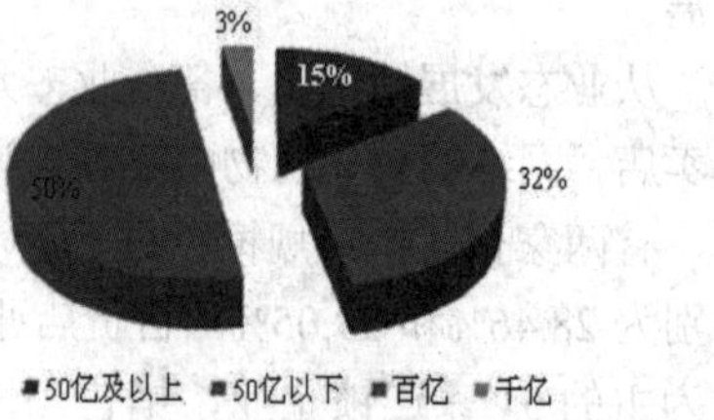

图 1-5 2011 年“连锁百强”企业销售规模分布

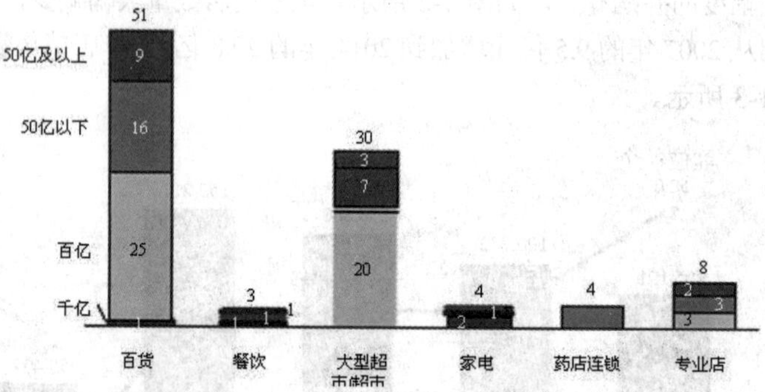

图 1-6 2011 年“连锁百强”企业中各业态销售规模分布

3. 外资零售商发展迅速

连锁百强中的外资企业近5年来发展迅猛。2007年，主要15家海外品牌企业的销售额占“连锁百强”销售总额的18%，达到1825亿元，店铺数3956家。2011年，主要19家海外品牌企业销售额3777.6亿元(如表1-2所示)，5年增长了107%，占销售总额的21.68%；店铺数量8523家，5年增长了115.44%，占“连锁百强”总店铺数的15.38%。其中，2006年，同样15家海外品牌企业的店铺数量和销售额分别占连锁百强的4.9%和16.8%，分别为3387家和1438亿元。9家以大型超市为主要发展业态的外资企业在该领域逐渐占据主导地位，共经营大型超市966家，店铺平均年销售额为1.82亿元。

表 1-2 2011 年连锁百强企业主要海外企业

序号	企业名称	销售规模(亿元)	门店总数(个)
1	康成投资(中国)有限公司(大润发)	615.67	185
2	家乐福(中国)管理咨询服务有限公司	451.96	203
3	百胜餐饮集团中国事业部	434.00	4450
4	沃尔玛(中国)投资有限公司	430.00	271
5	江苏五星电器有限公司(百思买)	274.83	279

(续表)

序　号	企 业 名 称	销售规模(亿元)	门店总数(个)
6	特易购(TESCO)	180.00	121
7	百盛商业集团有限公司	164.26	52
8	新世界百货中国有限公司	155.00	39
9	乐天玛特	154.11	75
10	锦江麦德龙现购自运有限公司	138.00	54
11	好又多管理咨询服务(上海)有限公司	130.00	99
12	欧尚(中国)投资有限公司	126.96	45
13	卜蜂莲花	100.19	52
14	广州屈臣氏个人用品商店有限公司	100.00	1100
15	麦当劳(中国)有限公司	81.00	1400
16	伊藤洋华堂	74.86	13
17	永旺	66.62	30
18	宜家家居	57.15	9
19	百佳超市(中国内地)	42.99	46
合　计		3777.60	8523

4. 经营成本大幅上涨，行业并购与整合力度加大

从 2007 年开始，连锁企业在直接开店的同时，并购也成为其扩张的重要手段。2007 年“连锁百强”中发生的主要并购案例包括：北京京客隆入主原首联集团、国美电器收购大中电器、武汉商联集团公司组建成立、沃尔玛获好又多的部分股权、步步高收购益阳爱丽丝。多家企业因为被并购而退出“连锁百强”，包括北京大中、天津家世界、三联商社等。

从2010年开始，连锁百强企业面临的最大困难就是经营成本的不断提高，包括店面租金和人工工资。据统计，2010年，连锁企业续约房租成本平均上涨30%，人工成本平均上涨15%。为此，企业为降低成本，在多个地区实施整合重组战略。2011年连锁百强门店数相比2010年降幅为63.11%，这也和企业整合有很大关联。

5. 百货发展速度高于超市

2011年连锁百强企业中，以经营百货为主的连锁企业占据了超过二分之一的席位，销售额4264.27亿元，店面6263家。而超市连锁企业的销售额3743.33亿元，店面8300家。相比之下，百货企业的单店销售额明显高于超市。这主要是因为近年来，并购成为百货企业扩张的重要方式。

6. 网上零售初具规模

随着 80 后、90 后成为消费的重要力量，连锁百强开始发展网上销售。统计显示，2010 年，连锁百强中有 34 家开展了网络零售业务，实现销售规模约 30 亿元。访问量和销售额较大的网店主要集中在家电和百货业。

7. 注重综合能力的提升

从近五年的数据看，“连锁百强”发展速度放缓，企业更加关注内部管理能力的提升，打造核心竞争优势。一方面，企业为适应消费者变化，不断创新经营，出现高端超市、区域性购物中

心、生鲜与基地对接等模式。另一方面，强化供应链基础设施建设。如家家悦开设生鲜批发和配送中心、沃尔玛天津物流配送中心投入使用、苏宁 ERP 系统在供应链管理方面效果显现、物美与日资企业合建华北配送中心等。

企业在努力做好经营管理的同时，也在发挥着重要的社会责任，如在保护消费者权益、保障食品安全、抗灾供应、社会慈善事业等方面。企业的社会形象和地位明显提升。

根据对 2011 年的调查分析，今后连锁经营将有以下特点：行业仍将保持增长，但增速放缓；网上零售将成为重要销售途径；行业竞争将更加激烈；追求行业创新和新突破；企业更加关注社会责任；企业期望更多政策支持。

1.3.3 我国连锁经营存在的问题

经历二十多年的发展，我国连锁经营虽然取得了一定的成绩，但是仍存在着许多不足，主要表现在以下几个方面。

1. 认识上的误区

认识上的误区主要表现在两个方面：一方面是理论界一些学者及新闻媒体认为我国连锁经营的效益上不去，主要原因是规模小、速度慢，所以一味地强调追求连锁经营的规模，而忽视了连锁经营的内在要求；另一方面，一些连锁企业对连锁经营的本质不甚了解，重数量轻质量，不顾条件盲目发展，以为搞连锁经营靠多发展店铺就能见效益，所以一味开店，一开就是四五家甚至数十家。其结果是，由于人才、资金、技术、管理等各方面的问题没有得到很好解决，最终难逃失败的厄运。

2. 体制的制约

连锁企业为实现规模效益，必须发展分店，按市场规律优化设置。但受现行体制的制约，连锁企业难以跨区域发展，以纳税为例，按照连锁经营统一核算的要求，连锁企业的所得税都在总部统一缴纳。但统一在总部纳税，就意味着地方政府无法从外地企业在当地开办的连锁店获得所得税收入。因此，对外来连锁企业采取抵制或不支持的态度，给连锁企业跨地区发展构成障碍。

3. 企业利润低，获取利润手段单一，运营成本较高，难以与国际商业巨头同台竞争

根据国家信息中心的数据，2007年连锁零售企业平均利润率仅为0.85%，“连锁百强”的净利润率为1.22%，而国外连锁零售企业平均利润率为2.22%。目前，连锁零售企业的盈利模式主要有3种：一是靠进销差价盈利；二是向供应商要钱，拼命讨好消费者，而不管厂家的死活；三是优化供应链，通过降低物流成本来盈利。国内众多连锁零售企业学到了如何向供应商要价，但在管理核心上的学习似乎没有更多。自身的管理水平无法带来更高的效率和利润空间，让国内企业只能把向供应商要钱作为利润的主要来源。同时国内企业对银行贷款的依赖度过高，自身利润率又过低，企业利润几乎不足以支付银行贷款本息，其高负债、低利润的经营方式已成未来发展之掣肘。

过高的运营成本归因于两个方面：外部因素是因为我国物流费用偏高，占 GDP 比重的 16.7%，而发达国家仅为这个数字的一半；内部因素则是因为销售成本和管理成本偏高，国内这方面的成本平均达 30%，而沃尔玛为 16%。商品周转速度慢、采购配送水平低造成高库存和断货共存等问题。外商的这种规模化优势和低价销售策略大大提高其市场占有率，使国内零售企业市场份额不

断缩小，直接影响国内连锁零售企业的市场地位。

4. 配送中心发展滞后

配送中心在连锁经营中具有核心地位的作用，承担着连锁企业各个分店所需商品的进货、库存、分工、集配、运输、送货信息处理等业务。发展连锁经营离不开配送中心。由于我国的连锁经营处于起步成长阶段，对配送中心的作用缺乏足够的认识和重视，统一配送功能滞后，没有发挥配送中心的核心作用，制约了连锁经营的进一步发展。其原因主要有以下几个方面。

(1) 配送中心徒有其名。许多人仅把配送中心简单地看做配货，而与规模经济无关，有些人错误地认为配送中心属于消耗部门，因此，在改善配送中心物流管理方面不肯投入精力，使配送中心的物流管理水平无法适应现代化连锁经营管理的需要，于是出现了大量名不副实的配送中心。

(2) 配送中心规模小。连锁经营的优势在于统一进货，以降低成本，获取规模效益，而配送规模的大小对规模效益的取得起着关键作用。目前国内连锁企业配送规模均小，尚未形成规模优势。

(3) 配送中心设施落后，功能不全。目前国内的配送中心设施基础薄弱，物业作业缺乏规范，机械化水平低，计算机应用不全面，只限于配送中心业务。信息管理、路径规划、最优库存控制、物流成本控制等决策系统不健全，与现代化配送中心相去甚远。即使规模比较大的连锁企业的配送中心，到目前为止，还要依靠人力打码、拣货、配货。连锁企业经常出现像商品断档或库存积压现象，降低了要货、送货的准确度，致使配送中心效益低下。

5. 资金和技术的制约

在网络时代发展连锁经营，是实现企业从劳动密集型向技术密集型转变的过程，即企业不仅要按照传统经营过程中的硬件条件进行改造，还必须按照网络要求进行资源配置，如条形码管理、销售进点管理系统、电子订货系统、通信网络技术的应用等，这都需要较大的经济投入，不能不构成对企业的压力。

6. 管理基础薄弱

管理基础薄弱主要表现在以下几个方面。

(1) 人才缺乏。连锁经营企业缺少真正懂得连锁经营现代化管理知识的中高级经营管理人才。一些经营管理人员的素质偏低，缺乏竞争的危机感，采取过去的传统商业管理方法，使得公司的政策无法执行，制度无法正确实施，公司的经营方法和战略缺乏内部交流，员工的思想跟不上连锁经营的发展。管理人才的制约是许多连锁经营企业败走麦城的主要原因。例如，曾经在全国轰动一时的郑州亚细亚商业集团，在短短的两三年内就开设了十几家大型商场，但人才的培养没有跟上企业发展的步伐。在北京开分店时，甚至连从来没有实际经营管理经验的迎宾小姐也委以高层管理人员的重任；广州仟佰村开业时，从郑州临时“空降”了几十名服务员任中高层管理人员，其失败的结局当然在所难免。

(2) 管理不规范。连锁经营管理缺乏知识化，运作不规范。新经济要求规范化的高水平管理模式，而目前我国大多数连锁经营体系都缺乏一套完整的管理运作手册，使得总店对各连锁分店监管不力。有的分店在各种不正当利益的驱动下自行进货，使产品无论在价格还是在质量上都无法得到保障，从而使企业的名誉受损，又由于连锁经营的强连锁效应，严重时会导致整个连锁体系的崩溃。

(3) 品牌意识淡薄。品牌是连锁经营企业的生命，特别是特许经营的企业，必须在广泛的消费者市场上靠服务和商品质量树立良好的形象，但国内连锁经营企业在企业形象识别系统上缺乏深刻的认识和规范的操作，品牌形象不突出。商业定牌生产是欧美国家大型零售商在商品经营上的一大特色，自有品牌商品是连锁经营企业的差异化商品，由于零售商在供应链中的地位日益加强，开始打造自己的零售商品牌，如美国的“西尔斯”、法国的“玛莎”、瑞典的“宜家家居”和英国马狮百货销售的“圣米高”品牌商品，都是成功的典范。而我国连锁经营企业还很少有定牌生产的商品，或者在所销售商品中比例太小，绝大多数仍是千店一面，缺乏特色商品。但有的连锁经营企业为了赶时髦，定牌加工的商品粗制滥造，结果反而损坏了企业的品牌形象。

1.4 国内外连锁经营未来的发展趋势

1.4.1 国外连锁经营发展趋势

连锁经营作为一种经营模式，有着广阔的发展空间，国外连锁经营在未来的发展过程中呈现出以下发展趋势。

1. 国际化倾向进一步加剧

在欧美国家，连锁经营几乎已经渗透到商业、服务业的所有领域，是现代流通企业的普遍选择。连锁组织实现的销售额，一般都占到市场销售额的 1/3 以上，美国更是超过了 60%。2000 年美国仅特许连锁系统就完成全部市场销售额的 55%。连锁经营已成为流通领域占支配地位的选择，表现出了极强的生命力和扩张力。随着经济全球化和资本的国际流动，连锁经营也早已开始了跨国发展的历程。一些著名连锁组织致力于开拓国际市场，在世界范围内对流通产业的发展产生了重大影响。但是，由于政策法规、社会文化、消费特征等方面的国别差异，发达国家跨国连锁组织的海外扩张，明显滞后于其在国内的发展。

网络技术和电子商务的发展改变了这一格局。互联网的全球性特征及技术支持系统，实现了不同文化背景下人们行为的有效整合。虚拟企业以及在线购物方式的出现，对企业传统的经营模式产生了革命性的影响，大大削弱了文化差异与地理间隔对商业资本跨国流动的阻碍作用。在互联网所及的范围内，跨国连锁组织能够直接面对任何一个在线顾客，调动一切可利用的制造、分销、实体分配及中介服务力量，及时、高效地为海外消费者运销各种产品和劳务。无疑，这将进一步加快连锁经营的国际化进程。

2. 店面数目增加、连锁模式创新

随着经济全球化和信息技术的发展，物流配送体系的不断完善，连锁企业会不断扩张网点，扩大自己的规模，而且品牌嫁接活动已开始在特许经营领域普遍出现。合作双方的品牌引力和营销活动给双方带来了更多的商机，不断上扬的地价也是促使品牌嫁接的重要原因。加油站是品牌嫁接的先行者，澳大利亚最大的超市公司 Coles 与澳大利亚美孚石油公司联手，在美孚加油站旁边开设了“快鲜超市”。当汽车加油时，司机们可以在旁边的“快鲜超市”买到食品、水果、蔬菜、面包，还可以品尝咖啡。

大的特许品牌与小零售商的合作以及小的特许品牌与大零售商的合作开始出现。沃尔玛公司与一家从事计算机检修的特许企业合作，在沃尔玛的大型综合超市向顾客提供电脑维修服务，使该特许商将依托沃尔玛的连锁网络推广自己的特许体系。这种行业之间的融合催生了许多新的行

业，它们中有许多采取了连锁经营方式。

3. 连锁体系的内部结构和管理将不断出现重大变化

(1) 连锁形式的变化。连锁经营最早的形式是仅出售某一特定公司的产品和借用商品商标的传统式连锁，这种销售经营形式以汽车经销商、加油站、饲料经销商为代表。尽管在美国，这种传统式连锁店的总营业额占全国连锁业总营业额的70%，但其比重与总店数正在逐年减少。这类连锁店的数量1984年为160 500多家，1987年则降至146 000多家。而与此相对应的是另一种被美国连锁加盟专家们称为经营模式型的连锁，其扩张发展却是如日东升。这种连锁对加盟店不但提供商标、商品，还要提供全套的管理制度和操作技巧及一些配套服务。这种连锁业尤以速食餐饮业为代表，如麦当劳、肯德基的快速发展就证明了这一点。

(2) 连锁规模的变化。目前，在西方发达国家，较少的若干大型零售商主导着零售市场，前10 名的零售商占零售总额的 56%。沃尔玛占美国本土的零售额的 20%以上，家乐福占法国本土的零售额的 40%以上。随着零售企业的大型化，西方零售业的组织结构呈集中化趋势，意味着主导商业企业的巨型化、规模化，可以达到规模效益。现在这一趋势并没有结束。

4. 连锁巨头的联合兼并活动将前所未有地活跃

21 世纪，世界连锁巨头们的国际化经营，主要表现在以下几点：企业的经营活动不再局限于本国，有很大的比重在国外；企业的运行机制、制度规范与国际市场接轨；国内流通领域充分对外开放。主要原因是：企业期望通过兼并获得更大的市场份额，更大限度地配置资源，节约采购、物流和管理成本，使体系的运转更有效率，对加盟者的支持更有力度；同时全球经济一体化进程的大大加快和技术的进步也使超大型企业的高效管理成为可能。

2005 年，希尔顿饭店连锁集团与汉普顿集团宣布合并，合并后希尔顿-汉普顿公司将拥有 1700 个中高档饭店和希尔顿饭店、大使馆饭店、汉普顿饭店等 6 个特许连锁分号。麦当劳公司也加快了兼并的步伐，在短短一年多的时间里，先后收购了 Chipotle 墨西哥风味烤肉连锁店、伦敦的阿罗玛咖啡连锁店、比萨连锁店和波士顿炸鸡公司。如果说大规模的并购活动进一步升温，连锁领域的头把交椅将很有可能在一夜之间易主。

5. 区域性连锁的兴起

连锁公司在一些大的地区，找几个区域性连锁公司，在该区域内授权其代理商执行协助加盟店的训练、经营管理、促销等本应由连锁总公司来发挥行使的功能。代收的加盟金、指导费部分用作区域性连锁公司的应得报偿。这种做法十分有利，最主要的是可以扩充市场，增强竞争实力，同时也可以防止资金外流。这种做法也有缺点，就是对各个加盟店不易控制，品质方面参差不齐。因此，区域性连锁公司的选择与训练对于连锁总公司来说是至关重要的。如世界房地产服务的第一品牌——21 世纪不动产于 2000 年登陆中国，在中国成立了 21 世纪中国不动产，作为其区域性连锁公司，并设立了中国总部与区域分部。

6. 集中相关行业组成连锁购物商场(或加盟店购物中心)的做法日益盛行

这种连锁购物商场以与汽车业相关联的行业为主，比如汽车经销商通常都是只销售某一品牌、而连锁购物商场却可以集纳几种品牌的经销商在一起。同时，它还可以把轮胎店、一般汽车维修店、汽车五金店、汽车电机店等集于一个专业小商场中，让顾客感到方便。目前，在美国这种以与汽车相关的行业为主的连锁购物商场多达 150 余处。另一方面，许多加油站也吸纳了这种优点，在原来单一的加油站里附设了汽车维修中心，出人意料的是汽车维修中心的收入竟高过了加油站的利润；还有些加油站设置了小型的便利商店，如石油加油站就增设了24小时便利店。

7. 随着商业性服务分工越来越细，与连锁经营结合的行业日趋多样化

由于现代社会生产过程的分工越来越精细，专业化程度越来越高，使得许多公司(不论是大公司，还是小公司)都将以前由内部自行制造或处理的工作，转包到外部的专门公司去进行，特别是商业事务的处理，从而促进代理此方面需求的服务业也形成了连锁企业。例如，会计记账、代理收款服务、快递公司、秘书服务、广告代理、包装和邮寄服务、企业顾问业、保安公司、信息公司、调研公司、信誉测验公司、报税公司以及其他各种不胜枚举的私人性服务行业，都因市场需求量的激增和服务质量的提升，而发展为连锁加盟业。

8. 连锁经营和电子商务的整合

方兴未艾的信息技术已经引发了一场商业革命，电子商务又异军突起，其发展的迅猛程度不亚于任何一种商业领域。但是，电子商务的发展必须以现实的物流为基础。所以，电子商务企业需要寻求与拥有完善、成熟的物流配送系统的商业企业相联合。

特许品牌在发展地面联合扩张的同时也在向电子商务领域寻求新的联合。如今，通过使用互联网、局域网和网上采购等新技术，特许经营者可利用更经济的手段加速体系的扩张。目前，大部分特许企业都建立了自己的网站，其主要目的是招募加盟者，很多加盟者也自己开办网站以吸引当地的消费者。除了服务顾客，很多特许企业开始发起网上批量采购活动，让加盟者订购设备、货品，供应商直接向加盟店供应，以得到更优惠的价格。所以，连锁化与电子化是未来商业发展的必然趋势。

【案例1-5】

“网上联邦”的电子商务

近年开辟的网站“网上联邦”(BtoB)就是遵循“以传统商业模式为基础”而开展的。他们利用6年来在全国100多个城市建立的近300家加盟店进行BtoB业务，联邦总裁李儒雄甚至已经为加盟店算好了为消费者送货的成本。从这里可以看到，无论是对加盟者还是对消费者，“网上联邦”的“地基”是坚实的。他们的赢利实实在在是从商务活动中得来的。对于“网上联邦”来讲，BtoB只是个加速器。传统的连锁商业企业则可利用其成熟的分销网络，向电子商务领域进军。

9. 物流配送中心将主导连锁零售业

在连锁零售业中，配送中心起到了批发零售、商流物流结合为一体的新型商业的核心作用。它是集采购、送货、配货、服务于一体的多功能服务机构，是企业经营规模和效率的集中体现，同时为供应商提供了方便。由于配送中心的枢纽作用，它将在高效的价值链中起核心作用，将主导连锁的发展方向。如德国汉高公司在德国只需要4个连锁企业就可以达到汉高90%的销量。高效的价值链管理主要通过先进的信息、通信、管理来实现。其中最主要的部分是MIS系统。MIS系统的核心部分是POS系统、EDI系统和EOS系统。

10. 越来越多的连锁企业采购全球化

现在，大型的连锁零售企业在逐步实行全国化、全球化采购。将来商店的识别将不以商品的地方特色和采购地来划分，而是以所属的业态、市场定位、目标顾客及品牌、服务特色来区分。例如，法国的欧尚集团已在十几个国家建立了200多家不同规模的超级市场，分别占其大中型超

市的 20%左右。为了采购物美价廉的商品，分别在美国、中国和泰国等国家设立了采购点。

1.4.2　我国连锁经营发展趋势

1. 连锁经营向多行业、多业态方向发展

中国连锁经营将沿着从零售领域向批发领域、生产领域和服务行业的方向不断发展。例如，生产企业开设的专卖连锁店，将从服装、包袋和鞋类向汽车、家用电器等行业发展，以批发商组织的销售网合作连锁将得到长足的发展。服务行业的连锁经营将广泛开展，将从旅游、餐饮、洗染、照相彩扩等迅速向服务、速递、运输、租赁、法律、中介服务、社会化家务等领域发展。在零售业中，连锁经营将迅速从超级市场向便利店、大型综合超市、仓储式超市、购物中心、折扣店、廉价店和家居中心等业态发展。便利店、大型综合超市和仓储式超市将成为发展最迅速的连锁经营业态。

2. 连锁经营将实现跨区域发展的实质性突破

目前的连锁组织主要是以在各地成立连锁分公司、建立配送中心的形式，集中在一个区域内发展连锁店。连锁店的业态也主要选择超级市场，以实现这些连锁企业在业态上向周边地区和内地的梯度转移，在新市场上取得追加效益。连锁企业实行跨区域发展是中国连锁经营向纵深发展的一个良好开端。

3. 连锁经营更趋规范化

目前我国连锁业发展的规范性缺失现象在未来的发展中将会不断得到改进，连锁经营无论是在管理手段上还是在技术手段上都将更趋规范。首先，作为连锁企业的监管部门会加大对连锁企业经营和发展的监管力度，正确引导连锁企业朝着健康、有序的方向发展。其次，连锁企业在多年的实践中，已深刻地认识到规范化管理与企业生存发展之间的利害关系，因此，企业的自觉性提高，在日常的经营管理中日趋正规化，通过企业自身的管理体系和管理规范，实现经营的标准化、专业化、规范化，从而达到提高整体规模效益的目的。最后，外部的作用也促使连锁业界在未来的经营发展中更加趋于正规化。一些大的连锁企业，尤其是较为正规的连锁企业开始在管理方面下工夫，这不仅使企业内部的管理日趋规范，也促使其他企业朝着这个方向发展。

4. 商业现代化技术手段将得到普遍推广和运用

连锁组织的有效运转和控制，与现代化技术手段的运用关系密切，如信息技术、物流技术等。现代化技术的运用将从根本上改变中国传统商业的面貌，也为国家市场管理部门(工商、财政、税收等)施以有效管理和控制创造了良好的技术条件。

5. 连锁企业的竞争将日趋激烈

21 世纪初，在沿海城市和主要城市中，连锁型的便利店、大型综合超市、仓储式超市之间的竞争日趋激烈，这种竞争随着这些企业经营区域和规模的扩大，将向内地和农村市场转移。21 世纪中国商业的竞争主要是连锁企业之间的竞争。

6. 连锁加盟者出现多样化、复杂化

因为加盟连锁经营，对加盟者来说风险低、成功率高，所以加盟连锁业者越来越多。那些二

十出头的年轻人，学校毕业后不想当上班族、拿固定薪水、看老板脸色过日子，又没有经商的技术和经验；在一些退休人员中，有许多人身体健壮，又有一笔为数可观的退休金，尤其具有创业雄心，但苦于没有经商创业的经验；部分女性由于性别和家庭影响的原因，在公司或政府机关里的地位一般都不如男性，要提高自己的地位，首先经济上必须独立，但自己创业，并非易事。这些人都愿意加盟连锁业，以实现自己的理想。

本章小结

本章从连锁经营的起源及背景讲起，重点介绍了发达国家连锁经营的发展与现状，连锁经营在中国的发展状况以及存在的问题，并对连锁经营的未来做出了展望。

思考题

(1) 美国连锁经营发展经历了几个阶段及各阶段特征？
(2) 目前我国连锁百强的发展特点有哪些？
(3) 简述我国连锁经营存在的问题及对策。
(4) 比较国内外连锁经营的发展历程，谈谈你的启示。
(5) 你认为连锁经营的未来发展趋势如何？

第 2 章

连锁经营的基本理论

学习目标

- 掌握连锁经营的内涵
- 掌握连锁经营的基本特征和基本模式
- 熟悉连锁经营的几种主要业态
- 了解连锁经营的优势和风险

2.1 连锁经营概述

2.1.1 连锁经营的定义

经过一百多年的发展，连锁经营形成了多种多样的类型和形式。有关连锁组织或研究学者基于不同的需求和认知角度，对连锁经营下过多种定义。典型的定义如下。

国际连锁协会对连锁经营的定义是：连锁经营就是通过企业内部分工协作或企业与企业之间的分工协作，以提高零售业的组织化水平，获取竞争优势的经营方式。

德国将连锁经营定义为：由核心企业和分散经营的企业结成的紧密型的联合独立经营形式。

另外，《简明不列颠百科全书》也对连锁经营进行了定义，它认为连锁经营为：具有统一管理和储存中心的两个以上的零售单位的联合。它严格规定只有具备企业必须是单一所有、实行集中领导和统一管理、设立的商店要相同以及要有 10 个以上的商店等 4 个条件的企业才是连锁经营企业。

综合上述连锁经营的定义可以看出：连锁经营是一种商业组织形式和经营制度，是指经营同类商品或服务的若干个企业，以一定的形式组成一个联合体，在整体规划下进行专业化分工，并在分工基础上实施集中化管理，把独立的经营活动组合成整体的规模经营，从而实现规模效益。

2.1.2 连锁经营的基本特征

连锁经营的本质是把独立的、分散的商店联合起来，形成覆盖面很广的大规模销售体系。它是现代工业发展到一定阶段的产物，其实质是把社会大生产的分工理论运用到商业领域里，它们分工明确，相互协调，形成规模效应，共同提升企业的竞争力。

作为一种现代化的经营模式，连锁经营的基本特征主要表现在以下两方面。

1. 经营规模化

规模化是连锁经营企业的显著特征之一。连锁经营企业首先表现为多店铺体系，是一种规模化、集团化的商业经营形式，它由核心企业以及多个在总店控制之下、经营相同业态的分店构成，采用群体门市。由于连锁经营企业实行联购分销，总部负责采购进货，各分店负责商品的销售，庞大的经营规模可以最大限度地降低进货成本，占据销售市场，创造巨大的经济效益。连锁经营的规模化具体表现为：采购规模化，物流规模化，市场营销规模化，研究、开发、培训规模化。

2. 经营统一化

连锁经营在我国的商业模式中越来越显示出它强劲的生命力，这与它独特的内涵是分不开的。与其他零售模式相比，连锁经营模式具有5个鲜明的特征：统一的CI系统(CIS)、统一的商品大类、统一的运营手册、统一的营销运作、统一的采购和配送。连锁经营拥有这5项特征，才能真正体现连锁经营的特点，充分发挥连锁店的魅力。

【案例2-1】

麦当劳的CI

麦当劳的案例被日本人收进他们的CI专著《日本型CI战略》(台湾风堂出版社)，因为麦当劳的理念、行为、视觉识别均很出色。不过从未见麦当劳从整体CI的角度标榜过自己，麦当劳的初衷和思路，恐怕主要是在连锁经营的概念上。麦当劳无心插柳，却成了日本人认同的CI典范。这说明CI与经营、管理在某种意义上是殊途同归。

以黄色M字为标志的麦当劳企业，如图2-1所示，在世界各地拥有6500多家连锁店，是世界上最大的饮食企业。麦当劳的企业识别有3大特点：第一，企业理念很明确；第二，企业行动和企业理念具有一贯性；第三，企业外观设计的统一化。

图2-1　麦当劳的标志

麦当劳的视觉传达也独具特色。企业标志是弧形的M，以黄色为标准色，稍暗的红色为辅助色，标准字设计得简明易读。宣传标语是世界通用的语言：麦当劳。这个标语没有设计成“美国口味，麦当劳”，实在是麦当劳的成功之处。

麦当劳的视觉识别中，最优秀的是黄色标准色和M字形的企业标志。黄色让人联想到价格适中的企业，而且在任何气象状况或时间里黄色的辨认度都很高。M的弧形图案设计非常柔和，和店铺大门的形象搭配起来，令人产生走进店里的欲望。从图形上来说，M 标志是很单纯的设计，无论大小均能再现，而且从距离很远的地方容易识别出来。

麦当劳企业识别的优越性就在于企业理念实施得非常彻底。为了达到这个目的，麦当劳进行员工教育、发行编制相当完备的行动手册，同时，还完成了非常优秀的视觉识别设计。从企业识别的立场来审视麦当劳的历史可以发现，麦当劳是综合性企业识别的范本，实行得很成功。

(资料来源：豆丁网，http://www.docin.com/p-42453768.html)

2.2　连锁经营的基本模式

连锁经营模式以资产、合同为纽带可划分为 3 种基本形式：直营连锁、特许连锁、自由连锁。目前这 3 种经营模式已成为全球绝大多数连锁业的主流。

2.2.1　直营连锁

1. 直营连锁的含义

直营连锁又称正规连锁(regular chain，RC)，是连锁企业的总部通过独资、控股或吞并、兼并等途径开设门店，发展壮大自身实力和规模的一种形式。连锁企业的所有门店在总部的直接领导下统一经营，总部对各门店实施人、财、物及商流、物流、信息流等方面的统一管理。

国际连锁店协会(IFA)对直营连锁的定义是：“以单一资本直接经营11个商店以上的零售业或饮食业组织。”

美国商务部对直营连锁的定义是：“由总公司管辖下的许多门店组成，它往往具有行业垄断性质，利用资本雄厚的特点大量进货和大量销售，具有很强的竞争力。”

2. 直营连锁的特征

(1) 所有权的集中统一。直营连锁企业由同一经营资本构成，其各个成员店之间以资本为主要联结纽带，所有门店属于同一个所有者，归一个公司、一个联合组织或一个人，由同一个投资主体投资开办，各分店不具有法人资格。这是直营连锁与特许连锁和自由连锁的最大区别。

(2) 管理权的高度集中统一。直营连锁的所有权、经营权、监督权完全集中在总部，由总部根据统一的事业规划方针，负责连锁企业的人事、财务、投资、分配、采购、促销、物流、商流、信息等方面的统一管理与经营，门店的业务必须按总部的指令行事。因此，直营连锁企业必须顺利地推进合理的分工体制，即总部必须设置分工明确、专业精细的内部管理机构及与各门店的层级管理制度、各类责任制度、工效挂钩的分配制度和规范的门店管理制度，以保证总部与各职能部门和门店的统一运作。

(3) 财务制度的集中统一。在人事关系上，直营连锁各门店的店长是连锁企业的雇员而不是所有者，所有门店的店长均由总部委派，店长无权决定门店的利润分配，因为整个连锁企业实行统一的核算制度，各门店的工资和奖金由总部依据连锁企业制订的标准来决定。

(4) 人力资源开发与管理的集中统　。直营连锁企业各门店的所有员工均由总部统一招募，各门店的经理人员也由总部委派，他们是公司的雇员而不是公司的所有者。

【案例 2-2】

"真功夫"中式快餐企业

截至2011年6月，我国第一家突破百家的中式快餐企业——"真功夫"已在北京、上海、广州等30多个城市开设了400家直营连锁餐厅，是中国快餐五强企业中唯一的中国本土快餐品牌。

"真功夫"采用直营连锁模式对于其企业长远的发展来说是决策成功的第一步。肯德基和麦当劳在进入中国10多年里主要采用直营的模式,它的成功运用使得肯德基和麦当劳在中国市场站稳脚跟，迅速扩张。

快餐连锁企业采用直营连锁模式优点显而易见。例如，可以避免连锁体系的失控，结合其自身的特点统一调动与分配资源，统一决策，统一开发和整合渠道。在新技术产品开发与推广、信息和管理现代化等方面易于发挥整体优势，并且随着企业实力的日益增强，有利于融资与上市，更有利于规模采购货源，从而降低成本、费用。

2.2.2 特许连锁

1. 特许连锁的含义

(1) 国际连锁加盟协会的定义。国际连锁加盟协会将特许连锁定义为：总公司授权加盟者经营生意，并且在组织结构、人员训练、采购及管理上协助加盟者，相应的，加盟者也必须付出相当代价给总公司的一种持续性关系。

一般将主导企业视为总部，而将加盟者视为加盟店。根据特许合同，总部必须提供一项独特的商业特权，如商标、产品、公司象征等让加盟店使用，并给予员工训练、商品供销、组织结构、经营、管理等方面的指导和协助，加盟店除了总部赋予的权利外，也要付出相应的回报并遵守总部的规定。这种经营的关键在于总部的特许权的授予，所以称为特许连锁。

(2) 特许连锁在美国的定义。在美国，传统上只有两种划分连锁企业的方法，即正规连锁与特许连锁。凡连锁企业的门店具备独立法人资格的即为特许连锁。

① 美国商务部对特许连锁的定义是：主导企业把自己开发的商品、服务和营业系统(包括商标、商号等企业象征的使用、经营技术、营业场所和区域)，以契约形式授予加盟店的规定区域内的经销权或营业权。加盟店则要交纳一定的营业权使用费，并承担规定的义务。

② 美国特许连锁协会对特许连锁的定义是:特许经营是由一方(特许权拥有方)给予另一方(特许权接受方)的合同性特许。它包括以下5个方面。

- 在特许经营时期，要求特许权接受方按期向特许权所有方交纳钱款，其数量按特许性质或按特许所有方提供的商品或服务量计算。
- 在特许经营时期，特许权所有方同意或要求特许权接受方在其名义下或在与其有关的名义下，使用其名义从事某一商业活动。
- 要求特许权所有方对特许权接受方的商业活动提供帮助(关于特许接受方在商业活动组织方面的帮助有人员培训、推销、管理等)。
- 授予特许权所有方在特许经营时期内连续行使管理控制的权利，在该时期内，特许权接受方在其商业活动中必须服从于特许权所有方。

- 双方之间的关系不是持股公司与其子公司或同一持股公司下属的子公司的关系，也不是个人与特许权接受方控制的公司之间的关系。

(3) 特许连锁在日本的定义。日本特许连锁协会对特许连锁的定义是：特许经营权是指特许者与其他事业者之间缔结合同，特许者特别授权特许加盟者使用自己的商标、服务标记、商号和其他作为营业象征的标志和经营技巧，在同样的形象下进行商品销售。此外，加盟者要按销售额或毛利的一定比例，向特许者支付报偿金，并对事业投入必要的资金，在特许者的指导及支持下开展事业。双方保持着持续性的关系。

(4) 特许连锁在我国的定义。《商业特许经营管理办法》(商务部令2004年第25号)中规定："特许经营是指通过签订合同，特许人将有权授予他人使用的商标、商号、经营模式等经营资源，授予被特许人使用；被特许者按合同规定，在统一经营体系下从事经营活动，并向特许人支付特许经营费。"

从以上定义可以看出，特许连锁(Franchise Chain，FC)，又被称为合同连锁、加盟连锁或契约连锁，是一种以契约为基础的连锁企业经营形式。一般而言，连锁企业总部与加盟店签订合同，特别授权其使用自己的商标、服务标记、商号和其他为总部所独有的经营技术，在同样的形象下进行商品销售及劳务服务，各加盟店对自己的店铺拥有所有权，但经营权集中于总部，并按销售额或毛利的一定比例向总部支付报酬。

【案例 2-3】

麦当劳公司寻找潜在加盟者的资格要求

成为麦当劳公司的加盟者，需要具备下列基本资格：

(1) 企业家精神和强烈的成功欲望。

(2) 较强的商业背景，尤其应具有处理人际关系和财务管理的特殊技能。

(3) 愿意参加培训项目，培训项目需要全力以赴，并可能需要1年或更长的时间才能完成。

(4) 财务资格。

2. 特许连锁的基本特征

(1) 所有权的分散与经营权的集中。各加盟者对其各自的门店拥有所有权，而经营权则高度集中于总部。各门店店长是加盟者，不受聘于总部，加盟店甚至还有部分用工权和进货权。加盟店仍然具有独立的企业法人资格和企业的人事、财务权，但是加盟者必须按特许合同的规定严格执行生产经营任务，没有独立的生产经营权。

(2) 特许连锁的核心是特许权的转让。总部作为转让方，必须具有自己的产品、服务、营业技术，或有名的商标、商号等独有的物质技术或知识产权，这些特许权能给企业带来经济效益。总部除了向加盟者提供完成事业所必需的信息、知识、技术等一整套经营系统之外，还要授予加盟者店名、商标、商号、服务标记等在一定地区的垄断使用权，并在开店过程中不断给予经营指导。

(3) 特许授权经济合同是维系特许连锁经营的纽带。这种特许授权经济合同通常不是由双方协商确定的，而是由连锁企业总部制订的。加盟者只有接受既定的合同内容才能加盟连锁系统。例如，必须按总部提供的各项标准进行生产经营；必须按总部提出的经营管理方法办事；必须按合同规定的数量和方法向总部交纳一定的特许金额等。这些特许金额包括首次加盟费、特许商品销售额款项或所得利润的提成费等。总部也在合同中承诺相应的授权责任与义务。例如，提供必要的技术指导，提供独有商品、原材料，允许使用商标，进行必要的员工技术培训等。

(4) 总部与加盟店的关系是纵向关系。因为特许经营是通过总部与加盟店签订一对一特许合同而形成的经营关系，所以总部与加盟店的关系是纵向关系，而各加盟店之间不存在横向联系。

3. 特许连锁的类型

特许连锁自产生发展至今已派生出许多具体的形式。根据不同的分类方法，特许连锁具有不同的类型。

(1) 按特许权接受方经营加盟店的不同方式划分为以下几种：

① 投资性特许经营方式。这种经营方式主要表现为，特许权接受方以大量资金的投入来获得特许经营权，特许权接受方控制企业整体运营策略，雇用他人经营分店。

② 职业性特许经营方式。这种经营方式表现为，特许权接受方只进行较少的资金投入，获得特许权后自己以职业者的身份亲自从事部分业务。

③ 零售式特许经营方式。采用这种经营方式加盟连锁的特许权接受方将大量资金投入到商业产业设施的建设方面，利用所获特许权亲自经营零售业，在自己经营不便时有权转让所获特许权和投资产业。

④ 管理式特许经营方式。这种经营方式表现为特许权接受方利用所获特许权亲自经营管理业务。

⑤ 销售与分销式特许经营方式。这种经营方式表现为，在获得授权的地区从事授权产品的分销业务。

(2) 按特许连锁的特许权内容进行划分时，特许连锁可分为商品、商标型特许连锁和经营模式特许连锁两种基本模式。

① 商品、商标型特许连锁。这种模式是指盟主将其拥有的某一专门商品或商标的经销权和使用权授给加盟者。这种模式最早是一种供货厂商和代销商的契约关系，商人为供货厂商代销某种产品，供销双方签订契约协议，代销商专门为一个供货厂商代销商品，或者直接使用供货商的字号、商标，从而成为供货厂商的销售部门，与供货厂商形成纵向的子公司与母公司的关系，特许连锁也由此产生。因此，这种模式是初期特许连锁普遍采用的形式，又被称为“第一代特许经营”。

② 经营模式特许连锁。这种模式是现代特许连锁广泛采用的形式，又被称为“第二代特许经营”，是指盟主将其拥有的可获利的经营诀窍等内容授予加盟者的一种特许连锁形式。它要求加盟店经营总店的产品或提供与总店相同的服务，而且加盟店的店名、标志、经营方式、质量标准等所有经营管理模式都要按总店的规定进行。

(3) 按特许连锁授予特许权的方式进行划分时，特许连锁可分为以下4种类型。

① 一般特许连锁。一般特许连锁是最常见的特许连锁形式。这种形式主要表现为总店向加盟店授予产品、商标、店名、经营模式等特许权，加盟店为此支付一定费用并使用这些特许权进行经营。

② 委托特许连锁。委托特许连锁是指总店把自己的产品、商标、店名等特许权出售给一个代理人，授予该代理人特许权，允许该代理人负责某个地区的特许权授予。

③ 发展特许连锁。发展特许连锁是指加盟店向总店购买了特许经营权，同时也购买了在一个区域内再建若干家分店特许权的经营形式。

④ 复合特许连锁。复合特许连锁是指总店将一定地区的独占特许权授予加盟者，加盟者在该区域内可以独立经营，也可以再次授权给下一个加盟者经营特许业务，由此该加盟者既是特许权接受方，同时又是这一区域的特许权所有方。

【案例 2-4】

肯德基的特许加盟方式

肯德基目前在中国发展加盟店的方式不是让加盟者交纳加盟费后自行开店，而是让加盟者出资购买一间正在运营中并已赢利的连锁店。

转让已经成熟的餐厅，加盟者不必从零开始，可以较快地融入肯德基的运作系统，进而可极大地保障加盟者成功的机会。对肯德基和加盟者来说都是最稳健、最便捷的做法。

考虑到大型城市开展特许经营的挑战性大，目前肯德基只在中国内地境内非农业人口大于 15 万但小于 40 万，且年人均消费大于 6000 元的地区寻求加盟经营的申请人。当然，不是所有这些地区的餐厅都适合加盟经营。然而，如果可能，肯德基可以优先接受加盟商对地点的建议。

4. 特许连锁的优点和缺点

(1) 特许连锁的优点。主要表现为对盟主(经营者)和加盟者(被特许者)均有好处。特许连锁经营对盟主的好处主要体现在 5 个方面。

① 既节省了资金，又能获得扩大市场的机会，提高知名度，加速连锁事业的发展。

② 开展新业务时，有合伙人为其共同分担商业风险，能够大大降低经营风险。

③ 特许店成为稳定的商品流通渠道，有利于巩固和扩大商品销售网络。

④ 盟主可根据加盟店的营业状况、总部体制和环境条件的变化调整加盟店，掌握连锁经营主动权。

⑤ 统一加盟店的店面设计、店员服装、商品陈列等，能对消费者和企业界形成强大而有魅力的统一形象，有助于企业形象和品牌的塑造。

总之，特许经营对于特许者来说是一本万利的事情，即一个本钱(模范店或模范产品、服务、品牌)多次被利用，利用一次，就赚一次钱、扩大一次规模，实现低成本扩张，就像复印机复印一样，有人将其比喻为扩印底版。

特许连锁经营对加盟店(被特许者)的好处主要体现在以下 6 个方面。

① 用较少的资本就能开展创业活动。

② 没有经验的创业者也能经营商店，可以减少失败的危险。对于加盟店来说，购买一个成功的特许经营模式大大降低了创业风险。

③ 能借用连锁总部的促销策略。

④ 能进行高知名度和高效率的经营，能够接受总店参谋的指导，以持续地扩大和发展事业。

⑤ 稳定地销售物美价廉的商品，并能够专心致力于销售活动。

⑥ 能够迅速适应市场变化。

总之，特许经营对于加盟者来说是一本万利的事，即源源不断的利润皆来自于投资一个本钱：购买一个成功的特许经营模式。他不必“摸着石头过河”，也不必品尝“失败是成功之母”的酸果，花钱直接享受他人成功的经营模式即可，大大降低了创业风险。例如，美国有 80%的店铺开业 5 年就关闭了，但是采取特许方式而关掉的店铺仅为 30%～40%，因此，在美国每隔 16 分钟就有一家特许店开张。

【案例 2-5】

麦当劳的特许经营制度及对加盟者的好处

麦当劳的经营方式主要有两种：一种是总部直接投资经营；另一种是分店由业主独立经营，即特许经营。在美国本土，公司直接经营的连锁分店只占16%，而加盟店却占84% ，可见特许加盟制度已成为麦当劳“帝国大厦”的基础。

麦当劳所签订的加盟合约期限一般都在20年。加盟者一旦和总部签订合约，必须先付一笔特许权使用费，总额为2.25万美元，其中一半现金支付，另一半以后上交。此后，每年上交总部一笔权利金和房产租金，前者为年销售额的3%，后者为年销售额的8.5%。

麦当劳对加盟店提供的服务有：对所有加盟店派出顾问，帮助选择最佳位置和理想的装修设计；帮助招聘员工；帮助寻找符合公司总部要求的原料基地等。对这些活动，总部不仅分文不取，而且还十分认真。麦当劳公司一般不直接向加盟店提供餐具和食物原料，而是与专业供销公司签订合同，再由其向各个分店直接供货，有条件的地方则由总部直接提供原料。由于麦当劳分店众多，原料需要量大，对美国市场的影响力也非常大。

(资料来源：杨宜青. 连锁经营原理与管理技术. 北京：高等教育出版社，2001)

(2) 特许连锁的缺点。特许经营虽然有许多优点，但同时也有一些缺点。对于特许者来说，特许连锁的缺点主要表现为，在其所选择的加盟店经营不善的情况下，会直接影响到特许者自身的名誉、地位；而加盟店发展态势极好却要求与其脱离关系时，又会变成特许者的强劲竞争对手，也会影响到特许者的发展。

对于加盟者来讲，特许连锁强调标准化的经营要求，加盟者必须与总部保持高度一致；加盟者在经营管理方面没有自主性，经营的灵活性受到限制，这会妨碍加盟者积极性和创造性的发挥，在一定程度上制约着特许连锁企业的发展。

2.2.3 自由连锁

1. 自由连锁的含义

(1) 自由连锁在美国的定义。美国商务部将自由连锁定义为：由批发企业组织的独立零售集团，即所谓批发企业主导型随意连锁店集团。成员零售店经营的商品全部或大部分从该批发企业进货。作为对等条件，该批发企业必须向零售企业提供规定的服务。

(2) 自由连锁在日本的定义。日本经济界对自由连锁店的定义是：所谓自由连锁店是许多零售企业自己组织起来的，在保持各自经营独立性的前提下，联合一个或几个批发企业，并以此为主导建立强有力的总部组织，在总部的指导下实行共同经营。通过集中进行大量采购，统一经销，获得低成本、合理化经营的利益，进而不断提高流通效率的零售商业组织。在相关法律中还规定：自由连锁主要是指对中小零售业，依照一定的合同条款持续地销售商品，并开展有关经营方面的指导事业。

总之，自由连锁是指通过签订连锁经营合同，总部与具有独立法人资格的门店合作，各门店在总部的指导下集中采购、统一经销的经营模式。根据自由原则，自由连锁体系中的各门店可以自由地加入或退出连锁体系。

2. 自由连锁的基本特征

自由连锁的最大特点是各门店的所有权和财务权相对独立，与总部没有所属关系，只是保持在经营活动上的协商和服务关系，如统一订货和送货，统一使用信息及广告宣传，统一制订销售战略等。自由连锁的特征具体表现为以下4个方面。

(1) 加盟店拥有独立的所有权、经营权和财务核算权。自由连锁拥有众多分散的零售商加盟成员，这些零售商一般是小型的，但它们是独立的，门店的资产归门店经营者所有。各门店不仅独立核算、自负盈亏、人事安排自主，而且在经营品种、经营方式、经营策略上也有很大的自主权，每年只需要按销售额或毛利额的一定比例向总部上交加盟金、管理费等。

(2) 拥有一个或几个核心企业作为总部组织。自由连锁的总部拥有一个或几个核心企业作为强有力的总部组织，该总部组织通常是已经存在的企业，有的是单独设置的，有的是由核心主导企业兼行总部职能，因而可以是批发企业，也可以是大型零售企业。

(3) 协商制订的合同是维系各方经济关系的纽带。总部与各加盟的成员店通过合同作为纽带联结在一起，合同由各成员通过民主协商制订，而不是特许连锁那样的定式合同。其合同的约束力比较弱，一般以合同规定的加盟时间一年为单位，加盟店可以随意退出自由连锁组织，在自由连锁的合同上并未规定对随时退出自由连锁组织的成员店的具体惩罚细则。

(4) 自由连锁的核心是共同进货。共同进货是中小企业成为自由连锁店的最大诱因，这样可以使中小型商业企业和大型超级市场、百货商店一样，获得低廉的商品进货价格。但对总部而言，自由连锁门店是总部强有力的分销渠道，因而形成了自由连锁重要的“联购分销”机制。

3. 自由连锁的类型

自由连锁在其发展过程中，形成了包括批发企业和若干零售企业在内的结构形式，批发企业成为各个连锁组织的龙头，它们向零售企业提供食品、设备、服饰用品和药品等领域相同的商品、服务和建议。在实践操作中，自由连锁具体形成了以下 3 种主要的发展模式。

(1) 大型零售企业主导型自由连锁。这种连锁经营模式在日本较为普遍，是某个大型零售企业利用其在进货渠道、运输条件以及仓储设施等方面的优势开设总店，再以自由连锁的形式吸收中小型零售企业加盟而形成的自由连锁经营形式。

(2) 中小型零售企业联合主导型自由连锁。由几家中小型零售企业联合起来，共同投资建立、开办自由连锁的总店，然后吸引其他中小企业加盟，建立连锁企业集团。这种自由连锁经营企业的总部由股东组成，共同执行经营管理业务，具有服务性质，不以赢利为目的；它们以集资的形式解决企业运营过程中的资金问题，也像其他连锁经营形式一样共同建立统一的配送中心进行货品的加工处理和配送。

(3) 批发企业主导型自由连锁。这种连锁经营模式是欧美国家自由连锁的主要形式，由聚集在批发商周围的独立零售商构成，通常由批发商发起。它可能由一个批发企业发起并行使总部职能，也可能由两个以上的批发企业发起，在核心企业建立总部，承担配送中心的职责和服务指导的功能；然后按照自愿的原则与那些和批发企业具有长期、稳定交易关系的零售企业结成连锁企业集团，形成自由连锁的经营模式。

4. 自由连锁的经营原则

自由连锁经营具有以下 4 个基本原则。

(1) 共同原则。自由连锁经营更加注重总部与加盟店的互相配合和互相协调，在总部倾全力支援加盟店，对其进行全方位指导的同时，加盟店也应积极配合，两者是利益共同体。

(2) 利益原则。自由连锁总部的经费由各加盟店共同缴纳，总部的责任在于确保连锁组织成员的利益。总部以组织形式获得的利益，要以培养人才，加强物流系统、信息系统的更新等进行战略性再投资的形式向加盟店偿还，以繁荣加盟店、强化连锁经营系统。

(3) 调整原则。在自由连锁系统中，并不否认营业范围内的加盟店之间的有效竞争。有效竞争会给加盟店带来活力，增强连锁的竞争力。但是，应尽可能调整加盟店彼此之间的过分竞争。

(4) 为社区作贡献的原则。加盟店要有“商店是为顾客而存在”的“店客共荣”的经营原则。

加盟店要有为其商店所在社区居民服务的思想，并不断得到当地居民的信赖，使自己的商店成为社区不可缺少的设施，进而确保自己商店的发展和繁荣。

5. 自由连锁的优点和缺点

(1) 自由连锁的优点。对于自由连锁经营模式，各连锁企业自愿联合且所有权独立的特点决定了这种连锁企业集团各分店的利益与总店的利益直接相关，这有利于整个企业集团协调一致，促进共同事业的发展。加盟企业拥有较独立的经营权又使它们在经营过程中拥有较大的自主权，可以自主地选择经营策略、经营范围和经营方式；自主管理、独立核算、自负盈亏，有利于充分调动各分店的积极性和创造性，促进组织的发展。这种连锁经营模式在管理方式上的民主与集中相结合的特点，也使其经营管理活动既相对统一又具有较大的灵活性，既降低了管理成本又实现了规模效益。

(2) 自由连锁的缺点。自由连锁由于没有一个牢固的联结纽带将各加盟企业紧密地联结在一起，因而导致自由连锁企业集团存在着结构松散、凝聚力较差的问题；自由连锁企业各成员企业的独立性、自主性较大，也使组织体系不够稳定，总部的命令得不到及时、彻底地执行，难以集中、统一运作；在管理方式方面过于民主也会导致决策迟缓，效率低下；各成员企业相互之间存在的竞争也制约了企业集团的协调发展。

2.2.4 三种连锁经营模式的比较和分析

直营连锁、特许连锁与自由连锁经营模式的共同点和不同点如下。

1. 共同点

(1) 总部和门店：不同的连锁经营模式都由总部(中心)和门店构成，总部统一对各个组织机构进行管理。总部与分店之间分工明确，相互配合。其中总部作为统一组织机构，其功能在于盈利模式的维护和推广、品牌的建立和管理、人员的招聘和培训、商品的采购和调配、商品的定价和促销；而各个连锁门店的功能在于具体实施总部的政策和完成销售目标。

(2) 运营手册：为了保证总部的各项规定在不同连锁企业中高效运行，不同连锁经营模式均要制作标准化实施手册。

(3) 盈利模式：无论是哪种连锁模式，只有具备成熟的盈利模式才能发展，才能吸引加盟者。

2. 不同点

(1) 所有权不同。对于直营连锁来说，不管分店有多少，都属于同一所有者，各门店不具有企业法人的资格，各门店店长也是由总部直接委派的管理人员。而自由连锁和特许连锁的每一个成员店都是独立的法人，具有企业自主管理的人事权、财务权。

(2) 内部关系不同。直营连锁中的各个连锁店是总公司的一部分，与总部关系最为密切，但自主性小。自由连锁没有总公司与分公司的划分，内部关系比较松散，各个连锁店的自主权较大，不同企业间是一种互利互助形式，目的在于创造共同的竞争优势。特许连锁是不同零售企业之间的一种特许权的买卖、契约关系，这种契约关系有一定的时期限制，在总部与门店之间联系相对密切，但一旦契约解除，则内部关系也就宣告终结。

(3) 产生的原因不同。直营连锁经营模式往往是一些大企业或中小企业为了进一步扩张和发展而采用的一种渠道策略，旨在减少商品流通的中间环节，从而降低成本形成自己的竞争力，以更快、更大范围地占领市场。特许连锁产生的原因首先是特许人拥有了独特的知识产权，具备了很好的盈利模式；同时加盟者也可以通过这种盈利模式赚钱。自由连锁的产生是若干中小商店为了与大型连锁店竞争抗衡而采取的措施，其本质是小商店与大型商业集团的较量。

表 2-1 为直营连锁、特许连锁与自由连锁经营模式的比较与分析。

表 2-1　直营连锁、特许连锁与自由连锁比较表

项　　目	直 营 连 锁	特 许 连 锁	自 由 连 锁
总部与加盟店的资本所属	同一资本	不同资本	不同资本
总部资金构成	企业总部自身所有	加盟店持有一定的股份	全部由加盟店出资
加盟店与总部的关系	属企业内部管理上下级	总部对加盟店具有较大的影响	加盟店对总部具有较大的影响
总部对加盟店的人事权和直接经营权	有	无	无
加盟店自主性	小	小	大
加盟店上交总部指导费	5%以下	5%以上	无
分店间联系	同隶属于企业总部	无横向联系	有横向联系
总部与加盟店的合同约束力	视公司规章而定	强硬	松散
合同规定的加盟时间	无	多为 5 年以上	以一年为单位
总部机构人员	企业职工	专业人士	加盟店参与或委托代理

2.3　连锁经营的优势和风险分析

2.3.1　连锁经营的优势分析

半个世纪以来，在西方经济发达国家，连锁经营已经成为流通产业中的一种重要形式。如果股份制现代企业制度是资本市场上的一个典范的话，那么连锁经营则是流通领域的一个范例。世界最大的商业零售企业美国沃尔玛公司 2005 年的销售额达到 3100 亿美元，超过了通用汽车公司。一家属于传统产业的零售企业，能够在销售收入上超过“制造业之王”的汽车公司，超过一些大银行、保险公司等金融机构，超过引领“新经济”的信息企业，其奥妙就在于发展连锁经营。连锁经营的经营范围已经迅速普及整个零售业、饮食业和服务业的各个领域，并为世界上许多国家所采用，在全世界范围内取得了巨大的成功。这充分说明连锁经营模式与传统的商业模式相比具有不可比拟的优势，主要体现在规模优势、效益优势和竞争优势这 3 个方面。

1. 连锁经营的规模优势

现代化工业生产的基本规律表明，当生产和经营活动都达到一定规模时，企业可以降低成本，提高效益。而连锁经营的实质就把社会大生产和专业分工的原理应用于流通领域，通过“规模化、标准化、统一化、单纯化”达到提高经济效益、降低流通成本的目的。连锁经营是一种现代经营方式和组织方式，它通过服务标准化、经营专业化、管理现代化来实现规模效益。连锁经营之所以能够迅速发展，正是由于它所创造的规模优势，这是单个商店无法企及的。主要体现在以下 5 个方面。

(1) 有助于塑造企业形象。在塑造企业形象方面，连锁经营企业大规模的分店体系有助于在消费者心目中塑造鲜明的企业形象。这是因为连锁经营企业规模化的连锁门店无论设立在什么地方，都被要求采用与连锁总部一致的商店名称和标志，都要按照总部的风格进行统一的规划、设计和装修，店面的装饰、装潢、色彩以及店内的经营设备、货架布局、商品陈列、橱窗布置、货品标签、员工服饰等细节也都完全统一。这样，大量完全相同的店面和标志所形成的独特而统一的企业形象，在不同地方不断加强对消费者的刺激，因此，它在强化消费者对企业的认知方面具有传统经营形式中的单店经营所不可比拟的优势。消费者对连锁经营企业的印象会因为在不同地方多次看到相同的形象而不断深刻。

(2) 具有大批量、低价格购买优势。连锁经营不仅经营的商品，连固定设备、流动资产都统一设置，巨大的购买规模使大型连锁企业可以从厂家直接进货，减少流通环节，使流通环节的部分利润转移到企业内部。大批量进货还能使连锁店从生产厂家获得广告费用折扣、优质商品、延期付款、及时送货等种种好处，这些都有利于降低企业的经营成本。因而，连锁店大批量进货的成本远远低于单个商店小批量多次进货的成本。

(3) 可以使企业大规模快速发展。连锁店可以不受限制地开设分店，把分散的经营主体组织起来形成群体，统一管理、统一营运，迅速发展企业规模，实行规模经营，增强企业竞争力。这种用开办分店的方法使企业的规模迅速发展的速度是单个商店根本无法实现的。如美国的彭尼连锁公司仅用了20年，就达到了单个百货商场的梅西公司花了60年才达到的规模。

(4) 可以节省大量的广告费用。连锁店的广告费用可由众多的分店分担，总销售额中的广告成本降低了不少，且分店分散在各地，当广告随着媒介传到各分店时，其广告效益就会辐射各地。如麦当劳的连锁分店遍布美国各地，不管走到哪里，都可以见到其著名的标志，如影随形，强烈地影响着顾客的消费。

(5) 可以节约大量的流通费用。连锁店利用了现代科学技术，完善了专业分工，通过配送中心科学、合理地组织商流，把批发和零售有机地融合在一起，从而使商品在流通过程中基本实现了“最少的环节、最短的距离、最低的费用、最高的效率”，节约了大量的流通费用。

2. 连锁经营的效益优势

连锁经营之所以能够取得良好的经济效益，与其实质、特征和运作形式密切相关。它运用了现代化工业大生产的原理，实现了商业活动的标准化、专业化、统一化，这些构成了产生规模效益的重要基础。一方面，先进的营销技术可以在众多的店铺大规模推广，从而获得技术共享效益；另一方面，投资的成本和风险又可以在众多的店铺得到均摊，从而可以降低商品的成本。连锁经营是一种兼收并蓄的形态，具有其他经营形态没有的优越性，具体表现在以下几个方面。

(1) 经营技术开发的专业化，有利于店铺经营水平的提高。在连锁体系内部都有总部和店铺两个层次。总部的重要职责之一就是研究企业的经营技巧，包括货架的摆放、商品的陈列、店容店貌的设计、经营品种的调整等，直接用于指导店铺的经营，这就使店铺摆脱了传统零售业那种靠经验操作的模式，转而向科学要效益。连锁总部统一开发的经营技巧可以广泛应用于各个店铺，使各店铺的经营水平普遍提高，从而获得技术共享效益(相对其他企业来说是一种超额利润)，同时分摊技术开发的成本，这是单个企业所无法做到的。

(2) 标准化的经营，有利于改善服务、扩大销售。在商业连锁经营方式中，商店的开发、设计及标准化的设备、陈列、产品、操作程序、技术管理、广告设计等，都集中在总部。总部负责连锁店的选址及开办前的培训工作，提供全套的商业服务方案，并始终不断地对各连锁店进行监督、指导、交流和培训工作，从而保证了各连锁店在产品、服务、店名店貌等方面的统一性，以满足消费者对标准化的产品和服务质量的要求，达到吸引顾客、扩大销售的目的。标准化的经营对树立店铺的形象更是意义重大。

(3) 物流中心承担了部分批发职能，使批发环节的部分利润由社会转到了企业内部。零售环节的利润很大程度上取决于商品所经过的流通环节数量。一般而言，流通环节越少，商业流通费用越低，零售环节所能获得的销售利润也就越多。连锁企业一般都设有物流中心，专门为店铺进行商品配送。这些商品一部分直接从工厂进货，减少了流通环节；同时还有一部分商品从供应商处取得时是原材料或半成品，需要物流中心进行加工、包装、分类等装配作业，增加了商品的附加值，从而将一部分利润转移过来。

(4) 集中化的经营与管理，有利于降低企业的经营成本。连锁经营的同业性使各个店铺的一些共同性活动，如采购、储运、广告宣传、会计核算等，可以集中起来由总部统一操作。这样，众多的店铺共享一套经营设施，共享一套管理机构，各个店铺无须设置繁琐的管理机构，无须配备相应的管理人员。这样做的好处有两个：其一，从总体上降低了企业的管理成本；其二，集中操作所带来的经营成本的降低也是显而易见的。如进货，由于有多个店铺而创造了大量销售的条件，所以总部可以通过大批量采购从厂家获得较低的价格，即批发价格。又如，由于有总部送货，各个店铺需要的库存面积及库存量都很小，从而可以扩大销售面积，减少资金占用。

(5) 连锁经营有利于减少商业投资风险。连锁企业经营多个店铺，即使个别店铺经营上失败也不会影响整体的经济效益，因为某一决策的失误所造成的损失可以由许多店铺共同分摊，这样大大降低了商业投资的风险。对于购买特许经营权的被特许人而言，加盟一个特许连锁店，可以利用一个已得到实践检验的成功的商业交易方式获得特许人的指导和帮忙，比起其单独开店，成功的几率大大提高了，大大减少了行业新人面临的各种风险。难怪有人说，特许经营是进入商界的“安全通道”。

(6) 连锁经营有利于提高零售商业的地位、指导生产、组织适销对路的商品。连锁经营店自产生和发展以来，对生产领域的促进作用日益增强。一是连锁店联合起来大批量购买，使生产过程的连续性得到保证，生产厂商减少了生产费用。二是连锁店一头连着消费者，另一头连着厂家，能更及时地向厂家反馈消费者的信息，指导厂家生产适销对路的商品。同时，连锁店还给厂家提供了在广大地域内迅速、经济地试验新产品的零售实验室。这样，商业不再是单纯地把工厂生产的商品卖给消费者，而是根据消费者的需求让工厂生产商品；商业不再是隶属于生产厂家进行销售的商业，而成为反映消费者要求、指导厂家生产的商业。三是连锁店的形成增加了社会产品的总量。因为零售费用的降低相对扩大了消费者的购买力，购买力的增加反过来刺激了生产的发展，也增加了商店的销售额。

除此之外，连锁经营网点多、辐射范围广、市场占有率高，能够迅速、大规模地集中资金，实现投资的灵活转移，取得市场机会效益等，这些都是连锁经营取得良好经济效益的重要原因。

3. 连锁经营的竞争优势

连锁经营解决了大批量销售与消费者分散需求之间的矛盾，是零售组织的重大变革，被称为零售业的第三次革命。连锁经营通过标准化、简单化、专业化原则提高经营效率，实现规模效益，有着其他零售组织形式无法比拟的竞争优势。具体表现在以下几个方面。

(1) 容易快速聚集资本，有利于抓住稍纵即逝的市场机会。连锁经营方式，特别是加盟连锁方式，能把众多单个资本迅速集中起来，形成整体力量，在同样的竞争条件下，可以及时抓住市场机会，进行投资、进货、研发新产品，给企业带来良好的经济收益和发展机会。

(2) 组织化程度高，增强了市场竞争能力。连锁经营是商品流通中一种组织化程度较高的集生产加工、零售、批发为一体的组织形式。它组织环节少，调节灵敏，反应迅速；它通过连锁体系的销售网络和销售渠道与消费者相联系，能快速、准确地了解和掌握市场信息，迅速将生产厂家的产品推向市场，扩大自身的市场占有率，增强自己的市场竞争能力。

(3) 经营费用低。连锁经营总部统一采购，进货量庞大，能够最大限度地获得较大程度的价格折扣和其他优惠。连锁经营一般不经过批发商而直接从供应商(厂家)进货，降低了购货成本和运输费用；由于采取总部统一存货管理、采用物流配送中心的组织形式，较之单店可以节约很多仓储费用；在广告宣传方面，由连锁总部统筹负责，既体现了整体的宣传效果，又节省了广告费用。此外，由于连锁经营标准化、模式化的操作和店铺形式，提高了连锁经营管理的效率，使管理成本降低。

(4) 产品销售能力强。由于连锁店中的商品或服务较其他商业模式所提供商品或服务更具价格优势，而且集中采购又使商品的品质有所保证，所以对顾客有很强的吸引力。连锁店铺位置分散、运输方便、配送快捷；而且多个分散的连锁单店构成一个有序的服务网络，能从售前、售中、售后给消费者提供快捷、优质的服务，具有服务优势。这些都使连锁店具有强大的销售能力。

(5) 实现规模经济。连锁经营的出现解决了大规模销售与单个中小零售商要求维持其经营独立性之间的矛盾，使得连锁总部和连锁分店都能享有规模经济带来的经济利益，同时对连锁分店的独立经营又不构成威胁。

正因为连锁经营有上述优势存在，才使连锁经营具有较强的竞争能力，具有巨大的发展前景，才使连锁经营在全球经久不衰。

2.3.2 连锁经营的风险分析

1. 连锁经营的风险

连锁经营虽然有巨大的优势，但也存在一定的风险。连锁经营在世界范围内发展很快，但是它也是把双刃剑。如果不将连锁经营这种组织方式与经营者的能力、资金以及市场环境等各方面因素相结合，它是发挥不出自身所具有的优势的。所以，必须对连锁经营存在的风险具有清醒的认识，而不能盲目地参与以致遭受巨大损失。

(1) 由经营者带来的风险。连锁经营作为一种现代化的经营形式和组织形式，要求经营者必须具备相应的素质和能力。连锁总部提供给各分店的经营诀窍和经营模式并不能保证成功，这只不过是提供了一个基本的业务工具，经营成功最主要的还是要靠各分店经营者的经营才能。而决策的失败意味着经营成果的丧失，由此带来一定的风险，这就是由经营者带来的风险。

(2) 由市场带来的风险。市场变化莫测，消费者的需求呈现多层次、多样化的趋势，连锁经营者面对的是不确定因素的增加和更加激烈的市场竞争，这些风险是由市场本身带来的。

(3) 总部指导不力及信息传递、广告宣传出现偏差等带来的风险。连锁经营总部支援、指导不力，特别是信息传递、后勤支援、广告宣传等出现偏差或力度减弱，会给企业带来意外的风险，使整个连锁企业遭受重大损失。

【案例2-6】

“土掉渣儿烧饼”的流星命运

烧饼本不是什么新鲜事物，然而毕业于湖北工学院生物工程专业的晏琳却能把一个小小烧饼迅速做大，香遍各大城市。

从2005年7月到9月，短短三个月，“土掉渣儿烧饼”人气一路飙升，门店达到39家(其中直营店4家，加盟店35家)。总部承诺“一天可卖出1500个烧饼，35天收回成本”，投资者们再也抵挡不住此般诱惑，纷纷掏出了加盟费。

“土掉渣儿烧饼”在传统的烧饼上添加了肉馅，并且肉馅涂抹在烧饼表层。烧饼与肉料的组合，为“土掉渣儿烧饼”赢得了“中国式比萨”的美誉。“土掉渣儿烧饼”表面呈金黄或棕黄色，容易引起人们的食欲。其产品包装也独具匠心，醒目的牛皮袋包装吸引了众多消费者的眼球。这个成本仅一毛左右的包装袋，在兜起渣儿的同时也起到了品牌宣传的作用。门面是用竹子、木条和簸箕装修的，尽管简单、朴实，但这种返璞归真的设计如同现代都市中的另类，老远就能吸引住消费者的眼球。相比传统烧饼的小作坊式的路边摊，“土掉渣儿烧饼”显然更胜一筹。并且在新闻媒体的“软文”宣传作用下，使掉渣烧饼产生了广告般的轰动效应，为掉渣烧饼的兴起推波助澜。

然而从2006年初开始，“土掉渣儿烧饼”在武汉开始走下坡路，很多加盟店退出。如今，加盟总部开始转战技术转让市场，这意味着其招商加盟已经告一段落。为什么“土掉渣儿烧饼”逃脱不了它的流星宿命?

1. 由经营者带来的风险

“土掉渣儿烧饼”的加盟门槛设置得很低，由于项目的启动资金不高，3万元加盟费和1万元的保证金，一般的中小投资者都拿得出来。再加上加盟总部对加盟店店主和店员资质、店铺选址要求、营业面积等都没有严格的限制，导致加盟商的素质、能力参差不齐，因此也很难保证店面的一致性和规范性。“土掉渣儿烧饼”的加盟商有如下几种类型：第一类加盟商有一定资本，但目光短浅，只追求短期利益，哪里赚钱且见效快就往哪里投资，可一旦发现市场有萎缩趋势，便马上撤资，寻找下一个赚钱项目；第二类加盟商一般没有多少本钱，他们投资的目的就是想赚一点钱，为了降低成本，有的加盟商自购肉馅，这既难以保证产品的质量，又影响了总部的规模经济；第三类是玩一把心跳的加盟商，他们自己就是老板，投资此行并不纯粹为了赚钱，而是想涉足一个新领域，或者说他们也在模仿，因此出现了诸多加盟店私下进行“技术转让”的现象。虽然在加盟手册中会有相应的条款限制，但在利益的驱使下，这些加盟商也愿意铤而走险，尤其是加盟招商赚的钱比自己卖烧饼赚钱要快得多的时候。诸如此类，导致“土掉渣儿烧饼”没有在消费者中形成稳固的品牌形象，最终竞争失利。

2. 由市场带来的风险

消费者的初次购买“土掉渣儿烧饼”动机大体相同，“看到很多人排队，也想前去尝尝新鲜”。所以随着其新鲜感的退去，市场必然出现衰落势头。顾客流失主要是理智型流失和情感型流失两类。

(1) 理智型的流失。大多数消费者新鲜感过后，在选购前会更多地考虑产品的口味、卫生甚至是营养健康等。据调查，消费者对“土掉渣儿烧饼”的口味评价并不高：有近60%的受访者认为“土掉渣儿烧饼”味道一般；有50%以上的人购买不超过3次，且购买时间多集中在2005年9月。可见，在理性消费观念的驱动下，这类人群重复购买烧饼的比例愈来愈少。

(2) 情感型的游离。另一部分消费者仍会继续购买，但是他们的购买并不固定。也就是说，他们不一定是“土掉渣儿烧饼”的忠实消费者。这是因为，市场上过多、过滥的掉渣烧饼的品牌冲淡了消费者的品牌意识，即他们并不在意哪一家是所谓正宗的、哪一家是仿冒的。因此，“土掉渣儿烧饼”并没有形成一批忠实的顾客群，而只能加入混乱的市场大流中参与无差异竞争。

3. 总部指导不力和盲目扩张等带来的风险

加盟总部急速扩张带来了店与店之间的竞争、品牌形象受损等诸多问题。而要维护一个近40

家门店的加盟体系的正常运作，健全的管理制度和完善的日常管理与监督非常重要。然而，总部一心只想如何招收加盟商，忽略了对整个加盟体系的运营管理。原本能力不高的加盟商，又缺乏总部的支持和统一管理，必然会陷入困境。

2. 连锁经营的风险规避

对连锁经营中存在的风险进行风险规避的主要方法有自我评估、行业评估、连锁集团的评估、消费者评估等。

(1) 自我评估。自我评估主要评估以下两方面内容。

① 企业是否要开展连锁经营？要确定这一点，须评估品牌实力如何，是否有独特的技术、专利技术或管理技术，是否有开展连锁经营的人才储备，是否有足够的资金实力。

② 对于特许连锁经营，加盟者要参加一个加盟体系，须检验自己是否适合成为加盟者，一定要明确地认识自我的需求及发展方向，确认自己能否融入某个连锁体系，因为加盟是一种事业而非一份工作，加盟给予的是经营传承而非成功的保证。

(2) 行业评估。必须认真研究所选行业的发展前景：是属于流行性的行业、有发展后劲的潜力行业，还是如餐饮业和日常生活用品的零售业一样的平稳性行业。

(3) 连锁集团的评估。这里的连锁集团评估只能是针对特许连锁中的盟主，因为直营连锁决策完全由总部决定，分店只能去执行，只有特许加盟店才须考察集团总部。考察的内容包括盟主的经验、开店时间、店铺数量、专业化程度、企业文化、人才实力、资金实力、服务状况、社会口碑、经济效益、产品生命周期、费用情况、店铺存活率等。

(4) 消费者评估。做好消费者评估就等于做好市场评估，这里有两种评估形式：一是对当地消费者的评估，评估内容主要包括人数、年龄、收入水平、消费欲望、生活方式、家庭结构、文化层次、社会地位、消费结构、消费倾向等；二是进行消费者比较评估，目的是考察清楚样板店的繁荣是不是就是自己开店的繁荣，就像是营销学里讲的市场有机会但不一定是自己的营销机会一样。进行比较研究，发现不同市场的差异，或扬长避短，或对症下药，采取相对应的目标策略，才能把握消费者的消费行为。连锁企业由于地域广、分布散，做好消费者评估显得尤为重要。

【案例 2-7】

深圳市一致医药连锁有限公司的优劣势分析

深圳市一致医药连锁有限公司是国内最早的药品零售连锁企业之一，自1997年3月28日成立以来，在全国首创直营连锁为主、加盟连锁为辅的特色经营模式。1998年一致药店被国家药监局授予“医药商品质量管理全国示范药店”；2000年被评为“全国药品分类管理试点样板店”、是国家药监局指定的首批在全国范围内实施跨省、跨区域经营和电子商务的40家试点企业之一；2002年7月，就通过了国家药品监督管理局GSP认证，是国内最早通过GSP认证的药品零售连锁企业之一；2001—2003年蝉联深圳市消费者最喜爱的名牌商场；2003年荣获深圳“百万市民心中的诚信企业”；2004年荣获医药零售业唯一的“最具影响力的深圳知名品牌”称号。2004年2月18日，中国医药集团总公司控股子公司国药控股有限公司入主一致药店的上市母公司一致药店药业股份，拥有其43.33%的股权，成为第一大股东。已经纳入国药控股全国零售一盘棋的一致药店进入一个新的发展阶段。

一致医药的优劣势分析如下。

(1) 优势。

① 商品品类丰富。一致药店背后倚靠一致药业的批发业务使其药品的品类优势突出，加入了

国药控股之后，一致在产品结构方面优势更加明显。在别的药店买不到的药品，多数能在一致药店买到。

② 人才优势。管理团队有着良好的专业背景，尤其是营销管理人才济济，凝聚力强。拥有最多的执业药师和驻店药师，多年坚持不懈的专业培训使一致拥有一支专业素质技能突出的店员队伍。目前一致已经拥有了1200多人的专业化销售队伍，其中药师有30多人，执业药师近60人。

③ 品牌优势。“五个一致、三项承诺”的品牌经营理念，以及丰富的商品、专业的多样化服务使得一致药店形成了很好的品牌，在消费者心目中树立了专业药房的形象。

(2) 劣势。

① 发展时机延误。2000年被称为连锁药店发展的元年，一致药店却出现盛之而衰的现象。总体战略规划欠缺持久性、稳定性，妨碍了公司的稳健发展；管理不善，没有成本控制意识，从而陷入亏损境地。比如，主要在广东地区发展的一致跑到沈阳去开了一家店，门店装潢非常漂亮，在消费能力较低、对价格非常敏感的东北地区，这样只会增加自己的经营成本而对销售额帮助不大。新的管理班子组建以后，对整体策略做了较大的调整，管理、效益有所好转。当其他主要竞争对手积极向外拓展时，一致药店致力于内部调整，已经延误了发展的好时机。

② 效益不理想。首先，规模不够大。从历年来的销售排名来看，一致药店的规模和销售额都落后于海王星辰和中联大药房，还未将连锁经营的优势充分发挥出来。其次，商品管理、成本控制有待加强。尤其是与效益领先的中联大药房相比，一致药店还没有将其商品采购及管理优势发挥殆尽。这两方面需要一致药店在战略制定和执行上双管齐下。

2.4 连锁经营的基本原则

企业的发展都需要遵循一定的原则，连锁经营企业亦不例外。连锁企业除了遵循一般企业的所应遵循的原则外，还有着一套它自己的原则。

连锁企业的原则主要包括两个方面：一是企业经营的通用原则；二是连锁经营的行业原则。

1. 企业经营的通用原则

企业经营的通用原则是所有企业都必须遵循的原则，它是一切原则的奠基石，是一切原则的源泉。具体来说包括以下几个方面。

(1) 诚信原则。诚信是企业经营的基石，也是连锁经营的基石。一个企业诚信与否，关系到合作伙伴的风险大小，所以，没有诚信的企业在市场经济中是难以立足的。在企业内部，诚信体现为上下同心、同心同德，老板热爱员工，员工努力工作，有良好的企业文化和团队合作精神。在企业外部，诚信表现为企业领导人言行一致，严格遵守企业与相关单位签订的商业合同，货到付款或款到送货。这属于企业道德范畴。

(2) 效益原则。连锁经营的效益原则应主要从经济效益、社会效益、环境效益 3 个方面考虑。

连锁经营的经济效益主要是指连锁企业经营的首要目标是获取利润、加速资金周转、减少库存、节约成本、提高效率，进而使企业不断扩大，同时带动相关合作企业互利互惠，共同发展。

连锁经营的社会效益主要包括 3 个方面：一是为广大居民和单位提供物美价廉的商品，满足群众日常文化生活的需要，方便群众生活；二是发展经济，促进社会向前发展，向国家缴纳税费等；三是提供大量就业机会，为政府分忧解忧，维护社会安定。

连锁经营的环境效益主要是指连锁企业在营运过程中尽量减少对环境的污染，使企业周围绿化美观、空气清新、无噪音、无异味，垃圾清运及时、快捷等，这些都是对环境作出的贡献。

(3) 效率原则。讲究效率，提高效率，是经济社会发展不可抗拒的普遍原则。美国著名经济学家、诺贝尔经济学奖获得者保罗·A.萨缪尔森在《经济学》中说："效率是经济学所要研究的一个中心问题(也许是唯一的中心问题)，效率意味着不存在浪费。"1906年，意大利经济学家V.帕累托提出了著名的资源配置帕累托最优概念："如果社会资源的配置已达到这样一种状态，即在此状态中没有任何一个人能在至少不使另一个人处境变得更坏的基础上让自己的处境变得更好，这就是资源配置效率最优状态。"这也被称为帕累托效率准则。根据效率原则，企业经营就是要使核心能力通过连锁机制和连锁单元得以充分发挥，尽量减少或避免浪费，成功地使某些外部交易内部化，使企业的经济运行效率达到可能的最优状态。也就是说，连锁经营由于效率提高增强了竞争力，因此，连锁经营是提高连锁企业资源配置效率的有效途径。

(4) 守法原则。作为企业公民，必须遵纪守法。合法经营才是正当经营，合法经营所得才是正当经营所得。这里的法，不仅是指我国的经济法，还包括民法、商法及大量的交易惯例等。连锁企业应摆正国家、企业、员工、消费者的关系。

2. 连锁经营的行业原则

连锁经营的行业原则，是指连锁企业必须遵守的经营规范、要求、秘诀等。可以从下面的例子总结出连锁经营的行业原则。

(1) 日本7-11的4项基本原则的内容如下。

① 鲜度管理。7-11鲜度管理原则是指24小时保持商品的新鲜度。新鲜的食品必须做到每天订货，以保证质量和销售。早餐和快餐类食品店铺经理每天可以程式化地进行订货和收货，收货时必须特别注意生产日期、保质期和包装完好性。因为这类商品的销售有规律可循，通常除周末的销售会下降外，平时的销售相对比较固定。

冷餐货品通常存放在冷冻房内，对它们的存放、存取及冷库作业都要严格规范，这类商品的存储最重要的是控制温度，根据冷餐和冷冻商品不同的保存条件，必须随时注意冷库的温度。同时，要辅以先进的设施和冷场设备，避免升温变质。

② 商品结构满足顾客需求。7-11在进行商品选择和更新时，严格遵循以下几个原则。

- 选择周转率高的商品。
- 选择毛利率高的商品。
- 选择价格合理的商品。
- 选择有品质保证的商品。
- 选择消费大众所喜爱的商品或热门商品。
- 以日常生活必需品为主。
- 符合轻、薄、短、小的特征。
- 能和消费者进行情感沟通。

……

③ 店面整洁、干净、明亮。24小时保持店内清洁，有污垢立即清扫，保持整洁、明亮的店铺，让顾客一进入店里就有种亲切感。

④ 亲切的服务和与顾客主动打招呼，记住常客的相貌和名字。零售业必须让顾客产生信任、满足的感觉才能获得成功。日本7-11公司在对待顾客方面做了如下要求。

- 在柜台时，看见顾客进店要大声喊“欢迎光临”。
- 与顾客擦肩而过时要说“欢迎您”。
- 清扫时要经常面对门口即顾客。
- 其他队员喊“欢迎光临，非常感谢”时，自己也要随声高喊。
- 面对顾客时，员工之间不能窃窃私语。
- 包装商品手提袋的扎口，要转移到顾客的手边。
- 加热后的商品必须手持交给对方，以保证商品是温的。

……

(2) 世界连锁巨头——麦当劳的经营原则。提到麦当劳的经营，我们就会想到“QSC 三原则”，其具体内容如下。

① 品质第一的 Quality 原则。Q(Quality)：代表品质，即售出的汉堡包和薯条质优味美，营养俱全。为了保证产品的品质，麦当劳总部作了如下的规定。

- 肉饼的原料不允许含任何动物的内脏。
- 羊肉的脂肪含量不允许超过 19%。
- 肉饼的直径为 98.5 毫米，厚度为 5.65 毫米，重 47.32 克。
- 肉饼煎出后 10 分钟，如果还未出售，即不允许再出售。
- 薯条炸出后 7 分钟，如果还未售出，即不允许再出售。

……

② 服务至上的 Service 原则。S(Service)是指服务，包括店铺建筑的舒适感、营业时间的方便性和销售人员的服务态度等。微笑服务是麦当劳的特色，所有的员工都面露微笑、活泼开朗地和顾客交谈、工作，让顾客感觉满意。

- 全体员工实行快捷、准确和友善的服务，顾客排队不超过两分钟。
- 在顾客点完所要食品后，服务员要在一分钟内将食品送到顾客手中。
- 餐厅还提供多种服务，如为小朋友过欢乐生日会，为团体提供订餐和免费送餐服务。

……

③ 清洁卫生的Cleanliness原则。C(Cleanliness)：代表清洁，即店堂清洁整齐，环境怡人。麦当劳制订了严格的工作标准，这些标准近乎苛刻，如果发现有人违反，则毫不留情给予开除。克罗克经常这样大声对人说：“照我的方法做，不然你只有离开麦当劳。”下面来看看几条他制订的规定，或许可以知道麦当劳保护良好用餐环境的奥秘。

- 工作人员不得留长发，上班时间必须着白色衬衫、制服、制裤，带白色纸帽，女职员要使用发网。
- 餐馆内不得出售香烟和报纸。
- 顾客一离位立即清洁桌面。
- 立即拾起顾客脚下的纸片、杂物。
- 玻璃窗必须每天擦拭干净。
- 每天刷洗垃圾桶。
- 随时保持不锈钢器皿的清洁。

- 每星期必须打扫天花板。

……

④ 麦当劳后来又追加了物超所值V(value)原则。V(Value)：代表价格，即价格经济、合理。尽管麦当劳的产品质量有保证，但也不抬高价格，而是信守物有所值的原则，使每一个进麦当劳的顾客只要花少量的钱，就能享受到优质的产品和服务以及舒适的环境。

以上Q、S、C、V 4点是麦当劳快餐店的经营准则，也是麦当劳服务质量、商品质量和价格标准的象征和代表。凡不符合这4项要求的，服务员要解雇，经理要解除，分店要吊销营业执照。麦当劳还以其著名的M字金黄色招牌欢迎顾客光临并监督检查麦当劳的一切服务质量标准。

现将日本7-11与美国麦当劳的经营原则进行比较，见表2-2。

表 2-2 日本7-11与美国麦当劳的经营原则

日本7-11的经营原则	麦当劳的经营原则
鲜度管理	Q(品质)
亲切的服务	S(服务)
店面整洁	C(清洁卫生)
商品结构满足顾客需求	V(价值)

通过以上比较可以看出，日本7-11和麦当劳的基本经营原则是相通的。这两个最为著名的国际连锁系统竟不约而同地道出了相类似的经营奥秘，同时印证了所有连锁经营的共同法则——QSC+V 4项原则。

当然，有时也会因为行业的不同而使经营原则有一定的差异。例如，科技含量高的商品，其售后服务可能是重要的经营原则。又如，房地产中介的连锁，其经营的一条重要原则是合理、透明的收费，统一、规范化、标准化的服务，因为它经营的是不动产信息。

以上4项原则对一个合格的连锁企业来说是缺一不可的，只不过不同行业在这4项原则上有不同的体现而已。QSC+V原则是连锁企业制胜的首要条件，选址再好，价格再低，违背了这四项原则终究会走向失败。

本章小结

连锁经营的基本特征包括经营规模化、经营统一化、管理规范化、组织网络化4个方面。它有直营连锁、特许连锁、自由连锁3种基本模式，这几种模式之间具有很多共同点，也存在着很大的差异。连锁经营有连锁超市、连锁便利店、连锁专营店、连锁百货商店等主要业态。连锁经营模式与传统的商业模式相比具有不可比拟的优势，主要体现在规模优势、效益优势和竞争优势3个方面。此外，它还存在着很大的风险，主要是由经营者、市场和总部带来的风险。

思考题

(1) 连锁经营的基本特征主要表现在哪几个方面？

(2) 连锁经营具有哪些基本模式，它们之间有什么区别？

(3) 连锁经营的主要业态有哪些？简要阐述它们的主要特征。

(4) 连锁经营的规模优势体现在哪几个方面？举例说明。

(5) 连锁经营存在哪些风险，如何防范？

(6) 连锁经营的基本原则有哪些？

第 二 篇

连锁企业经营与管理篇

第 3 章

连锁经营开店管理

学习目标

- 熟悉连锁经营开店的战略、路径、基本原则及开店流程
- 掌握连锁经营分店选址的理论与决策流程
- 熟悉连锁经营分店的布局与设计
- 了解连锁经营分店的组织结构及管理职责设计

3.1 连锁经营开店模式的构成

连锁经营的优势在于规模，连锁经营从本质上说，是一种追求规模经营和规模效益的经营组织方式，所以，追求规模扩张是连锁经营的一种内在的、本能的冲动。虽然有了规模并不代表一切，国内外大型连锁企业经营失败的例子并不鲜见，但没有规模的连锁企业很难有效提升自己的竞争力，因此，人们经常会将规模与企业的成功联系在一起。连锁企业的规模扩张主要指网点扩张，这里不仅指网点数量的扩张，同时也指网点质量的提升。一个优秀的连锁企业在不断建新店的同时还会对原有的质量不满意的门店进行调整，以保证每一个“点”连接起来形成一张有效的“网”。在这里，将主要介绍网点空间布局、门店 S&B 战略、连锁经营开店的路径、连锁经营开店的原则及门店开发的基本流程。

3.1.1 网点空间布局战略

网点空间布局战略即区域扩张战略，许多连锁企业在初创时并没有一个明确的扩张思路，但随着规模的不断扩大，扩张思路也渐渐明晰。例如，第一家沃尔玛商店设在美国阿肯色州的罗杰斯，之所以设在这里，不是因为这里对沃尔玛这样的折扣商店来说最具吸引力，而是因为这里靠近山姆·沃尔顿的家，而且租金也能承受。随着沃尔玛的不断扩张，门店达到 20 多家后，一套较为成熟的企业扩张思路便形成了，成为该企业走向全美、挺进世界的指导思想。我国许多连锁企业在发展到一定阶段后，仍然只是重视单个门店位置的选择，缺乏对整个市场空间布局的长远规划，孤立地考虑每一家分店的选址，认为哪里有开设条件就到哪里开，导致后来发展非常被动。因此，在网点开发时，连锁企业应具备长远的观点，从大局着想，方能形成一张有规模效益

和竞争力的大“网”。

网点空间布局战略模式主要有两种模式：圈地模式和跳跃模式。

1. 圈地模式

圈地模式是指连锁企业在一个区域内集中资源开店，将可能开设的门店数量尽量开完，再寻找另外的开店区域，以便充分挖掘该区域的市场潜力，发挥资源整合优势，降低管理成本和后勤服务成本，增强宣传效果，以达到获取规模效益的目的。

圈地模式的具体操作方式有两种，一种是以一个城市作为目标，集中资源在该城市迅速铺开网点，形成压倒性阵势，以吸引消费者的注意。这种网点布局战略对消费相对分散且区域性竞争不明显的便利店、冷饮店尤为适用。日本 7-11 便利店通过特许经营方式拓展分店，其中一个重要的策略是集中开店。当它在一个地区取得市场支配地位之后，再进入下一个地区，而不是追求全面开花，从而能降低经营成本，迅速实现盈利。与日本同行业比较，在销售额、毛利率、总资本周转率、单位面积销售额、人均销售额等诸多经营指标中，7-11 便利店都居于日本便利店之首，而销售管理费用率、设备费用率、库存、工资占费用比率等指标却低于同行业平均水平，这也使得 7-11 便利店有更多的优势参与同行业竞争，并从中脱颖而出。

圈地模式的另一种操作方式是连锁企业在考虑网点布局时，先确定物流配送中心的地址，然后以配送中心的辐射范围为半径逐步扩张。这种方式更注重配送中心的服务能力，以求充分发挥配送潜力。配送中心的辐射范围一般以配送车辆60～80千米/小时的速度，在一个工作日(12小时/24小时)内可以往返配送中心的距离来测算。这种布局战略对要求商品配送快捷、高效的标准超市等尤为适用。根据我国一些运转较正常的连锁超市的情况来看，配送中心的成本一般要占整个连锁超市销售额的4%，所以对配送中心的成本控制是整个企业成本控制的重中之重，尽力挖掘配送中心的潜力、降低配送成本是连锁企业在网点布局时不得不考虑的重点。

(1) 圈地模式的优势如下。

① 可以降低连锁企业的广告费用。连锁企业广告宣传媒介主要是地区性的电视台、电台和报纸、海报等，无论宣传区域内的 1 家门店或者 100 家门店，广告费用都是相同的。因此，在一个区域内开店越多，广告费用分摊到各门店越低。

② 可以提高形象上的相乘效果。在同一个地区开设多家门店，会很容易树立该连锁企业的形象，提高知名度。如果某一家门店缺少某种商品，可以在很短时间内从邻近门店调配，顾客也可以马上到邻近的门店去购买。

③ 节省人力、物力、财力，提高管理效率。企业总部管理人员可以在各个门店之间合理分配时间，不必担心由此所带来的不便和往来费用，在同样的时间内增加巡视次数，对每家门店的指导时间增加，便于对各门店的管理。同时，培训员工也变得更加容易。

④ 可以提高商品的配送效益，保证及时送货。为了使各门店的存货降至最低，通常要求配送中心必须采取多种类、小数量、多批量的配送方式。尤其是一些速食品和生鲜食品，如面包、糕点、饮料、蔬菜、水果等，为保证食品新鲜可口，每天要送货 2～3 次，因此必须采取集中开店战略，方能缩短订货到送货的时间，防止缺货，提高商品的新鲜度，降低流通成本。

⑤ 可以充分发挥配送潜力，减少总部的投资压力。在目前我国缺乏社会化配送中心的情况下，连锁企业的商品配送不是依赖供应商低效率、高成本的配送，就是依靠自建的配送中心，而建一个配送中心，尤其是一个现代化程度较高的配送中心，企业的投资是巨大的。连锁企业在配送中心的辐射范围内不断开设新店，可以合理规划运输路线，统一采购，集中配送，在削减车辆数量的情况下，也能集中资源按时配送。这样就能尽量发挥配送潜力，收回投资，同时由于不需要建

多家配送中心，从而减少了总部的投资压力。

(2) 圈地模式的风险如下。

① 采取这一扩张模式，必须等待在一个区域开完计划的门店数量才进入另一个区域，则连锁企业要完成在全国的整体布点工作可能需要较长时间。

② 由于这一扩张模式是一个一个区域渐进开店，因此有可能其他一些当前值得进入的区域或城市在等待中丧失了最佳机会，让竞争对手抢占有利地址。

2. 跳跃模式

跳跃模式是指连锁企业在当前值得进入的地区或竞争程度相对较低的地区分别开设店铺，即看准一个地方开一家，成熟一家开一家，可以同时不断跳跃式地在各区域开店。连锁企业采取这种方式扩张主要出于两种目的：一种是企业希望占领某个大区域市场，先不计成本，不考虑一城一池的得失，而是先考虑整体网络的建设，对有较大发展前途的地区和位置，先入为主，抑制竞争对手的进入。另一种是希望避开强大竞争对手，先求生存，再求发展。

(1) 跳跃模式的优势如下。

① 可以抢先占领有较高价值的地点，取得先发优势。这实际上是对未来行为的一种提前，对这些地区，该连锁企业以后一定会进入，而由于各种竞争关系，未来的进入成本远远高于目前，尤其是某些连锁企业的经营模式对地点有特殊要求，那么尽早在主要市场锁定理想地点将使连锁企业的扩张活动变得更为主动。

② 企业优先将门店开设在商业网点相对不足的地区或竞争程度较低的地区，可以避开强大竞争对手，迅速站稳脚跟。这对于刚刚起步的连锁企业尤为重要。较偏远的地区或城市郊区往往被大型连锁企业所忽略，那里租金低廉、开店成本低，商业网点相对不足，不能满足当地居民的需要，企业在该地区设店能有效地避开与强大竞争对手的正面冲突，从而形成自己的优势，取得规模效益，以便后来居上。

(2) 跳跃模式的风险如下。

① 对于那些对物流配送要求较高的连锁企业而言，在缺乏可供依赖的社会化配送中心的情况下，采取跳跃模式的连锁企业需要充分考虑自己的物流配送能力，如果门店之间跨度太大，企业物流配送跟不上，就难以满足各门店的配送需求。

② 由于不同地区的市场差异性太大，企业难以根据不同市场的要求选择适销对路的商品，无法满足消费者的需要，因而在发展初期难以有效整合企业资源，这些可能使连锁企业陷入战线过宽带来的陷阱。

③ 如果连锁企业设店的区域跨度过大，必然要求更多的权力下放来适应不同市场的需要，而如果连锁企业没有相应的管理控制系统，容易出现一盘散沙状况，不利于树立连锁企业统一形象。

④ 跳跃模式对门店的管理人员要求较高，在总部后勤服务不到位的地方设店，门店管理人员必须独立处理相关事务，必须具备较高的能力素质，否则会延长门店经营的摸索期或亏损期。

对于创建时间不太长的连锁企业，多数专家建议不要将战线拉得太长，以免顾此失彼，得不偿失。但上述两种区域扩张模式并不是完全排斥的，连锁企业可以根据自身的条件设计适当的区域扩张战略，甚至可以将两种模式有效地结合起来。

3.1.2 门店 S&B 战略

S&B(scrap and build)战略，即裁剪与重建，是关于撤除某一家、某一地区的门店或者对某个旧门店进行重新装修改造以使其更符合公司长远发展方向的战略。S&B战略兴起于20世纪70年代末，尤其是石油危机之后，最初的作用是精简机构，进行合理化经营。经过20世纪80年代的发展，S&B的作用已从单纯的成本控制转为积极的业态调整，从而成为发达国家连锁企业常用的战略之一。S&B战略又被称为连锁企业的修枝战略，其目的在于去除冗店，重新调整连锁企业扩张中地区内部和地区之间的连锁门店分布状况，调整门店形象及经营策略，建立更为有效和紧凑的销售网络，以提高竞争力，获得长期的发展。

连锁企业实施S&B战略一般出于以下几种情况。

1. 店铺危机

在拼命抢开新店时，一些企业选址错误，选择了不合适的位置(因为最好的位置已被竞争对手占满了)，导致经营不善，而且在未来几年情况也不会有太大的改善，需要进行裁剪。另外，由于城市建设，如修筑铁路、居民区，或出现新的闹市区，或其他政治、经济等原因，导致原先选定的店址需要放弃或搬迁，从而实施S&B战略，这种情况又被称为店铺地段危机。

2. 经营危机

门店本身经营不善，出于成本合理化的要求，为整顿亏损店而实施S&B战略。一方面，撤除缺乏竞争力的店铺，如缺少停车场的大型店，销售额难以提高的小型店或地段欠妥的店铺等；另一方面，由于投资成本增大，这些成本包括防火设施、防止环境污染设备的投资以及店租等。裁撤旧店或投资新店之后，企业能够获得更为合理的投资回报率。当然，借着裁撤亏损店，还可以改装店铺，发展新的业态，如日本的NICHYI就在旧式小型店之外，将业态变更为密集型的折扣商店。

3. 市场危机

由于市场差距(market gap)显著化，商店和楼面结构不合时宜而采取S&B战略。造成市场差距的原因有：消费者停止流动，结果形成具有不同特性和购买力的区域划分；居民或商圈的年龄人口结构呈现极端化的倾向；流动性强的消费者(如青年、新建家庭)集中到某一地区。这3种情形都会使门店的商品结构和楼面结构无法适应顾客的需要，结果形成市场差距。这时的S&B战略，重点在于以变更业态的方式重建商店网络，如将超级市场改为集中专卖店型的百货商店。

4. 合作危机

由于连锁企业与合作伙伴之间的关系变化而引起实施S&B战略。这种现象容易出现在双方合作共同开发一个地区的市场，当合作方产生变故时迫使连锁企业不得不进行调整。如日本的和泉居，最初是作为一个超级市场部加在NICHIYI商店中的，但是当后者转为进行食品直营时，它就被迫撤出了大阪地区。

5. 管理危机

由于连锁企业过度扩张和盲目扩张后，发现自己没有足够的资源和管理能力支持或控制所有的门店，对于一些地域分布较远的门店进行裁剪。例如，有些连锁企业发现专注于地方性市场而不是全国性市场可能会干得更好，或现在尚无能力进军全国市场，于是对原来的盲目扩张予以修正。

上述五种情况通常会迫使连锁总部被动采取S&B战略，但是作为一种战略，更重要的是主动审视企业的发展情况，以便有选择地进行S&B战略，以免犹如热水中的青蛙，浑然不知有朝一日将会面临被动裁撤的危险。总部应定期(至少每年一次)审查各门店的业绩，以便确定每一家门店的发展趋势。连锁总部在做出改变门店的任何决定(如关闭、扩建或重新装修)时都要从战略角度进行考虑。例如，某家门店目前的业绩可能很差，但该店所在的商圈内住宅建设的大量开发很可能为它在未来几年的发展提供了更好的机会，于是这家门店得以保留，以期在未来改善业绩。此外，总部不仅要对每一家门店的经营进行审查，也要对整个连锁公司的经营业务是否合理、发展战略是否科学、经营策略是否得当重新做出评估，以便及早抓住机会进行更新。

实施S&B战略意味着连锁企业已经习惯了向消费者希望的方向转移并对经营环境变化有了更深刻的认识。连锁企业的经营变得更为灵活，当其关闭不赚钱的门店时，也在开张新的、赚钱的门店，或者将现有的门店转变成赚钱的门店。正如伍尔沃思公司(Woolworth)的前总经理所言："(缩减规模)与我们重组、变革和复兴企业的长期战略是一致的，它能够在一个合理的时间跨度内实现我们的财务目标，并将资产从不能实现财务目标的企业中抽出来。我们期望该方案和最近的其他一些措施能够推动公司向目标靠拢，成为一个低成本、顾客导向的组织。"该公司在1995年间关闭了700多家商店和3个配送中心，同时在其富特·洛克连锁店(Foot Locker Chains)和北部集团服装店(Northern Group)名下开张了300家新店。

3.1.3 连锁经营开店的路径

连锁企业的网点扩张路径主要有4种：自建、并购、加盟、合作。如表3-1所示，由于这4种路径各有优势和风险，企业必须对即将进入的市场进行深入研究，结合自身具体情况选择最适合的路径。当然，企业也可以在一个时期同时运用四种路径加速扩张，这需要高超的资源整合能力和运作能力。

表3-1 连锁企业四种扩张路径比较

项　目	自　建	并　购	加　盟	合　作
资金来源	总部	总部	加盟者	合作双方
管理统一性	高度统一	中度统一	高度统一	低度统一
扩张速度	慢	快	快	不定
稳定性	高稳定性	中稳定性	低稳定性	低稳定性
企业形象	一致	不太一致	一致	不一致
风险	高	高	低	低
操作难度	相对简单	难	较难	较难

1. 自建

自建路径是指连锁企业借助自己筹集的资金，通过对当地市场进行详细的商圈分析，对备选地址逐一分析优选，确立店址并开设新的连锁门店，通过自身力量逐步拓展市场。国内外大多数连锁企业的早期扩张均采取这一路径开设直营连锁门店。

优势：新的连锁门店一开始就能按企业统一经营模式运行，迅速走上正轨；有利于企业的一体化管理，公司原有的经营理念和经营模式能不折不扣地贯彻实施；有助于树立良好的企业形象；由于选址时对当地商圈进行了周密的调查与分析，前期的市场调查对新店开业后的经营策略调整有很大帮助。

风险：该方式前期需要投入大量资金，企业必须有雄厚资金支持，且对内部资源应用要求较高，发展相对较慢；企业需要对新区域市场有一个了解、认识、把握的过程，当地消费者需要时间了解、接受新的进入者，因而初建的门店需要一个过渡期才能站稳市场。

如果连锁企业将门店开到 100 家甚至更多，而所有的商店建筑费、店面装修费和仓库基础设施费全部由自己承担的话，那么这将是一个非常昂贵的费用。如果连锁企业资本金不是特别充足，为了节省投资，可以考虑对物业进行租赁。尽管有些连锁企业对物业的投资获得了较高的回报，如麦当劳对许多店址物业是拥有所有权的，但多数连锁企业尤其是零售商大都不拥有自己的物业，它们相信“零售商不应卷入房地产投机活动中”，当然，这种看法有时也会使它们面临一些尴尬，如深圳万佳公司的第一家分店在物业租赁期满后，业主提出要大幅增加租金，最后双方无法达成协议而使万佳不得不另寻店址。

2. 并购

并购是指连锁企业采取资本运营的方式，将当地现有的企业收购、兼并过来，再进行整合，使兼并企业能与母体企业融为一体。并购是目前国内外比较流行的一种扩张方式，近年来我国零售业就发生了多起并购事件，但并购并不适用于所有企业，因为并购存在相当高的风险。

优势：通过收购，兼并，连锁企业可以共享市场资源，扩大顾客基础，提高讨价还价的实力；容易进入一个新市场，因为兼并过来的企业就是当地已经存在的企业，熟悉当地情况，了解本地市场，或者已经积累了一定的无形资产，被当地消费者所接受，并购能使总部迅速占领新的市场；可以利用被并购企业的人力资源，如果运作较好，投资成本可以相对减少，而扩张速度也会加快。

风险：被兼并企业本身的组织结构、管理制度以及企业文化与母体企业相差较大，还需要对其按母体企业的标准进行改造，有一个磨合阵痛期，这同样需要成本；寻找合适的被并购企业需要机会，这可能会贻误进入一个新市场的时机；并购本身及整合被并购企业是一项复杂的工作，需要高超的管理技术和专业知识。

3. 加盟

加盟一般称为特许经营，是总部将自己所拥有的无形资产包括商标、商号、专利和经营管理模式等许可给投资者或加盟商，加盟商按合同规定在总部的统一指导下从事经营活动。加盟是连锁企业一种低成本、高速度的扩张方式，但它需要一定的条件，同样也存在一定的风险。

优势：可以节省大量资金投入和时间成本，迅速提高市场占有率；可以节省总部的人力资源和财力，风险小；充分利用加盟者在当地的人缘优势和经营积极性，可以提高成功率。

风险：加盟更适合一些门面较小的商店，不适合所有零售业态和服务行业，这使得该路径扩张范围受到限制；管理特许门店难度较大，加盟双方容易闹矛盾，总部不能随意更换店长和工作人员，不利于整体营销战略的实施和服务品质的整体划一；个别加盟店的行为或经营失败会对总部品牌形象造成损害，不利于树立良好的企业形象。

4. 合作

合作是指连锁企业与有合作意向的伙伴进行多方面合作，包括引入战略投资伙伴共同开发新市场，包括与合作方结成联盟体采取复合连锁的方式进入新市场，包括向合作方输出管理、输出人力资源等方式，共同开发某地区市场。如深圳万泽药店与万佳超市结成联盟共同开拓广州市场，万佳开到哪，卖场里面就有万泽的门店进驻。

优势：可以利用合作伙伴的人力、财力、物力等资源，减轻总部的投资压力；可以利用合作方的影响力占领市场，降低投资风险；双方可以共享顾客资源；相对于加盟的形式，合作形式更为灵活，店面招牌可以灵活处理，或打上连锁企业商号，或采用双商号；合作方式较加盟更容易被对方所接受，双方是在平等的位置上谋求双赢。

风险：合作伙伴有权利参与决策，连销企业不能独立决策，这不利于统一管理；市场的开拓受到制约，不能按自己开店的一贯模式运作，时间和速度无法控制；合作方式不太稳定，由于其他事情变化，容易导致合作失败或合作终止。

3.1.4 连锁经营开店的基本原则

纵观连锁业的发展，可以看到多种分店开发道路，有的分店相对独立，周围没有什么辅助商店；有的则主要在大型购物中心内租赁店铺。但是总的来说连锁经营分店的开设必须遵循以下原则。

1. 方便顾客购买

连锁经营可以通过分店开发来扩大经营网点，从而增加企业与顾客联系的窗口，以更好地满足消费者需要。“接近顾客就是赢家”，要实现该目的，分店开发中必须满足方便顾客消费的原则，这主要体现在两个方面：一方面是所开分店能最大限度地节省顾客的购物时间。这里的关键是要求在分店开发时能争取直接面对目标顾客。另一方面，分店开发还应充分把握顾客的购物心理。例如，有的顾客在采购日用生活必需品时，常常希望一次购齐，因此如果拟开设的分店只能满足其中的一部分要求，则不妨将分店设在经营其他商品的商店附近，实现优势互补。总之，站在顾客的角度规划分店开发，是连锁超市经营的宗旨。

2. 有利于配送中心供货

在连锁经营中一般会设置配送中心，统一采购，集中供货。这样可以获取批量折扣，降低采购成本，能合理规划运输路线，降低运输成本，从而达到获取规模效益的目的。因此，在开发分店时，必须充分考虑分店与配送中心之间的相互关系。首先，配送中心一方面要保证周围各家分店的货源供应，另一方面还要在各分店间调剂商品余缺，任务十分繁重，每开一家分店都要增加配送中心的工作量。因此，应考虑以配送中心的供货能力范围为半径，做一圆圈，所开分店应均匀散布于圆圈之内。其次，要考虑配送中心向分店供货的运输路线是否合理，例如，分布在运输干线上的分店显然优于非干线沿线的分店，这不仅可以节约运输成本，还可以保证缺货的及时供应，甚至给相邻分店间余缺商品的调剂都带来方便。

3. 具有长期规划性

因为连锁经营企业要不断地发展壮大，扩大市场占有率，必然需要不断在新区域开拓新网点。如果新开分店布局杂乱无章，无统一规则，将不利于企业长期发展，甚至削弱企业竞争力。例如，同一连锁企业的成员在区域上不宜相距太近，否则易引起分店之间的商圈重叠；如果下属各分店在同一地区内分布过于紧密，分店之间就会形成竞争，最终会对整个企业的发展产生不利影响。因此，为确保本身的利益，应在连锁分店发展规划中附加“不得在方圆××公里以内开设第二家分店”的条文。但对非同一连锁企业的商店，尽管在新区域内已有同行业企业开设分店，同样也可以在该地区选择开店，开展竞争。只要自己的经营有特色，同样能占领市场。

4. 配合业态类型

不同经营业态的连锁店在开发分店时，各有不同的要求。连锁经营企业应该结合自己的业态类型特点谨慎开店。例如，快餐店就需要设在流动人口密集的地方，而洗染店就需要开在固定人口密集的地方。再如，出售大众日用品和副食品的超市连锁就不宜设在闹市地区，而应设在缺少商业网点的新村居民区内。另外，各连锁分店在保证连锁专业化、统一化的前提下，应结合本身业态类型、区域特色有所变通。如上海联华超市的“联华超市就在您身边”，将其目标顾客定位于市区工薪阶层，以日用消费品为主要经营特色，但它并没有机械地选择工人新村，而是考虑到了日用消费品的层次之分。位于商品房聚集地田林新村的田林分店，与田林宾馆对面而设，它适当开发较高层次的消费品，如精装饼干、礼品、饮料等以适应当地的高收入阶层。而在居民区新曲阳村，则以尽可能多品种、规格的日用消费品来吸引周围居民一次购齐消费。同样的超市连锁，由于不同的特色，均做了大生意。

3.1.5 连锁经营分店开发的流程

分店开发是连锁经营企业取得规模经济的基础，分店开发的成功与否直接关系到连锁企业的成败。分店开发的流程如图3-1所示。

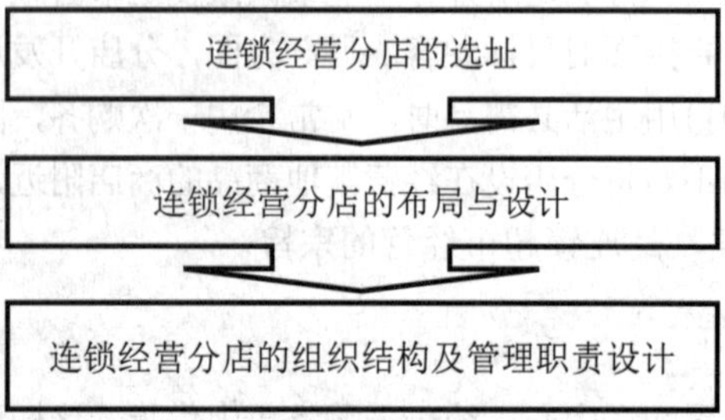

图3-1　连锁经营企业分店开发的流程

1. 连锁经营分店的选址

分店开发是连锁经营中发展战略的核心部分。在分店开发的流程中，由于店址是关系到分店生意好坏的最关键因素，因此，选址尤为重要。为了选择合适的开店地址，一般要进行商圈分析与地址分析。

2. 连锁经营分店的布局与设计

连锁经营分店的布局与设计的实质是门店形象的问题。门店形象是门店外观、内部陈设及其口碑效应三者的有机结合，良好的门店形象有助于增强店铺的竞争力、吸引人才、创造有利的外部环境，是门店的无形资产。因此，塑造独树一帜的门店外观，精心设计其内部陈设，配合适当的广告宣传提高知名度，对于连锁门店经营至关重要。

3. 连锁经营分店的组织结构及管理职责设计

组织结构是指一个组织内各构成要素以及它们之间的相互关系，主要涉及企业部门构成、基本的岗位设置、权责关系、业务流程、管理流程及企业内部协调与控制机制等。可见，组织结构是企业围绕其核心业务建立强有力组织管理体系的基础。连锁经营的运作靠的是连锁经营的组织，组织结构是否合理、能否有效控制分店正常运营是连锁企业成败的关键。

3.2 连锁经营分店的选址

连锁经营分店店址的确定是综合考虑各种影响因素的结果，要使选择在各个方面都能令人满意，客观上往往不容易办到，因此，选择合适的区域及地点要平衡各种因素的利弊后才可确定。要十分注意所在行业的特点、同行业的竞争趋势、拟定位置的未来变化、分店的延伸以及连锁经营管理方面的要求。分店开发的店址择定要经过如下程序：确认前提条件、选择重心区域、寻找最佳结合点、选定具体地点。

3.2.1 选址重要性分析

对于连锁经营来说，分店地址选择的重要性不可低估。一方面，选址的决策过程复杂，成本高，一旦选定不易变动，同时位置特点对企业整体战略影响较大。一般来说，如果门店位置好，即使战略组合一般，也容易获得成功。医院附近的礼品店商品种类不多，价格偏高，也不主动宣传，其生意却往往很兴隆，原因就在于此。另一方面，如果选址不佳，经营者再有能力也往往难以弥补这一缺陷。一家小型日用杂品商店如果位于食品超市对面，即便引入个性化特色服务，延长营业时间，也无法与超市的商品种类与价格优势相比，经营势必艰难。如果另选店址，也许会获得成功。

商店位置的选择是一个综合决策问题，需要考虑许多因素，其中包括周边人群的规模和特点、竞争水平、运输的便利性、能否停车、附近商店的特点、房产成本、合同期限、人口变动趋势、法律条文等。

商店选址的资金投入大，且长期被占用，即便企业为追求投资最小化选择租赁的方式，而不是购买土地自己新建，投入仍然很大，除了在合同期内需要支付租金以外，零售商还需在照明、固定资产、门面等方面进行投入。

如果位置不太理想，租赁期通常短于5年。如果位于闹市区或商业中心，租赁期则往往为5～10年，甚至更长。一般来说，超级市场的租赁期为15年、20年或30年。位于市中心的百货商店和大型专卖店通常的租赁期则长于30年。

由于位置固定，资金投入量大，合同期长，商店选址是连锁经营战略组合中灵活性最差的要素。一家连锁店不可能轻易搬迁，也不太可能轻易改变经营方式。相比之下，广告、价格、顾客服务、产品服务种类则能够随着环境(包括顾客、竞争及经济状况等)的变化较迅速地做出反应。此外，如果连锁企业违反合同，它将承担由此给房产主带来的一切损失。有些合同还明文禁止在合同期内转租。

连锁企业如果自己购买土地新建商店，则更难以变动。通常很难寻找合适的买主，需要花数月，甚至更长时间，同时往往还需要在资金上对买主提供帮助。假如在经济萧条时出售，则极易导致财务损失。

一家门店搬迁后，会面临许多潜在的问题。首先，会流失一部分忠诚顾客和员工，搬迁距离越远，损失越大；其次，新地点与老地点的市场状况不同；再次，商店的固定资产及装修往往不易搬迁，处理时如果估价不当，也会造成资产流失。

门店选址对连锁企业长期和短期规划均会产生较大影响。从长期来看，地点的选择将影响企业的整体战略。商店位置必须与企业任务、宗旨和目标市场长期保持一致。企业需要定期考察和测试周边环境，包括人口变动趋势、与顾客的距离及竞争对手的进入与退出情况等，以便相应调整长期计划。

从短期来看，门店的位置也影响着企业战略组合(产品种类、价格和促销等)。例如，门店如果位于市中心，周围都是办公楼，其周末人流量必定很少。很明显，这样的商店不适宜销售家用电器(此类商品通常由夫妻共同购买)。对此商店而言，可行的策略或者是不经营此类产品，周末闭门不营业；或者是周末继续营业，通过扩张性低价及大力宣传等手段吸引客户前来购买。如果选择前者，其实是在调整战略组合以适应位置；如果选择后者，企业则必须在广告宣传上加大投入以尽力改变消费者的购买习惯。总的来说，改变位置特点比适应位置特点要冒更大风险。

3.2.2 连锁经营选址的基本理论

1. 商圈分析

(1) 商圈的概念。商圈在经济学上的意义是“零售市场的空间领域”。而在店铺经营方面，商圈是指商店的有一定地理界限的销售范围，这个地理界限就是以商店所在地点为中心，沿一定距离形成的不同层次的吸引顾客的区域。如图 3-2 所示，当商圈在规模、形状、构造上逐渐明显化时，商圈可以分为核心商业圈、次级商业圈和边缘商业圈。核心商业圈的顾客占顾客总数的 55%～70%，是离商店最近、顾客密度最高的区域；次级商业圈的顾客占到顾客总数的 15%～25%，位于核心商圈的外围，顾客较为分散；边缘商业圈包括所有余下来的顾客，顾客最为分散。

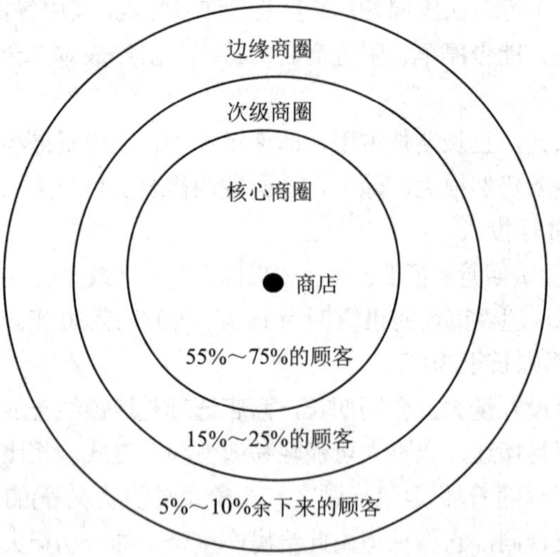

图 3-2 商圈图

商圈的形状指商圈所具有的地理性形状，它取决于交通枢纽、自然环境、社会人文环境、行政性环境、竞争店与互补效应等；而商圈的构造则指商圈所具有的地理性、空间性构造，包括 3 种构造形态：

① 全部商圈，指从最远处来的顾客的范围。

② 复合商圈，指根据商品类型而定的商圈范围。

③ 相对商圈，根据利用该分店的相对顾客数(或销售额)而区分的商圈。

这里要注意一点，虽然每个商圈都有各自不同的具体形态、形状，并且相互排斥，受业种、业态的影响又具有重叠性。但各种划分标准服务于不同的分析目的，不能混为一谈。

商圈的范围和形状受许多因素的影响，诸如商店类型、商店规模、竞争对手的位置、居民居住模式、行程等。

(2) 商圈分析的意义。

① 详细了解顾客的人口和社会经济特征。具体来说，可以借用各种官方和非官方资料了解有关情况。考察新开商店未来的商圈有利于挖掘市场机会，帮助零售商制订成功的经营战略。对于现有商店而言，则可以由此检验现行的经营战略是否适合顾客需求。

② 确定促销活动的重点。例如，如果95%的顾客都居住在距离商店3英里的小范围内，在一家全市性报纸上做广告便明显不合算。为避免过量发行，企业应尽量选择覆盖现有或潜在商圈的传媒方式。

③ 对连锁店或特许联营店而言，商圈分析能够帮助确定新开分店能否扩大市场，其顾客是否仅从现有分店转移而来。假如一家连锁超市在某地区设有一家分店，该店贸易辐射区为2英里。目前，该企业打算在距该地区3英里的地方新设分店。图3-3描述了这两家商店的商圈及其重叠情况，阴影部分代表两家分店商圈的重叠，在此区域两家分店服务于同一客户群。连锁店需要考察的是新开分店后总销售额的净增长(新开分店总销售额的净增长=新开分店后原商店的总销售额+新店总销售额－开设分店前原商店的总销售额)。

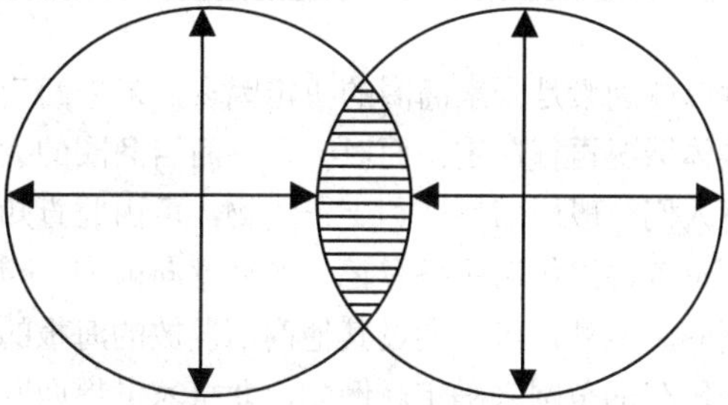

现有商店的商圈　建议商店店址估计的商圈

图3-3　两家商店的商圈及其重叠情况

④ 经营者可以通过商圈分析来判断如果自身不扩张，竞争对手是否会在附近开设分店。通过自身扩张这一战略能有效地限制竞争对手进入其市场领域。

⑤ 可以帮助连锁企业计算出特定地理区域内的最佳网点数。一家银行或旅行社在特定区域内应开设多少家营业机构，才能较好地为顾客服务(既不过多投入，也不重复设置)。

⑥ 可更加突出位置上的缺陷。假如一家郊区购物中心进行商圈分析后发现城南相当一部分居民并未前来购买。经深入调查，主要原因在于城南郊区有一个危险的铁路道口，许多顾客不敢驾车经过。于是，购物中心便可与当地政府协商，进行安全改造，以便吸引更多居住在城南的顾客。

⑦ 帮助了解许多其他因素，并进行评价。在商圈分析过程中，可以对竞争状况、资金市场、运输状况、劳动力市场、供应商、法律条文、经济增长等情况一一进行考察。

(3) 商圈的测定。划分商圈非常复杂，受很多因素制约。用来划定商圈范围大小的基本要素如表3-2所示。

表 3-2 商圈测定的考虑因素

商圈测定的因素	外部因素	量的方面	● 人口数、人口密度、家庭数 ● 流动人口数、客流规律 ● 零售业销售额、营业面积 ● 大型店状况 ● 交通装备及交通量
		质的方面	● 年龄、职业、家庭人口构成 ● 收入水平、消费水平 ● 就业状况、产业结构 ● 城市规划、城市间关系 ● 竞争店、互补店的地区分布 ● 市政设施、商业街的规模
	内部因素	主体方面	● 店铺规模、业态 ● 商品配置、楼层构成及配置 ● 吸引顾客的设施状况，如停车场 ● 销售促进、营销及其组织活动状况
	附加因素		文化、公共设施的有无

在这些因素里面，究竟哪些因素是未来商圈的决定因素，未来商店商圈到底有多大不可一概而论，须根据各个店铺的具体情况再行决定。而对于现有商店商圈的大小、形态和特征，则可以较为精确地确定。在国外，人们一般用信用证和支票购物，可由此查知顾客的地址、购物频率、购物数量等情况；在国内，可以通过售后服务登记、顾客意向征询、赠券等形式搜集有关顾客居住地点的资料，进而划定商圈。另外，可以通过其他商店发放的海报的范围来确定商圈，也可以通过一些大型超市开设免费班车的范围来确定。例如，北京家世界西四环店共开通了 8 条免费班车线路，西至石景山区的老山、七星园，东至羊坊店，北至八里庄、玉海园，南至丰台桥，西南至长辛店，这就是它的商圈。

新建商店的商圈相对难以确定，不过也可以根据当地零售市场的潜力，采用趋势分析法，即通过对城市规划、人口分布、住宅建设、公路建设、公共交通等方面资料的分析来划定商圈。

(4) 商圈确定方法。确定商圈有多种不同的方法，根据行业与店铺形态等的不同商圈会多少有些差异。因此，在分析调查时，通常是结合几种方法综合加以判断。

① 利用电脑模型帮助分析、确定商圈。

在介绍商圈确定的方法中，首先看看美国零售业在评价新店位置时所采用的三种先进的电脑分析模型：类推模型、回归模型、引力模型。其中类推模型(analog model)最简单，应用也最广泛。这一模型根据类似地区现有商店的销售量，新店所在地区的竞争状况，新店可望达到的商场份额，该地区内主要商圈的范围与密度等预测新店未来的销售量。回归模型(regression model)则利用一系列数学方程式研究商店未来的销售额与所在地区各种独立变量之间的关系，这些变量包括人口规模、平均收入、家庭数量、附近的竞争者、运输与交通状况等。引力模型(gravity model)的假设前提是与竞争对手相比，商店离顾客越近，越有吸引力，顾客就越多。该模型主要考察顾客与竞争者之间的距离、商店位置与顾客之间的距离、商店形象等因素。

电脑分析模型的优越性体现在：目标性与系统性较强，详细考察了每个因素的重要性，因而在对大量地区进行分析时特别有效。同时，对比模型预测结果与实际情况还可进行业绩考核。百事可乐公司就利用 GIS 技术帮助肯德基和必胜客寻找新网点的最佳位置。

美国零售企业在进行商圈分析时越来越多地使用地理信息系统(geographic information system，GIS)软件。地理信息系统能够提供绘图所需资料，从而形象地描绘商圈特点，包括人口特点、顾客购买情况以及当前和潜在竞争对手的位置等。因而，GIS 软件能帮助零售企业了解不同地区的特点，并将结果表述在地图构件中。在 GIS 软件得到广泛运用之前，零售企业不得不搬来一叠厚厚的地图，对考察区域以及竞争对手的位置进行手工资料收集和分析。有些美国企业在全球网上提供 GIS 绘图软件，其中包括环境研究所(ESRI)、办公自动化中心。这些软件较先进，客户须付费使用，但有些企业经常免费提供样品。

尽管不同的 GIS 软件价格各不相同(其中许多厂家不但出售软件，还提供商圈咨询服务)，但总的来说，光碟的价钱都不高。这些软件均可在个人计算机上使用，用户还能主动调整商圈数据。

GIS 软件的用途很广。例如，连锁企业可以利用 GIS 软件考察目前哪些分店的商圈内家庭年收入超过多少美元。企业可在开店前利用该软件预测新店的销售额及对原有商店销售额的潜在影响。零售企业还可通过 GIS 软件确定最佳位置上顾客的特点，据此设计模型，以便在全国范围内找到最好的店址。连锁企业甚至还可以利用 GIS 软件考察市场渗透率，明确其地理位置的优势和劣势。目前，许多美国公司利用 GIS 进行商圈分析和确定。

② 利用数学方法分析、确定商圈。

a. 雷利法则。雷利在 1929 年提出的商圈设定方法被称为零售引力的雷利法则(Reilly's law of retail graviation)，这是一种更具代表性的设定商圈方法。“零售引力法则”主要探讨大城市是如何吸引小城镇的顾客的，正如该法则名称所隐含的那样，它是以牛顿万有引力定律为依据的。该法则的目的在于确定两个城市或社区之间的无差异点，进而分别确定商圈。该法则认为，两城市从中间地带吸引顾客的数量比率，与两城市的人口数量成正比，与两城市距中间地带的距离的平方成反比。这里所说的距离指由中间地带到最具代表性的交通枢纽所需要的时间来测定的。公式如下。

$$\left(\frac{B_A}{B_B}\right)=\left(\frac{P_A}{P_B}\right)\left(\frac{D_B}{D_A}\right)^2$$

式中，B_A 表示城市 A 从中间地带吸引的交易量；

B_B 表示城市 B 从中间地带吸引的交易量；

P_A 表示城市 A 的人口；

P_B 表示城市 B 的人口；

D_A 表示城市 A 到中间地带的距离；

D_B 表示城市 B 到中间地带的距离。

例如，城市 A 的人口为 20 万人，城市 B 的人口为 5 万人，从 A 到中间地带的某小城市的距离为 15 千米，从 B 到该小城市的距离为 5 千米，那么，

$$\left(\frac{B_A}{B_B}\right)=\frac{20}{5}\times\left(\frac{5}{15}\right)^2=\frac{4}{9}$$

由上式可知，位于中间地带的某小城市被 A、B 两城市吸引的比率为 4:9。城市 A 因人口较多，所以可以弥补其距离上的不利。而城市 B 人口虽然比 A 少，但其与中间地带城市的距离却是 A 的三分之一，因此城市 B 反而比 A 更为有利。

上面所列出的公式，往往会让人以为该公式只不过是在表示两个城市的吸引比率，而并没有显示出所要求得的商圈的范围。不过，如果将公式变成$\left(\frac{B_A}{B_B}\right)=1$的形式，即找一个使两个城市的吸引力相等的地点(无差异点)，那么上述公式就能表示两个城市商圈的范围。当然，这也可以套用在分店的商圈范围确定上。

$$\left(\frac{B_A}{B_B}\right)=\left(\frac{P_A}{P_B}\right)\left(\frac{D_B}{D_A}\right)，令\frac{B_A}{B_B}=1，则有：1=\left(\frac{P_A}{P_B}\right)\left(\frac{D_B}{D_A}\right)^2$$

$$\frac{P_B}{P_A}=\left(\frac{D_B}{D_A}\right)^2，\quad D_B=D_A\sqrt{\frac{P_B}{P_A}}$$

$$D_A+D_B=D_A+D_A\sqrt{\frac{P_B}{P_A}}=D_A\left(1+\frac{P_B}{P_A}\right)$$

依前例可计算出商圈范围为

$$20=D_A\left(1+\sqrt{\frac{5}{20}}\right)$$

$$D_A\approx 13.3$$

这就是说，从城市 A 算起约 13.3 千米的地点即是两城市商圈界线所在。

b. 哈夫法则(Huff's law of shopper attraction)。哈夫的概率模型从消费者的立场出发，认为消费者利用某商业设施的概率，取决于表现商品丰富性的营业面积，以及为购物所消耗的必要时间及该商业设施的规模实力。这里有必要将各商品或各地区商业设备利用概率列入考虑范围。该模型的公式如下。

$$P_{ij}=\frac{U_{ij}}{\sum_{j=1}^{n}U_{ij}}=\frac{\frac{S_j}{T^{\lambda}_{ij}}}{\sum_{j=1}^{n}\frac{S_j}{T^{\lambda}_{ij}}}$$

$$E_{ij}=P_{ij}C_i=\frac{\frac{S_j}{T^{\lambda}_{ij}}}{\sum_{j=1}^{n}\frac{S_j}{T^{\lambda}_{ij}}}C_i$$

式中，j 表示某商业设施；

P_{ij} 表示 i 地区消费者光顾 j 商业设施的概率；

P_{ij} 表示 j 商业设施的效用；

S_j 表示 j 商业设施的规模(营业面积)；

T_{ij} 表示从 j 到 i 地区所需的时间；

λ 表示随交通工具不同而变化的参数；

E_{ij} 表示 i 地区消费者光顾 j 商业设施的期望值；

C_i 表示 i 地区的消费者数量。

式中有一个 λ 指数，用来衡量顾客因购物类型不同而对路途时间的重视程度不同，n 为不同商业区的数量。此外从该公式还可以看出，采用该模式能够评价某商业设施规模的变化以及地区交通体系的变化对商圈所带来的影响。

该法则具体应用举例如下：假设一家超市在考虑 3 个选址位置，在这 3 个区域，日用品的总营业面积分别为 60 平方米、90 平方米和 150 平方米。潜在顾客群的住所距离这三个区域所需时间分别为 7 分钟、10 分钟和 5 分钟。通过调研，顾客对路途所需时间的重视程度为 2。因此，在区域 1，顾客购买的可能性为 43.9%；区域 2 为 32.2%；区域 3 为 23.9%，即

$$P_{i1} = \frac{60/7^2}{60/7^2 + 90/10^2 + 150/15^2} = 43.9\%$$

$$P_{i2} = \frac{90/10^2}{60/7^2 + 90/10^2 + 150/15^2} = 32.2\%$$

$$P_{i3} = \frac{150/15^2}{60/7^2 + 90/10^2 + 150/15^2} = 23.9\%$$

假如有 200 名顾客居住在离区域 1 有 7 分钟路程的地方，那么，88%的人均会前往该区域购买商品。

应用哈夫法则时应注意：

第一，为完整描述区域 1 的商圈，应分别对距离商店 5 分钟、10 分钟、15 分钟、20 分钟……的顾客进行同样的分析，并加以汇总。这样才能全面估计区域 1 内各商店的市场规模、商圈范围及各类商品的主要、次要和边缘商圈。如果在该地区内特定商品种类新增加了零售空间和设施，不同距离处都会有更多的顾客前来选购。

第二，顾客前来选购的可能性很大程度上取决于商品种类。因为商品种类不同，顾客对路途时间的感觉也不同。在上例中，如果商品更加重要，如男士西服，那么顾客对路途时间的重视程度便有所下降。此时取值为 1，结果变为区域 1 为 31.1%，区域 2 为 32.6%，区域 3 为 36.3%。由于商品种类不同，区域 3 的吸引力大大提高。

第三，绝大多数变量都很难量化，为了制图方便，路途时间应转换为以千米为单位的距离。此外，路途时间也因交通方式的不同而不同。

第四，顾客每次光顾时购买的商品都不完全相同，这意味着商圈处于不断变化之中。

(5) 商圈分析的基本流程。

① 稳定的家庭(人口)数的具体位置。考虑影响人们光顾的稳定因素。

② 商业环境上的利弊。确认附近有无竞争店，能否在面积、停车场、商品构成、经营手段等方面与竞争店形成差别。

③ 是否为将来具有良好发展前景的地区。要研究人口增长率、城市规划政策等。

④ 对销售额作出预测，粗略地确定商圈范围。

⑤ 对拟选的几个具体的地址进行更详细的调查，做出优劣、适合性的具体评价，如进一步调查土地房产的适用性、周围环境状况尤其是公共配套设施的状况、将来发展余地、基础配套设施状况等。

根据土地房产的优劣顺序，对该房产的每个必要条件做出确认。经过对房产所有者、用途、面积的确认，经所有者的认可，制订开店计划书，经公司批准后，签订合同。

以上 5 个阶段即商圈调查的流程。

2. 地点分析

地点分析是选址分析的第二项重要内容，是在确定值得进入的商圈内寻找一个最佳的位置，以吸引目标顾客前来采购。地点分析需要更深、更细致的调查，一般需要考虑的因素如下。

(1) 业务类型与地点类型匹配。地点类型主要分三类，第一类是孤立店类型，第二类是经规划的购物中心，第三类是自然形成的商业中心。上述三种位置类型具有不同的优势和劣势，连锁企业管理者要确定适合自己门店的位置类型，关键是要分析自己的业务类型与哪种位置类型相匹配。

① 独特型连锁企业。独特型连锁企业通常拥有与产品或服务相联系的高质量形象。顾客从较远的社区被吸引而至，原因是产品或服务具有独特性和竞争者数量较少，如园艺中心、裱画店、机车喷漆公司或高档饭店。一个社区内，这种产品或服务选择的余地通常较小，而且该类型的产品或服务常常具有较高声望。这种类型的门店位置不论设在哪里都能吸引顾客。

② 竞争型连锁企业。竞争型连锁企业提供与商圈内其他企业相同或相似的产品或服务，这样，便利程度便成为决定企业选址的主要因素。便利食品店、冰淇淋店、快餐店、多纳圈饼店和药店，这些不同的商店均属于竞争型连锁企业。它们常常位于商圈内，集中于自然形成的商业中心、购物中心、一般商业区或办公区、工厂附近等交通繁忙和消费者集中的地区。这类企业通常是价格竞争和便利导向型的，应该尽量避免靠近直接竞争者。

③ 比较型连锁企业。化妆品店、家具装修公司、鞋店、体育用品店、五金店、花店、电子产品店、计算机店、机车修理店、机车用油中心、印刷中心、旅行、娱乐和休闲等公司是比较型连锁企业。对于这些公司来说，店址应接近竞争者，以便于潜在顾客对产品进行比较。比较型连锁企业常常沿商业区分布，位于购物中心或临街道的路口。因此，这种类型的商店选址有两个关键点：靠近竞争者，以便顾客进行比较；向顾客提供有效帮助，解释自己产品或服务的优点和价值。

(2) 客流分析。人来人往的地方当然是设店的有利地方，但并非人多经过的地方就适于开店，还要分析一下是哪些人来往，客流规律如何。首先，要了解过往行人的年龄和性别，因为有些过路者是儿童，他们可能是快餐店的顾客，但不会是服装店的顾客；其次，要了解行人来往的目的及停留的时间。

在商业集中的繁华区，客流一般以购物为主流，特点是速度缓慢，停留时间长，流动时间相对分散。因此，可以把那些经营挑选性强的商品的商店设在这里，如服装店等。有些地区虽然有相当规模的客流量，却多属非商业因素，如车站、码头、学校、公共场所等，其客流主流的目的不是为了购买商品，而是以其他目的为主，购物是顺便。此地区的客流一般速度较快，停留时间短，流动时间比较集中，因此，可以把那些经营挑选性不强和携带方便的商品的商店设在这里，如烟酒副食品店、冷饮店、快餐店等。

交通便利也是选择地址要考虑的重要因素。方便的交通要道，如接近车站、码头以及公共汽车的停车站，由于行人来往较多，客流量大，具有设店的价值。交叉路口的街角，由于公路四通八达，能见度高，也是设店的好部位。但是，有些地区，其道路中间隔了一条很长的中央分向带或栏杆，限制行人、车辆穿越，则会影响设店的价值。

由于交通条件、公共场所设施、行走方向习惯、居住区范围及照明条件等影响，一条街道的两侧客流往往并不均衡，或者同一侧街道也可能因地段不同而客流量不同，因此，在选择店址时要分析街道客流的特点，选在客流较多的街道一侧或地段。

(3) 分析竞争程度。如果商店是经营挑选性不强、购买频率较高的日常用品，在同一地区已有过多的同业在恶性竞争，互相争夺生意额，则势必影响商店的经济效益，除非新设的商店有特殊的经营风格、能力或不寻常的商品来源，否则难以成功。所以，商场上有句俗语：同行如敌人。但是，在某些环境中，上述情况并不完全如此。有些行业因同行都集中在一起，反而会形成一个别具特色的商业街，如广州的“女人街”、“电器城”等，由于竞争对手相对集中，相邻而设，商品品种繁多，有利于顾客广泛比较、挑选，能吸引更多远方来客，促进经营，这便是所谓的商业群体效应。此外，若附近的商店与新设商店在经营品种上有互相补充、连带的关系，则既便于顾客购买，又促进各自销售，宜于设店；若两家经营的商品无互补、连带关系，则会产生消极影响。

因此，加盟者在选择经营地点时，要详细了解在该地点附近有多少类似的商店，这些商店的规模、装修、商品品种、价格及待客态度如何，自己的加入将是增加竞争、分薄利润，还是互相有利，等等。

我们可以通过计算或测定某类商品销售的饱和指数来了解某个地区同行业是过多还是不足，以判断该地区的竞争程度。一般来说，在饱和程度低的地区设商店其成功的可能性较高度饱和地区要大，因而这种方法对于新商店选址有一定帮助。饱和指数的计算公式如下。

$$IRS=H\times\frac{R_E}{R_F}$$

式中，IRS 表示某地区某类商品零售饱和系数；

H 表示某地区购买某类商品的潜在顾客人数；

R_E 表示某地区每一顾客用于购买某类商品的费用支出；

R_F 表示某地区经营同类商品零售店的营业面积总数。

例如，为一家新设果品零售店测定零售商业市场饱和系数，根据调查资料分析得知，该地区购买果品的潜在顾客人数是 14 万人，每人每周平均在果品店购买 8 元，该地区现有果品店 10 家，营业面积 175 000 平方米，则根据上述公式，该地区零售商业中果品行业的市场饱和系数为：

$$IRS=140\ 000\times8\div175\ 000=6.40(\text{元})$$

6.40 元表示每周该地区果品商店每平方米营业面积销售额的饱和系数。用这个数字与其他地区测算的数字比较，IRS 越大表明该市场尚未饱和，成功的可能性大。反之，IRS 越小，表明该市场已经饱和，成功的可能性越小。

运用 IRS 还可以帮助经营者用行业已知的毛利与业务经营费用的比率对商店利润进行预测，做出经营绩效评估。

3.2.3　连锁经营分店选址的决策流程

门店开发不是一个简单的寻找店址的工作，而是一系列周密调查、科学论证的严谨而程序化的过程。下面从选址的几大程序出发，分别介绍连锁企业的选址技术或方法。

1. 资料收集与分析

选址的第一步就是搜集有关资料，这是进行商圈分析的前提，无论是区域的选择还是具体店址的选择，其决策都必须建立在掌握详细资料的基础上。事实上，选址分析的内容几乎人人皆知，但对企业管理者或专业选址员而言，更重要的是如何准确得到这些数据和资料，或者采取什么方式低成本地得到这些资料。

(1) 公开信息渠道。连锁企业可以从一些已经公开的文献中搜集有用的第二手信息。使用第二手信息可以节约大量时间和经费，而且对问题的研究可以提供一些有效的解释。许多专家建议：“从二手数据开始，只有当二手数据用尽了再开始用原始数据。”有很多渠道可以搜集二手数据，如我国每10年进行一次的人口普查，普查结果以各种形式发行。人口普查除了对每个家庭进行基本的人口统计外，还对一定比例的家庭进行深入的问卷调查，这就意味着可以通过计算机统计有关区域家庭住房情况、家庭财产、就业情况和家庭收入等。但是，人口普查每10年才进行一次，而且不能及时公布，因而很难满足商圈分析的需要。连锁企业更多的是从各地的统计年报中得到一些相关信息，这类信息比较及时，并具有权威性，但信息量小。此外，一些学者的有关研究报告有时也会公开发表在各种媒体上，这类信息虽然并非针对本项目的研究，但由于其对某些问题的深入探讨，会给人更多的启示，因此也常常成为企业所搜集的对象。

(2) 市场调研公司。连锁企业可以请专门的市场调研公司帮助搜集相关信息，这是目前常用的一种方法。事实上，各种市场调研公司依然是基本数据信息的主要来源，其较高的专业性有助于获得本项目所需的准确资料。问题是，中国本土的市场调研公司为数众多，其水平参差不齐。大型市场调研公司信誉高，组织能力也较强，拥有自己的信息库，但费用也较高；当地的小公司费用较低，但其信息搜集能力又值得怀疑。如何甄别这些公司的能力，这要求选址人员有相当丰富的经验。连锁企业对于市场调研公司的收费报价要非常小心，因为费用项目的详细程度也是检验一家市场调研公司服务水平的标准之一，诸如调查问卷印刷费、数据录入费和协调人员费用等都应该出现在收费报价表中。为保证初期选址的保密性，连锁企业往往隐蔽某些委托调研的真实目的，这尤其会发生在与非伙伴关系调研公司的交往中，另一种方法是将调研内容拆成几部分，由不同市场调研公司完成。在待选择的市场调研公司中，还包括各个城市统计局下属的城市调查队，其对商圈的调查方法很普通，但很有效。城市调查队的有利之处是与统计局的关系，这使其可以得到本城市的长时段的基本面数据，而且可以具体到区、城乡结合部，甚至街道。当然要获得对于本街区或社区居民状况的细致而生动的描述，可去街道办事处和社区服务中心进行付酬访谈。

(3) 政府部门和有关专家。政府部门也是信息的一大来源，如城市规划部门。事实证明，如果选址人员对该城市的5年或10年建设规划不熟悉的话，将导致灾难性的后果。选址人员最好能经常接触到政府有关部门的负责人，这样可以及时得到最新的有关规划或政策动向。一般在中国的大型跨国公司都设有与政府打交道的部门或负责人，例如，麦当劳在中国的各地分公司中专门设置了“政府公共关系部”。国内企业一般也设公关部，但与选址工作关系不大，因此，两者之间最好能密切合作。此外，选址人员在获取政府信息时最便捷的方式是去接触各行业的专家，他们与相应的政府部门总是保持着密切的关系，而且与专家的交流有时会达到意想不到的效果，他们对某些市场信息的分析可能给人一种茅塞顿开的感觉。有经验的选址员告诫说，规划专家对于城市商业中心转移等方面的冷静预测要比大部分业内人士的分析准确。

(4) 房地产等相关行业。选址人员也常常可以从房地产商、制造商、代理商等相关领域获得有价值的信息。连锁业与房地产业密切相关，有些连锁公司没有足够的选址人员，干脆就委托房地产中介人员代为选址。针对不同消费群体的连锁企业应该将店址选在有相应租/售价格阶层的房屋集中区，这已是业界公认的秘密。许多人都不理解家乐福当初为什么会将两家店都开在北京南城，这里在人们印象中是较贫困的地区，但随着北京旧城区的危房改造工程拉开，这里却成为最后一块市区宝地，它原有的大部分居民将被转至四环外的危改赔付低价楼区居住，而新来的居民阶层从新建物业的高价格上就可看出其身份。在对购房目的的调查中发现，在北京南城购房者中85%以上是买房自住，他们将成为稳定的日用品消费群体。另一项调查结果表明，到南城购房的人有 60%希望居住在大社区内，因为大社区更容易得到政府的关注，进一步得到更完善的市政配套设施。上述信息于 1999 年就在极为有限的房地产商中间流传，在 2001 年达成业界共识。但家乐福迅速地捕捉到了这一趋势，抢在地价上涨之前进入了。

(5) 实地调查。实地调查也是连锁企业常用的信息搜集方法之一，尤其是在无法搜集到全面的二手信息，企业又无法找到可以信任、费用适宜的市场调研公司的情况下，进行实地调查是唯一可以采用的方法。

① 试买调查。为了了解当地竞争店的经营动向和消费者购物习惯，选址人员经常要到竞争店进行考察。试买调查是作为实际的顾客在竞争店买东西，然后调查其店内的陈列状况、店铺布局、商品结构、顾客层、价格水平、接客态度和服务状况等。

② 观察访问。选址人员可以站在拟选店址前或站在竞争店的店前，观察拟选店址的特征、顾客人数、促销状况、商品陈列以及推算其主要商品的销售额。也可以访问前往竞争店购买商品的顾客，了解顾客住址及所购商品，以此推断将来新店的商圈范围。这是唯一的面对面交谈的方法，成功访问的百分比很大，还可借此对商圈内的顾客情况进一步了解分析，但需耗费过多的人力与时间。

③ 小组座谈会。也称焦点小组法，是将有关人员如潜在目标顾客召集起来，以小组讨论形式听取参与人员意见以搜集信息。调查的结果受小组的规模、组成、参与人的个性和所担任的角色、会议的具体安排、访谈者与小组或个人的关系等的影响。由于这种调查方式需要一定的组织能力，因此往往由专门的调查员来进行。

④ 电话调查。电话调查即通过电话了解顾客住址和购买情况。这种方法获得资料速度快，调查成本低，但易打扰被调查者，可能会造成调查对象的反感而不易获得合作。因为电话调查时间不能太长，所以必须准备一个简明扼要的调查提纲。

⑤ 邮寄问卷。邮寄问卷即通过邮寄方式询问当地潜在顾客，由返回的资料分析拟开设商店的地理区域、顾客特征、顾客需求和对竞争店的态度等。这种方法邮费不贵，可广泛了解受询者的分布情况，不受时间和地点的限制，缺点是回收率很低，且花费时间较长。为克服回收的数量及时间难以控制的问题，可随附赠品来诱导回音。

无论哪一种调查方法，都必须事先准备一份调查表，表 3-3 是一份了解店址特征的调查表，不同企业对店址的要求不同，该表仅供参考。

表 3-3　店址特征调查表

店 址 特 征	店 址 特 征	店 址 特 征
1. 名称认可度	13. 战略位置	25 娱乐活动
2. 地点类型	14. 停车	26. 夜间生活
3. 城市/城镇的描述	15. 车流影响	27. 学生
4. 区域的描述	16. 旅行影响	28. 办公室
5. 视野	17. 潜在经常往来者	29. 商圈的范围
6. 典型外观	18. 公共交通	30. 周围零售店
7. 标志质量	19. 交通	31. 主要的打折商店
8. 到达方便程度	20. 竞争	32. 购物中心
9. 到达时间	21. 直接竞争	33. 商圈的历史
10. 办公室通道	22. 吞并	34. 商圈的年代
11. 居住区通道	23. 饭店活动	35. 店铺的集合
12. 到达经营区的方便程度	24. 零售活动	36. 关键因素

2. 确定被选店址

寻找合适的地址必须仔细分析一个以上的地点，除非该店址的价值显而易见，否则好的店址都应该在选择中诞生。因此，选址员要做的下一个工作就是确定几个符合标准的备选店址，以供决策者参考和决定。确定备选店址的方法主要是根据前期搜集的资料作初步判断，剔除不符标准的店址，从中选出一些可供考虑的地址。除此之外，还有一些具体方法可供参考。

(1) 图上作业。图上作业是连锁企业选址常用的方法，绘图技术也显示出一个选址员的专业水平，对人们达成共识很有帮助。好的图示应该将该地区或该商圈内的所有竞争者和可选位置标出来，并显示出这些位置的交通状况，这样有助于判断哪里的条件最具竞争力，发现未充分开发或被现有竞争者忽视的区域。

(2) 对手跟进。一些业内人士常常开玩笑说：“假如你实在不知道该怎样选址，那就学你对手的做法——它到哪儿，你就到哪儿。”这句话虽然是笑谈，但其中不无道理。在现实中，我们经常可以看到麦当劳附近总有一家肯德基，而国美的不远处常会发现苏宁的身影，这不是巧合，而是一种有效的选址方法。尤其是对那些缺乏选址经验的企业而言，跟着行业中领头人走，既简便易行，又可以节省自己的选址费用，并利用“扎堆效应”带来商气和客流。当然，这种选址方法有一定的风险：一是租金风险，后进入者比先入者往往要承受租金上涨的风险，因而对先入者可行的地址未必适合后进入者；二是任何对手的选址都不可能完美，盲目跟进也可能会犯先入者同样的错误。当然，有些企业会禁不住高利润的诱惑而冒险前往。有些企业如沃尔玛喜欢前往竞争对手较少的地区，肯德基的选址细则中有一条是必须预防顾客的主要路线会被后来的竞争者堵住，其潜在忧虑并非多余。不管“跟着对手走”是否科学，至少在确定备选店址上给我们提供了一条捷径，因为选址的一个信息来源就在竞争对手那里，何况任何数据在现实的成功者面前都显得苍白无力。

(3) 现场考察。与“跟着对手走”的另一个经验之谈就是“跟着感觉走”，这反映了选址工作的一个特点，这项工作是一个艰苦的工作，绝不能关在房内“运筹帷幄”，即使拥有再多的信息资料，也抵不上一次亲临实地的真实感受。即便是像肯德基这样拥有最先进的信息化选址软件的公司，它的选址员也并不比其他公司的选址员轻松多少，选址员总是开着车(在中国常常要骑着车)在初选地区绕了一圈又一圈。一些人要常常以各种交通工具检验交通状况，设身处地地想象将来顾客的购物经历及预期问题。一位曾为沃尔玛选址的人士说：“我每次都要在可能建店的地方徘徊很久，使劲想象将来顾客来此处购物的情景。”选址工作的特点给我们确定备选店址提供了一条捷径，即现场考察。当然，这种方式的运用并不是纯粹的一时冲动，而是建立在选址员长期的经验积累上的。

3. 评估备选店址

(1) 多因素分析法。这种方法首先确定影响门店位置的各种因素及其重要程度，然后对各个备选店址进行评分，最后确定最佳店址，这实际上是一个优化决策问题。如下例，影响门店位置的因素主要有 14 项，每个备选店址各因素的评分及计算结果见表 3-4。从各种因素综合考虑，店址 1 计算出来的得分最高，因而可以看做是最优店址。需要说明的是，不同业务类型和业态类型的门店，选址的影响因素及权重是不一样的，这需要根据过去的选址经验进行判断。

表 3-4　商店选址的多因素分析

选址因素	权重	预选店址得分/分			权重×预选店址得分		
		店址 1	店址 2	店址 3	店址 1	店址 2	店址 3
商圈内人口多	0.1064	8	7	9	0.8511	0.7447	0.9574
商圈内收入高	0.1064	5	6	7	0.5319	0.6383	0.7447
接近目标顾客	0.1064	8	4	2	0.8511	0.4255	0.2128
机动车流量大	0.0638	2	6	5	0.1277	0.3830	0.3191
非机动车流量大	0.0638	7	4	3	0.4468	0.2553	0.1915
行人流量大	0.1064	8	3	5	0.8511	0.3191	0.5319
与邻店关系融洽	0.0426	2	6	9	0.0851	0.2553	0.3830
物业费低	0.0851	4	7	3	0.3404	0.5957	0.2553
广告费低	0.0426	5	4	4	0.2128	0.1702	0.1702
商店能见度高	0.0638	7	6	7	0.4468	0.3830	0.4468
营业面积合适	0.0638	6	2	3	0.3830	0.1277	0.1915
店面可扩充	0.0426	9	8	8	0.3830	0.3404	0.3404
停车位充足	0.0638	5	3	9	0.3191	0.1915	0.5745
与开发商融洽	0.0426	4	9	4	0.1702	0.3830	0.1702
合计	—	—	—	—	6.0000	5.2128	5.4894

注：每个地址各因素评分分布在 1～10 分区间内。

(2) 效益评估法。这是根据拟开门店的预计经济效益来评估备选店址。通常计算出拟开设门店的营业潜力和投资费用，再通过计算相关指标如投资利润率、投资回收期、销售利润率等确定店址的价值。

① 拟开门店营业潜力。拟开门店营业潜力可通过预测门店销售额来确定。这种预测可以根据过去在类似环境中的经验、同行业的一般水平，或者经过调查后采用统计分析方法计算出来。有一种测算方式比较简单易行，即根据已知的商店商圈内消费者的户数、离店的远近、月商品购买支出比重及新商店在该区域内市场占有率四个因素来估算。现举例说明商店销售额估计值的计算。

例：新开超级市场的商圈有三个层次，第一层次核心商圈内的居民户数为2000户，第二层次即次级商圈内的居民户数为4000户，第三层次边缘商圈内的居民户数为6000户。若平均每户居民每月去商店购买食品和日用品的金额为500元，则：

核心商圈居民支出总额=500×2000=100(万元)

次级商圈居民支出总额=500×4000=200(万元)

边缘商圈居民支出总额=500×6000=300(万元)

据调查分析，新开超级市场的市场占有率在核心商圈为30%，在次级商圈为10%，在边缘商圈为5%，则：

核心商圈购买力= 100×30%=30(万元)

次级商圈购买力= 200×10%=20(万元)

边缘商圈购买力= 300×5%=15(万元)

该新店营业潜力估计额= 30 + 20 + 15 = 65(万元)

② 开店投资与经营费用测算。通过商圈调查可以估算新店的营业额，但该店址是否值得经营，还必须与其投资成本及日后的经营费用联系起来考虑。

- 开店前期投资预估。开店投资主要包括：第一，设备，如冷冻冷藏设备、空调设备、收银系统、水电设备、车辆、后场办公设备、内仓设备、卖场陈列设备等。第二，工程，如内外招牌、空调工程、水电工程、冷冻冷藏工程、保安工程等。连锁公司总部应事先指定设备及工程投资项目、供应厂商、数量及金额。第三，商业建筑和停车场费用，如果开店物业是自己投资建造，这笔建筑费用也要考虑在前期总投入中。
- 开店后经营费用预估。经营费用可分为固定费用和变动费用两类。固定费用是指与销售额的变动没有直接关系的费用支出，如工资、福利费、折旧费、水电费、管理费等；变动费用是指随销售额的变化而变化的费用，如运杂费、保管费、包装费、商品损耗、借款利息、保险费、营业税等。上述各项要控制在多少以内无一定标准，但最基本的前提是毛利率要大于费用率。

(3) 比较评估法。这种方法也称类比法，这是将备选门店的各类因素与参考门店进行比较而得出相应结论的评估方法。采用这种方法时，先要确定一个参考标准，这个标准是一家或数家门店，参考门店必须与拟开设门店的商圈特征类似，因此，需要先将备选门店的资料与参考门店一一进行比较，看能否得出与参考门店类似的结论，再根据参考门店的实际数据估算拟开设门店的未来销售业绩和经营成本，从中得出投资回收期的长短。采用比较评估法的步骤如下。

① 在目前的已开设门店中选择在门店规模、商圈大小、人口统计特点、竞争状况、商品规划和价格水平等方面与拟开设门店比较接近的门店做参考标准。

② 把参考门店的商圈范围划分成几大区域。

③ 用商店内部数据或客户调查估算各区域的销售额。

④ 用各区域的估算销售额除以其人口数量，算出各区域的人均支出。

⑤ 用参考门店的人均支出估算值乘拟开设门店各区域的人口总数，估算拟开设门店的销售额。

⑥ 考虑拟开设门店的具体因素上调或下调估算销售额。

⑦ 用调整后的销售额与拟开设门店的投资费用和经营成本进行比较，计算投资回收期。

比较评估法的一个优势是基于实际的门店来估算拟开商店的经营效益，采用起来相对容易，数据是企业内部的，比较容易找到。但是，这种方法对参考门店的选择非常关键，它直接关系着预测数据的准确性，选择参考门店不可避免地会掺入一些主观因素，因而有些企业使用时往往选择不止一家的参考门店并取其平均估算值，虽然这会使工作量大大增加，但可以减少主观因素的影响。

(4) 关键指标评估法。关键指标评估法是指连锁企业采取几个关键性指标，通过计算拟开设商店的指标数据来评估该门店的价值。常用的关键性指标有选址比率和截流率等指标。下面介绍选址比率指标的运用。

选址比率是一个很特殊的指标，与其说该指标具有科学性，不如说该指标更具有经验性特征。其计算公式如下。

$$选址比率=\frac{销售额}{成本}$$

一般情况下，选址比率必须大于或等于1，该门店才具有设店价值。举例来解释一下，如果开店花费的成本为500万元(包括租金、设备、装修、家具等初始投资费用)，那么第一年的销售额应该达到500万元，即选址比率为500/500 =1。当然，理想的比率要大于1，最好能达到1.5。如果新店址的选址比率小于1，经验表明这个店址目前开店风险比较大，当然，这并不意味着未来几年它的发展前景不好，还需要从战略高度进一步分析。选址比率会因为连锁企业的业务性质不同而不同，且带有一定程度的经验性，但其指导意义还是不容忽视的。

上述方法通常是综合并用而不是单独采用的，事实上，国外许多连锁企业通常采用多种方法，通过比较不同的预测数据来降低商店选址的风险。上述方法有些估算准确，但所需费用较高或时间较长，有些操作简易，但数据比较粗略。因此，评估备选店址没有最佳方法，采用什么方法取决于企业可获得的信息数量、花费的时间和资金以及企业人员的经验。

4. 选址报告的撰写

在撰写选址报告前，应做好如下工作。

一是取得开店重心区域的全景照片作为附件，这样做有助于记录诸如街道的成熟度、地点的易见度、交通流量及未来都市计划的目标设施等信息。二是建立完善的电脑档案，以做到知己知彼，百战不殆，从而可以避免中间商和房地产公司混淆事实，有助于在协商谈判中公平市价标准的制订，并且对于未来再取得该地点的可行性有追踪的机会。三是店面诊断要实际进入现场进行。至少提前一年，进行不少于三次的软硬件诊断，以便在时间上掌握主动。

选址报告的内容非常详细和复杂，主要包括商圈调查报告、法律事务报告、财务预测报告等几个分报告。

(1) 商圈调查报告。商圈调查报告是连锁企业总部在企业店铺开发策略的指导下，对某一个预开店铺或已经开发的店铺的商圈进行调查所形成的、为经营决策提供依据的书面报告，是商圈分析结果的具体体现。商圈调查报告的具体内容包括以下几部分。

① 调查的背景。包括连锁企业的发展形势，连锁企业的扩张战略，连锁企业的开店策略，国家的政策背景、店铺所处行业的发展前景等。

② 调查的目的。主要有获得商圈范围的资料、商圈性质的资料、商圈结构、商圈经济水平的资料，为开店决策、为经营操作提供依据。

③ 商圈调查的内容与因素。

④ 商圈调查的方法与资料处理方法。商圈调查的方法主要有观察法、经验法、直接询问法、间接调查法、对手分析法、专家判断法、雷利法则。数据处理方法包括资料的统计分组、频数分布与累计分布、绘制统计图等。

⑤ 报告的结果。由于报告篇幅较长，要按一定的逻辑顺序提出紧扣调研目的的一系列结论。主要包括数据结果(消费水平)、现象结果(汽车的档次、住宅类型)、政策结果(导向问题)、趋势结果(威胁与前景)等。

⑥ 结论与建议。主要是肯定与否定的意见；针对意见提出的下一步举措或思路。

⑦ 体现形式。完整的报告应包括封面、前言、摘要、目录、各种图表、报告正文、调查表、参考资料、被访问人员名单等。

(2) 法律事务报告。这主要是把开店业务中连锁企业与有关各方的法律事务问题考虑清楚并形成书面文字，以供操作中参考。例如，房产合约的事项。房地产合同是一项非常复杂的合同，双方应认真、负责地签订，并备有 4 份正本，双方各执两份备查。又如，房产所有权与使用权的过户和转移资料。假如开店所用房产以前有过转让，则连锁企业必须事先取得最后一份转让记录，以兹证明协谈对方确实为持有人，并在权利义务方面详阅转让记录中是否已载入优先承租、承购权的规定。

此外，还有营业执照的取得及合法性的问题；房产是否抵押、质押的问题；当地政府的政策是否支持开店行业的问题(如网吧所遇到的政策危机)；当地的城市经营与建设的土地规划等问题。

(3) 财务预测报告。财务预测报告是指从资本运营的角度，分析新设店铺未来的投入与产出，从而获得近期和远期投资收益的分析报告，以作为开店时的参考。财务预测报告包括以下内容。

① 租金。即开店房产的以前租金及当地的平均租金，这可从当地的政府资料和房地产中介公司处了解到。

② 损益平衡分析。即根据商业区调研及租金试算，界定出合理的投资成本，进而决定营业额的预设标准及逐年成长目标，以保障赢利的稳定。损益平衡点的掌控也是事关该地点是否合理承租的必要条件。

③ 以前的房产税单或纳税证明。找出最后一期房屋税及地价税单，将有助于了解房产的价值，并可作为未来税额核定及交易谈判的参考。

④ 租税费政策。当地的租税费政策对于新开店的赢利有重要影响。

⑤ 新建店的投资情况。如果建设新店需进行施工，则需考虑土地成本、建安成本、装修成本、政府税费、行业供应成本(指煤、水、电、气、通风的成本等，有的叫大市政费)。

3.3 连锁经营分店的布局与设计

连锁店铺经营的特征之一是各连锁店铺的标准化、统一化、规范化，这就要求必须进行连锁店铺的统一形象塑造。而作为连锁店铺形象塑造重要内容的连锁店铺的设计与布局，必须做到更科学、更实用，才能吸引消费者，促进商品的销售，给消费者带来快乐。由于连锁经营本身具有的“一个店铺是连锁系统里其他店铺的活广告”作用，所以要对店铺的外观、内里设计加以重视。这也属于连锁企业识别系统范畴。

3.3.1 连锁经营分店布局与设计的基本原则

连锁店铺的设计与布局，关系到连锁店经营的成败。由于它是一种较微观的经营手段，所以对消费者的影响较大。店铺的外部布局具有方便顾客和广告促销的作用，它可以吸引消费者注意店铺，并进入店铺。而店铺的内部设计和布局，也叫店堂布局，它的本质是以入口为始点、以出口为终点的消费通道。科学的店堂布局，可以达成最佳的消费通道，使消费流合理流动，促进消费的连续实现。连锁店铺设计与布局应当遵循以下基本原则。

1. 充分体现自身特色的原则

正如每个企业都应带有其鲜明的个性色彩一样，连锁店铺设计与布局亦应该是企业个性色彩的集中表现，只有这样才能形成竞争优势。

连锁店铺的设计与布局必须符合本店经营的范围、档次、光顾本店的顾客的类型和特点，充分体现本店的经营特色，使顾客一看企业的外观，就能产生较深刻的印象和进店的欲望；顾客一进商店，就能感觉到特有的气氛和产生购买欲望。因此，购物环境的设计必须着眼于增强对顾客的吸引力，突出本店特色，使自己与众多竞争对手有较大区别。

例如，在国内外都享有盛誉的“全聚德”烤鸭店，它以弘扬民族文化、振兴中国饮食、跨出国门、走向世界为企业宗旨。每一个“全聚德”分店都以其古都典雅的风貌、古朴的建筑外观，以其饱含历史风韵的“全聚德”金字牌匾，以其宽敞、明净、带有浓郁民族特色的厅内陈设，独具特色的服务等，使其“弘扬民族文化”这一理念得到鲜明、充分地展示。

2. 刺激消费者的原则

连锁店铺经营的目的是通过让消费者消费而获取利润，而消费者消费的前提是进入店铺，进入店铺前必须先关注店铺，而关注店铺的前提是店铺给消费者以刺激。刺激消费者的手段很多，如朗朗上口的店名，醒目、新颖的店名字体，简洁明快的标志，有特色的大门，宽敞的店前广场，五颜六色的条幅等。

3. 方便消费者的原则

方便消费者是连锁店铺设计与布局的基本点之一，主要包括以下 4 项内容。

(1) 从交通往来的角度讲：方便消费者到达、离去和寻找店铺。

(2) 从交通工具停放的角度讲：停车场要宽敞、方便，进出要畅通无阻，收费要合理。

(3) 从进入店铺的角度讲：店门外不能有任何障碍物，以便消费者能顺利、方便地进入商店。

(4) 从消费者购买商品的角度讲：让消费者在店内能够方便地接触到所有商品，店内所有商品的摆放都能让消费者看得见、摸得着，不论高处、低处的商品，没有服务人员的帮助，都可以自如地取放商品(仓储式商场例外)。

4. 促进消费的原则

促进消费原则也就是尽量延长消费者在店内的停留时间，使消费者尽可能地多消费。据统计，到超级市场、百货店、便利店购买商品的消费者，即时性购买的比例占70%～80%。因此，尽可能丰富、新鲜的商品，会大大刺激顾客的消费欲望。顾客在货架前停留的时间越长，购买商品的可能性就越大。

5. 创造良好的购物环境，使消费者快乐的原则

连锁店铺是一个取得消费者好感，让消费者留下美好回忆的空间，因此，要尽可能利用售卖空间，达到一举多用，做到照明(灯类)、音响(声音)、装潢布置(视觉)、气味(味觉)、温度(体觉)的有机配合，制造一个良好的、有独特个性的购物环境，带给消费者满意、满足和快乐。

6. 艺术性的原则

连锁店铺设计与布局作为顾客辨认门店的途径，在其布置上应有创意性，具有独特的面貌和出奇制胜的效果，宜于捕捉顾客的视觉，从而引起注意，产生强烈的感染力，这就要求必须遵守艺术的规律。

在设计中必须把握一个“美”字，美并不等于豪华。美首先应是一种和谐，高档商场的豪华、廉价商场的简朴，只要设计合理，均体现着不同的美。新奇美好的寓意、新颖别致的构思都要通过结构、造型、布局表现出来。

7. 经济性原则

连锁店铺设计与布局应尽可能降低单位面积投资，保持合理的投资比例，在进行可行性研究时应认真测算。

8. 安全性原则

连锁店铺是人口聚集的地方，也是货物、资金、设备集中的地方，一旦出现安全事故，损失是严重的。连锁店铺设计应侧重于安全事故的防范和安全撤离，这里的安全事故主要包括倒塌、

火灾、毒气、疾病、地震等。

3.3.2 连锁经营分店的外观设计与布局

连锁经营分店的外观设计与布局是分店建设的重要组成部分，是静止的街头广告，也是吸引顾客的一种促销手段。好的外观设计对消费者有效地识别连锁企业品牌以及美化分店的购物环境起着重要作用。

1. 连锁经营分店的外观设计与布局应注意的问题

(1) 连锁店的外貌风格必须与经营的商品内容相一致，要能突出自己行业和档次的特点。例如，经营便利商品的商店没有必要装饰得十分豪华，它更需要在总体上创造出使顾客感到亲切、简洁、明快的感觉。而以经营高档次商品为方针的连锁企业，就必须在外观上多下工夫。

(2) 连锁店的建筑是城市建筑的一部分，它应有利于城市景观和街道整齐，并与周围环境协调统一，取得整体和谐效果；另一方面，连锁商店建筑风格与商店经营目标、经营方针一致，体现企业富有个性的独特形象。

(3) 连锁店的外观是指其能被行人清楚看见的部位。由于商店外观在连锁商店经营中起着宣传的功能，所以就要求外观装潢使消费者一看就知道这是一家什么性质的店，是一家卖什么商品的商店。为了达到这一要求，连锁店外观装潢上必须重点突出连锁店形象的识别标记。在过去，商店外观装潢就是如何设计和制作招牌。随着科技的进步，现在人们一般都利用建筑物本身从外观上来表现某家商店的特色。而招牌却用来弥补外观装潢所无法表现的部分，这虽是一种大趋势，但是结合中国的实际情况来看，许多超市连锁和连锁便利店的建筑物是一般平房或某幢楼房底层、地下室的一部分，它本身很难以建筑物的造型变化来体现自己的特色，还必须首先或主要依靠招牌来体现自己的特色，因此，连锁店外观装潢的重点应突出招牌的作用。

2. 连锁经营分店外观设计与布局的内容

连锁经营分店外观设计与布局的主要包括招牌标志、橱窗、停车场、出入口设计等。下面以超市为例，具体谈谈分店外观的设计与布局。

(1) 外观设计。超市所售商品多为顾客日常的生活用品。顾客购买这些日用品，一般并不十分关心陈列橱窗，而希望直接见到商品和价格，所以将店面外观设计成开放型，即商店面向公路一边全开放，不必过多设置陈列橱窗，而多设开放入口，使顾客出入商店没有任何障碍，可以自由地出入。前面的陈列柜台也要做得低一些，使顾客从街上很容易能够看到商店内部和商品，以使顾客驻足。

(2) 店面名称。从一定程度上讲，好的店名能快速地把超级市场的经营理念传播给消费者，增强其感染力，进而带来的是更多的财源。超级市场的命名要体现其个性和独特性。任何名称都具有独特的个性，不能与其他任何店名重复。具有自己独特的个性、有自己的特色，才能给人留下深刻的印象，才能使人容易识别。命名要含有一定的寓意。超级市场的名称不但要与其经营理念、活动识别相统一，符合和反映超级市场理念的内容，而且要体现超级市场的服务宗旨、商品形象，使人看到或听到超级市场的名称就能感受到超级市场的经营理念，就能产生愉快的联想，对商店产生好感。这样有助于超级市场树立良好的形象。命名要简洁明快。名称单纯、简洁明快，消费者易读、易记，容易和消费者进行信息交流。这就要求在名称设计时，必须要响亮，易于上口，有节奏感，这样也就有了传播力，使超级市场与消费者能够相互交流与沟通。超级市场命名还必须要做到规范，应尽量向国际惯例靠拢，力求规范、统一，应考虑到超市名称在不同国家的读音及翻译问题，使设在不同国家或地区的店铺有统一的名称及其译名，便于统一的服务与管理。同时，要及时对其名称进行注册，以求得法律的保护。

(3) 店面标志。店面标志是区别于其他店铺的一种独特设计，代表的是超级市场本身，是超级市场形象的说明。它的作用是将超级市场的经营理念、经营内容、经营作风等要素传递给广大消费者。超级市场的标志设计要有创新意识，做到构图新颖别致，富于个性化，与其他超级市场的标志区别开来，这样的标志图案才能感染人，产生深刻影响，但超市是一个公共场所，标志的图案及颜色不能太过特殊，应以多数顾客能接受为标准。标志的含义应该深刻，能够体现出超级市场的个性特点、精神风貌、独特品质、经营理念、经营范围等，使多数顾客能够认同。超级市场的标志一旦确定，在相当长的一个时期应该保持稳定，切不可多变，这样有助于在顾客的头脑中形成一个长久、深刻的印象。超级市场的标志设计应逐步国际化、统一化。连锁超市有可能开设在不同的国家和地区，国际化的标准能够满足不同国家不同层次顾客的需要。另外，超级市场的标志设计也必须符合有关法律法规的要求。

(4) 招牌的设计。招牌作为超级市场的象征，具有很强的指示与引导作用。顾客对于一个超级市场的认识，往往是从接触超级市场的招牌开始的。它是传播超级市场形象、扩大知名度、美化环境的一种有效手段和工具。招牌的色彩运用要温馨明亮、醒目突出。消费者对于招牌的识别往往是先从色彩开始再过渡到内容的，所以招牌的色彩在客观上起着吸引消费者的巨大作用。因此，要求色彩选择上应当首先能够吸引顾客，使其过目不忘，然后能够进一步关注招牌的内容。色彩一般应采用暖色或中色调颜色，如红、黄、橙、绿等色，同时还要注意各色彩之间的恰当搭配以及不同国家或地区的禁忌颜色。招牌的内容表达要做到简洁、突出，让消费者容易记住，这样才能达到良好交流的目的。同时，字的大小要考虑远近距离的传达效果，具有良好的可视度及传播效果。在材质的选择上，要注意充分展示全天候的、不同的气候环境中的视觉识别效果，使其发挥更大的效能。这就要求招牌必须使用持久、耐用、具有抗风功能等的坚固材料，因其是公共场所，也应尽量选择有环保功能的材料。招牌的使用不应泛滥，招牌的数量越多，每块相对被注意的可能性越小。

(5) 橱窗及货架的设计。橱窗作为商品陈列宣传的重要手段，对于超级市场展示其经营类别、推销商品、吸引消费者购买具有重大意义。橱窗要面向客流量大的方向，设计上以突出商品经营品种、经营特点、展示商品为原则。多采用封闭式，便于管理。高度要适中，便于顾客观看。灯光的使用则越隐蔽越好，应设置在顾客不易直接看到的地方。光线色彩要柔和，避免使用过于复杂、鲜艳的灯光。橱窗的背景形状一般要求大而完整、单纯，避免小而复杂的繁琐装饰，颜色要尽量用明度高、纯度低的统一色调，即明快的调和色。

对于商品的展示和货架的陈列规划应遵循“引导消费”的原则，尽量采用开放式，这既便于顾客挑选，又表示对顾客的信任和尊重。当然，一些贵重且体积小的商品应摆放在封闭的柜台内，以便于管理。为了确保收到良好的宣传效果，在卖场中央的商品最好能低于成年人的视线高度，以便顾客能够同时看到更多的商品；儿童用品应选择更低一点的货架，以方便小顾客拿取。不同商品摆放高度上要考虑人们的生活习惯等因素，如帽子应放在成年人胸部以上的高度，鞋子一般不超过人的腰部高度，否则会让顾客感到不方便和不舒服。商品的陈列要整齐，且不要太过拥挤。要向顾客重点推荐的商品，一般应放在平行或稍低于人的视线的高度以及其他突出的位置。在超市的每个入口和内部每层楼的入口应设置不同商品的区域示意图或指示牌，因前来购物的多为女性，可以把食品、化妆品等摆放在入口处，以吸引妇女和儿童顾客。总之，要为顾客设计一条浏览全部商品的路线，把潜在需求变为现实的购买。

(6) 停车场设计。有一定容纳，且最好是免费的停车场，是超级市场店面设计的一项基本考虑，它有助于提升超级市场的竞争力，扩大销售额。但是，修建停车场需要投入相当大的资金，因此停车场规模必须坚持适当超前的原则。在城市住宅区1千米左右的商圈内往来时，是不需要停车场的。这里需要注意的是，由于我国目前拥有私人汽车的比例较低，有相当多的顾客是骑自行车或坐公共汽车前往超级市场购物的，所以，超级市场在设计停车场的同时，还必须设置自行车存放位置，这是十分重要的。其规模大小要通过调查，根据日客流量及顾客使用各种交通工具的比率等各种因素来确定。停车场设计要便于顾客停车后便利地进入超级市场，购物后又能轻松地将商品转移到车上，这是对停车场设计的总体要求。超级市场停车场通常要邻近路边，易于进出，入口外的通路要与场内通路自然相接，场内主干和支干通路的宽度以能让技术不十分熟练的驾驶者安全地开动车辆为宜，步行道要朝向商店，场院内的地面上应有停车、行驶方向等指示性标志，主停车场与商店入口应在180度范围内，便于顾客下车就能看到商店。

(7) 出入口设计。超级市场出入口的设计要综合考虑商店的营业面积、地理环境、客流量、经营商品的特点及安全管理等因素，其数量多少应因地制宜、合理布局。大型超级市场的出入口最好分开，以便利顾客出入，顺畅客流。中小型超级市场的出入口，可根据建筑的规范在适当部门设置。总的原则是便于顾客出入，顺畅客流。具体要注意：门面要尽量保持清洁，否则会影响顾客的光顾；门窗尽量透明，让顾客在外面就能看见部分商品；入口处一定要通畅，一般不要设门，如果必须设门的话，最好设置自动伸缩门；空间设置要合理，屋顶要有适当的高度，使顾客不会产生压迫感，道路和店堂之间没有阶梯和坡度，由店门进入店内的通道要保持适当的宽度。此外，基于顾客的安全考虑，在建筑结构设计时必须预留安全通道，以便在发生火灾、地震等危险时及时疏散顾客，保证顾客的人身安全。大中型超市应有多处出入口，且出入口要比较宽敞，安全出口、安全通道的指示标志应十分醒目。

除以上介绍的7个部分外，超市还应具有方便顾客购物的各种配套设施，如电梯、休息区、服务台等；在室内外的环境、装饰、POP广告、购物袋、购物车以及工作人员的服装设计上，也应充分考虑到顾客的需求，从各个方面着手，构建出一个人性化的购物环境。

3.3.3 连锁经营分店的店内设计与布局

本节以零售业营业现场的设计与布局为主进行介绍，而服务业的教育、旅游、房地产中介咨询等店铺的营业现场有其独特的行业特点，由于篇幅有限，这里不作叙述。

连锁经营分店店内的设计与布局直接影响着顾客的购买行为，影响着连锁店的销售业绩。好的店内设计与布局不仅体现了一定的艺术美，也反映了连锁店独特的经营理念与风格。不仅要求方便顾客购物消费，而且要求独特新颖，在众多的竞争者中能够脱颖而出，给消费者留下深刻的印象，使他们产生重复购买行为。

1. 连锁经营分店店内设计与布局的原则

在进行连锁经营分店店内设计与布局时，应遵循以下原则：

(1) 突显经营特色。连锁经营分店店内设计与布局应依照经营商品的范围和类别以及目标顾客的习惯和特点来确定，以别具一格的经营特色，将目标顾客吸引到连锁店来。

(2) 使顾客停留更久。据一项市场调查显示，有明确购买目标的顾客只占总顾客的25%，而75%的消费者属于随机购买和冲动型购买。因此，如何增强商品存在感，使店内商品最大限度地让顾客目之可及，伸手可得，进而吸引顾客更长时间停留，最终实现冲动购买，便成为一个关键性问题。

当然，客观上商品丰富、店面宽敞会扩大消费者选择余地，加强对消费欲望的刺激，卖出更多的商品，但也会使企业为店面租金、进货成本而背上包袱。所以，通过科学地设计购物主副通道，合理安排淡旺季商品是留住顾客、扩大销售效果的关键。

(3) 明亮清洁，使顾客心旷神怡。顾客“逛商场”已经不是一种纯粹的购买活动，而是一种集购物、休闲、娱乐及社交为一体的综合性活动，这是一种新型的生活方式。因此，连锁店铺既要拥有充足的商品，还要创造出一种适宜的购物环境，使顾客享受到最完美的服务。

明亮清洁、优雅轻松的购物环境，往往使顾客对店内商品产生一种新鲜、优质的感觉。把握住整洁与优质之间的心理连接，合理运用和安排有效空间内的灯光、音响、摆设、色彩，使之相互配合，才能营造出一派令顾客心旷神怡的物质、精神双重消费场所氛围。

(4) 提高效率、增长效益。连锁店铺内部环境设计科学，则能够使进、存、运、销各个环节紧密配合，从而节约劳动时间，降低劳动成本，提高工作效率，增加企业的经济效益和社会效益。如果能够充分利用原来建筑的特点，在装修上本着既美化环境，又勤俭节约的原则，就更能增加企业的经济效益和社会效益。

2. 连锁经营分店店内设计与布局的内容

具体而言，店内布局主要包括以下内容：出入口安排，通道的设置以及卖场与后场衔接等。

(1) 出入口设置须合理。店内布局第一关是出入口的设置。招牌漂亮只能吸引顾客的目光，而入口开阔才能吸引顾客进店。入口选择的好坏是决定连锁商店客流量的关键。

出入口选择应依据行人流动路线，车水马龙的大马路边不宜设口，行人川流的步行街倒是开口的好位置。所以，出入口设置务必以人流量、路线选取规律、目光辐射取向调查为基础，把门开在行人最多、路径最顺畅、最引人注目的地方。对于一些开设在楼上或地下室的连锁店，其入口要设立醒目而有特色的标志，并采取人员促销等方式克服出入口的不足。

另外，连锁店的入口与卖场内部布局也存在密切关系，布局时应以入口位置为先，优先设计入口。

(2) 通道设置要畅通。连锁商店内顾客流动的主线是主通道，顾客流动的副线是副通道。主副通道的区分不是依据畅通程度而设定的，也不是顾客实际涉足点的统计结果，而是根据连锁店营销目标和商品的布局及陈列设计安排的。

良好、高效的通道设计，要求能引导顾客按设计的自然走向步入卖场的每一个角落，能接触尽可能多的商品，消灭死角和盲点，使入店时间和卖场空间得到最高效的利用。连锁店通道的设置既要“长”得留住顾客，又要“短”得一目了然，还得考虑到顾客走动的舒适性和非拥挤性。以下是设计通道时要注意的问题。

① 主通道的设计。最具代表性的是“凹”型主通道，可以让顾客顺利并明显地看到陈列的各大类商品，并能走过店内主要的商品陈列区，较快找到目标商品。

② 大中型连锁商店主通道的宽度一般在2米以上，副通道在1.2～1.5米，最窄的通道也不能小于0.9米，因为这是两个人并行或逆向非侧身避让相遇时的最小宽度。结算台前的通道应适当宽一些，一般在2米以上。因为这里集中了大量购物袋和购物车，最容易形成排队拥挤的情况，因而也最容易成为使顾客产生厌购心理的区域。

③ 主副通道要错落有致，把不同商品的陈列在空间感受上加以显著区别。

④ 通道内尽量少摆放广告牌、品尝台等设施，更不能陈设与所售商品无关的器具、用品，以免阻碍客流，影响该区域销售。

总之，连锁店内通道的走向设计和宽度设置是根据商店规模、预计客流、商品品种、性质等来确定的，既不造成阻塞不畅的感觉，又不造成空间使用不经济，是通道设计不断探索的目标。

(3) 卖场与后场衔接要紧密。连锁店的后场包括仓库、作业工场、更衣室、办公区等，是连锁店的补给后方。它的设计与布局对卖场商品布局安排有重大影响，因此也属于连锁店内设计与布局的重要一环。

后场设计的重点在于如何最合理、最经济地解决后场与卖场连接的补给线路规划。应在设计中遵循以下原则：

① 从后场到卖场的商品补给线路要选择最短的距离。

② 从仓库到卖场的流通路线要采取单行道方式，减少各种商品补给线的交叉和共用。

③ 仓库、作业工场与卖场的地板要平整一致，落差要以缓坡连接，切忌出现台阶、门槛等，以保证商品补给的平稳、顺畅。

④ 前后场连接处既不能门户大开，也不能铁将军把门，建议使用推拉门，一可使出入口宽敞，消除对大件商品进出的限制；二可节约开门空间；三美观实用，隔离感强，又容易与背景融合。

⑤ 对于实行正规配送货制的连锁店，按国外经验数据，后场与卖场的面积比约为 2∶8。仓库中的存货与上架商品之和是连锁店前一天销售量的 1.5 倍。

3.4 连锁经营分店的组织结构及管理职责设计

3.4.1 连锁经营组织结构概述

1. 组织结构及其类型

组织结构描述组织的框架体系，是组织各部分之间关系的一种模式，表现了组织各部分之间的排列顺序、空间位置、联系方式以及各要素之间的相互联系。

(1) 直线型组织结构。直线型组织结构符合工业时代的许多需求，它具有 4 大特征，大致如下：一条指挥的等级链；职能的专业化分工；权利和责任的一贯性政策；工作的标准化。直线型组织结构的形式如同一个金字塔，处于最顶端的是一名有绝对权威的老板，他将组织的总任务分成许多块，再分配给下一级负责，而这些下一级负责人员又将自己的任务进一步细分后分配给更下一级，这样沿着一根不间断的链条一直延伸到每一位员工。

这种组织结构的特点是：每个主管人员对其直接下属有直接职权；每个人只能向一位直接上级报告；主管人员在其管辖的范围内有绝对的职权或完全的职权。

优点是：结构比较简单；责任与职权明确；作决定可能比较容易和迅速。

缺点是：在组织规模较大的情况下，业务比较复杂，所有的管理职能都集中由一个人来承担，这是比较困难的；而当该“全能”管理者离职时，难以找到替代者；部门间协调差。

(2) 职能型组织结构。在职能型组织结构中，组织从上至下按照相同职能将各种活动组织起来。职能型组织结构有时候也被称为职能部门化组织结构，因为其组织结构设计的基本依据就是组织内部业务活动的相似性。当企业组织的外部环境相对稳定，且组织内部不需要进行太多的跨越职能部门的协调时，这种组织结构模式对企业组织而言是最为有效的。

优点是：具有适应管理工作分工较细的特点，能充分发挥职能机构的专业管理作用；由于吸收专家参与管理，减轻了上层主管人员的负担，使他们有可能集中注意力以履行自己的职责。

缺点是：由于实行多头领导，妨碍了组织的统一指挥，易造成管理混乱，不利于明确划分职责与职权；各职能机构往往不能很好地配合，横向联系差；在科技迅速发展、经济联系日益复杂的情况下，对环境发展变化的适应性差；强调专业化，使主管人员忽略了本专业以外的知识，不利于培养上层管理者。

(3) 直线职能型组织结构。直线职能型组织结构以直线为基础，在各级主管之下设置相应的职能部门从事专业管理。直线部门担负着实现组织目标的直接责任，并拥有对下属的指挥权，可以对下级发布命令、指令；职能部门只是上级直线管理人员的参谋与助手，不能对下级直线管理人员发号施令，除非上级管理人员授予他们某种职能权力。

优点是：它既保持了直线型集中统一指挥的优点，又吸取了职能型发挥专业管理职能的长处。因而，这种组织结构能够做到集中领导，便于调配人力、物力和财力；职责清楚，有利于提高办事效率；秩序井然，分工清楚，使整个组织有较高的稳定性。

缺点是：不同的直线部门和职能部门之间的目标不统一，相互之间容易产生不协调或矛盾，从而增加了高层管理人员的协调工作量；由于职能组织促使职能管理人员只重视与其有关的专业领域，因而不利于从组织内部培养熟悉全面情况的管理人才；由于分工细，规章多，信息传递路线长，使整个系统的适应性降低。

(4) 事业部制组织结构。以某个产品、地区或顾客为依据，将相关的研究开发、采购、生产、销售等部门结合成一个相对独立的组织结构形式。它表现为，在总公司领导下设立多个事业部，各事业部有各自独立的产品或市场，在经营管理上有很强的自主性，实行独立核算，是一种分权式管理结构。该结构具备 3 个要素：独立的利益、独立的市场、独立的自主权。

优点是：有利于高层管理者摆脱日常事务，集中精力做好有关企业大政方针；提高管理的灵活性、适应性；有利于培养和训练管理人才；各事业部之间有比较和竞争，可以克服组织的僵化和官僚化，提高对市场竞争环境的敏捷适应性。

缺点是：每个事业部都有完备的职能部门，增加了管理层次，造成机构重叠，管理人员增加和管理成本提高；各部门独立经营，部门协调性差，各事业部往往从本位主义出发，相互之间的支持与协调比较困难，限制了组织资源的共享，因而可能影响到组织长期目标的实现。

(5) 矩阵结构。矩阵制组织形式是在直线职能制垂直形态组织系统的基础上，再增加一种横向的领导系统。矩阵组织也可以称为非长期固定性组织。矩阵式组织结构模式的独特之处在于事业部制与职能制组织结构特征的同时实现。

优点是：加强了各职能部门的横向联系，有利于把组织的垂直联系与横向联系更好地结合起来，加强各职能部门之间的协作，具有较大的灵活性和适应性；它是按一定的任务要求，把具有各种专长的有关人员调集到一起，有利于发挥技术人员的潜力，有利于攻克复杂的技术难题；有利于资源在不同产品之间灵活分配，因而对市场上激烈竞争的适应性较强。

缺点是：由于项目小组是临时性的，所以稳定性较差；组织中的信息和权力等资源一旦不能共享，项目经理与职能经理之间就有可能会发生矛盾，协调和处理这些矛盾不仅需要良好的人际沟通能力，也需要付出更多的组织成本。组织中成员实行双重领导，可能会出现多头指挥现象。

2. 连锁企业组织结构类型

(1) 中小型连锁经营组织。小型连锁企业一般可以采用直线型组织(如图 3-4 所示)。这种组织结构适用于门店数目不多(约 10～20 家)、门店面积不大、经营商品较少、经营区域集中的连锁企业，主要是初创期的连锁企业。由于连锁企业在初创期规模较小，管理并不复杂，可以由总经理一人负责所有总部业务，各分店经营对总经理负责。

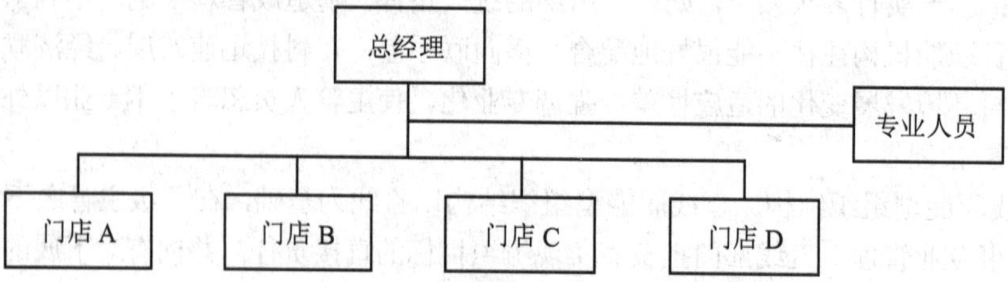

图3-4　小型连锁企业的组织结构

直线型组织虽然专业分工较差，但由于承担责任的总经理往往就是连锁企业的所有者，而且精通业务，因此可以承担起小型连锁企业的中央管理任务，而且决策快、控制及时、人员少、效率高。当连锁门店数量不断增加而导致管理事务增加时，一些专业职能可以由专业人员来承担，如财务职能由专业财务人员承担，采购职能由专业采购人员承担，但不设置专门的职能部门。

随着连锁企业进一步发展，规模不断扩大，商品品种不断增加，经营区域也不断扩大，直线型组织形式将无法适应，需要增加相应的职能部门，此时的连锁经营组织将过渡到直线职能型组织。大体上，中型连锁企业在组织体系上一般分为两层：上层是总部管理整体事业的组织系统；下层是门店(中国香港的连锁超市公司通常就只设这两个层次)。以直营连锁超市公司为例，给出组织架构的一个基本图示，如图3-5所示。

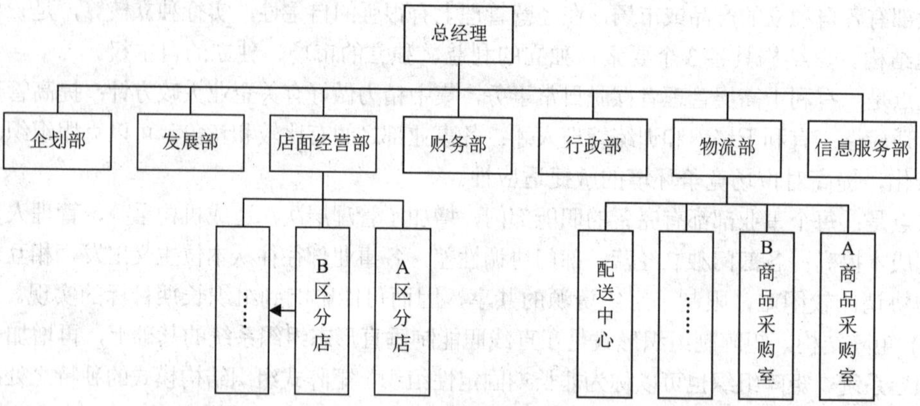

图3-5　中型连锁企业的组织结构

在该组织结构图中，部门按照职能设置，科室也基本按照职能划分，只有店面经营部按照营业区域设置分店，物流部按照商品类别设置采购室。门店根据连锁超市公司区域的扩大和店面数的增多而增加；采购室根据经营商品类别的增加或商品类别的划细而增加。如果一个连锁企业是复合型连锁，即不仅有直营连锁门店，还有特许连锁门店，则职能部门往往还增加一个特许经营部，专门负责特许加盟事务。

需要指出的是，科室数的多少或是否设置科室取决于公司的经营规模。如果公司规模不够大，就不必设置科室，以免增加不必要的管理层次，影响信息交流，增加管理成本，降低管理效率。这时只需在部门职员间进行适当的分工即可，以后随着公司的发展壮大再适时地增设科室。

如果连锁企业规模较大，职能部门增加而导致协调工作大量增多时，总经理感到力不从心，此时可以在总经理和职能部门之间设置一个中间管理岗位，如副总经理或总经理助理进行协调工作。由于上级协调的有效程度取决于组织中每个上级所负责协调的部门的相关性特征，因此，在组织机构设置中，应把那些业务上相关程度高、交往频繁的部门划归同一上级的协调范围中。否则，如果配合不得当，往往就需要由更高一层上级来进行频繁的协调。图 3-6 中(a)是不正确的协调范围，(b)是正确的协调范围。

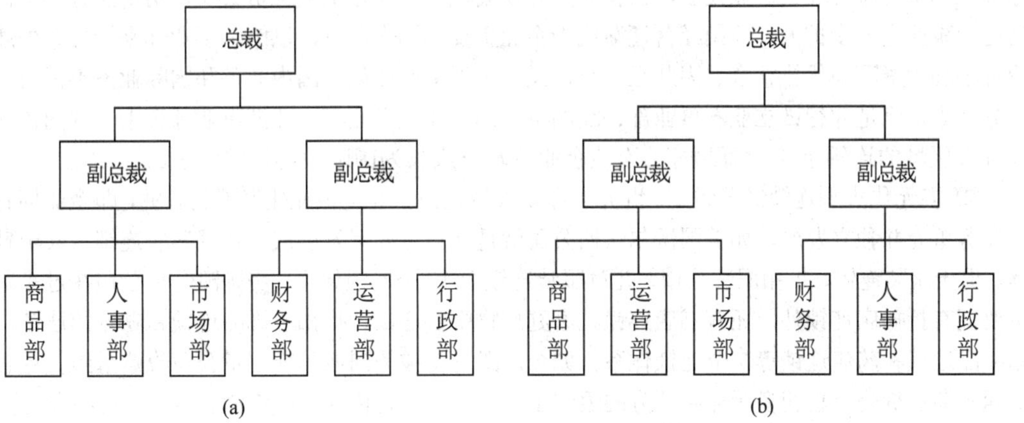

图 3-6　上级协调的部门归类

(2) 人型连锁经营组织。大型连锁企业的特点是门店数量较多，地域分布较广，有些连锁企业甚至跨国经营，或者业务类型增加而趋向多元化经营，此时，组织形式一般采用多层次或事业部型组织。下面分别就跨区域大型连锁企业和多元化大型连锁企业来介绍其组织结构特点。

① 跨区域大型连锁经营组织。对于跨区域连锁企业，由于连锁门店分布范围广、数量较多，因此，宜采用三级组织模式，即“总部—区域管理部—门店”(见图 3-7)。在三级管理中，连锁总部的部分职能转移到区域管理部的相应部门中去，它主要承担对企业政策和发展规划的制订、监督执行、协调各区域管理部统一职能活动。区域管理部是适应连锁企业发展、区域扩展的需要而设立的，拥有自己的经营管理组织，在总部指导下负责本区域经营发展规划，处理本区域门店日常的经营管理。区域管理部实际上是总部派出的管理机构，不具备法人资格，仅有管理与执行能力，在许多重大问题上的决策仍由总部做出。

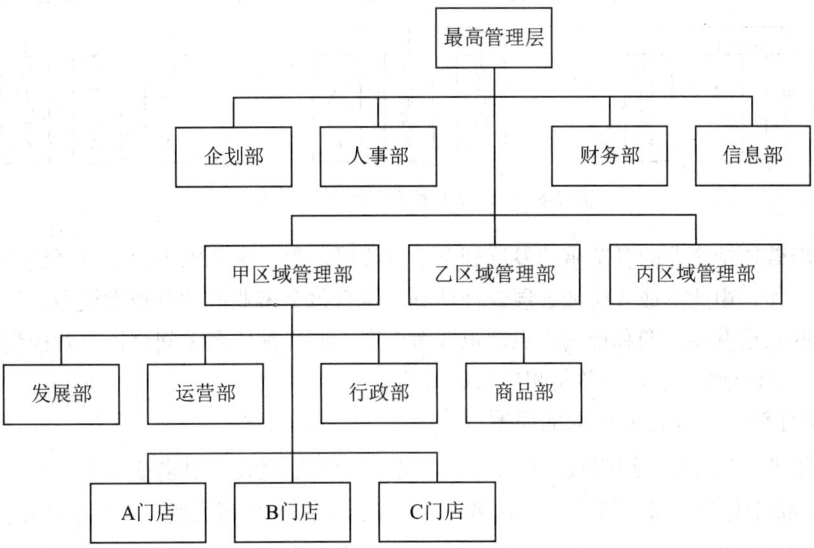

图 3-7　跨区域大型连锁企业的组织结构

在我国的全国性连锁企业组织设计中，最常见的区域管理部往往分为7个：华北区、华东区、东北区、西北区、西南区、华中区、华南区。7大区域所划归的省市因不同的企业而不完全一致。

如果连锁企业的发展跨出了国界，那么其组织结构也要有相应的变化，一般是在总部设立国际事业部负责海外连锁事业发展，在相应海外发展地区设立合资或独资公司，实现法人当地化。当连锁事业进一步扩大，跨国经营逐渐成为企业主要利润来源时，以国际事业部来管理海外连锁业务不利于资源与优势整合，因此组织结构又会出现新的变化，国内业务和国际业务不再被严格区分开来，而是并行设立亚洲事业部、欧洲事业部、北美事业部、非洲事业部等来一视同仁地管理各大区域的连锁事业，而此时的连锁企业就真正成长为国际性连锁组织了。

② 多元化大型连锁经营组织。世界上许多大型连锁企业是多元化发展的企业，即企业拥有多项业务单元并独立发展。如美国沃尔沃斯公司就是从百货连锁发展成为肯尼鞋店连锁、女士鞋连锁、男士服装连锁、折扣服装连锁、儿童服装连锁等13个连锁体系。美国凯马特公司在过去除了主要拥有折扣店连锁外，还有书店连锁、家庭购物中心连锁、折扣服饰品连锁、咖啡馆连锁、折扣礼品连锁和药店连锁等7个连锁体系。如今，凯马特被美国西尔斯百货公司收购重组，这意味着西尔斯百货公司也朝多元化经营方向迈进了一步。在多元化经营的连锁企业中，有些业务高度相关，如沃尔沃斯公司的连锁鞋店和服装店；而有些业务相关性不大，如凯马特的服饰品连锁、咖啡店连锁和药店连锁等。通常多元化经营的连锁企业采取事业部组织形式。事业部是总部为促成某专项事业的发展而设置的，它拥有一定的经营管理权，并独立核算，具有法人地位。图3-8是一个按事业部设置的连锁企业组织。

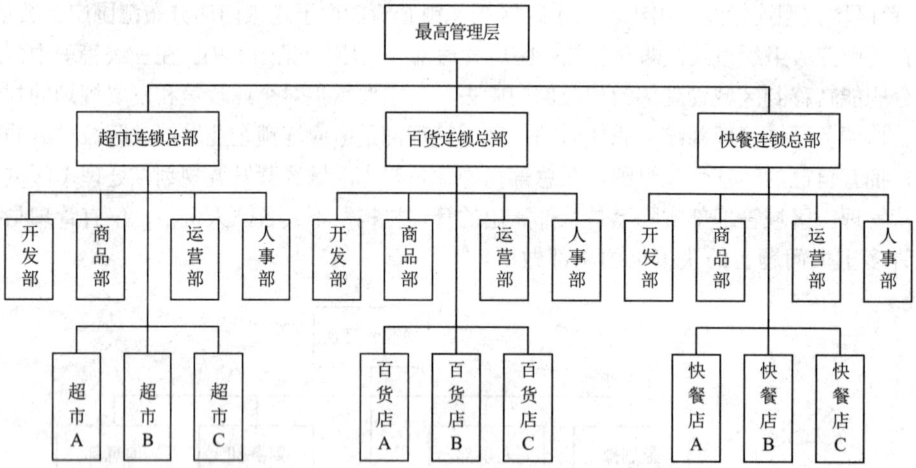

图3-8 多元化大型连锁企业的组织结构

多元化经营连锁企业的各项事业发展到一定规模时，每个事业部下面再设区域管理部来管理门店的营运工作，由此形成4层或5层管理体制。尽管每个事业部拥有较大权力，但连锁总部仍要考虑企业的长远发展方向和投资重点，也要考虑在不同连锁体系之间进行有效控制以达到营运程序和目标上的一致，并避免形象和广告的冲突。

③ 大型连锁组织设计应注意的问题。

- 管理层级的问题。组织设计中常见的问题是管理层级设计过多或过少。在大型连锁企业中，情形更为严重。管理层级越多，各个层级的沟通就越困难，产生的协调问题就越多，而且决策所经的路径就越长，组织将无法适应变化；这种组织形态也不符合经济效益原则，因为必须雇用大量的中层管理人员。层级数过少，尽管可以避免上述问题，但也会出现另一些问题，如每位管理者直接管辖的人数过多，以致无法有效发挥协调功能。因此，连锁组织的管理层级要适当。影响层级数量的因素有很多，如管理幅度、过于细分工作的差异性、工作的性质与种类、组织旧习，甚至薪资制度。尽管连锁企业由于业务不一样、规模不一样、连锁形态不一样而采取不同层级的组织结构，但从管理的角度讲，应该由金字塔式的结构尽量向扁平式的组织结构转化，也就是要尽量借助现代化的信息沟通手段，减少中间管理层次，扩大管理幅度，提高管理效率。

- 管理幅度的问题。管理幅度是指每位管理人员直接管辖的下属人数，它和组织管理层级有密不可分的关系。组织的管理层级多，管理幅度就要窄些(瘦长型组织结构)；组织的管理层级少，管理幅度就要宽些(扁平型组织结构)。由于一个人的能力有限，处理各种关系的能力也有限，因此，一个管理者所能直接领导的部门或下属人员的数量都有一定限度。超过了一定限度，就会顾此失彼，达不到有效管理的效果。管理幅度由以下因素共同决定：组织性质、组织复杂度、管理人员技巧、作业范围及其同质程度或差异程度、工作性质、分支机构数量、协调管理机制的运作情况、组织文化与管理方式。合理的管理幅度应该控制在多大范围呢？现代研究认为，组织的管理幅度不能作硬性规定，没有一个统一的标准，但大体上控制在 5～15 人之间为宜。一般而言，处于连锁企业层级越高的管理者，其面对的问题越复杂，其决策对企业发展的影响越重要，管理幅度应越窄；而处于连锁企业层次低的管理者，面对的问题主要是日常事务，是如何执行决策而不是做出决策，影响力相对较小，管理幅度可适当放宽。
- 组织调整与稳定的问题。大型连锁企业组织结构容易出现两个问题：一是“大企业病”，即组织僵化，官僚作风严重，对外反应较慢，丧失对市场的敏锐嗅觉；二是为了适应环境、反应灵活而下放权力，结果造成连锁形象不统一，管理不统一，标准不统一，失去了连锁企业的本质特征。组织结构是连锁企业正常运行的基础，应保持相对的稳定性，避免情况稍有变化就使系统混乱而影响正常工作秩序。同时，组织结构又是企业实现经营目标的工具，随着客观条件的变化，企业的目标和战略必定会做必要的调整，这就要求组织必须随之相应变动，保持对外部环境和组织目标的适应性。企业领导的责任就是使稳定性和适应性有机地结合起来，一个一成不变的组织，是一个僵化的组织；一个经常变化的组织，则是一个创造不出成绩的组织。

3.4.2 连锁经营分店的职能与岗位设计

1. 门店的基本职能

门店是连锁经营的基础，其主要职责是按照总部的指示和服务规范要求，承担日常销售业务。因而，门店是连锁总部各项政策的执行单位。用一句话来说，就是不折不扣、完整地把连锁企业总部的目标、计划和具体要求体现到日常的作业化管理中。其具体职能如下。

(1) 店面环境管理，主要包括店面的外观管理以及气氛营造、卫生管理、经营设施管理等店内环境管理。

(2) 人员管理，主要包括员工管理、顾客管理以及供应商管理。

(3) 商品管理，主要包括商品质量、商品缺货、商品陈列、商品盘点、商品损耗以及商品销售活动的实施等方面的管理。

(4) 现金管理，包括收银管理和进货票据管理等。

(5) 信息管理，主要包括门店经营信息管理、顾客投诉与建议管理、竞争者信息管理等。

2. 门店岗位设计

与连锁总部部门划分及职责设计的情况一样，由于连锁企业分布行业广泛，不同行业的业务性质不同，其门店的岗位设置也会有所不同，这里无法一一细述，仍以连锁超市为例，简单介绍门店各岗位及职责内容，供参考。

(1) 店长的职责。店长是一个门店的核心人物，他要对门店的运作进行统筹安排，对门店的运行负责。店长往往是一家门店的代表人，是总部政策的执行者，是门店经营目标的规划人，是门店经营活动的指挥者，是培训部下的教导者，是激发员工斗志的鼓动者，是上下沟通的协调者，因此，店长的素质高低对门店的经营业绩关系重大。一般来说，理想的店长应该具有一定的领导能力、教育能力、数据分析管理能力、判断能力、学习能力、业务改善能力、良好的品德与修养。店长的角色定位决定了店长的工作职责，具体如下。

① 负责门店的经营管理，完成上级下达的各项经营指标。

② 制订门店的经营计划，督促员工贯彻执行经营计划。

③ 监督门店的商品进货验收、仓库管理、商品陈列、商品质量管理、商品损耗有关作业。

④ 监督和审核门店的会计、收银作业。

⑤ 负责门店员工考勤、服务规范执行情况的监督与管理，对员工考核、晋升、降级和调动提出建议。

⑥ 组织员工培训，组织门店的促销活动。

⑦ 处理日常经营中出现的意外事件，解决员工之间的冲突。

⑧ 参加一些社区公益活动，成为商店的代言人。

⑨ 处理顾客投诉与意见。

(2) 助理店长(副店长)的职责。

① 协助店长安排门店的经营管理。

② 协助店长制订商品经营计划。

③ 必要时作为一个工作班组的负责人对本班组人员的工作进行统筹安排并协调。

④ 协助店长安排商品进货业务。

⑤ 协助店长对人员进行考核，提出升级或调动的建议。

⑥ 协助店长解决员工之间的冲突。

⑦ 协助店长进行商品防损或服务监督等工作。

⑧ 在店长不在的时候代理行使店长职责。

(3) 收银员的职责。

① 收银机及相应区域的清洁工作。

② 收银前做好准备工作。

③ 清楚商品的分类编码及价格情况和促销活动内容。

④ 迅速并礼貌地完成收银和商品装袋工作。

⑤ 按规定将现金上缴或存入银行。

⑥ 热情、耐心地解答顾客问题。

(4) 理货员的职责。

① 配送中心送货来店时，负责商品的清点和验收工作。

② 负责店内货架上商品的补货工作，保证及时上架。

③ 负责商店商品的盘点工作，并做好记录，确认商品损耗数量。

④ 负责货架上商品的清洁工作。

⑤ 及时将缺货商品告知店长或主管人员，以便及时订货。

⑥ 对需要退换货的商品按规定进行处理。

(5) 导购员的职责。

① 热情回答顾客的任何问题，并帮助顾客选购商品。

② 为顾客提供必要的服务，如开发票、换货、装袋等。

③ 协助理货员进行商品陈列、商品盘点以及价格标签的粘贴和更换。

④ 作为后备收银人员随时加入收银工作。

⑤ 协助店长处理顾客抱怨问题。

(6) 防损员(保安员)的职责。

① 负责商店每日的开店、闭店工作，保护商品和器械完好。

② 负责监督商店人员的作业流程，以防内盗。

③ 负责监视店内顾客购物活动，发现意外情形立即报告店长。

④ 协助店长对商店的偷盗行为进行处理。

⑤ 保证顾客的人身安全与财产完好。

本章小结

连锁经营的优势在于规模，规模扩张的手段是店铺开发。对于连锁经营来说，开店模式和分店地址选择的重要性不可低估，它们是确保新店开发成功的重要保证。连锁店铺经营的特征之一是各连锁店铺的标准化、统一化、规范化，这就要求必须进行连锁店铺的统一形象塑造。而作为连锁店铺形象塑造重要内容的连锁店铺的设计与布局，必须做到更科学、更实用，才能吸引消费者，促进商品的销售，给消费者带来快乐。连锁企业的良性发展离不开有效、适当的组织结构和管理职责，有了它们才可能完成既定的计划和实现预期的目标。

思考题

(1) 熟悉连锁经营开店有哪些基本原则？

(2) 如何理解分店选址对连锁经营企业发展的重要性分析？

(3) 什么是商圈以及商圈确定的方法有哪些？

(4) 商圈测量的因素有哪些？

(5) 分店外部设计与布局应该注意哪些问题？

(6) 简述直线职能型组织结构的概念及优劣分析。

第 4 章

连锁企业商品采购与管理

学习目标

- 掌握商品采购的定义
- 了解商品采购的制度、方式以及商品采购中应注意的问题
- 熟悉连锁企业商品采购的组织管理
- 熟悉连锁企业商品采购的业务流程管理，并能简述新品引进的业务流程
- 熟悉连锁企业商品管理的相关内容
- 了解商品采购与管理的相关表格(见附录 A)

4.1 连锁企业商品采购概述

商品采购是物流管理的起点，是营销活动的起点和基础。由于连锁企业实行的是统一的标准化经营管理体制，所有连锁分店经营的商品都要由商品采购部门集中采购与配送，因此采购环节显得尤为重要，商品采购的良好运作，将给连锁企业带来较好的效益。

4.1.1 商品采购的定义

一般认为，商品采购是指单位或个人基于生产、销售、消费等目的，购买商品或劳务的交易行为。根据人们取得商品的方式途径不同，商品采购可以从狭义和广义两方面来理解。狭义的商品采购，简单地说，就是企业根据需求提出采购计划、审核计划、选好供应商，经过商务谈判确定价格、交货及相关条件，最终签订合同并按要求收货付款的全过程。这种以货币换取物品的方式就是“购买”，可以说是最普通的采购途径。不论是个人还是企业，十之八九都是以“购买”的方式来满足消费或者生产的需求。广义的商品采购是指除了以购买的方式获取物品之外，还可以通过下列途径取得物品的使用权，如租赁、借贷、交换等，以达到满足需求的目的。简言之，商品采购是指企业为实现其销售目标，在充分了解市场要求的情况下，根据企业的经营能力，运用适当的采购策略和方法，通过等价交换，取得适销对路的商品的经济活动过程。它包括两方面的内容，一方面采购人员必须主动对用户要求做出反应，另一方面还要保持与供应商之间的互利关系。

对于连锁经营而言，我们所讲的商品采购主要是以购买方式为主的采购活动。

4.1.2　连锁企业的商品采购制度

1. 两种商品采购制度

一般来说，连锁企业商品采购的组织形式有两种类型：统一采购(又称集中采购)和分散采购。统一采购是指连锁企业设专门的采购机构和专职采购人员统一负责企业所有商品的采购工作，连锁企业所属各门店只负责销售；分散采购是指由连锁企业各门店在核定的商品资金定额范围内，直接向供应商采购商品。

2. 采购制度的主要优缺点

(1) 统一采购所对应的大批量采购有利于降低进货价格。统一采购是实施规模化经营的基本保证。连锁企业由于实行统一采购制度，大批量进货，能充分享有采购商品数量折扣(包括一次性数量折扣和累计数量折扣)的价格优惠，保证企业在价格竞争中的优势地位，同时也较好地满足和适应消费者同质求廉的需求。

在此需要特别指出的是：统一采购和大批量进货是两个既有区别又有联系的概念。集中采购与分散采购是根据采购的组织形式来划分的，其核心是采购权的集中与分散。虽然集中采购通常采取大批量进货方式，但即使采购少量商品，只要决定权是由企业采购部统一做出，就应视为集中采购；相反，即使一次采购大批量商品，只要决定权是由门店做出，就应视为分散采购。集中采购和分散采购反映的是现代商业和传统商业在组织化程度高低上的一种本质区别。

(2) 统一采购所对应的统一配送有利于降低连锁系统的整体物流成本。大批量集中进货的实行，使连锁公司的直接进货费用(如采购人员差旅费、采购谈判的交易成本等)大幅度减少；同时，与统一采购相配套的统一配送制度的建立，有效地控制了连锁公司的库存费用和运输费用，大大降低了企业的物流总成本。

(3) 统一采购所对应的科学组织结构和规范业务流程有利于规范采购行为。在分散采购制度中，由于商品采购的决定权下放到各门店，对采购行为很难实施有效的约束。所以个别采购员向供货商索取回扣等不规范行为屡禁不止；而在统一采购制中，由于建立和健全了较为完善的采购组织机构和制衡机制，企业的采购行为得以规范，为连锁公司与供应商的交易提供了良好的秩序和条件。

(4) 统一采购所对应的购销分离制度有利于门店集中时间和精力做好门店销售工作。在分散采购制度中，由于购销合一，采购与销售职责全部在门店，所以门店店长要花大量的时间联系供应商和洽谈采购业务，难以集中精力投入商品销售工作，严重影响了公司的销售效率；而在统一采购中，由于购销分离，门店无须承担商品采购职责，所以店长可将绝大部分时间和精力投入销售工作，可大大提高门店销售工作的效率。

需要指出的是，统一采购制度并非是完美无缺的。由于购销分离体制难以明确界定公司整体销售业绩的职权范围，所以容易引发总部采购人员与门店销售人员的矛盾冲突；同时，统一采购制度所对应的统一商品政策(统一商品结构、统一价格策略、统一促销策略、统一商品陈列等)很难适应不同商圈类型店铺的消费需求差异。

4.1.3 连锁企业商品采购的方式

在商品采购制度的安排下，通常连锁企业的商品采购有以下5种具体的采购方式。

(1) 总部统一集中采购。

(2) 总部采购大部分商品，分店采购少部分商品。

(3) 总部采购少部分商品，分店采购大部分商品。

(4) 自己贴牌生产(OEM)和外购相结合。

(5) 完全销售自己生产的商品。

通常情况下，第一种采购方式较常见，即商品的采购由总部来完成。因为连锁企业为实现规模效应一般采用集中统一的采购方式，并且这种方式实现了采购和销售职能的分离，而专业化的分工有利于提高经营效率；从厂商大批量进货，使总部具备讨价还价的实力，从而能获得较为廉价的商品，得到较好的服务和各种优惠。但是，有时为了增强企业适应市场的灵活性，总部给予分店一定程度的商品采购权，这种情况在特许连锁体系和自愿连锁体系中体现得更为明显。第三种采购方式不利于连锁经营这种商业模式优势的发挥，但没有核心竞争力的企业不得不采取这种方式。第四种采购方式多为有实力的连锁企业集团采用，便于树立自己的品牌。第五种采购方式多为生产厂商自己开展连锁经营的商店采用。

4.1.4 连锁企业商品采购应注意的问题

连锁企业在运用外购方式时，需要特别注意以下几个方面的问题。

1. 总部与分店之间采购权限的划分

在连锁经营活动中，总部与分店采购权限的划分是一个经常引起纠纷的问题。其划分的基本原则应该是：使加盟者成为具有一定权利的老板，而且总部也能使企业销售产品达成一致性。所以，总部必须负责以下事项。

(1) 制订连锁企业整体营运的商品计划。

(2) 开发全国性商品。即开发适合每一个连锁店销售的产品或适合80%以上连锁店销售的商品。

(3) 商品进价的协商与洽谈。由总部统一与供货商谈判，以量议价，可促使进价降至最低。

(4) 价格策略的运用与制订。即总部制订一个统一的售价，让全国每个分店都能够接受，但各分店可根据区域的差异或竞争力的原则做适度的调整。

(5) 商品分类，设定编号。一般商品先做一个明确的分类和编号，以利于商品管理。

(6) 货源厂商的开发与掌握。就分店而言，重点在于单店的经营，所以货源厂商的开发与掌握由总部来执行为宜。

(7) 商品淘汰规划与执行。有些商品在分析与规划上，不只是一家分店，而是全局性的，所以必须考虑整体的效益及单店的差异。因此，在规划与分析上必须由总部来执行，以保持连锁企业内部的一致性。

(8) 商品调拨与处理。有些商品因各种原因销售状况差些，在商品开发时难以全面掌握，这些商品可以经由总部转入销售状况好的店铺。对整体而言，这样做可以降低库存成本，也可以提高商品周转率。

(9) 对厂商的管理事项。对积极配合的厂商可给予奖励，这应该由总部来落实执行。

2. 分店与总部要密切配合

在商品采购上，分店应与总部相配合。以下 4 种商品分店一定要从总部采购：总部拥有商标权的商品；总部拥有专利的商品；独特性强的商品；总部自行进口的商品。分店只要专心经营就可以了，不需要自己去提货和送货，总部可以把商品配送过来。这样也就要求总部的进价绝不可高于邻近零售店商品的进价，而必须以低于或等于周围零售店的进价进行采购。

另外，如果因为采购量很少，供应商不愿意配送且又是政策性商品时，则分店必须配合总部自行采购。有些加盟系统中，总部对加盟店尤其是自愿加盟店的商品采购给予了较大的弹性空间，允许加盟店自行采购其他厂商的商品进行销售，但必须严格遵守契约中对于采购和销售产品范围的规定，切不可自作主张，违反契约规定，自行采购总部明文禁止的商品。

3. 重视商品的采购谈判

采购谈判是商品采购的关键环节。商品采购谈判的核心是议价，即企业的采购员与供货商就商品价格及交易条件直接进行谈判，这主要是围绕价格问题进行的。对于连锁企业来讲，总希望以最低的折扣价获得高流转率的商品，并争取延迟付款。商品的采购如要达到这一目的需要做到以下几点。

(1) 谈判前要做好充分的准备。这主要包括 3 方面内容：首先，对供应商的资质进行详细调查，弄清是全国性的、地方性的还是区域性的；其次，设定两个以上的谈判目标，一个是理想目标即单赢，另一个是合理目标即双赢；最后，要准备齐全各种相关资料，如市场调查报告和有效证件等。

(2) 谈判中要有礼有节，策略灵活。谈判最重要的就是要讲礼貌，从各方面尊重对方，要充满信心，在此基础上通过提问从对方回答中获得有用的信息，引导供货商说出我们所需要的东西，主动掌握谈判的进程。但是仅做到这些还不够，谈判还应该强调合作，我们所倡导的是以信任为理念，追求的是双赢效果，强调的是双方的合作，所以要更加妥善地处理异议。当供货商提出的条件过分苛刻时，可以据理力争，要善于说“不”，并做出谈判破裂的暗示。

(3) 谈判后要追踪效果。商品采购谈判结束，并不是商品采购的终结，一名合格的采购员还要追踪因商品采购所延伸的一些工作，如进行谈判后的效果追踪，主要考察以下 6 个方面：第一，商品是否满足消费者的需求，顾客的满意度如何；第二，商品采购总量、商品结构、批量是否合适；第三，商品质量是否稳定，能否满足顾客的需求；第四，商品货源是否来自制造商；第五，售后服务是否良好、可靠，对投诉是否能够做出迅速反应，索赔是否简便易行；第六，交货是否及时，供货量是否有弹性，交货时间是否合适，能否保证购货所需时间内的正常销售。

4.2　连锁企业商品采购的组织管理

4.2.1　连锁企业商品采购的组织形式

根据不同的采购制度结合连锁企业的发展阶段，需要与之相对应的采购组织形式。

1. 分权式采购

(1) 连销式经营。这种经营形态虽属连锁店方式，但采购业务仍授权给各分店自行负责。

(2) 分权式采购方式的优缺点，见表4-1所示。

表 4-1 分权式采购方式的优缺点

优　点	缺　点
• 这种组织常见于连锁店刚形成时，将采购权委派给各店自行负责，可精简人力 • 采购具有相当弹性，较具市场攻击力 • 价格由分店自定，机动性佳，有较大的经营主导权 • 较能符合消费者的需求	• 较难发挥大量采购以量制价的功能 • 利益很难控制 • 易生弊端 • 无法塑造连锁店统一的企业形象

2. 集权式采购(本部采购)

(1) 本部采购。这种采购组织是把采购权集中在本部，并设立专职采购部门来负责，采购权不放，品项的导入、淘汰、价格制定、促销活动的规划等，完全由本部控制，卖场只负责陈列、库存管理及销售的工作，对商品采购无决定权，但有建议权。本部采购方式的优缺点如表 4-2 所示。

表 4-2 本部采购方式的优缺点

优　点	缺　点
• 单店不负责采购，可专心致力于营业 • 可发挥集中议价功能 • 价格形象一致 • 利益控制较佳 • 活动易于规划 • 易掌握货源	• 弹性低、消费者需求较难满足 • 营业人员与商品人员易对立

(2) 采购委员会。组织较大的连锁超市通常都成立采购委员会，裁决商品采购事宜。采购委员会的成员则从各超市中选出，目的是综合各超市的意见来决策采购问题。理论上这种组织能比较客观地采购，但是当组织成员过于复杂，意见分歧时，往往会延迟采购时效。一般来说，品项变动与更替较小的连锁店较适合采用这种方式。采购委员会采购方式的优缺点如表 4-3 所示。

表 4-3 采购委员会采购方式的优缺点

优　点	缺　点
• 连锁庞大，可避免导入浮滥商品，减低库存 • 采购能较公正，非优良品不易被导入 • 可以求得较优惠的进价 • 采购的商品有各单位参与意见，较能同心协力 • 属计划性采购	• 意见易分歧，担任委员应避免私人请托 • 无机动性 • 采购耗时

(3) 联合采购(集团式采购或委托采购)。联合采购如果想得到较好的效果，只有在将相同业务形态集合起来的采购情况下才会产生，不同业态要联合采购则比较困难。因为不同业态之间的商品结构差异很大，若硬把采购业务集中在一起处理，只会使情形变得更复杂。比较可行的方式是把一些畅销品项集中起来采购。联合采购的优缺点如表 4-4 所示。

表 4-4 联合采购的优缺点

优　点	缺　点
● 声势浩大，采购量大、进货条件优越 ● 人手充足，市场资料搜集充分 ● 集团内销公司可享受较大的折扣利益	● 组织复杂、运作协调较困难 ● 采购线拉长，效率较差 ● 卖场的意见不被重视

4.2.2 连锁企业商品采购的组织管理规定

采购组织需要明确采购业务的具体流程，不同的连锁企业结合行业特性和自身优势，可制订相应的采购流程。同时，需要对采购人员、供应商等在采购流程方面作出规定。

1. 对采购人员行动的规定

(1) 个人品德的要求。采购人员的个人品德相当受重视，所以必须要求采购人员在执行采购任务时，把公司的利益放在第一位，不因个人私利而损害公司的利益。此外，还必须在采购守则中灌输采购人员不得接受不正当利益的观念。

(2) 行动方面的要求。采购人员的任务相当艰巨，事情也繁多，并非只是单纯地在公司议价，有时还必须到各分店去指导销售及观察商品的销售情形，有时也必须到竞争店去查看竞争者的商品状况，更要亲自到供应商处接洽业务。所以，采购人员的行动必须每周要有一个行动计划，并且将计划呈交主管，让主管能随时知道采购人员的行踪。

2. 对供应商的规定

(1) 配送问题的规定。连锁企业的供货要想保持充分供应，就必须依赖供应商配送商品准时。因此，在配送的方式及配送的时间、地点、配送次数等方面，通常在采购时，就要和供应商订下协定，清楚规定供应商若违反了协定必须承担的责任。

(2) 缺货问题的规定。如果出现缺货现象，必然会影响生意。因此，对于供应商的供货应该制订一个比例，规定供应商缺货时应负的责任，以约束供应商能准时供货。

(3) 商品品质的规定。在进行商品采购时，采购人员应了解商品的成分及品质等是否符合政府卫生机构或商品质量标准等规定，但往往因为采购人员的能力并不足以判断上万种品项商品的各种成分，因此，在采购时，必须要求供应商做出保证符合政府法律规定的承诺，并提供政府核发合法营业的证明，以确保在商品运营销售上不会出现问题。

(4) 价格变动的规定。供应商的供货价格最好能维持固定不变，如因原料成本、供给面的稀少，或工资上涨等因素，价格的变动自然在所难免，但仍须规范供应商在调整价格时有一定程序。例如，规定供应商的价格调整，要在调整生效前三星期通知对方为有效，或规定调价时，必须再优待一批原来的供应价才可调整，或配合整体通路同时调价等。

(5) 付款的规定。采购时货款的支付日期是一种采购条件，在此不赘述，但须对供应商的支付方式有所规范。

3. 供应商选择的规定

(1) 货源问题。应选择能长期稳定供货的供应商，有些供应商会因想争取供货机会而在短期内杀价，但货源又不稳，这种情形断不可冒险采用。供货稳定的供应商应列为第一优先采用的对象。

(2) 质量问题。若货源没有问题，就要以品质鲜度来判断，采用品质较佳的供应商。比如同样的饼干，有可能一家供应出厂不久的新鲜品，而另一家则供应日期接近有效期或者即将过期的产品，此时当然要选前者。

(3) 价格问题。上述两项条件都没问题时，再来比较价格，采用价格较便宜者。

(4) 其他问题。比如，是否能退货，付款条件、促销配合、送货速度等也是比较与取舍的条件。

4. 采购进货上的规定

(1) 订货权限的规定。连锁企业的订货工作是周而复始、循环不断的，相当繁琐。但进货权限要有明确地规定，超过多少金额要由谁来核准，这点相当重要；但是如果想降低店里的库存，使之回转快速，审核进货量这一关便十分重要，订货权限的订立可以避免进货的浮滥。

(2) 商品报废的规定。采购进货后，不论是何种产品，都可能会有坏品发生，这些坏品当然不能再出现。其中有的可以退还给供应商，有的却无法退回给供应商，必须废弃，所以对于废弃品的处理要有规范。

(3) 退货规定。连锁企业最头痛的问题便是退货，供应商送货很快，但退货却不积极；但若不退货，企业的利益就会受损，因此必须制订退货的规定。比如，制订每周一为退货日、通知供应商在几天内要办妥等。

4.3 连锁企业商品采购的业务流程管理

4.3.1 连锁企业商品采购的业务流程

1. 商品采购的业务流程概述

规范化、标准化管理是连锁经营管理的一项基本特征，采购业务流程的规范化与程序化是连锁公司采购系统高效运作的基本保证。采购管理流程有广义和狭义之分。广义的采购流程并非仅仅是单纯的议价、订货过程，而是围绕企业经营方针策略和采购计划必须遵循的科学实施步骤。一个完整的广义采购流程应包含以下6个步骤。

(1) 企业采购策略。

(2) 企业内外相关信息策略。

(3) 制订采购计划。

(4) 采购计划修正。

(5) 采购计划执行。

(6) 结果评估与分析。

狭义的采购业务流程是指采购计划的具体执行程序。即连锁公司与供应商开展交易活动以及公司内部进行采购作业活动的规范程序，每一程序包括了采购业务中连锁公司与供应商双方的权利与义务以及公司内部采购作业活动的操作规程。

从内容上看，狭义的采购业务流程主要包括新品引进流程、续单流程、付款控制流程和滞销品淘汰流程等。这里仅简要介绍新品引进流程典型模式。

2. 新品引进的业务流程

新商品引进是连锁公司经营活力的重要体现，是保持和强化公司经营特色的重要手段，是公司创造和引导消费需求的重要保证，是公司商品采购管理的重要内容。

市场营销观念认为，产品是一个整体概念，包括 3 个层次：一是“核心产品”，即顾客所追求的基本效用和利益；二是实体产品，如品质、款式、品牌、包装等；三是附加产品，如售后的运送、安装、维修保证等服务。只要是产品整体概念中任何一部分的创新、变革与调整，都可称为新产品。不仅新发明创造的产品是新产品，像改进型产品、新品牌产品、新包装产品都可称为新产品。

(1) 典型的新品引进业务流程模式(如图 4-1 所示)。

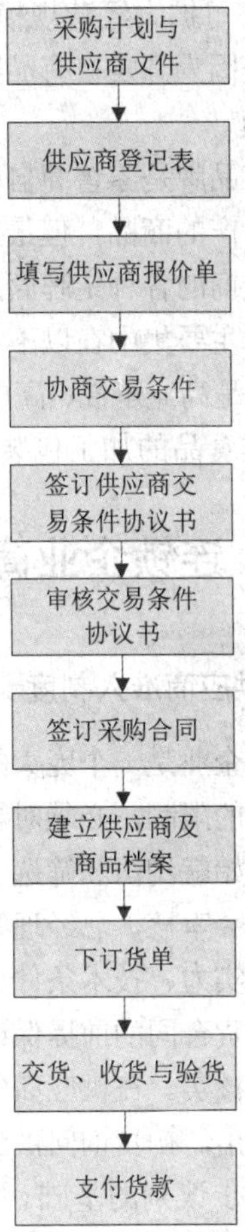

图 4-1　新品引进的业务流程图

(2) 新商品引进的控制。新商品引进的控制管理关键是建立一系列事前、事中和事后的控制标准。

事前控制标准：如连锁公司采购业务人员应在对新引进商品的市场销售前景进行分析与预测的基础上，确定该新引进商品能给公司带来的既定利益，这一既定利益可参照目前公司从经营同类畅销商品所获得利益或新品替代淘汰商品所获得的利益，如规定新引进商品在进场试销的三个月内，销售额至少不低于替代淘汰商品销售额，方可列入采购计划的商品目录之中。

事中控制标准：如在与供应商进行某种新商品采购业务的谈判过程中，要求供应商提供该商品详细、准确、真实的各种资料，提供该商品进入连锁超市销售系统后的促销配合计划。

事后控制标准：如负责该新商品引进的采购业务人员，应根据新商品在引入卖场试销期间的实际销售业绩(销售额、毛利率、价格竞争力、配送服务水平、送货保证、促销配合等)对其进行评估，评估结果优良的新商品可正式进入销售系统，否则中断试销，不予引进。

(3) 自有品牌的开发。自有品牌(Private Brands)又称商家品牌，是指由零售商自己拥有并在自家商店内使用的品牌。自有品牌的开发对连锁企业有着重要的意义。

① 有利于连锁公司同时掌握产品制造与销售两个市场的主动权，增强零售商在流通中的主导和控制作用。连锁公司自有品牌的开发经营，是由公司依据顾客需求信息，提出商品的设计、品质要求，以企业名称(或其他名称)作为商品品牌，选择合适的制造商定牌生产，因而它更贴近消费需要，连锁超市公司自有品牌具有品种选择上的优势，其开发经营是零售对工业企业如何更贴近市场的一种“设计”与导向，体现的是流通的主导作用。

② 有利于连锁公司实现商品低价格，提高对商品价格的控制力。由于自有品牌商品是公司直接向生产厂家定牌生产，减少了诸多中间环节，交易费用与流通成本大大降低；同时，由于自有品牌商品全部在自家连锁店销售，无需像一般供应商进入连锁销售系统时要支付巨额通道费、市场推广费。所以，自有品牌商品价格通常比同类商品价格低 30%。

③ 有利于增加利润。在自有品牌开发、经营过程中，公司除了获得正常的销售利润之外，还会获得部分制造利润。

④ 在自有品牌商品低价格、高品质的保证下，有利于连锁公司知名度和顾客信任度的提高，有利于公司扩大经营规模和增强自身实力，有利于公司增强抵抗经营风险的能力。

正是因为开发自有品牌对连锁企业有着重要的意义，所以在对自有品牌开发商品的选择上要慎之又慎。

自有品牌是零售商自己拥有并在自家商店内使用的品牌，它是企业的无形资产，而不是零售商自己生产的商品，但最终要通过其载体——商品，实现其价值。尽管零售商的自有品牌可用于众多制造商的各种定牌商品，但在实践中，连锁企业根据其开发的目标，对自有品牌的载体商品的选择，主要集中在以下3个商品群：一是目前公司经营中高周转率、高购买频率商品群的替代商品；二是高竞争性、高成长性的商品群；三是普通供应商与配送中心无法生产加工的商品群(如部分生鲜食品的加工包装，只能在卖场内的加工间进行)。

4.3.2 连锁企业商品采购谈判与采购合同

1. 供应商准入制度

连锁企业是一个庞大的销售网络系统，是众多供应商理想的销售渠道，但企业受卖场面积和经营品种的限制，必须对希望进入连锁系统的众多供应商进行选择。设立供应商准入制度，目的是从一开始就淘汰和筛选不合格供应商，节约谈判时间。供应商准入制度一般由采购业务部制订、采购委员会审核、总经理签发后实施。供应商准入制度的核心是对供应商资格的要求，包括供应商的资金实力、技术条件、资信状况、生产能力等。这些条件是供应商供货能力的基础，也是将来履行供货合同的前提保证。这些基本的背景资料要求供应商提供并通过银行、咨询公司等中介机构加以核实。在供应商资格达到基本要求后，公司采购人员应将本方对具体供货要求的要点向供应商提出，初步询问供应商是否能够接受。若对方能够接受，方可准入，并且将这些要点作为双方进一步谈判的基础。

2. 采购业务谈判

(1) 采购业务谈判的3项制约文件。连锁公司采购业务员与供应商进行谈判的依据是连锁公司制订的商品采购计划、商品促销计划以及供应商文件。

① 商品采购计划。该计划包括商品大类、中分类、小分类等各类别的总量目标，及比例结构(如销售额及其比重、毛利额及其比重)、周转率、各类商品的进货标准等。

② 商品促销计划。该计划包括参加促销活动的厂商及商品，商品促销的时间安排，促销期间的商品价格优惠幅度、广告费用负担、附赠品等细节内容。

③ 供应商文件。商品采购计划与促销计划是连锁公司采购业务部制订的两项总体性计划，通常是针对所有采购商品制订的而不是针对某一供应商而制订。采购人员与供应商进行业务谈判还必须依据总部制订的供应商文件来进行，其内容包括：供应商名单(公司名称、地址、开户银行账号、电话等)、供货条件(品质、包装、交货期、价格及折扣等)、订货条件(订购量、配送频率、卖场布局与陈列等)、付款条件(进货审核、付款、退货抵款等)、凭据流转程序(采购合同→订货单→供货编号→形式发票→退货单→退货发票)等。供应商文件实际上是要求供应商在与连锁商的交易中按照连锁企业的运作规范来进行。

(2) 采购业务谈判的内容。上述 3 项文件尤其是供应商文件构成采购业务谈判内容的框架，也是采购合同的基本内容框架。具体的谈判内容主要包括：采购商品—— 质量、品种、规格、包装等；采购数量—— 采购总量、采购批量(单次采购的最高订量与最低订量)等；送货—— 交货时间、频率、交货地点，最高与最低送货量，保质期，验收方式等；退货—— 退货条件，退货时间、地点，退货方式，退货数量、费用分摊等；促销—— 促销保证、促销组织配合、促销费用承担等；价格及价格折扣优惠—— 新商品价格折扣、单次订货数量折扣、累计进货数量折扣、年底退佣、不退货折扣(买断折扣)、提前付款折扣等；付款条件—— 付款期限、付款方式等；售后服务保证—— 保换、保退、保修、安装等。

(3) 采购业务谈判的注意事项。首先，交易谈判的基本原则是双赢，既要使己方做出最少让步而获得最大收益，同时又能使对方同意。其次，谈判前要做好充分准备，如明确己方的责任及可承担的极限，明确要达到的目的，分析对方的有利和不利条件，认清对方应承担的责任，了解对方的要求，了解对方谈判代表的背景(如教育程度、职位、权力、性格、喜好、年龄、资历、籍贯、语言、家庭状况、身体状况等)。最后，选择对己方有利的谈判地点、谈判环境和谈判时间。

3. 采购合同

采购合同是连锁公司和供应商在采购谈判达成一致的基础上，双方就交易条件、权利义务关系等内容签订的具有法律效力的契约文件，是双方执行采购业务活动的基本依据。上述谈判内容加上违约责任、合同变更与解除条件及其他合同必备内容就形成采购合同。

4.3.3 连锁企业供应商管理

连锁公司一般都拥有成百上千家供应商，而且由于商品淘汰换新，供应商的变动也比较频繁，这就需要对供应商进行统一的管理。其管理应着重做好以下几方面的工作。

(1) 对供应商进行分类与编号。分类的方法一般可按产品来划分，以便于管理。比较简便的编码方法是用 4 位数码，第一位为商品大类代码，后三位为供应商代码。若用更细的分类码，其原则也是一个供应商一个代码。

(2) 建立供应商档案。将每一个供应商基本资料归档，如公司名称、地址、电话、负责人、营业证件号、注册资本金、营业资料等。

(3) 建立供应商商品台账。对每一个供应商供应的商品建立台账，包括商品代码、商品名称、规格、单位、进货量、销售额、进价、售价、供应商代码等。

(4) 统计分析销售状况。对每一供应商所提供的商品数量、销售金额按一定时期进行统计，列出各供应商销售额排行榜，作为采购谈判的重要依据。

(5) 对供应商进行评价。公司可按一定标准将供应商分为 A、B、C、D 四级，实施分类管理，如 A 级供应商可由采购主管亲自管理。供应商评价表如表 4-5 所示。

表 4-5 供应商评价表

项 目	评 价				
	A	B	C	D	得 分
商品畅销程度	非常畅销	畅销	普通	滞销	
	10	8	6	2	

(续表)

项　目	评　价				得　分
	A	B	C	D	
缺货率	2%以下	2%～5%	5%～10%	10%以上	
	15	15	6	2	
配送能力	准时	偶误	常误	极常误	
	15	10	5	2	
供应价格	比竞争店优惠	与竞争店相同	略差于竞争店	与竞争店差异大	
	20	12	8	2	
促销配合	配合极佳	配合佳	配合差	配合极差	
	15	10	5	2	
商品品质	品质佳	品质可以	品质差	时常出现坏品	
	10	8	6	2	
退货服务	准时	偶误	常误	极常误	
	10	8	6	2	
厂商经营能力	潜力极佳	潜力佳	普通	潜力小	
	10	8	6	2	

注：半年评价一次，一年两次平均得分。得分 70 以上为 A，60～70 分为 B，50～60 分为 C，50 分以下为 D。A 级供应商年度适当表扬。

(6) 对采购合同的管理。连锁公司应事先制订一份规范的采购合同，同时制订包括合同签订、审核、记载、检查等内容的合同管理细则。

(7) 建立商品及服务检查制度。采购人员应定期抽查或从门店了解供应商所供商品的品质、销售状况、服务状况，及时向总部反映并与供应商及时沟通，有问题应要求供应商限时改进。

4.4　连锁企业商品管理

4.4.1　商品定位与分类

1. 商品定位与商品组合

商品定位与业态有着密切的关系。由于业态是以经营商品重点的不同而划分的营业形态，所以业态决定商品定位，业态的不同实质上就是商品定位的不同。

商品组合首先必须明确商店定位和商品定位，其基本要求是与公司的经营定位和整体形象相一致，既能满足消费者的需求，又能为企业带来利润。在科学分类的基础上确定公司经营商品的结构，是商品经营业务的基础和导向。

商品定位与商品组合应坚持以下几个原则。

(1) 商品化原则。所谓商品化原则是指将生产制造商和供应商所提供的产品转化为经营商品的过程。商品化过程必须满足消费需求和商品销售要求。产品的商品化过程包括：对产品进行鲜度等技术性处理→依产品的重量大小等进行分类分级包装→给产品赋予品牌及价格→商品陈列并配合适当的促销手段。根据商品化原则，采购人员应负责从商品导入到商品销售全过程的计划与督导工作，并对销售业绩负责。

(2) 品种齐全原则。由于消费者日益强调时间节约和“一次购足”的观念，所以，连锁公司在确定商品组合时一定要尽可能地扩大经营品种，使顾客能一次性购齐所需物品，同时应关注政策动向及消费潮流，不断调整品种结构，导入新品。产品齐全不仅仅是数量问题，还必须考虑各种品牌及知名度，各种规格及各种品质的商品的相互配合问题。

(3) 重点产品原则。产品不断开发，品种不断增加，而门店的营业面积是有限的，所以对经营商品的品种必须优选，把销售额大的商品作为重点商品进行重点管理。通常把商品分为A、B、C 3类，分别采取不同的管理方式，即通常所说的ABC分类管理法。其操作步骤是：首先，将各种商品按销售额大小顺序排列，计算出各种商品的销售额比重和品种比重(单项比重和累计比重)。其次，划分类别。A类商品销售额比重为75%左右，品种比重为5%；B类商品销售额比重为20%左右，品种比重为20%左右；C类商品销售额比重为5%左右，品种比重为75%左右。

(4) 商品群原则。商品群是门店经营商品的战略单位，做好商品群的策划工作能提升企业形象。商品群主要根据消费者的需求进行划分，并提出一些新的概念。在市场商品日益丰富的现代社会，消费者对商品的选择往往会无所适从，这就需要经营者给消费者以适当引导，如可针对礼品商品群提出“太太生日礼品”、“丈夫生日礼品”、“父母生日礼品”、“儿童节日礼品”、“情人节日礼品”等新概念，用新概念、新组合来带动商品销售。

(5) 利润导向原则。利润导向是指商品经营应考虑增加利润的途径，增加利润的途径主要有：第一，以零售价决定采购价，依据“顾客愿意付多少钱”进行采购；第二，适当减少品项，以减轻库存压力；第三，新品导入可适当收取进场费；第四，要求供应商将某些产品当做特价品；第五，尽可能以薄利多销原则来销售商品。

2. 商品分类

对品种繁多的商品进行分类，是连锁公司科学化、规范化管理的需要，它有利于将商品分类别进行采购、配送、销售、库存、核算，提高管理效率和经济效益。连锁公司可以在商品分类基础上，根据目标顾客的需要，选择并形成有特色的商品组合，体现自身的个性化经营特色求得连锁经营的成功。

商品分类可以根据不同的目的、按不同的分类标准来进行。如后面提到的商品群分类，就是按不同类别商品在卖场销售中的比重与作用来划分的，其目的是通过经营单位或经营区域的组合，促进卖场整体销售业绩。以超级市场实际商品管理为例，商品分类一般采用综合分类标准，将所有商品划分成大分类、中分类、小分类和单品四个层次，目的是便于管理，提高管理效率。

(1) 大分类。大分类是超级市场最粗线条的分类。大分类的主要标准是商品特征，如畜产、水产、果蔬菜、加工食品、一般食品、日用杂货、日用百货、家用电器等。

(2) 中分类。中分类是大分类中细分出来的类别，其分类标准主要有：

① 按商品功能与用途划分。如日配品这个大分类下，可细分出牛奶、豆制品、冰品、冷冻食品等中分类。

② 按商品制造方法划分。如畜产品这个大分类下，可细分出猪肉、牛肉、鸡肉、熟肉制品等中分类。

③ 按商品产地方法划分。例如果蔬这个大分类下，可细分出国产水果、蔬菜与进口水果等中分类。

(3) 小分类。小分类是中分类中进一步细分出来的类别，其主要分类标准有：

① 按功能用途划分。如“畜产品”大分类、“猪肉”中分类下，可进一步细分出排骨、肉米、里脊肉、蹄髂等小分类。

② 按规格包装划分。如“一般食品”大分类、“饮料”中分类下，可进一步细分出听装饮料、瓶装饮料、盒装饮料等小分类。

③ 按商品成分划分。如“日用百货”大分类、“鞋”中分类下，可进一步细分出皮鞋、人造革鞋、布鞋、塑料鞋等小分类。按商品口味划分，如“糖果饼干”大分类、“饼干”中分类下，可进一步细分出甜味饼干、咸味饼干、奶油饼干、果味饼干等小分类。

④ 单品是指商品分类中不能进一步细分的、完整独立的商品品项。如上海申美饮料有限公司生产的“355 毫升听装可口可乐”、“1.25 升瓶装可口可乐”、“2 升瓶装可口可乐”、“2 升瓶装雪碧”，就属于 4 个不同单品。

需要说明的是，商品分类并没有统一、固定的标准，各公司可根据市场和自身的实际情况对商品进行分类，但商品分类应该以方便顾客购物、方便商品组合、体现企业特点为目的。

4.4.2 单品管理

单品管理是指以每一个商品品项为单位进行的管理，强调每一个单品的成本管理、销售业绩管理。单品管理是现代、高效的商品管理方法。

1. 单品管理的作用

单品管理是连锁公司商品现代化管理的核心，在连锁公司商品管理中发挥重要作用。

(1) 单品管理是商品群管理的基础。单品是连锁公司商品经营管理的最基本单位，各商品群是由一个个单品组合而成的商品集合体。所以，各商品群的管理(如主力商品的选择与保证、滞销商品的选择与淘汰)要是离开单品管理，是根本无法进行的。

(2) 单品管理是商品流通顺畅的保证。单品管理的强化使得每一种商品的采购、销售、库存环节有机结合，商品购销存的数量得以准确掌握与控制，为商流的顺畅提供了保证，也为商品的物流、资金流、信息流的有序运动创造了良好的条件。

(3) 单品管理是公司获取稳定利润的手段。单品管理突出的是适当减少商品组合深度的品牌商品的管理，通过做大品牌商品，提高品牌商品的市场占有率，增强超市公司对品牌商品供应商的控制力，能获得稳定、丰厚的经营利润和通道利润。

在我国连锁公司经营管理实践中，有些公司仅将经销(买断)商品和由配送中心统一配送的商品进行单品管理，而未将部分代销商品和供应商直送门店的商品纳入单品管理系统，造成整体商品管理的混乱与低效，也使商品采购、货款支付中产生大量不规范行为，这种不彻底的单品管理做法最好能尽早纠正。

2. 单品管理的技术支撑手段——POS 系统

现代连锁公司之所以能普遍实施单品管理，是由于有 POS 系统作为其技术支撑。POS(Point of Sales)系统是卖场销售时点系统，它能对卖场全部交易信息进行实时收集、加工处理、传递反馈，是连锁公司经营管理，尤其是单品管理的得力助手。POS 系统能够高效实时地收集、处理销售信息，如在收银时 POS 机将每一种商品销售的数量、金额等有关资料，实时送入 POS 系统数据库，经瞬时处理后，可适时提供每个时点、每个时段的销售资料，所以 POS 系统能完全实现商品的单品管理，可以对各种单品的进销存情况进行及时控制，大幅度提高单品管理的准确性和高效性。

3. 单品管理的基本要求

(1) 减少同类商品品种，降低商品组合深度。如超市公司的经营宗旨是满足消费者对基本生活用品一次性购物的需要，所以，商品品种齐全是超市公司经营管理的基本要求。但是从单品管理的要求看，品种齐全强调的是不同用途、功能的商品种类应尽可能齐全，商品组合的广度要适当宽，综合化程度可适当高，以满足消费者多样化需求和一次性购物的需要；品种齐全不是强调同类商品中不同品牌、品种、规格的齐全，商品组合的深度不宜太深，专业化程度不宜太强，否则会造成以下困难：一是消费者面对货架上相同用途的众多不同品牌、规格的商品难以选择，增加消费者的购物时间；二是在经营品目总数和卖场空间一定的条件下，商品组合的深度大，组合的广度就相对小，有限卖场空间的效率发挥就受到影响；三是销售额在品牌上的分散，导致连锁公司缺乏对供应商的控制力。

(2) 利润向少数品种集中。主要商品管理的基本思路是强调销售额的集中，而单品管理的基本思路是强调突出品牌，增加利润。如果没有单品管理利润向少数品种集中的思想指导，主力商品管理即使实现了销售额向少数商品集中，也不一定能实现公司利润目标。

以单品管理为基础的主力商品管理，通过提高品牌商品的销量，提高零售企业对品牌商品供应商的控制力，提高品牌商品的市场占有率，能共享供应商节省的促销费用、大批量采购的价格折扣和年终退佣，实现利润最大化。

(3) 降低管理成本。由于品目和供应商减少，使得连锁公司采购部采购谈判的差旅费等交易成本大幅度下降，使得运输费用、库存费用等物流成本大幅度降低，使得促销人员集中精力做好主力商品的销售促进工作，使经营费用、管理费用有所降低。

4.4.3 滞销品淘汰管理

滞销品是连锁企业经营者的“毒瘤”，必须及早发现，及早去除，企业的经营才能健康运营。如滞销品占据了空间，使新品无法导入，畅销品的陈列无法扩大。因此，要求商品运营商要能对滞销品采取快速淘汰的运营方针。

1. 制订滞销品的基准

(1) 以销售最后的项数或百分比为淘汰基准。例如，以3个月销售排行榜资料为参考，以最后100个品项为淘汰的对象，或是以排行榜最后的3%为淘汰基准，不过以这样的基准来作为淘汰的依据时要注意考虑：这种商品的存在是否为了使品项齐全，或是因为季节性的因素才滞销，如属这些因素产生的滞销便不可剔除。

(2) 以销售数量未达一个标准为淘汰基准。例如，制定连续 3 个月平均销售未达 5 箱的品项为滞销品项，再考虑是否要淘汰。

(3) 以销售单位未达到一个数量标准为滞销品的基准。例如，以每月单品销售未达 50 个为淘汰的基准，这对于某些低单价的商品特别适用，有时一个单品售价才 5 元，卖了 50 个才 250 元，但所占面积却很大，所以对低单价商品的管理宜特别注意，须将其数量标准提高，如再未达标准便可考虑是否有销售的必要。

2. 滞销品淘汰程序

(1) 列出淘汰商品清单。确定要淘汰哪些项目，列出一张清单，并经主管确认。

(2) 确定淘汰日期。淘汰商品最好每个月固定集中处理，不要零零散散地做。例如，规定每月15日为淘汰日，所有的或要进行淘汰的分店，便在这一天把淘汰商品下架退货。

(3) 淘汰商品的数量统计。确定要淘汰的商品后，再清查各店所有淘汰商品库存数量及金额，以便处理及了解处理后所损失的毛利是多少，以计算整体利益。

(4) 查询有无货款可扣抵。查询被淘汰商品的供应商是否有剩余货款可抵扣，这点相当重要，必须和财务部门联系，确认后请财务部门进行会计手续处理，若无货款，则不可将商品退给供应商，否则先将商品退回给供应商，要供应商再拿钱来是不太可能的，这种损失是可事先预防的。

(5) 决定处理方式。淘汰下来的商品，有的可以退回给供应商，有的无法退给供应商。处理方式可以降价销售或便宜卖给员工，当然也可以当做促销的奖品送给客人，可从中选定一种处理方式。

(6) 进行处理。若采取退货处理方式，便应通知供应商按时取回退货，并将退货单送交会计部门，作会计处理；若采取卖场处理方式，则将处理方式明确通知各店，在卖场进行处理，直到处理完为止。而既然是处理，就是要做到清理完为止；因此，若第一次所定的方式无法处理完成，便须再做修改。

(7) 淘汰商品的记录。最后将处理完的淘汰商品，每月汇成总表，整理成档案，随时供查询，避免因年久或人事变动等因素，又重新将滞销品引进。

4.4.4 商品群管理

1. 商品群的概念及其分类

商品群是商品经营分类上的一个概念。它是根据企业经营理念，用一定方式集合若干特定商品组成的一个经营单位或经营区域。

商品可以从不同角度加以组合，形成不同类别的商品群。其中，较为常用的划分办法是根据各种商品群对卖场销售业绩所起的不同作用，将商品结构分为主力商品群、辅助性商品群和附属性商品群。

(1) 主力商品群。主力商品群是企业经营的重点商品，它在商品结构中约占20%～30%，但创造整个卖场80%左右的销售业绩。主力商品群具有高购买频率和季节性两个鲜明的特点。

(2) 辅助性商品群。辅助性商品群是主力商品群的补充商品群，常与主力商品群有较强的关联性，多为常备日用品。它可以衬托主力商品的销售，同时，辅助性商品群的存在可以使卖场商品显得丰富。

(3) 附属性商品群。附属性商品群是辅助性商品群的补充商品群，其基本特征是购买频率和销售比重较低，与主力商品的关联性较少，它们通常是顾客在卖场临时作出购买决定的商品，对满足消费者多样化需求起到不可缺少的安定性作用。

2. 商品群组合方法

商品群组合，可以是商品结构中的大分类、中分类、小分类，更多情况下是一种跨分类的新的商品组合。特色商品群对顾客偏好产生最直接的影响，所以企业应树立起“商品群是超市商品竞争的战略单位”的观念，不断推出和强化有创意的商品群组合，吸引更多的顾客来卖场消费购物。

一般来说，打破原有商品分类，将若干商品组合成新的商品群的方法主要有以下几种。

(1) 按消费季节组合。如在夏季可将凉席、灭蚊剂、电风扇、清凉饮料等组合成一个夏令商品群。

(2) 按节庆假日组合。如在情人节前夕，可将玫瑰花、巧克力、对表、“心”形工艺品等组合成一个“情人节系列”商品群。

(3) 按消费便利性组合。如将午餐肉、开罐器、面包、碗面、包装熟食、矿泉水、塑料布、垃圾袋等组合成一个“旅游食品”系列商品群，为旅客提供较大便利。

(4) 按商品用途组合。如将浴巾、拖鞋、肥皂、洗发膏、香水、剃须刀等组合成“常用沐浴用品”商品群。

(5) 按价格组合。如参照“三元店”、“八元店”的经营方式，在日用品区域开设一个由小五金、小百货等组成的“均一价”商品群。

(6) 按供应商组合。如将“光明乳业”生产的不同品质商品(如鲜奶、纯鲜奶、酸奶、高钙奶)、不同目标顾客商品(如婴儿奶粉、学生奶粉、孕妇奶粉、老人奶粉)、不同包装(如盒装、袋装、瓶装)、不同容量(如250毫升、750毫升)的奶制品组合成一个“光明乳业乳制品”商品群。

由于现代社会中消费需求存在多样性和变化性，所以企业经营者应及时发现顾客消费行为的变化特征，不断适时推出符合消费者新需要的新组合商品群。同时，采购部的促销人员要将日常工作的大部分精力放在寻找多种新的商品组合上，并将这些组合作为卖场促销活动的基本素材和内容。

3. 主力商品的管理

(1) 20/80原则。大量统计资料表明，在连锁超市公司等连锁企业经营的全部商品品项中，销售得最好的20%品项的销售额可实现全部销售额的80%，而剩下80%商品品项的销售额实现总销售额的20%。我们把连锁企业经营中，商品品项百分比与相对的销售额百分比之间存在的20%：80%关系的规律性现象称为20/80原则。其中占销售额最大份额的20%的商品，实际上就是连锁公司经营的主力商品群。

需要说明的是，20/80原则仅仅是根据数据统计而概括出的关于品项百分比与相应销售额百分比之间的近似比例值，实际中这一比值会随着单品管理效率的高低和业态类型的不同而变动。

(2) 主力商品目录的选择与调整因素。第一，主力商品的选择方法。选择主力商品最常用的方法是信息统计法。它是指采购人员根据本企业POS系统汇集历史同期的销售信息来选择商品。核心指标是销售额排行榜。根据销售额(或销售比重、周转率)排行榜，挑选出排行靠前的20%的商品作为主力商品备选目录。主力商品备选目录包括总体目录和分类目录两种，其中分类目录更具使用价值。第二，主力商品目录的调整依据。由于主力商品群具有鲜明的季节性特点，加上消费需求和供货因素的不确定性，连锁公司经营的重点商品是不断变化的，所以主力商品目录也应随着季节变化、商品的生命周期变化和消费需求变化不断调整。

关于主力商品目录的调整还有一点需要补充说明：主力商品目录是为连锁公司商品采购计划和商品营销管理服务的，所以其目录调整是事先进行，它与根据企业POS系统实际销售信息统计出来的主力商品目录存在一定的差异。它们之间的差异性越小(即事先目录与事后目录一致性越高)，说明连锁公司采购人员的素质水平和单品管理效率越高，反之亦然。

(3) 主力商品核心地位的保证。既然主力商品在连锁公司销售中占有举足轻重的地位，是经营管理的重点，所以如何强化管理，保证主力商品发挥名符其实的作用就成为连锁公司商品管理的重中之重。为了使主力商品的核心地位真正得到保证，必须在制订采购计划和促销计划、履行采购合同及日常经营管理中，做到以下几个优先。

① 采购计划与进货数量优先。在制订采购计划时，将主力商品采购数量指标的制订和落实作为首要任务，要保证主力商品供货的稳定、足量，保证主力商品在所有门店和各个时间都不断档缺货，这是主力商品保证的前提条件。

② 资金安排与付款落实优先。在要求主力商品供应商足量、准时供货的同时，连锁公司也要向主力商品供应商承担足额、按时付款的义务。只有足额、按时付款，才能与提供主力商品的品牌供应商建立良好的合作伙伴关系，才能保证充足的畅销货源，才能与供应商分享市场占有率提高的利益，才能有效地做大供应商和增强对供应商的控制力。因此，哪怕牺牲一部分流动资金使用利润，也要在品牌供应商处树立良好的商业信用，做到主力商品付款上的优先。

③ 储存库位与配送运力优先。在配送中心，要将最佳库存位置留给主力商品，要尽可能使主力商品在储存环节中物流线路最短，这不仅是连锁公司降低物流成本的需要，也是保证主力商品主导思想在储存环节上的体现。在主力商品由配送中心到门店的运输过程中，连锁公司应要求配送中心优先、充足地安排运力，根据门店订货、送货的要求，保证主力商品准时、准量、高频率配送。

④ 陈列优先。在做采购计划时，货架管理员就应该在商品配置图中，将卖场最好的区域、最吸引顾客的货架指定留给主力商品，并保证主力商品在卖场货架上有足够大的陈列量。主力商品一般应配置在卖场中的展示区、端架、主通道两侧货架的磁石点上，并根据其销售额目标确定排面数。

⑤ 促销优先。促销计划的制订及实施都应围绕主力商品，主力商品的促销应成为卖场促销活动的主要内容，各种商品群的组合促销也应突出其中的主力商品。切忌传统小商店经常让处理商品作为促销活动主角的做法，否则会因小失大，违背销售额应向主力商品集中的20/80原则。

4.4.5 商品陈列

大卖场中的商品极其丰富，而顾客首先接触的又是商品，如果没有一个良好的商品陈列，就不会有温馨、舒适的购物环境。商品陈列的适当与否，直接关系到商品销售量的多寡。商品陈列是连锁企业商品管理的重要内容，体现了连锁企业的管理水平和服务意识。科学、美观、合理、实用的商品陈列可以起到刺激销售、方便购买、节约人力、利用空间、美化环境等作用。商品陈列既包含操作的技巧，也包含大量的美学内容。

商品陈列是零售现场管理工作的一项基本内容。商品陈列在吸引顾客进店选购商品、激发顾客的购买欲望以及在达成交易中起着很重要的作用。商品陈列是一种无声而又重要的推销方式，是一种零售现场的活生生的广告。特别是对陈列着几万种商品的大型连锁店超市而言，如果没有一定的方法，顾客进门后根本就无从选择，或者为了买一件商品来回几遍也找不到。规范化、科学化、生动化的商品陈列能使顾客较快地找到自己满意的商品，省时又省力。

1. 商品陈列的基本原则

连锁店商品陈列要遵循以下3大原则。

(1) 容易选购的原则。通过换位思考，我们知道，容易选购、便利购物是商品陈列的出发点。

首先，商品须一目了然，造型简洁、醒目。目前，国内营业面积在 100 平方米以上的便利店，经营商品大多为 2000～2500 种；500～1000 平方米的超市，经营品种多为 5000～10 000 种。如此浩瀚的商品，要使顾客能在较短的时间内找到自己想要购买的商品，店内商品的纵向分类(产品线的深度)应简单明了，且以简洁的形式、新颖的格调突出自己的形象。其次，要符合购买习惯。顾客习惯购买商品的先后顺序、关联商品顾客的适应程度，店方应研究透彻。对节假日、季节性、新商品的推销区和特价区商品的陈列要引人注目。再次，标价要准确、醒目。最容易出现的情况是标价与商品互相混乱，还要顾客将其一一对上号，这容易产生以下几个方面的负面影响：一是导致顾客投诉，认为店方素质差，管理不到位；二是投诉之下难以购买产品，因为搞不清产品价格，无法作出购买决策，导致销售额下降；三是容易激发事端，产生矛盾，影响店铺形象。同时，商品要易于拿取，这是最基本的陈列要求。最后过道应畅通，过道以能够容纳两人并行通过(宽度在 90cm 以上)为宜。

(2) 愉快购物原则。容易购物是连锁店商品陈列的基本条件，而顾客的心理满足才是最重要的。要达到这一点，只有让顾客愉快购物。良好的心情，会使顾客停留的时间长，顾客会多看、多比较，甚至会不自觉地购买计划外的商品。连锁店可以通过以下几方面的努力来使顾客感到愉悦。

货架上的商品要丰富、充足，目的是使顾客有挑选的空间，避免产生脱销现象。在这其中最重要的是要保持清洁、整齐，这也是基本工作要求。货架整洁，主要是指陈列的商品要干净、完整，有破损、有污渍、外观上不合要求的商品要及时撤下。还有就是商品陈列要经常变化翻新，但不能影响整体效果，而且也不能太过频繁，不能给消费者“穷折腾”的印象。除上述要求外，商品陈列还要有美感，有艺术性，要赏心悦目并且商品陈列要能及时宣传新产品、新项目，迎合顾客兴趣，体现阶段经营商品的特色，强调广告效果。

(3) 便利商品管理的原则。商品被销售出去后，就要进行商品补充陈列。商品的补充陈列是从后面开始的，而不是从前面开始的，这种陈列法叫先进先出法，这样有利于商品的保鲜和有效管理。因为顾客总是购买靠近自己的前排商品，陈列在后排的商品会不容易卖出去。一般商品尤其是食品都有保质期限，因此消费者会很重视商品的出厂日期。用先进先出法来进行商品的补充陈列，较早陈列的商品会较早地卖出，使货架上没有陈列时间太久的商品，这样可以在一定程度上保证顾客买到新鲜的商品，这是先进先出法保护消费者利益的一个重要的方面。另一方面，由于商品前后周转，既容易保持商品的清洁，也容易减少损失和降低管理费用。

2. 商品陈列的操作程序

(1) 对连锁店商品陈列操作程序的认识。这里所说的连锁店商品陈列的操作程序，绝不是局部的陈列方法，也不是把商品通过一定的方法，在货架上或其他容器里陈列出来。陈列方法只是商品陈列这个大范畴的一个局部内容，也就是具体动手的操作落实的技能。而我们这里所说的商品陈列程序，是从全局角度考虑的广义的商品陈列。它包括为什么进行商品陈列(陈列目的)；什么情况下进行商品陈列(陈列规划)；商品陈列应做的准备工作有哪些(订货、收货等)；商品上架陈列(具体操作)、陈列标准与陈列情况如何(确认与检查)；陈列销售(对顾客的影响)，陈列信息的利用(信息收集与资料分析)等。

(2) 连锁店商品陈列的操作程序(见图 4-2)。连锁店的商品陈列，是从陈列调查并作出陈列规划开始，经过陈列准备，实施上架陈列，然后不断地进行陈列检查，实现陈列销售，最后进行陈列信息的收集和分析的过程。

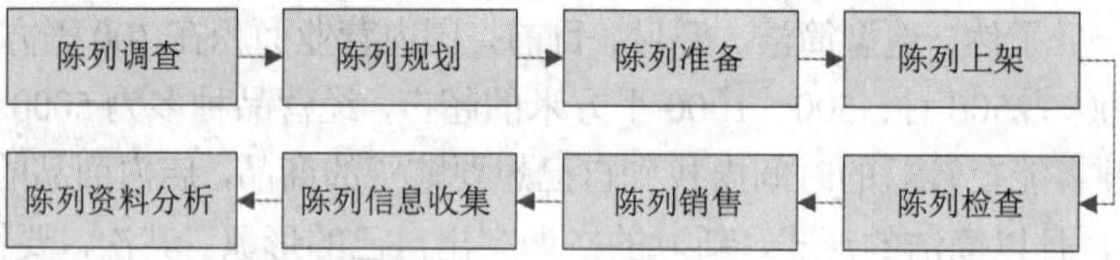

图4-2　商品陈列操作程序图

① 陈列调查。陈列调查主要是为了商品竞争而进行的信息收集与处理工作，目的是为陈列规划提供必要的素材。调查的对象主要是不能人为操作的环境因素。环境因素分为内部环境因素和外部环境因素。内部环境因素是指连锁企业总部的商品规划要求和分店自身面临的具体需求特点。外部环境因素是指以下几个方面：地区性大型活动，如当地有无传统的庆典节日，这些活动的举行时间、规模、方式等；节日性特别促销活动，如妇女节、儿童节、圣诞节、新年、春节等；气候变化规律，如当地换季的时间、气温变化幅度、适宜的商品等；市场上新产品的潮流，时髦和时尚的变化；竞争对手的情况。

综合考虑上述两方面环境因素后，就可以根据地区特点，从总部推荐的品种中选定适宜的经营商品结构。商品结构确定后，根据各类商品的销售特点、顾客购买习惯和连锁企业的销售方针，确定基本的陈列布局和陈列方式以及相应的促销活动。在此基础上，进一步确定每一种商品摆放的位置、陈列方式、占用空间、陈列天数等。做完上述工作，就可以做出一个商品陈列规划了。

② 陈列规划。陈列规划实际就是把商品陈列操作的一切前后顺序和相关内容，用文字的形式书面表达出来，写成一个比较完备的计划。陈列规划的内容包括商品陈列的外部环境因素；商品陈列的内部环境因素；商品陈列的时间(开始、调整、转换、终止时间等)；商品陈列的标准；商品陈列的确认及检查和评价；商品陈列的具体负责部门及职责；陈列商品的准备及协调安排；商品陈列的效果分析；店内招牌广告的应用；出现问题的处理办法等。

③ 陈列准备。陈列准备是指商品上架前的准备工作，包括连锁店铺的订货、收验货、分类标价、编码等。

所谓订货，就是连锁店在货架上商品不足时，提出送货要求。可以通过系统连线(网络、电话、传真)向总部提出要求，然后总部汇总后向物流中心或生产商订货。订货的依据是日常销售规律。订货的批量和批次一方面取决于销售量，另一方面取决于信息处理和物流配送的技术水平。近年发达国家有这样的发展趋势：区别不同商品，实施多频度、小批量送货，来货直接上架，店铺无库存经营。

连锁分店进货实行“统一配送”或“统分结合”的原则。进货的渠道通常包括由公司配送中心配送到店铺的商品；由厂商直接配送到店铺的商品；由专业批发供应商配送到店的商品等。连锁分店通常不承担进货业务，只负责按总部确定的供货渠道向供货方订货或向总部订货。

所谓验货，指尚无完善商品供应计划体系的连锁企业，各连锁分店对从各配送中心分批分类送来的商品，必须按规定的质量标准和验收项目验收，确保没有假冒伪劣、过保质期的商品或不符合要求的商品，保证售出商品的品质和数量。验收程序是：先看送货单，然后核对订货记录，再检查商品的品质、种类、数量是否符合要求，在送货单上签收，最后入库。在相关商品开发、供货系统构建和管理技术水平达到一定程度的企业，可逐步免除验货环节，提高配送效率。

所谓标价编码，是指验货后，要对商品分类标价，整理上架。商品没有标准条形码的，要按公司规定标准统一编码。编码输入电脑后，商品才可以上架出售。

④ 陈列上架。商品陈列还包括多层店堂中各层经营内容的安排、售货方式选择、橱窗布置、店内广告招牌装饰等。

就商品的陈列而言，首先是由大类商品的位置决定的。楼层不是越高越好，最高为 5 层，这可以说是绝大多数店铺的楼层极限，因为消费者一般不愿意去高层购物，楼层越高，消费者越少。如果商品数量太多，店铺占地面积不够大，那只能增加楼层或往地下发展，以降低铺面的租金成本。一般可设地下一层、地下二层。在多层店铺里，上面楼层多摆放贵重物品或必需品，而在底层多摆放时尚产品、季节产品、食品等。其次，商品陈列货架的平面布置也不是随意的。最后，选择售货方式时，也要根据行业特点，连锁店应尽可能采用自助售货方式。自助售货方式可使顾客充分享受自由乐趣，任意逗留，触摸商品，从容挑选。但同时商品陈列操作也有如下的注意事项：

a. 商品摆放应遵循从左到右、从上到下的次序，标牌应固定在第一件商品处，作为该类商品位置的起点和标记，同时也是与邻近品种的分界线。

b. 小分类商品必须集中陈列，并以直线形式摆放。

c. 销量越大的商品所占的陈列位置应越大，并可适当向货架的较低层延伸。反之，销售量小的商品，陈列所占空间位置亦应小些，并可摆在货架的中层，即眼手线范围(眼的视线范围和手能触及的范围)内，便于顾客发现。

d. 商品摆放要做到整齐不串位；货架和商品不能有积尘；包装不能有破损。

e. 冷柜商品要统一标价，清楚醒目，没有遗漏。

f. 尽最大限度做到不缺货，做到有牌有货。如果出现缺货要有缺货标记(如翻牌)，货到后再将标记取下(翻回)。

g. 季节性销售或店铺宣传推销品最好选择专用的宣传推销位置。遇有大的节日，如春节年货陈列期间，店铺可以适当调整货架位置，但节后应迅速还原。

h. 适当布置相应的店内广告招牌，起到提示顾客购买、宣传介绍商品、渲染店铺气氛、美化店铺环境的作用。

⑤ 陈列检查。商品陈列确认与检查是连锁店日常管理中的一个重要方面，它能确保在此环节之前所做的各项工作以最佳状态呈现在消费者面前，从而树立企业良好的形象。商品陈列确认与检查的内容主要包括：商品分类是否易于选购；商品是否易于拿取；商品数量是否充足；商品种类是否齐全；商品色彩搭配是否协调，照明是否良好；商品是否得到妥善管理；商品摆放是否有助于销售；商品广告运用是否恰当等。

以上几个方面的要求是商品陈列的基本要求，也是关键要求。

⑥ 陈列销售(以理货为主)。陈列销售这一环节是连锁店与顾客直接接触的一环，其中与商品陈列状态相关性较强的是理货人员的岗位服务和维护。对理货员的要求主要有以下几点：理货员必须熟悉自己的岗位职责；应熟悉自己负责维护商品的有关知识，包括用途、品质、价格、产地、理化特征、消费使用方法、保存维护要求等；提前做好营业准备，服装整洁、精神饱满地接待顾客；营业时间要站立服务，礼貌待客，介绍商品既要热情，又要实事求是；营业时，要严格按照各岗位的服务规范操作；要做好通道、货架的清洁卫生工作、密切注视商品销售动态，及时补充商品，回收纸箱等包装物，查看标价有无错误，商品有无混乱、歪斜现象；对顾客的合理化建议要及时记录，并向上级管理人员反馈信息。销售是在商品陈列完备的基础上，结合理货业务的一个复合过程，也是极为重要的一环。

⑦ 陈列信息的收集与分析。前面的陈列调查、陈列规划、陈列准备、陈列上架、陈列检查、陈列销售六大环节会产生很多的经营数据信息，经营者应该时时、处处留意记录，积累起来，进行研究。利用 POS 系统，可以把手工的定性分析和计算机的定量分析结合起来，研究商品销售变化及陈列效果，进一步改进和调整商品陈列。如果一些比较小的连锁店没有 POS 系统、EOS 系统、

MIS 系统(商品管理信息系统)，则可以根据销售报表和营业人员的直接观察，一方面，了解顾客对经营品种的满意度，分析影响顾客满意程度的因素，改善经营商品结构；另一方面，结合货架位置、陈列方法、销售时期、店内广告宣传、服务状况等因素，研究和改进商品陈列，不断提高商品陈列水平。

(3) 商品陈列的功效。商品陈列的功效，也就是商品陈列要达到的目的。商品陈列应达到以下效果：第一，增加销售机会，提高店铺销售业绩；第二，改善店铺形象，培育顾客忠诚；第三，良好的商品陈列能弥补店面设计的不足，使店铺内外协调，加强顾客对店铺形象的认知度；第四，使顾客选购商品方便、容易；第五，良好、科学的商品陈列能带给顾客好心情，使顾客快乐购物；第六，能起到接力棒的作用，可以吸引顾客、引导顾客、分散客流、提示商品信息、宣传商品。

(4) 商品陈列的方法。

① 日用杂货的陈列方法。日用杂货有封闭式陈列和开架式陈列两种陈列方法。

封闭式陈列也称柜台式陈列，就是利用柜台陈列商品，有的商品放在柜面上，有的则放在柜台内。该方式主要用于放置贵重商品，如照相机、贵金属、DV、MP3、U 盘、手机等；再就是放置一些较小的商品，如装饰品、化妆品、电池、手表等，主要起到保护商品、防止被盗的作用。

开架式陈列就是在货架上或在类似货架的物品上陈列商品。根据陈列方式不同，又分为集中陈列法、整齐陈列法、盘式陈列法、随机陈列法、端架陈列法、岛式陈列法、悬挂式陈列法。

【案例 4-1】

开架式陈列的 7 种方法

一是集中陈列法。这是连锁店中最常用的方法，就是把同一种商品集中陈列在一个地方的方法。集中陈列法适合于周转快的商品。

二是整齐陈列法，就是把商品从包装中一件一件取出，并按一定层面整齐地堆放在一起。如瓶装饮料、罐装饮料、啤酒、酱豆腐、辣椒酱、卫生纸等。目的是使顾客感到商品丰富量大，以激起消费者的购买欲望。这种陈列法适用于季节性、购买频率高、购买量大、高折扣的商品。常用这种方式的商品不能怕积压。

三是盘式陈列法，又称割箱陈列法，是整齐陈列法的一种变形。它不像整齐陈列法那样，将商品从包装中一件件取出，再整齐地堆积起来，而是将包装纸箱底部以上一半左右割去，露出一排排的商品，再以底为盘，以盘为单位将商品一盘盘放在一起。其目的也是为了突出商品的量感，并说明可以整箱出售。此方法主要用于陈列饮料、啤酒等商品。

四是随机陈列法。这是指理货员在上货时，不用讲求陈列造型与图案，而把商品随便堆放在固定货架上的方法。其工具主要有四角形或圆形网状器或带有凹槽的货架，主要用来陈列特价品或想给消费者留下“特价品现象”的商品。如随便堆放的便宜皮鞋、围巾、内裤、过季服装等。

五是端架陈列法。端架是指一个陈列架的两端是距离通道最近、消费者首先看到的陈列位置。这里客流量大，是卖场内最能吸引顾客的地方，是商品陈列的黄金地段。端架陈列的商品主要是高利商品、特价品、新开发商品、国际国内名牌商品、热销商品等。端架陈列的商品可以是同一种商品，也可以是不同商品的组合，但不宜超过两种。这一位置要获取最大利润，必须充分利用，为此应陈列名牌或高利产品。

利用端架陈列商品的原则是：价格优惠要明确表示，使顾客一看就懂；体现出数量上的丰富感，吸引顾客观看，诱导非计划性的购买；注意关联性的商品的邻近陈列；经常更换商品品种；陈列上要引人注目，创造节日的气氛。

端架陈列商品要讲究主题设计，即商家想要突出表现的是什么，或最想以哪一点来打动顾客。

一般来说，想要表现的主题有以下几种：表明特定时节来临，如圣诞节、情人节或新年等；表明季节转换，如入冬时的保暖内衣；品种的吸引性，如日用小商品；表明商品的特点和利用方法，如介绍新产品；著名厂商、名牌产品的展示；优惠价格商品促销。

六是岛式陈列法。在连锁店铺的卖场入口处、中部或底部，有时不设置陈列架，而配置以特殊陈列的一组展示台、展示柜、展示桶等，这种方法称为岛式陈列法。岛式陈列法的主要工具有大型矮式冰柜，网状货筐、平台、木桶或塑料桶、屋顶架等。岛式陈列位置一般处在零售店铺的入口处、中部和底部，高度不能超过消费者的肩部，否则会影响整个卖场的视野，所以顾客可以从四个方向看到岛式陈列的商品。既然容易看见，那么商品必须吸引人，所以，包装华美、色彩艳丽的新产品、特价品最适合岛式陈列。

七是悬挂式陈列法，即将扁平型、细长型，不能站立的无立体感的商品悬挂起来的一种方法。有些商品由于物理性能方面的限制，其外面平淡无奇，不足以打动消费者，而运用悬挂式陈列，可以增加其观赏性，有利于销售。悬挂式陈列能使顾客从不同角度观察商品，具有化平淡为神奇的促销作用。使用于悬挂式陈列的商品有衣架、拖把、衣服、皮带、书包等。除以上几种方法外，日用杂货的陈列方法还有：狭缝陈列法、突出陈列法、定位陈列法、关联陈列法、比较陈列法等。

② 日配品陈列方法。日配品主要是指消费者每天生活必备的、商家需每天进行配送的商品，如面包、牛奶、豆制品、饮料、熟食品等。其特点是保持商品的新鲜度。其陈列方法主要有冷藏柜陈列法和集中陈列法，如牛奶、冷饮、熟食等多采用冷柜陈列；面包、饮料等多采用集中陈列。有些连锁店有面包制作车间，其成品面包陈列在车间前的货架上，用散发出的面包香味吸引顾客。

③ 水产品陈列方法。连锁店中的水产品分为 3 大类，即新鲜的水产品、冷冻的水产品、盐干类水产品。

a. 新鲜水产品的陈列。活鱼虾等新鲜水产品用无色的玻璃水箱陈列，水中游弋的鱼虾能满足消费者的新鲜感，受消费者喜爱。非活新鲜水产品的特征是出水时间较短，新鲜度高，一般用木板或白色托盘陈列，陈列时鱼头朝里，尾朝外，肚朝下，周围撒上冰块，覆盖部分不超过鱼身长的 1/2，以求达到次序感和新鲜感。

b. 冷冻水产品的陈列。冷冻水产品一般陈列在敞口的连续制冷的冰柜内，商品多用塑料袋包装，但必须能从外透过包装看到产品的实体。有的用塑料托盘封塑后进行冷冻陈列，这样便于消费者少量选购，如冷冻排虾、冷鱼等。

c. 盐干类水产品的陈列。盐干类水产品由于被食盐腌制过，短期内不会变质，为突出新鲜感多用平台陈列，有些则用标准货架陈列，如干贝类、壳类等。

有些水产品太大必须进行切割，分成段、块、片来陈列。这样做一是便于销售；二是便于保存陈列。这些水产品一般用塑料袋包装后陈列于冰柜中，或是用深底托盘放置冰块，陈列于平台上。有些则从下至上摆出层次感。

④ 果蔬品的陈列方法。果蔬品的质量关系到消费者的身体健康，所以果蔬品的陈列要注意两个问题：一是新鲜；二是干净。蔬菜的单位价值低，人们购买的出发点就是新鲜。

a. 果蔬品的陈列方式。由于果蔬种类很多，在此介绍几种基本的陈列方法。连锁店铺中果蔬品的陈列主要有排列、置放、堆积、交叠、装饰五种基本方式。排列是指将果蔬有顺序地并排放置在一起。置放是指将商品散开放置在容器中。堆积是指将商品自上而下放置在一起，上少下多立体感强。交叠是指将大小不一、形状各异的商品进行交错排列，交叠的目的就是为了美观，使商品看起来整齐一些。装饰是指将一些商品放在另一些商品上，起陪衬的作用，故称为装饰。

b. 果蔬品的陈列形态。连锁店铺中果蔬陈列的基本形态可归纳如下。

圆积形。主要用来陈列圆形的水果和蔬菜，如苹果、柚子等水果以及西红柿、茄子等蔬菜。陈列的顺序是先排底层的前边部分，然后排底层的两侧和后边，最后再排底层的中间部分。第二层商品的重心放在底层两个商品的联结位置，依次向上排放。

圆排形。这是陈列体积较大一点的果蔬的形式，如冬瓜、椰子等。首先用挡板将商品的两侧固定起来，防止其松垮塌落。然后放置低层商品，每层商品重心相对，层层向上，给人一种整齐有序的感觉。

芹排形。这是陈列葱、芹菜、茭白长形蔬菜的一种形式。摆放时，蔬菜根部向外，茎部向里，呈纵向排列。

交错形。这是陈列韭菜、蒜黄等长身、瘦体蔬菜的一种形式。摆放时，层层之间要根茎相对，整体呈方形。

格子形。这是陈列青萝卜、胡萝卜等尖形蔬菜的一种形式。摆放时，要根部向外，尖部相对，纵横交错。匀称的圆形根部或带叶的根部朝着顾客，反映出商品良好的质地。

盘子形。这是陈列豆芽菜、青豆等形状不一蔬菜的一种形式。用白色盘子将这些蔬菜固定陈列起来。

斜立形。这是陈列大白菜的一种形式，棵棵白菜紧靠在一起，根部朝下斜立着。由于相互之间是侧靠着的，重心在侧面，其根部不易损坏；顶部或菜心部分不易张开，确保了蔬菜的新鲜度。

植入形。这是将蔬菜根部和顶部相接，根部植入前排蔬菜顶部下面的一种陈列方式。它与斜立形的区别在于：采用斜立形陈列的蔬菜是站立着的，而采用植入形陈列的蔬菜是平躺的。采用植入形陈列的蔬菜，根部朝里，叶部朝外，将翠绿色直接展现给消费者，以体现蔬菜的新鲜感。

散放形。这是陈列形状不一的根菜类和香蕉的一种形式，只要面对消费者的部分摆齐就可以了。这类果菜怕挤压，不能堆积，只能散放，一般做法是根部朝里、顶部面对消费者。

堆积形。将包装过的商品、袋装商品、长形的商品先排好前面和周边的部分，然后向上堆到一定高度，就是堆积形。在运用堆积形陈列商品时，前面的商品要排放整齐，两个侧面可用挡板或商品自身进行固定，第二层商品的重心应该在底层两个商品的联结点上，依次上堆，数量递减。

面对面形。将包装过的蔬菜两排为一组，组与组之间根对根或头对头地陈列。这种陈列形式整齐划一，有利于零售店铺果菜卖场的整体布局，有利于维持良好的店堂环境。

围绕形。用甲商品将乙商品围绕起来，或者用隔物板、容器将商品围绕起来，这种形式就称为围绕形。采用围绕形陈列的商品一般单位价值较高，形体较小，被围绕起来能显示出良好的视觉效果。

搭配形。这是将两种以上的商品陈列在一起以获得理想的对比效果。例如，大小搭配、长短搭配、红绿搭配、粗细搭配、黑白搭配、黄绿搭配等。通过搭配对比，各种商品的色彩显得更加鲜明，更引人注目，形体特征也更加明显。

阶梯形。事前准备好阶梯形的陈列架，将不能堆积陈列的果蔬置于架上。架上的商品要排放整齐，层层有序，以显示商品的丰富与多样。

段积形。段积形与阶梯形的差别在于，阶梯形要用阶梯形的货架，而段积形则依靠商品自身的摆放而成形。段积式形同积木，顶部到底部的线条呈阶梯状的形式。

⑤ 商品陈列要领。连锁商店商品陈列的最大原则就是要促使商品产生“量”感的魅力，使顾客觉得商品极为丰富。所以除前面所讲技巧之外，还要注意以下几点：

a. 重视粘贴价签。商品不论种类、性质如何，其价签的粘贴位置一定力求固定。但绝对不宜贴在商品说明或制造日期标示处。标签应贴牢、贴正，以防止脱落或被顾客更换。

b. 注意顾客流动形态。据统计，顾客进店以后通常先从柜台看起，走六至八步，而后停下来看货品陈列，然后再走一小串步子再看。因此，商店对于商品的陈列应注意顾客流量最多的区域是在哪里，以及尽量安排完整的商品陈列，使顾客从头到尾都经过，才不会造成死角，以致失去销售机会。

c. 进行最有利的分配。通常最畅销品排在最前面，次畅销品次之，依此类推，到后面则必须摆设较吸引人的商品，使顾客能继续走到最后。此外，需注意属于顾客冲动性购买的商品一定要陈列在必需品附近，以形成乘数作用。

d. 揭示标语。在众多商品的陈列当中，如果一些商品旁适当的位置陈列各种标语，如“新产品”、“新项目”、“特惠价”、“新包装”、“新上市”、“特别物品”，或标示品质、特色等，时常会大幅增加销量。

e. 采用“前进立体”式陈列。市面上很多商店都采用“后退平面”式陈列，由于这种陈列方式的错误，使商品失去陈列的多量感魅力，常易使顾客对货架上的商品产生陈列不足或缺货的感觉。

f. 互补效益，造势销售。靠陈列技巧亦可帮助商品的销售。例如，一家商店中销货金额较大的是 30 元的商品，它平常保持有 50 个的陈列数量，如果想促销单价为 100 元的商品，那么，100 元商品的陈列数量就必须增加，至少也应该和 30 元商品的陈列数量一样，甚至更多，并将它陈列在较醒目的位置。众所周知，商品的畅销与否受所陈列位置、数量的影响非常大。这种方法也是目前超市或商场常用的方法，若要大量销售某一种商品时都会将该商品陈列在最醒目的位置，并且加大陈列面积。

本 章 小 结

本章主要介绍了连锁企业的商品采购与管理，具体包括以下几方面内容。

连锁企业商品采购制度；商品采购的方式；连锁企业商品采购应注意的问题；商品采购有哪些组织形式以及商品采购组织的管理规定有哪些；商品采购的业务流程管理；商品采购的业务流程；采购谈判与采购合同；连锁企业的供应商管理和商品管理。

思 考 题

(1) 什么是商品采购？连锁企业商品采购应注意的问题有哪些？

(2) 连锁企业商品采购的组织形式和管理规定有哪些？

(3) 结合实际，说说连锁店内商品展示促销的特点和方式有哪些？

案例分析 1

※ 百事可乐卓有成效的生动化陈列 ※

百事可乐公司自 1898 年诞生至今，已有 100 多年的历史，但它的销量依然在增加，而且在有众多饮料品牌可供选择的情况下，消费者仍然选购百事可乐，这靠的是其产品的质量和形象质量。百事可乐的产品质量大家有目共睹，而形象质量就是通过市场生动化将产品最好的形象展示给消费者。在百事可乐公司的市场策略中，有效的生动化陈列是其确保产品形象质量的最主要、最重要的策略之一。

一、何谓生动化陈列

所谓商品生动化陈列就是在销售现场，通过陈列和展示，将厂家生产出来的产品生动地展现在消费者眼前。其目的就是为了实现商品销售，快速、大量地把产品卖掉，强有力地促进销售，提升销售量。具体做法是在固定的陈列空间里，运用多种手段将货架上的商品予以美化，对商品的外在美予以强化，借此激发顾客的购买欲，使本企业的产品能获得最大的销量。因此，生动化陈列的任务就是：

(1) 让顾客容易看到。

(2) 让顾客容易挑选。

(3) 让顾客容易拿取。

二、百事可乐产品生动化陈列的3个“绝招”

1. 货架展示

为实现生动化陈列，百事可乐的货架展示着重考虑5个方面的内容：位置、外观、价格牌、产品的次序及比例和陈列方式。

(1) 位置。百事可乐强调产品要摆放在消费者流量最大、最先见到的位置上。为此，业务员要根据商店的布局和货架的布置以及人流规律，选择展示百事可乐产品的最佳位置。如放在消费者一进商店就能看见的地方、收银台旁边等，这些地方可见度大，销售机会多。

(2) 外观。货架及其上边的产品应清洁、干净。

(3) 价格牌。应有明显的价格牌，所有陈列产品均要有价格标示，所有产品在不同的陈列设备中的价格均需一致。

(4) 产品次序及比例。陈列在货架上的产品严格按照百事可乐公司要求的次序排列，同时百事可乐品牌的产品应至少占50%的排面。产品在货架上应唾手可得。包装相同的产品必须位于同层货架上，同时要平行，包装轻的放上面，重的放下面。要注意上下货架不同包装的品牌对应，如上层是易拉罐装的百事可乐，则下层的对应陈列就是塑料瓶装的可口可乐，这就是所谓的品牌垂直。

(5) 陈列方式。百事可乐产品实行集中陈列，同一品牌垂直陈列，同一包装水平陈列。维持每一品牌每一包装至少两个以上的陈列排面，以便补货及增加产品循环。如有价格促销时必须使用“特别价格标示”，内容应包括“原价格”、“新价格”、“节省差价”及“品牌包装”等信息。包装陈列方式以上轻下重的原则陈列，可依地点或商店的不同而调整。总之，陈列分配应依销量大小来决定。

2. POP广告(焦点广告)

百事可乐通过售点广告提升售点的形象，把客户引进售点，从而增加百事可乐产品展示的吸引力、可见度。百事可乐的广告考虑4个方面的内容。

(1) 位置。广告应张贴在最显眼的位置，如进门处、视平线处等，以吸引消费者的注意力。

(2) 外观。广告也代表了百事可乐的形象，因此广告外观应干净、整洁。

(3) 选用。广告品的种类很多，在选用时要注意销售什么产品配什么广告，这也是专业水准的一种表现。

(4) 售点的广告。售点广告要做到：广告品必须贴于商店的显眼处，不可被其他物品遮盖；海报或商标贴纸必须与视线水平，不应太高或太低；更换及拆除已褪色或附有旧的广告标语的广告物；不应同时出现两个新旧广告攻势的广告品；当促销活动结束时，必须将广告产品换除。

3. 货架上商品的生动化陈列

(1) 产品必须陈列在消费者刚进店时所能看得到的最佳位置；

(2) 所有产品必须除去外包装后陈列；

(3) 每一品牌/包装至少要占两个排面；

(4) 必须移开损坏或过期的产品；

(5) 所有陈列的产品必须有清楚的价格提示；

(6) 保持产品陈列、冷饮设备及展示工具整洁；

(7) 产品必须集中陈列，同一品牌垂直陈列、同一包装水平陈列。

百事可乐公司在综合超市中的生动化陈列(即终端建设)非常强调科学化、标准化，其经验值得我国连锁企业认真借鉴。

(资料来源：豆丁网，http://www.docin.com/p-543516995.html)

案例思考题 1

(1) 什么是生动化陈列？

(2) 百事可乐产品生动化陈列的“绝招”是什么？它们对商品促销有哪些作用？

(3) 到超市观察商品陈列的情况，利用所学知识分析所观察店铺商品陈列的优缺点。

案例分析 2

※ 家乐福的商品采购策略 ※

一、家乐福的商品品类

家乐福的商品大致分 3 类：赚取利润的，如某些进口商品；赚取销量的，如某些周转快的商品；获得费用的，即在家乐福销售得并不是很好，但是供应商愿意支付较多的市场费用来培育的商品。这 3 类商品的比例大概是 1∶4∶5。杂货部和生鲜部是家乐福很重视的部门，通常主管都是法国人。杂货部是一个比较大的部门，约占 50%～60%的总销量。

二、家乐福的商品采购

凡是和家乐福打过交道的人都说，你要有无穷的耐心和韧性，和家乐福打交道，你会深切体会“坚持就是胜利”这句话是多么的正确。其实，家乐福一直在培养其员工以一种“进攻型”的态度来面对其供应商。这一点，从家乐福的采购哲学中就可窥见一斑。

1. 让销售员对得起他们的工作，让他们出汗

永远不要忘记：在谈判中的每一分钟，要一直持怀疑态度，显得对所谈的事情缺乏热情，或者不愿意作出决定。

2. 对供应商第一次提出的条件，要么不接受，要么持反对意见

对供应商第一次提出的条件，采购员的反应是“什么？”或者“你该不是开玩笑吧？”，从而使对方产生心理负担，使他们认清形势，并降低自己的谈判标准和期望。

3. 永远要求那些不可能的事情

对于你要谈判的事，要求得越离谱越好，说不定和供应商的实际条件比较吻合。这些不可能的要求可以帮助你获得更大的操作空间，帮助你做出最小的让步，并让你的对手感觉似乎已经从谈判中“得到了”我们的让步。

4. 告诉供应商——“你需要做得更好”

不断地重复这个说法，直到供应商开始认为他们现在做得真的很差。在我们的眼中，这些供应商永远不可能做得最好。

5. 把事情拖到下一次解决

在谈判要结束时，采购员要生成此事须由上级经理决定，这样做为采购员争取到了更多的时间来考虑拒绝或重新考虑一份方案。

6. 采用“去皮”原则

80%的谈判在最后 20%的时间取得成效，在谈判开始时提出的要求可以被忽略。基本上，家乐福的商品采购谈判分为 3 个层次：全球谈判、全国谈判和地区谈判。比如说，当家乐福和宝洁公司或欧莱雅公司合作时，双方总部先要签订全球协议，用来确定销量折扣、全球促销、全球定价以及相关贸易条件。当宝洁公司或欧莱雅公司来到中国市场时，如果家乐福也进入了中国市场，双方要进一步签订关于附加折扣、毛利目标、门店促销及广告、货架摆放位置及占地面积、分校与仓储和新店折扣等适合两方在中国情况的协议。随着家乐福在中国不同城市开店数量的增多，不同地区会出现不同的情况，因此，合作双方需要就竞争价格支持、具体门店广告促销、货架及端架陈列费用、促销人员安排等问题进行地区性的谈判。

(资料来源：张晓琳. 中国大卖场. 北京：企业管理出版社，2003)

案例思考题 2

(1) 阅读案例，家乐福的商品采购策略有哪些？并讨论家乐福采购人员是如何与供应商销售员打交道的？

(2) 假如你是连锁企业采购人员，你会如何与供应商进行采购谈判？

第 5 章

连锁企业财务管理

学习目标

- 掌握财务管理的概念、意义与特点
- 了解不同连锁经营形态财务管理的区别
- 熟悉连锁企业财务管理的主要内容
- 熟悉连锁企业财务经营分析

5.1 连锁企业财务管理概述

5.1.1 连锁企业财务管理的概念

以盈利为目的的企业，不论其组织形式如何、从事何种业务，几乎毫无例外地面临着财务管理的问题。随着信息技术的不断创新、金融工具的不断发展和完善，企业的融资和投资渠道日益多样化，但同时企业面临的风险也更大。在这种机遇和挑战并存的现代科技时代里，企业经营成败与否，不仅取决于企业的生产技术和营销策略，更依赖于企业的财务管理是否科学与有效。

财务管理是指企业为实现良好的经济效益，在组织企业的财务活动、处理财务关系过程中所进行的科学预测、决策、计划、控制、协调、核算、分析和考核等一系列企业经济活动过程中管理工作的全称，其主要特点是对企业生产和再生产过程中的价值运动进行的管理，是一项综合性很强的管理工作。

而对于连锁企业来说，必须建立、健全现代企业财务管理制度，利用财务手段对企业各个部门以及经营管理的全过程，商品进、销、存的每一个环节进行监督、检查、控制，充分利用销售时点管理系统(POS 系统)和管理信息系统(MIS 系统)对企业的经济效益进行分析，判断哪些是企业的长期效益和稳定效益，哪些是企业的短期效益和虚假效益，哪些是降低成本、减少费用的因素，哪些是增加利润、提高效率和效益的手段，从而为决策层提供及时、准确、务实的财务分析，达到依法自主理财、约束企业经营行为、管理企业各项经济活动的目的。

5.1.2 连锁企业财务管理的意义与特点

1. 连锁企业财务管理的意义

财务管理是连锁经营企业内部管理的重要内容之一，它本着责、权、利相结合的原则，通过各种财务管理手段对连锁经营企业的各个部门，企业经营的全过程，商品进、存、销的每一个结算环节进行监督、检查和控制，进而规范整个企业的工作流程，同时进行企业经营分析，使领导者全面了解企业的经营情况，为领导者进行科学的经营决策提供依据。健全、有效的财务管理是连锁经营企业依法自主理财、约束企业经营行为、管理企业各项经济活动的重要手段。

2. 连锁企业财务管理的特点

连锁企业的财务管理与连锁企业的经营管理要求和连锁企业的自身特点是密不可分的。连锁企业财务管理一般具有以下特点。

(1) 财务管理是一项综合性的管理工作。由连锁总部进行统一核算是连锁经营统一管理的核心内容之一。区域性的连锁企业，由总部实行统一核算；跨区域且规模较大的连锁企业，可建立区域性的分总部，负责对本区域内的店铺进行核算，再由总部对分总部进行核算。

连锁企业统一核算的主要内容是：对采购货款进行支付结算；对销售货款进行结算；进行连锁企业的资金筹集与调配等。

企业管理在实行分工和分权的过程中形成一系列专业管理，其中有的侧重于价值管理，有的侧重于对劳动要素的管理，有的侧重信息管理。社会经济的发展，要求财务管理主要运用价值形式的管理，通过价值形式把企业的一切物质条件、经营过程和经营结果合理地加以规划和挂钩，达到企业效益不断提高、财产不断增加的目的。

(2) 货币流与物流分开。由于连锁企业实行总部统一核算，由配送中心统一对门店配送。从流程上看，货币流和物流是分开的，这与单店经营中现货同步运行差别很大。因此，连锁企业中财务部门必须与进货部门保持紧密的联系。财务部门在支付货款以前，要对进货部门转来的税票和签字凭证进行认真核对。同时，在企业制度中要对付款金额相对应的签字权限做出限制。

(3) 资金统一运作，发挥规模效益。连锁经营的关键是发挥企业的规模效益，主要体现在以下几个方面。

① 连锁企业表面上看是多店铺的结合，但由于实行了统一的经营管理，企业的组织化程度大大提高，特别是统一进货、统一配送，使资本的规模优势得到充分发挥。

② 由总部统一核算，实行资金的统一管理，提高企业资金的使用效率和效益，降低成本、减少费用、增加利润。

③ 实行资产和资金的统筹调配，统一调剂和融通。总部有权在企业内部对各店铺的商品、资金和固定资产等进行统一调配，以达到盘活资产、加快商品和资金周转、获取最大的经济效益的目的。

(4) 迅速反映企业经营状况。财务管理能迅速反映企业现时的经营状况。在连锁企业中，决策是否得当，经营是否合理，技术是否先进，销售是否顺畅，都可以迅速地在企业财务指标中得到反映。例如，连锁企业购进的商品适销对路，质量优良、可靠，则可使企业购销两旺，资金周转加快，盈利能力增强，这一切都可以通过各种财务指标反映出来。财务部门应通过自己的工作，向企业领导及时通报有关财务指标的变化情况，以便把各部门的工作都纳入到提高经济效益的轨道，努力实现财务管理目标。

5.1.3 不同连锁经营形态财务管理的区别

连锁经营企业有正规连锁、特许连锁和自由连锁 3 种不同的经营形态。这 3 种不同形态的连锁经营企业，由于经营权和所有权的关系不同而采用不同的财务管理制度，从而使连锁经营企业的财务管理活动具有多样性的特点。

1. 正规连锁

实行正规连锁的连锁经营企业，其总部和分店同属一个法人，由同一资本构成，其财务管理是建立在资产所有权和经营权相统一的基础上，以总部为核心进行统一核算。

2. 特许连锁

实行特许连锁的连锁经营企业，其所有权和经营权是分开的，连锁总部和各加盟店在法律上都是独立的，各自对其店铺的有形资产拥有所有权，而经营权则高度集中在总部，各加盟者没有经营权。这种类型的连锁经营企业的财务管理建立在资产所有权和经营权分离的基础之上，企业按照所有者和经营者之间的合同契约进行活动。

3. 自由连锁

实行自由连锁的连锁经营企业，由于进行连锁经营的各分店都是根据自愿原则，在民主协商的基础之上自愿加入连锁体系的，各分店各自仍为独立法人，资产所有权关系并没有发生变化，总部只是服务性质的，不以盈利为目的，因此，各分店的经营活动在所有权、经营权和核算权等方面仍保持自主性和独立性，整个企业的财务管理活动相对简单得多。

5.2 连锁企业财务管理的主要内容

连锁企业的财务管理主要包括资金管理、资产管理、成本费用管理、融资决策、投资决策。

5.2.1 资金管理

1. 资金管理原则

(1) 总部统一使用与授权使用相结合的原则。连锁企业资金由总部统一筹措、集中管理、统一使用。店铺采购的产品、鲜活商品和其他保管期短的商品，经请示总部同意后或在总部授权的范围内可动用银行存款，否则不能动用银行存款；店铺存入银行的销货款，未经总部批准不得自行动用。

(2) 总部统一控制费用的原则。连锁企业总部、店铺及其他部门的费用由总部统一核定、统一支付。部门、店铺的工资等日常费用的支出，由总部统一开支。店长有节约费用开支的责任，总部有审查费用使用情况的权力。

(3) 统一登记注册、统一缴纳税款的原则。连锁企业应是享有独立法人资格的企业，总部和所属店铺在同一区域内的，由总部向税务及工商部门登记注册，统一缴纳增值税、所得税及其他各种税负，统一办理法人执照及营业执照，国家对企业在税收上的优惠政策，也由税务部门直接对连锁总部。特殊情况下，总部和所属店铺不在同一区域内，店铺一般处于委托法人的地位，实行属地纳税。

(4) 统一银行存款和贷款的原则。店铺在总部指定的银行办理户头、账号，只存款不出款，店铺必须每日将销售货款全额存入指定银行，不得坐支销货款，同时，店铺应向总部报送销售日报。它的核心内容是发挥企业的规模效益，以低于社会的平均成本取得社会的平均利润。

2. 资金管理办法

(1) 提高资金的运营效率和效益，积极采取措施盘活资金存量，加快资金周转。财务部门要与信息、配送等部门密切合作，通过POS系统对企业的进、销、存实行单品管理，要从调整商品结构入手，分析哪些是畅销商品、平销商品、滞销商品，哪些是增值库存和不良库存，加强财务对企业经营的指导、监督和制约作用。

(2) 在财务管理上要积极引进现代化的预算管理制度、成本核算制度和投入产出分析制度，要加强投资决策和投资项目的管理，建立投资责任制，提高投资回报率。财务部门要与企划开发部门紧密合作，在确定建立店铺、配送中心、计算机系统的规模和投入等问题上力求取得一致意见，使投资更加合理化、制度化、科学化。

(3) 由于连锁企业在资金上采取统一与授权相结合的管理办法，在内部资金运转过程中要严格执行各项结算制度，同时，完善企业内部审计制度，形成有效的监督机制。

(4) 树立勤俭办企业的精神，开源节流。在店铺的装修、计算机设备的投入以及其他方面的投资上切忌相互攀比，华而不实，脱离实际。

5.2.2 资产管理

连锁企业的资产应实行总部与店铺分级管理的办法。有形资产在前面的连锁模式里都有介绍，由于连锁经营模式的不同有形资产的所有权也不同，在这里主要介绍连锁企业流动资产的管理。

1. 流动资产的含义和管理原则

(1) 流动资产的含义。流动资产是指可以在一年内或者超过一年的一个营业周期内变现或者运用的资产。流动资产在企业资产总额中占有很大的比重、在生产经营活动中具有较强的流动性。流动资产的多少表明了企业短期偿债能力的强弱，因此它在企业资产中占有最重要的地位。流动资产的货币表现是流动资金，合理、有效地使用流动资金，组织流动资金的良性循环是保证企业生产经营活动持续、稳定、协调开展的基本条件。

(2) 流动资产的管理原则。

① 总部和店铺分级负责的原则。总部配送到各店铺的商品由总部设置总账控制管理，在进入店铺以前，一切损失由总部负责；店铺自行采购的商品，由店铺自行管理，商品在店内被盗、短缺由店铺负责。

② 合理设置库存的原则。对进入连锁企业配送中心的商品加强管理，加快对各店铺的配送，减少装卸损失，降低商品损耗率；对进入各店铺的商品加强管理，一要统一管理店堂和后场的商品，二要按照“20/80”原则对商品结构进行调整，对主力商品的经营要形成系列化，保证不缺货。

③ 分类指导的原则。总部对各店铺的流动资产进行分类指导，例如，总部要对各店铺的订货数量、品种进行监测审核；总部要定期督促各店铺及时根据销售情况调整商品结构；总部有责任督促各店铺对超过保质期的商品进行清理，并在规定的商品范围和期限内由总部负责退货处理。

2. 流动资产管理的具体内容

(1) 加强存货管理。对保管期长、销售量大且长期稳定的商品由总部统一采购，统一配送到各店铺；对部分保管期短的商品或鲜活商品在总部统一配送有困难的时候，可由社会化配送中心及其他供货单位向各店铺直接配送，由总部统一结算；店铺也可以在总部授权的商品品种及数量、金额范围内自主采购。无论是总部和店铺在结算时应严格根据结算规定，将购销合同、采购单、仓库验收单进行核对，相符合后结算付款。各店铺要根据商品销售情况及时调整商品结构，对接近保质期的商品要积极开展促销活动，对超过保质期的商品要及时进行清理。

(2) 加强商品销售管理。总部对配送中心及店铺的全部商品要设置商品管理总账，对店铺自主采购的商品一般实行按商品大类管理，有条件的要逐步过渡到实行单品管理，并建立实物负责制，以保证账实相符。各店铺要定期对商品进行盘点，由总部核定商品损耗率，超过部分由总部从店铺的工资总额中作相应扣除。

5.2.3　成本费用管理

1. 成本费用的定义

成本费用是指连锁企业在一定期间内为获得营业收入而发生的各项耗费。从经济学的角度看，成本费用是商品价值的重要组成部分。成本与费用都是在企业的生产经营过程中发生的资金耗费，但不是完全同一的，是有区别的。首先，成本与费用的计算范围不同，费用按整个企业的发生额计算，成本则按一定的对象归集，是对象化的费用；其次，成本与费用的计算期间不同，费用按会计期间划分，成本按一定对象的生产过程归集，当期的生产费用和当期的完工商品成本是不同的。

成本费用是一项综合性的指标，成本费用的结构是否合理以及成本费用水平高低，反映了企业的经营管理水平。

2. 成本费用管理的内容

连锁经营企业的成本费用主要是商品的采购成本、经营费用、管理费用、财务费用。

(1) 商品采购成本是指采购商品而发生的支出。作为连锁经营企业在商品采购成本管理上要做到货比三家，在保证质量的同时，努力降低采购成本，特别是发挥连锁经营企业的优势，通过集中采购降低成本。

(2) 经营费用是指连锁经营企业在经营过程中发生的各项支出，如商品的运输费、储存费、保险费、展览费、广告费以及专设销售机构的各项费用等。连锁经营企业与供应商建立良好的长期合作关系，可以减少部分不必要的费用支出。

(3) 管理费用是指企业行政管理部门为组织生产经营活动而发生的各项费用，包括管理人员的工资、工会经费、教育经费、保险费、咨询费、诉讼费、业务招待费和坏账损失等。

(4) 财务费用是指企业在经营过程中为筹集经营所需资金而发生的筹资费用，包括利息支出、手续费、汇兑损益等。

3. 成本费用管理的注意事项

在连锁经营企业的成本费用管理中要注意以下几点问题。

(1) 总部要严格控制自身的费用开支(如宣传广告费、人工费以及其他费用开支等)。

(2) 总部统一整个企业的资产折旧，统一支付贷款利息。

(3) 总部对各店铺基本上采用先进先出法按商品大类计算毛利率。

(4) 总部要建立毛利率预算计划管理，对店铺实行计划控制。进行定期考核，对影响效益大的主力商品的毛利率进行重点考核。总部对各店铺的综合毛利率进行重点考核。

(5) 总部规定各店铺的费用细目范围及开支标准，原则上不允许随意扩大和超标。

(6) 总部对一些费用(如水电费、包装费等)要进行分解，尽量细分到各店铺和商品大类。能直接认定到各店铺和商品大类的，要直接认定；不能直接认定到各店铺和商品大类的，要参考各店铺占企业工资总额的比例、资产的比例或按各店铺的人数、经营面积分摊到店铺和商品大类。

(7) 总部对各店铺的费用通过下达销售费用率进行总体控制，要建立费用率预算计划管理。各店铺的直接费用(如业务招待费、人工费等)要与店长的利益直接挂钩。对达不到预算计划的店铺，总部要通过督导制度，帮助其分析造成费用增长、费用率上升的原因，并提出调整改进措施。

5.2.4 融资决策

资金是企业经营的前提条件，直接关系到企业的生存和发展。连锁公司为扩大经营业务和健全内部管理，必须通过各种渠道筹措和利用各种资金。公司融资渠道可分为国内融资和国外融资两个方面。

1. 国内融资方式

(1) 国内金融机构融资。

① 借款的种类。目前，我国工商企业向金融机构借款的种类有如下3种：流动资金借款，这是一种短期借款，主要有流动资金借款和临时借款；专用借款，是指具有专门用途的借款，主要有技术改造借款、大修理和更新改造借款、出口产品生产专项借款、进口设备短期外汇借款、进口设备人民币借款等；基建借款，是指实行独立核算的企业进行扩大再生产和完成基本建设计划所需要的资金，由中国建设银行根据国家批准的基本建设计划所给予的贷款。

② 借款的条件。企业向银行申请借款时，应具备下列条件：依法登记，持有营业执照；借款企业必须是独立核算单位，有对外签订交易合同的权力；拥有一定数量的自有流动资金；在银行开立账户；对于固定资产贷款项目，借款单位的项目建议书、可行性研究报告和初步设计必须经过批准，并已列入年度国家固定资产投资计划。

③ 企业借用银行贷款的优缺点。银行借款是企业向金融机构融资的最重要的途径。企业只要能得到银行贷款，就应尽量利用，而将自己的钱用于得不到银行贷款的投资活动中。

充分利用银行贷款有如下优点：第一，为中小企业筹集资金提供了一条很好的途径。中小企业很难利用发行股票、债券以及利用外资等融资方式，向银行借款便成了中小企业最重要的资金来源。第二，通过向银行借款，企业可以转移所得税。企业向银行贷款所应支付的利息，可计入成本，从而可减少企业的所得税支出，税务部门实际上少收入一部分税款，所以利息并不是完全由企业来承担的。第三，投资资金来自于银行，企业可避免回收资金受通货膨胀的不利影响。如果企业用自己的资金进行投资，其回收的资金会因通货膨胀而贬值。但如果用于投资的资金来自于银行，企业就可以把贬值的货币还给银行，把货币贬值的风险转移给银行。所以，银行贷款在投资中所占的比例越大，则越有利于企业转嫁通货膨胀的风险。

向银行借款的缺点：第一，企业必须按期还本付息，如企业到期不能还本付息，就有可能破产。第二，借款有一些非常严格的规定，如规定用途、范围、期限等，不利于企业灵活地使用资金。

(2) 国内证券筹资。

① 国内证券的种类。证券可以分为有价证券和无价证券，无价证券必须与货币配合才能购买商品。有价证券则标明票面金额。有价证券又可以分为两大类：一类是商业票据，如本票、汇票、支票等；另一类是公共有价证券，如股票、债券。目前我国作为企业融资工具的证券主要有股票和企业债券。

股票是指股份公司发给股东的入股凭证，并据此定期取得股息、红利的一种有价证券。股票作为企业的一种融资工具，大致可归纳为两类：一是为成立新的股份公司筹集自有资本；二是现有的股份公司为改善经营而发行新股。

企业债券是指企业向社会借债时出具给债券认购者的借据。企业债券按偿还期的长短来划分，大致可分为 3 类：一是短期债券，是指偿还期限在 1 年以下的债券；二是中期债券，是指偿还期限在 1 年以上、7 年或 10 年以下的债券；三是长期债券，是指偿还期限在 7 年或 10 年以上的债券。

② 国内股票筹资。利用股票发行的方式筹集企业资金须符合以下要求：

首先，要选择股票发行的形式，股票发行一般可分为公开发行、私募发行、内部发行三种形式。

其次，要具备申请公开发行股票的条件。在我国，只有股份有限公司具备一定的条件，并经过中国人民银行审查批准后才有权发行股票。

最后，要履行股票的发行程序。股票的发行通常应实施下列程序：制订新股发行计划、形成股东大会决议、申请发行新股的审批、进行新股的公开招募和向公司的登记机关办理变更登记并公告。

③ 国内债券筹资。采用债券发行的方式筹集企业资金须符合以下要求：首先要具备发行公司债券的条件。我国《公司法》规定，可以发行公司债券的公司仅限于股份有限公司、国有独资公司和两个以上的国有企业或者其他两个以上的国有投资主体投资设立的有限责任公司，并须具备一定的条件。其次要履行发行公司债券的程序。公司发行债券应当制订计划，并要符合法定程序。按照我国《公司法》规定，股份有限公司、有限责任公司与国有独资公司发行公司债券的程序有一定的区别。限于篇幅，在此不作赘述。

2. 国际融资方式

国际企业的融资方式与单纯的国内企业融资方式相比，有相同的地方，也有不同的地方，现介绍其中带有国际特色的融资方式。

(1) 发行国际股票。股票是股份公司为筹集自有资金发行的有价证券，是投资入股和取得收益的凭证。所谓国际股票，是指一国企业在国际金融市场或国外金融市场上发行的股票。例如，中国的股份有限公司在美国纽约证券市场上发行的股票，便属于国际性股票。当然，日本企业在香港金融市场上发行股票、美国企业在英国伦敦金融市场上发行股票也都属于国际性股票。随着世界经济的国际化，股票的发行也已超越了国界的限制，出现了国际化趋势，许多大企业特别是大型跨国公司都到国际金融市场上去发行股票。

国际企业在国际或国外金融市场上发行股票与国内企业相比，有以下有利条件：①国际企业规模大，信誉好，有利于股票发行；②国际企业业务散布多国，对国外或国际金融市场情况比较了解；③国际企业可以通过在国外的分支机构在当地发行股票，能节约发行费用。

企业通过发行国际股票能迅速筹集外汇资金，提高企业信誉，有利于企业以更快的速度向国际化发展。但到国外去发行股票必须遵守国际惯例，遵守有关国家的金融法规，因此，发行程序比较复杂，发行费用也比较高。

(2) 发行国际债券。一国政府、金融机构、工商企业为筹措资金而在国外市场发行的以外国货币为面值的债券，即为国际债券。国际债券可分为外国债券和欧洲债券两类。外国债券是指国际借款人(债券发行人)在某一外国债券市场上发行的，以发行所在国的货币为面值的债券。例如，新加坡企业在日本发行的日元债券、日本企业在美国发行的美元债券都属于外国债券。欧洲债券是指国际借款人在其本国以外的债券市场上发行的、不是以发行所在国的货币为面值的债券。例如，日本企业在法国债券市场上发行的美元债券，便属于欧洲债券。欧洲债券的特点是：发行人与发行地属不同国家，债券面值使用的是第三国的货币或综合货币单位(如特别提款权)。目前，欧洲债券面值选用最多的是美元，其次是马克、法国法郎、加拿大元和日元等。

(3) 利用国际银行信贷。国际银行信贷是一国借款人向外国银行借入资金的信贷行为。国际银行信贷按其借款期限可分为短期信贷和中长期信贷两类。短期信贷的借款期限一般不超过一年，国际企业借入短期资金，一般是为了满足流动资产需求。中长期信贷的贷款期限一般在一年以上、十年以内。中长期借款金额大，时间长，银行风险较大。因而，借贷双方要签订贷款协议，对贷款的有关事项加以详细规定。另外，借入中长期贷款一般要提供担保财产。国际银行信贷按其贷款方式有独家银行信贷与银团贷款两种。独家银行信贷又称双边中期贷款，它是一国贷款银行对另一国的银行、政府及企业提供的贷款，贷款期限一般为3～5年，贷款金额最多为1亿美元。银团贷款又称辛迪加贷款，它是由一家贷款银行牵头，由该国的或几国的多家贷款银行参加，联合起来组成贷款银行集团，按同一条件共同对另一国的政府、银行及企业提供的长期巨额贷款。银团贷款期限一般为5～10年，贷款金额为1～5亿美元，有的甚至高达10亿美元。目前，国际的中长期巨额贷款一般都采用银团贷款方式，以便分散风险，共享利润。

(4) 利用国际贸易信贷。国际贸易信贷是指由供应商、金融机构或其他官方机构为国际贸易提供资金的一种信用行为。当前，国际上巨额的对外贸易合同的签订、大型成套设备的出口，几乎没有不与国际贸易信贷结合在一起的。因此，国际贸易信贷是国际企业筹集资金的一种重要方式。国际贸易信贷按贷款期限分为短期信贷和中长期信贷。短期是指期限在1年以内的信贷；中长期信贷是指期限在1年以上的信贷。由于国际贸易中的中长期信贷的目的是为了扩大出口，故称为出口信贷。出口信贷是发达国家为支持、扩大本国产品出口，责成本国银行设立的一种利率优惠的贷款，其目的是为了向国外销售产品和吸引那些资金不足的进口商进口所需产品。出口信贷主要包括以下两种：①卖方信贷。卖方信贷是指在大型机械或成套设备贸易中，为便于出口商以分期付款方式出卖设备而由出口商所在地银行向出口商(卖方)提供信贷。实际上是出口商从出口商所在地银行取得中长期贷款后，再向进口商提供延期付款的商业信用，以便扩大产品出口。出口商付给银行的利息和其他费用，有的包括在货价内，有的在货价外另加，转嫁给进口商。②买方信贷。买方信贷是指在大型机械设备或成套设备贸易中，由出口商所在国的银行贷款给外国进口商或进口商所在地的银行的信贷。这种信贷有利于进口商迅速筹集资金，扩大出口商出口。

(5) 利用国际租赁。国际租赁是指一国从事经济活动的某单位，以支付租金为条件，在一定时期内向外国某单位租借物品使用的经济行为。国际租赁是一种新兴的融资方式。通过国际租赁，国际企业可以直接获得国外资产，较快地形成生产能力。

3. 融资决策的选择

在连锁店发展初期，由于政府的扶持和政策倾斜，连锁公司比较容易获得金融机构的政策性贷款。当连锁经营走上正轨后，政策性优惠贷款将逐步减少，因而连锁公司应寻找新的融资渠道。主要可考虑以下四种融资战略。

(1) 通过中外合资合作方式，利用国际财力发展我国连锁超市。采用这种方式时应注意发展国内品牌，不能因中外合资合作而放弃自己的民族品牌。

(2) 与国内大集团合作经营连锁超市。要注意合作伙伴的经济实力以及与超市的关联性，如与农产、畜产、水产部门合作，共同开发生鲜食品。

(3) 通过对现有超市公司的资产评估、改组和合并，建立股份制超市公司。发行股票集资能为连锁超市公司的持久发展增强后劲。

(4) 用会员制方式融资。如吸收超市公司的供货商为供方会员，交纳会费后便可享受多方面的优惠条件，并按经营状况分享投资回报；也可以吸纳消费者或员工会员，使他们与连锁公司的命运紧紧相连。

5.2.5　投资决策

1. 企业投资的意义

企业投资是指企业投入财力，以期望在未来获取收益的一种行为。在市场经济条件下，企业能否把筹集到的资金投放到收益高、回收快、风险小的项目上去，对企业的生存和发展是十分重要的。财务管理中的投资与会计中的投资含义不完全一致，通常，会计上的投资是指对外投资，而财务管理中的投资既包括对外投资，也包括对内投资。

(1) 企业投资是实现财务管理目标的基本前提。企业财务管理的目标是不断提高企业价值，为此，就要采取各种措施增加利润，降低风险。企业要想获得利润，就必须进行投资，在投资中获得效益。

(2) 企业投资是发展生产的必要手段。在科学技术、社会经济迅速发展的今天，企业无论是维持简单再生产还是实现扩大再生产，都必须进行一定的投资。要维护简单再生产的顺利进行，就必须及时对所使用的机器设备进行更新，对产品和生产工艺进行改革，不断提高职工的科学技术水平等；要实现扩大再生产，就必须新建、扩建厂房，增添机器设备，增加职工人数，提高人员素质等。企业只有通过一系列的投资活动，才能创造增强实力、广开财源的不可缺少的条件。

(3) 企业投资是降低风险的重要方法。企业把资金投向生产经营的关键环节或薄弱环节，可以使企业各种生产经营能力配套、平衡，形成更大的综合生产能力。企业如把资金投向多个行业，实行多角化经营，则更能增加企业销售和盈余的稳定性。这些都是降低企业经营风险的重要方法。

2. 企业投资管理的基本原则

企业投资的根本目的是为了谋求利润，增加企业价值。企业能否实现这一目标，关键在于企业能否在风云变幻的市场环境下抓住有利的时机，作出合理的投资决策。为此，企业在投资时必须坚持以下原则。

(1) 认真进行市场调查，及时捕捉投资机会。捕捉投资机会是企业投资活动的起点，也是企业投资决策的关键。在商品经济条件下，投资机会受到诸多因素的影响，最主要的是受到市场需求变化的影响。企业在投资之前，必须认真进行市场调查和市场分析，寻找最有利的投资机会。

(2) 建立科学的投资决策程序，认真进行投资项目的可行性分析。在市场经济条件下，企业的投资决策都会面临一定的风险。为了保证投资决策的正确、有效，必须按科学的投资决策程序进行投资项目可行性分析，投资项目可行性分析的主要任务是对投资项目技术上的可行性和经济上的有效性进行论证，运用各种方法计算出有关指标，以便合理确定不同项目的优劣。

3. 投资决策的基本特点

企业投资与日常经营管理费用支出有明显的区别，主要表现在收益延续时间的长短不同。日常经营费用是当前支出，并在短期内获得收益；企业投资也是当前支出，其收益却可以延续数年甚至几十年之久。所以，投资决策与日常经营决策相比，有以下两个重要的特点：

(1) 投资决策必须考虑货币的时间价值。企业的投资支出是现值，投资收益却在投资以后陆续产生，是终值。终值与现值是不同性质的价值量，两者不能直接比较，只有把终值化成现值以后才能相互比较，这就必须要考虑货币的时间价值。

(2) 投资决策必须考虑投资效果的不确定性。投资决策所面临的主要是未来环境，而未来环境(如产品的需求、价格和成本、政府管制、行业竞争等)往往是不确定的，也很难进行准确的预测，这就使投资决策具有很大的风险。为了降低企业的投资决策风险，就需要企业的投资决策者考虑各种不确定因素，防患于未然。

4. 投资预算的编制程序

投资预算的编制是一个复杂的过程，它几乎与企业的一切经营管理活动相关。下面概括地列出3个基本步骤。

(1) 提出投资建议。投资建议是指有关投资领域或投资项目的建议和主意。如扩大现有产品的生产规模；设备更新或技术改造，开发新产品；三废的控制和治理以及劳动保护设施的投资等。

(2) 拟订投资方案。各种投资方案都必须考虑未来需求、未来成本、未来收益3个基本问题，这就需要企业在搜集过去和现在数据的基础上，着重对未来数据做出基本的估计，从而为拟订投资方案提供依据。

(3) 优选投资方案。投资方案拟订以后，就需要进行评价，通过评价选出最优投资方案。这个过程也需要搜集和估计各种数据资料，并运用科学的评价方法。

5. 投资决策的选择

连锁超市与便利店的长远发展要依靠有效的战略，高层决策者应把主要精力放在战略决策上，即做“正确的事情”，追求效果。以下是可供选择的一些投资决策。

(1) 房地产投资。大型的连锁公司都把房地产投资作为公司收入的重要支柱。例如麦当劳公司，其主要收入既不是汉堡包，也不是炸薯条，而是房地产。因为一般投资者都没有能力购置土地、房产和支付建筑费用，因此麦当劳公司成立了一个连锁房地产公司(Franchise Realty Corporation)，负责寻找合适的开店地点，租赁土地和房屋，然后再将店面转租给连锁店主，从中赚取差额。该公司2/3的收入来自特许加盟店，而在这部分收入中有90%是来自房租收入。日本的大荣公司则明确提出“半数店铺房地产本公司自有”的方针，而这些房地产也并非全部用于直营店或加盟店，有些是租用后再转租，有些是购买土地后自建，然后再出租或转卖。可见，实施房地产投资战略是连锁公司成长的必然规律。

(2) 组合投资。即由一业投资向多业投资发展，如以经营超市为主体的公司向便利店、专业店、专卖店方向发展；或由单一环节的经营向多环节经营发展，如零售向生产、加工、批发、配送等领域发展，形成垂直多样化经营。

(3) 联合投资。在有发展潜力的地区寻找投资合作伙伴，与其组建联合公司，然后发展各项经营业务，一方面发展公司的原有业务；另一方面可结合当地的需求和物产，开发新的经营业务，如开发特色产品，并将其引入整个连锁体系之中。

(4) 产品投资。连锁公司不仅要把供货商的产品及时引入连锁体系之中，而且应建立一支产品开发的专业队伍，大力开发自有品牌和由自己加工制造的产品，这既能提升公司的独特形象，又能增加产品的附加价值。

(5) 优先投资。当连锁公司进入快速成长的时期，需要投资的项目就随之增加，如店铺的开发、设备的现代化、物流设施的现代化、总部标志性大楼的筹建、人才的培训等，而公司的资金往往是有限的，这就要求选择机会成本最低、投资附加价值最高的投资项目，对投资项目进行经济性评价。在公司的发展时期，信息系统的投资、物流设施的投资以及公司总部基础管理方面的投资是应该优先考虑的投资项目。如果这 3 个方面健全了，店铺开发得越多，公司的运行成本就会越低，否则，增加店铺将会加重公司总部的负担。

(6) 设备投资。连锁公司的设备主要可分为店铺设备、物流设备和信息设备。店铺设备的投入应以经营商品的属性为主要依据，如经营生鲜食品为主的店铺就应配备较多的冷冻、冷藏及其他保鲜设备；物流设备的投入应循序渐进，国外配送中心普遍采取立体仓库、机械化、自动化配送作业方式，我国目前受社会条件、资金及技术等方面的限制，完全自动化、机械化的设施并不一定合适；信息设备的投入则应较多地考虑远期的发展规划，尽量使信息系统具有一定的超前性和灵活性。

5.3　连锁企业财务经营分析

5.3.1　财务报告

连锁经营的实质内容就是通过扩大企业的规模，提高企业的组织化程度，提高企业资产、资金的效益和效率。看一个连锁企业是否成功，不能仅仅看其是否进行了几个统一，关键在于进行统一管理以后，资产和资金的效益与效率是否有所提高。

财务报告是反映连锁公司财务状况和经营成果的总结性书面文件。按照现行《企业财务通则》和《企业会计准则》的规定，财务报告包括资产负债表、损益表、财务状况变动表、有关附表以及财务情况说明书。

财务报告的作用主要表现为 3 个方面：首先是为债权人和投资者进行合理决策提供必要信息；其次是为财政、税收、银行以及国家宏观管理部门进行财务监督和宏观管理提供客观的信息；再次是为连锁公司内部的管理部门评价经营效益、改善经营管理提供依据。下面介绍最主要的几种财务报表。

1. 资产负债表

(1) 资产负债表的含义。资产负债表是反映连锁公司在某一特定日期财务状况的报表。资产负债表是根据“资产=负债+所有者权益”这一会计平衡公式，依照一定的分类标准和一定的次序，把公司在一定日期的资产、负债和所有者权益项目予以适当安排，并按照规定的要求编制而成的。连锁公司通过编制资产负债表可以了解以下主要财务情况：连锁公司资产的构成和来源；连锁公司偿还债务的能力；连锁公司所负担的债务；连锁公司投资者在企业里所持有的权益；连锁公司未来的财务方向。

资产负债表属于静态的财务报表，它所反映的是公司在某一时点上资产和负债存量的数据。按现行制度规定，公司编制的报表可分为月报、季报和年报。月报以每月月末为截止期，反映月末这一天公司的财务情况。季报则反映季末这一天公司的财务情况。年报反映的是年末这一天公司的财务情况。资产负债表所反映的是一个月末或一年末公司资产、负债的情况，并不反映公司在一个月或一年内资产、负债的变动情况。如果需要了解变动情况，就需要编制一张动态报表，将不同时期的资产负债表进行比较，从而对公司权益结构、所有者权益和偿债能力等情况进行动态分析。

(2) 资产负债表的内容和结构。资产负债表的基本内容可分为 3 大部分：资产、负债和所有者权益。其结构形式有两种，一是账户式，即资产负债表采用账户的格式。左边列示资产项目，右边列示负债和所有者权益项目，左右两边的合计数应保持平衡。二是报告式，即按资产、负债和所有者权益的顺序垂直反映的格式，故这种格式又叫垂直式。我国企业的资产负债表的编制格式是账户式。

资产负债表中的各种资产项目是按其流动性强弱程度排列的，流动性强的排列在前，流动性弱的排列在后。负债是按其到期日的远近排列的，到期日近的排在前，到期日远的排在后。所有者权益按照其永久性递减的顺序排列。

以下对资产负债表的内容作简要说明。

① 资产。资产通常分为流动资产、长期投资、固定资产、无形资产和其他资产四类。资产可以是现金、应收账款、长期投资等货币形式，也可以是存货、机器设备等非货币形式，还可以是专利、品牌、商誉等无形资产形式。

流动资产是指可以在 1 年或超过 1 年的一个营业周期内变现或运用的资产。其包括的项目及排列顺序是：货币资金、短期投资、应收票据、应收账款、预付账款、其他应收款、存货、待摊费用以及 1 年内到期的长期债券投资。

长期投资是指公司不准备在 1 年内变现的投资。长期投资的主要形式有：为未来使用所建筑的厂房、购入的地产；租赁给其他单位的建筑物和场地；对其他企业的长期贷款；对其所属公司的投资；持有其他公司股票；持有其他公司发行的债券等。长期投资中将于 1 年内到期的债券，应在流动资产项目中单独反映。

固定资产是指公司在生产经营过程中使用比较持久，其单位价值在规定标准以上，且在使用过程中保持原来物质形态的资产。它的物质表现形态是生产厂房以及各种生产性设备等。它在资产负债表中的价值表现形态和具体项目主要有固定资产原值、累计折旧、固定资产清理、在建工程等。

无形资产是指不具有物质实体的固定资产，它所代表的未来经济效益具有高度的不确定性，包括专利权、非专利技术、商标权、土地使用权以及商誉等。在无形资产及其他资产类中还包括递延费用、递延投资损失、待处理流动资产损失、待处理固定资产损失及其他资产等项目。

② 负债。负债是指需要企业以货币、货物或劳务等形式来抵偿债权人要求的未来的经济负担。按抵偿手段来分，负债可以分为以货币形式偿还的负债，如应付票据、应付账款、公司债券、抵押借款等，也可以以货物或劳务方式偿还负债，如应付的货物、对顾客的保修保单等。资产负债表中的负债项目是按偿付期限的长短，将公司的各种负债分为流动负债和长期负债两类。

流动负债是指将在 1 年或超过 1 年的一个营业周期内偿还的债务。它的具体项目在资产负债表中的排列顺序依次为：短期借款、应付票据、应付账款、预收账款、其他应付款、应付工资、应付福利费、未交税金、未付利润、其他未交款、预提费用、待扣税金以及 1 年内到期的长期负债等。

长期负债是指企业向银行或其他金融机构借入期限在1年以上的各种借款。它的具体项目在资产负债表中的排列顺序依次为：长期借款、应付债券、长期应付款等。长期负债项目中将于1年内到期的长期负债应在短期负债项目内另行单独反映。

③ 所有者权益。所有者权益是指公司所有者在公司的剩余财产利益，是公司的全部资产与全部负债的差额，也即公司的净资产。股份有限公司的所有者权益就是股东权益。公司的所有者权益包括实收资本、资本公积以及盈余公积、公益金和未分配利润。

实收资本是指投资者实际投入公司的资产数额，是公司注册资本的来源。从来源分，它包括国家投入资本、法人投入资本和个人投入资本。从出资方式分，可以采取货币资金或建筑物、厂房、机器设备、材料物资等实物资产形式，也可以采取专利权、专有技术、场地使用权等无形资产形式。

资本公积是指公司接受捐赠、财产重估等形成的捐赠资产、财产重估差价、资产折算差额及资本溢价等所有者权益。

盈余公积、公益金和未分配利润是指公司税后利润分配形成的所有者权益和公司尚未分配的利润。盈余公积金可分为法定公积金和任意公积金。我国股份制企业必须按每年税后利润(减弥补亏损)的10%提取法定公积金，当法定公积金已达到注册资本的50%时可不再提取。公司还可以按照公司章程规定或投资者会议决议提取任意公积金。公积金可用做储备基金、企业发展基金、弥补亏损、转为增加资本金以及股利分配。有的公司可以按规定提取公益金，用于职工的集体福利事业。公益金也可分为法定公益金和任意公益金。法定公益金是按国家规定提取的公益金，任意公益金是根据公司章程或投资人会议决议提取的公益金。例如，有限责任公司必须按规定提取税后利润的5%作为法定公益金。未分配利润是指公司所实现的利润在税前弥补以前年度的亏损、交纳所得税、提取盈余公积及公益金，并向投资者分配利润后的余额。本期的未分配利润可以作为下期可供分配的利润，从而使企业在发生亏损的情况下仍可以向投资者分配利润。

在资产负债表中，资产方应分别将流动资产、长期投资、固定资产、无形资产及其他资产各类内所有项目的数据进行分类合计，然后计算资产总额。负债及所有者权益方也应分别将流动负债、长期负债和所有者权益各类内所有项目的数据进行分类合计，然后计算负债及所有者权益总额。资产总额应等于负债与所有者权益总额。

资产负债表还有存货表、固定资产及累计折旧表、在建工程表等附表。

表 5-1 是一张简化的资产负债表。

表 5-1　资产负债表

编制单位：　　　　20××年 12 月 31 日　　　　元

资　产	行　次	金　额	负债及所有者权益	行　次	金　额
现金	(1)	800	流动负债	(6)	3300
应收账款	(2)	2400	长期负债	(7)	6700
存货	(3)	3800	实收资本	(8)	3600
固定资产原值	(4)	10 400	公积金	(9)	1000
减：累计折旧	(5)	2400	未分配利润	(10)	400
资产总额	(11)	15 000	负债及所有者权益总额	(12)	15 000

2. 损益表

(1) 损益表的含义。损益表是反映公司在一定期间的经营成果及其分配情况的报表。损益表能反映企业某一时期内的经营成果，展示公司在一个会计期间的经营成绩。损益表有助于预计公司在现有资源基础上产生现金流量的能力和预计新增资源可能取得的效益。同时，通过对损益表中指标的分析可以了解公司实现利润的构成、影响利润增减变动的原因和公司的盈利水平。

(2) 编制损益表应注意的事项。编制损益表时有许多注意事项，首先损益表与资产负债表不同。前者是反映公司在一定时期内的经营收支情况的报表，后者则是反映公司在一定日期(通常为各会计期末)的资产结构情况的报表。其次应坚持配比原则。损益表是通过同一会计期间的营业收入与同一会计期间的营业费用(成本)的相互配比，从而求出报告期的利润总额。再次应坚持本期营业观点。损益表只应计入与本期营业有关的项目，反映公司当期经营管理的效率。最后是损益表的平衡关系。损益表所反映的收入与费用(成本)之间的平衡关系，可用下列4个关系式来表示：

毛利=商品销售收入－商品进价成本

盈利=毛利－商品流通费用

营业利润=盈利－销售税金及附加+其他业务利润

利润总额=营业利润+非商品经营净收支

(3) 损益表的结构。损益表的格式一般有两种，一种是单步式损益表(如表5-2)，即将本期所有的收入和收益相加，再把本期的支出也相加，两者相减，一次性计算出利润或亏损。收入大于支出为利润，收入小于支出为亏损。另一种是多步式损益表(如表5-3)，即通过若干步才能计算出本期的损益，如前面所列的先计算毛利、盈利、营业利润等指标，最后才能计算出利润(或亏损)总额。

表5-2　单步式损益表

编制单位：　　20××年1月1日至20××年12月31日　　元

项　目	行　次	金　额	金　额
收入	1		157 000
销售净额	2		150 000
其他业务收入	3		5000
营业外收入	4		2000
费用	5	104 000	
销售成本	6	60 000	
销售费用	7	5000	
管理费用	8	20 000	
财务费用	9	9000	
所得税	10	10 000	
净收益	11		53 000

表5-3　多步式损益表

编制单位：　　200××年1月1日至20××年12月31日　　元

项　目	行　次	金　额	金　额
销售净额	1		150 000
减：销售成本	2	60 000	
销售毛利	3		90 000
减：营业费用	4	34 000	
销售费用	5	5000	

(续表)

项　目	行　次	金　额	金　额
管理费用	6	20 000	
财务费用	7	9000	
营业净收益	8		56 000
营业外净收支	9		7000
加：其他业务收入	10		5000
营业外收入	11		2000
税前净收益	12		63 000
减：所得税	13	10 000	
净收益	14		53 000

3. 利润表

(1) 利润表的含义。利润表又称损益表或收益表，是反映企业一定期间生产经营成果的财务报表。在此，根据我国会计制度，将其统一称为利润表。它是根据把企业一定会计期间发生的各项收入与各项费用经过配比计算得出的净收益编制而成的，说明企业某一时期的净收益数额及其形成情况，可据以分析企业的经济效益及盈利能力，评价企业的经营管理绩效。

(2) 利润表的性质和作用。与资产负债表相比，利润表属于动态报表，它表现的是企业在经过一定会计期间(如月份、季度、年度)的生产经营之后所取得的成果及其分配情况。根据基本会计等式“收入－费用=利润”，利润表是把同一时期的营业收入与其相关的营业费用进行配比，以计算出企业一定时期的净利润(即经营成果)，并通过其附表“利润分配表”来反映对净利润的分配情况。由于利润是企业经营业绩的综合体现，又是进行利润分配的主要依据，因此，利润表是会计报表中比较主要的报表。

通过利润表，企业的所有者可以了解和考核管理人员的经营业绩，分析和预测企业获利能力，从而把企业的经营管理导向正确的发展道路；债权人和投资者则可以分析测定企业损益的发展变化趋势，作出对其有利的信贷和投资决策。而运用利润表提供的构成企业利润或亏损的各项明细资料，还可以分析出企业损益的形成原因，从而有助于管理人员作出合理的经营决策。总之，在财务报表分析中，利润表提供了评价企业经营管理效率、判定所有者投入资本的保全以及预测未来利润和现金流量的主要信息。

(3) 利润表的内容和格式。国际会计准则委员会发布的《财务报表应提供的资料》中，要求利润表应反映的主要内容包括销售收入或其他营业收入、折旧、利息费用(收益)、投资净收益、非常支出(收益)、所得税、净收益等。各国企业的利润表中大都含有以上内容，但具体项目的分类归属和多少不一。

在利润表中反映的净利润应包括哪些内容，通常有两种观点：一种称为“本期经营成果观念”，另一种称为“总括观念”。“本期经营成果观念”认为，为了便于本期与前期之间的比较，净利润只能包括本期正常经营所得，而不包括其他所得，也即只将本期正常活动取得的利润列入利润表，而忽略本期影响股东权益的其他项目，因此会导致财务报表阅读者对企业盈利情况了解的片面性；“总括观念”则认为，除股利和企业与股东间其他经济业务外，在利润表中列入所有报告期影响股东权益增减净额的经营业务，能为财务报表阅读者提供更为有用的资料，使之能对这些项目的重要性及其对经营成果的影响作出更好的评价，因此，即便一些非经常性项目(包括本期发生的非常项目、前期项目或与会计政策变更有关的调整等)也应分别列入净利润。

我国目前一般采用“总括观念”在利润表中反映净利润的情况，但与一般“总括观念”也不完全一致，如我国的非常项目是包含在营业外收支项目内的，而非单独列示。我国股份有限公司的利润表包括以下4部分内容：一是主营业务利润，指通过企业主要经营活动所获得的收入、成本、税金及利润；二是营业利润，由主营业务利润加减主营业务以外的其他经营活动所获得的利润(其他业务利润)和相关费用(主要指存货跌价损失、营业费用、管理费用和财务费用)；三是利润总额，即营业利润加减投资收益、营业外收支后的利润；四是净利润，即所得税后利润。

由于不同国家和企业对会计报表信息的要求不同，利润表具体项目的排列也不完全一致，从而形成了目前比较普遍的两种利润表格式——多步式利润表和单步式利润表。这两者的差异主要在于得出净利润的过程不同。

多步式利润表把利润划分为不同层次，通过多步计算得出净利润，其步骤通常如下。

营业收入－营业成本=营业毛利

营业毛利－营业费用=营业利润

营业利润+(－)投资收益(损失)+(－)营业外收入(支出)+(－)特别收入(支出)=税前利润(或利润总额)

税前利润－所得税=净利润

单步式利润表则不区分费用和支出与收入配比的先后层次，对营业收入和一切费用支出一视同仁。其具体做法是将当期所有的收入(包括营业收入、营业外收入和特别收入等)加在一起，然后将所有的费用(包括销货成本、工资支出、折旧费用、利息支出等)也加总在一起，通过一次计算求出当期损益，即“营业收入和利得－营业费用和损失=净利润”。

比较而言，分层次的多步式利润表更便于对企业生产经营情况进行分析和预测，更有利于不同企业之间进行比较研究，因此适用的范围较广。表5-4是一张多步式利润表。

表5-4 利 润 表

编制单位：××公司　　　　20××年　　　　元

项　目	行　次	本月数(略)	本年累计数
一、主营业务收入	1		1 250 000
减：销售折让	2		0
主营业务收入净额	3		1 250 000
减：主营业务成本	4		750 000
主营业务税金及附加	5		2000
二、主营业务利润(亏损以“－”号填列)	6		498 000
加：其他业务利润(亏损以“－”号填列)	7		0
减：存货跌价损失	8		0
营业费用	9		20 000
管理费用	10		158 000
财务费用	11		41 500
三、营业利润(亏损以“－”号填列)	12		278 500
加：投资收益(损失以“－”号填列)	13		31 500
补贴收入	14		0
营业外收入	15		50 000
减：营业外支出	16		19 700
四、利润总额(亏损总额以“－”号填列)	17		340 300
减：所得税	18		102 399
五、净利润(净亏损以“－”号填列)	19		237 901

4. 现金流量表

(1) 现金流量表的含义。现金流量表是财务报表的基本报告之一，所表达的是在一固定期间(通常是每月或每季)内，一家机构的现金(包含银行存款)的增减变动情形。现金流量表的出现，主要是反映资产负债表中各个项目对现金流量的影响，并根据其用途划分为经营、投资及融资三个活动分类。现金流量表可用于分析一家机构在短期内有没有足够现金去应付开销。

现金流量表是一份显示于指定时期(一般为一个月、一季，主要是一年的年报)的现金流入和流出的财政报告。这份报告显示资产负债表及损益表如何影响现金和等同现金的其他资产，以及从公司的经营、投资和融资角度作出分析。作为一个分析的工具，现金流量表的主要作用是决定公司短期生存能力，特别是缴付账单的能力。

过去的企业经营都强调资产负债表与损益表两大表，随着企业经营的扩展与复杂化，对财务资讯的需求日益增长，更因许多企业经营的中断肇因于资金的周转问题，渐渐地企业资金动向的现金流量也引起许多企业经营者的重视，并将之列为必备的财务报表。

(2) 我国现金流量表的基本格式(如表 5-5)。现金流量表以现金的流入和流出反映企业在一定期间内的经营活动、投资活动和筹资活动的动态情况，其主要作用可概括如下。

① 现金流量表将现金流量划分为经营活动、投资活动和筹资活动所产生的现金流量，并按照流入现金和流出现金项目分别反映，因此，通过现金流量表能够说明企业一定期间内现金流入和流出的原因，即现金从哪里来，又流到哪里去了。这些信息是资产负债表和利润表所不能提供的。

② 现金流量表完全以现金的收支为编制基础，消除了会计核算采用的权责发生制、配比原则等所含估计因素对企业获利能力和支付能力的影响，能够说明企业实际的偿债能力和支付股利的能力，从而增强投资者和债权人的信心，促进社会资源的有效配置。

③ 现金流量表中经营活动、投资活动和筹资活动产生的现金流量，分别代表企业运用其经济资源、资金及其筹资活动创造或获得现金流量的能力。通过现金流量表及其他财务信息，可以分析企业未来获取或支付现金的能力。

④ 现金流量表能够分析企业投资和理财活动对经营成果和财务状况的影响。因其表内信息反映了企业现金流入和流出的全貌，而附注则提供了不涉及现金的投资和筹资方面的信息，故能够说明资产、负债、净资产的变动原因，对资产负债表和利润表起到补充说明的作用，同时也可将其看做是连接两张主要报表的桥梁。

表 5-5　现金流量表

编制单位：××公司　　　　20××年　　　　元

项　　目	行　　次	金　　额
一、经营活动产生的现金流量		
销售商品、提供劳务收到的现金	1	
收到的税费返还	3	
收到的其他与经营活动有关的现金	8	
现金流入小计	9	
购买商品、接受劳务支付的现金	10	
支付给职工以及为职工支付的现金	12	
支付各项税费	13	
支付的其他与经营活动有关的现金	18	
现金流出小计	20	

(续表)

项　目	行　次	金　额
经营活动产生的现金流量净额	21	
二、投资活动产生的现金流量		
收回投资所收到的现金	22	
取得投资收益所收到的现金	23	
处置固定资产、无形资产和其他长期资产所收回的现金净额	25	
收到的其他与投资活动有关的现金	28	
现金流入小计	29	
购建固定资产、无形资产和其他长期资产所收回的现金净额	30	
投资所支付的现金	31	
支付的其他与投资活动有关的现金	35	
现金流出小计	36	
投资活动产生的现金年流量净额	37	
三、筹资活动产生的现金流量		
吸收投资所收到的现金	38	
借款所收到的现金	40	
收到的其他与筹资活动有关的现金	43	
现金流入小计	44	
偿还债务所支付的现金	45	
分配股利、利润或偿付利息所支付的现金	46	
支付的其他与筹资活动有关的现金	52	
现金流出小计	53	
筹资活动产生的现金流量净额	54	
四、汇率变动对现金的影响	55	
五、现金及现金等价物净增加额	56	
补 充 资 料	行　次	金　额
1．将净利润调节为经营活动现金流量		
净利润	57	
加：计提的资产减值准备	58	
固定资产折旧	59	
无形资产摊销	60	
长期待摊费用摊销	61	
待摊费用减少(减：增加)	64	
预提费用增加(减：减少)	65	
处置固定资产、无形资产和其他长期资产的损失(减：收益)	66	
固定资产报废损失	67	
财务费用	68	
投资损失(减：收益)	69	
递延税款贷项(减：借项)	70	
存货的减少(减：增加)	71	
经营性应收项目的减少(减：增加)	72	

(续表)

补 充 资 料	行 次	金 额
经营性应付项目的增加(减：减少)	73	
其他	74	
经营活动产生的现金流量净额	75	
2. 不涉及现金收支的投资和筹资活动		
债务转为资本	76	
一年内到期的可转换公司债券	77	
融资租入固定资产	78	
3. 现金及现金等价物净增加情况		
现金的期末余额	79	
减：现金的期初余额	80	
加：现金等价物的期末余额	81	
减：现金等价物的期初余额	82	
现金及现金等价物净增加额	83	

5.3.2 经营分析方法

利用财务报表及相关资料可以对公司的经营情况进行分析，经营分析的方法主要有比较分析法、因素分析法、结构分析法、动态分析法、比率分析法。

1. 比较分析法

比较分析法是通过经济指标的对比来确定指标间差异，并进行差异分析的一种方法。比较分析法可运用绝对数和相对数两种指标，前者反映差异的数量，后者反映差异的程度。

$$\text{绝对数指标}=\text{实际数}-\text{参照数}=\text{差异数}$$

$$\text{相对数指标}=\left(\frac{\text{差异数}}{\text{实际数}}\right)\times 100\% = \text{差异程度}$$

在实际运用时，由于参照数的不同，使比较分析法有多种表现形式。如本期实际数与计划数对比；本期实际数与前期数(上年同期或历史先进水平)对比；本企业实际数与同行业先进水平对比；不同决策方案的对比；相互关联的不同指标之间的对比等。

运用比较分析法时应注意对比指标的可比性。对比指标所采用的计价标准、时间单位、指标内容、计算方法等应当相同、可比；比较不同企业之间同类指标时，应考虑其在技术经济特点上的可比性和不同的社会经济条件。

2. 因素分析法

因素分析法是依据分析指标与其影响因素的关系，从数量上确定各因素对分析指标影响方向和影响程度的一种方法。因素分析法既可以全面分析各因素对某一经济指标的影响，又可以单独分析某个因素对经济指标的影响，在财务分析中应用颇为广泛。

常用的因素分析法大致有以下几种。

(1) 连环替代法。它是将分析指标分解为各个可以计量的因素，并根据各个因素之间的依存关系，顺次用各因素的比较值(通常即实际值)替代基准值(通常为标准值或计划值)，据以测定各因素对分析指标的影响。

(2) 差额分析法。它是连环替代法的一种简化形式，是利用各个因素的比较值与基准值之间的差额来计算各因素对分析指标的影响。例如，企业利润总额是受三个因素影响的，其表达式为：利润总额=营业利润+投资损益±营业外收支净额，在分析去年和今年的利润变化时，可以分别算出今年利润总额的变化，以及三个影响因素与去年比较时不同的变化，这样就可以了解今年利润的增加或减少主要是由三个因素中的哪个因素引起的。

(3) 指标分解法。它是将一个相对复杂的指标分解成若干个子指标，再对每一个子指标进行研究，从而达到易于分析、便于实行的目的。如资产利润率，可分解为资产周转率和销售利润率的乘积。

(4) 定基替代法。分别用分析值替代标准值，测定各因素对财务指标的影响，如标准成本的差异分析。

因素分析法的一般程序为：确定需要分析的指标；确定影响该指标的各因素及与该指标的关系；计算确定各个因素影响的程度数额。

采用因素分析法时注意的问题有：①注意因素分解的关联性；②因素替代的顺序性；③顺序替代的连环性，即计算每一个因素变动时都是在前一次计算的基础上进行，并采用连环比较的方法确定因素变化的影响结果；④计算结果的假定性，连环替代法计算的各因素变动的影响数，会因替代计算的顺序不同而有差别，即其计算结果只是在某种假定前提下的结果，为此，财务分析人员在具体运用此方法时，应注意力求使这种假定是合乎逻辑的假定，是具有实际经济意义的假定，这样计算结果的假定性就不会妨碍分析的有效性。

3. 结构分析法

结构分析法是从事物内部构成内容及其变化，分析研究各个组成部分对事物总体影响的一种方法。结构分析法是通过计算结构相对数来进行分析的，结构相对数通常用百分数或成数表示。

通过计算结构相对数，可以了解经济现象的内部构成及各个侧面的相互依存关系，从而掌握事物的本质特征和变化趋势，认识事物的规律性。如对库存结构分析，以了解各类商品的库存比重是否与其销售状况相适应；对商品流通费用结构的分析，分别计算经营费用、管理费用和财务费用在总费用中的比重及其变化，以考察费用的升降程度和升降速度等。

值得注意的是，结构分析法是以分组为基础的。只有科学、合理地对经济现象进行分组，才能有效地运用结构分析法。

4. 动态分析法

动态分析法是将不同时期同类指标数值进行对比，研究经济现象在时间上的变动情况、发展方向及变动趋势的方法。最常用的动态分析法是发展速度分析法。

发展速度分析法常用的指标有发展速度、平均发展速度和平均增长速度。发展速度是两个时期水平指标的对比；平均发展速度表明经济现象在一定时期内发展速度的一般水平，它是各期发展速度的平均值，一般采用几何平均法计算；平均增长速度表明经济现象在一定时期内增长速度的一般水平。这3个指标的计算公式如下。

$$发展速度=\frac{报告期发展水平}{基期发展水平}\times 100\%$$

$$平均发展速度=\sqrt[期数]{\frac{报告期的发展水平}{基期发展水平}}\times 100\%$$

$$平均增长速度=平均发展速度-100\%$$

5. 比率分析法

比率分析法是根据经济指标之间的关联性，通过计算各种比率，以说明公司经营状况的一种分析方法。根据现行制度，常用的比率有如下四类。

(1) 偿债比率。偿债比率是用于分析公司对短期债务的清偿能力的比率，常用的有流动比率和速动比率。

① 流动比率。流动比率是流动资产与流动负债的比值，表示企业每元流动负债有几元的流动资产可以抵偿，其计算公式如下。

$$流动比率=\frac{流动资产}{流动负债}$$

ABC 公司 20××年年末的流动资产是 700 万元，流动负债是 300 万元，则其流动比率=700÷300=2.33。

企业能否偿还短期债务，要看有多少债务，以及有多少可以变现抵债的流动资产。可以用全部流动资产减全部流动负债，得到的余额是营运资金，它也可以反映企业的短期偿债能力，但作为一个绝对数，其用于比较的意义显然是有限的。而流动比率作为两者的比值，排除了企业规模等的影响，更适合企业之间以及本企业不同历史时期的比较。

一般认为，生产企业合理的最低流动比率是2，这是长期以来人们的一种经验认识，只能作为参考而并非统一的绝对标准。但计算出来的流动比率必须要与同行业平均值以及本企业的历史值进行比较，才能知道该比率的高低是否正常；对于过高或过低的比率，还必须分析流动资产和流动负债所包括的具体内容以及经营上的因素以找出原因。通常情况下，营业周期、流动资产中的应收账款数额与存货的周转速度是影响流动比率的主要因素。

② 速动比率。速动比率是流动资产扣除存货后得到的速动资产与流动负债的比值，它是流动比率更进一步反映变现能力的比率指标，其计算公式如下。

$$速动比率=\frac{流动资产-存货}{流动负债}$$

ABC 公司 20××年年末存货为 119 万元，则其速动比率=(700−119)÷300=1.93。

之所以计算速动比率是因为流动资产各项目的变现能力是不同的，其中占流动资产很大比重的存货其变现所需时间较长，又易受价格变动等因素的制约，变现能力相对较差，要依靠变卖存货来偿债是不可取亦不可靠的，所以要把存货从流动资产总额中减去而计算出速动比率，从而可以更加真实、可信地反映企业的短期偿债能力。

正常的速动比率的经验标准是不低于 1，但这也仅是一般的看法，并不存在统一标准。行业、销售方式等因素都将使速动比率产生较大差异，如大量采用现金销售的企业，其速动比率低于 1 也是正常的。影响速动比率可信度的重要因素是应收账款的变现能力。尽管从理论上而言应收账款属于速动资产，其变现能力应较强，但就我国来看，近几年企业普遍受三角债困扰，其账面的应收账款很可能是一项变现力极差的资产，对此在分析速动比率时就应予以充分考虑。

以上流动比率和速动比率都是由财务报表资料计算而来的，企业实际变现能力或短期偿债能力还受其他一些表外因素的影响，如可动用的银行贷款指标、准备很快变现的长期资产以及偿债能力的声誉会增加企业的变现能力，未作记录的或有负债和担保责任引起的负债则会削弱企业的变现能力。财务报表使用者有必要多了解这些方面的情况，以便正确判断。

(2) 权益比率。在公司的资产负债表中，公司的权益可分为债权人权益和所有者权益两大类。以总负债(短期负债和长期负债)表示公司的债权人权益；以净资产表示公司的所有者权益。权益比率就是各类权益与企业的总资产之比。常用的权益比率有负债比率和所有者权益比率。

① 负债比率，亦称杠杆比率，是债权人对公司所提供的资本与公司总资产之比。它一方面反映了公司在经营上的进取性，负债比率高说明公司的举债较多。一般来说，在经济环境较好、公司经营稳定发展的情况下，公司适当多举债，有利于公司开拓经营，增加利润。但如果经济环境不景气，公司的经营状况不稳定，增加负债就会给公司经营带来很大的风险。另一方面负债比率也反映了债权人的风险程度，负债比率越高，债权人的风险就越大。反映负债比率的常用指标有资产负债比率和长期负债比率。

资产负债比率是公司某一时点上负债总额与资产总额之比，即每一元资产中所承担的债务数额，其计算公式如下。

$$\text{资产负债比率}=\frac{\text{负债总额}}{\text{资产总额}}\times 100\%$$

长期负债比率是公司某一时点上长期负债与长期负债加所有者权益之和的比，它表示公司长期资金来源中长期负债所占的比重。长期负债比率越大，表明公司未来经营中的偿债能力差，在未来经营中承受风险的能力就越小；反之，长期负债比率越小，在未来经营中承受风险的能力就越强。一般来说，公司的长期负债比率应保持在 10%左右，其计算公式如下。

$$\text{长期负债比率}=\frac{\text{长期负债总额}}{\text{长期负债总额}+\text{所有者权益总额}}\times 100\%$$

② 所有者权益比率是所有者权益与全部资产之比，它表示公司自有资本占资产中的比例。所有者权益比例越高，表示该公司的举债数额较少，偿债能力较强，债权人的风险较小。一般来说，公司的所有者权益比率在 50%以上是比较合适的。

(3) 营运比率。营运比率是公司分析和考察营运资金使用和控制情况的比率，常用的有存货周转率和应收账款周转率。

① 存货周转率。存货周转率是公司一定时期内的销售成本与存货平均余额之比。一般来说，存货周转率越高，说明存货的周转速度越快，资金的利用效率越高；反之，存货周转率越低，说明存货的周转速度越慢，资金的利用效率越低。但必须注意，不同类别的公司，因生产经营的商品或经营方式的不同，存货周转率在客观上存在着一定的差异；在同一公司的不同经营时期，存货周转率也有可能在客观上存在着差异，存货周转率较高也有可能是存货水平太低或库存量时常中断所致。因此，分析存货周转率应根据实际情况进行研究。存货周转率的计算公式如下。

$$\text{存货周转率}=\frac{\text{销售成本}}{\text{平均存货}}$$

$$平均存货=\frac{期初存货+期末存货}{2}$$

它表示公司在一定时期内存货的周转次数。存货周转率也可以用天数表示如下。

$$存货周转天数=\frac{1}{存货周转率}\times 360天$$

② 应收账款周转率。应收账款周转率是公司一定时期内应收账款平均余额与销售净额之比。它反映公司应收账款的管理水平和平均变现速度。一般来说，应收账款周转率越高越好，它说明收款迅速，资产的流动性好，坏账损失的可能性较小。应收账款周转率的计算公式如下。

$$应收账款周转率=\frac{销售净额}{应收账款平均余额}$$

$$应收账款平均余额=\frac{期初应收账款+期末应收账款}{2}$$

应收账款周转率表示公司在一定时期内应收账款的周转次数，也可以用天数表示如下。

$$应收账款平均周转天数=\frac{1}{应收账款周转率}\times 360天$$

(4) 获利比率。获利比率是分析和评价公司获利能力的指标，常用的有资本金利润率、资产报酬率和销售利润率等。

① 资本金利润率。资本金利润率是指公司一定时期内税后利润总额与资本金总额之比。它是衡量公司注册资本在一定时期内能获得利润的程度。资本金利润率的计算公式如下。

$$资本金利润率=\frac{利润总额}{资本金总额}\times 100\%$$

② 资产报酬率。资产报酬率是指公司在一定时期内税后利润与资产总额之比，它反映公司所有资源的运用效率。资产报酬率的计算公式如下。

$$资产报酬率=\frac{税后利润}{资产总额}\times 100\%$$

③ 销售利润率。销售利润率是指公司在一定时期内的税后利润与销售净额之比，它反映每百元销售能获得税后利润的数额。销售利润率的计算公式如下。

$$销售利润率=\frac{税后利润}{销售净额}\times 100\%$$

5.3.3 经营绩效评估指标

经营绩效是指企业的经济性成果，可以用一定的数量来衡量；将一定时期的经营绩效与上期、同行、预定标准相比较，就是经营绩效的评估。评估经营绩效的指标可以分为安全性、收益性、发展性、效率性4个方面。

1. 安全性指标

安全性主要是通过财务结构来反映的，评估的主要指标有流动比率、速动比率、负债比率、固定比率、自有资本率。其计算公式及参考标准如表5-6所示。

表5-6 经营安全性评估表

指　标	计 算 公 式	参 考 标 准
流动比率	$\frac{流动资产}{流动负债}\times100\%$	100%～200%
速动比率	$\frac{速动资产}{流动负债}\times100\%$	100%以上
负债比率	$\frac{负债总额}{资产总额}\times100\%$	50%以下
自有资本率	$\frac{所有者权益}{资产总额}\times100\%$	50%以上
固定比率	$\frac{固定资产}{所有者权益}\times100\%$	100%以下

2. 收益性指标

收益性指标反映企业的获利能力，评估的主要指标有营业额达成率、毛利率、营业费用率、净利额达成率、净利率总资产报酬率。其计算公式及参考标准如表5-7所示。

表5-7 经营收益性评估表

指　标	计 算 公 式	参 考 标 准
营业额达成率	$\frac{实际营业额}{目标营业额}\times100\%$	100%～110%
毛利率	$\frac{毛利率}{营业额}\times100\%$	16%～18%以上
营业费用率	$\frac{营业费用}{营业额}\times100\%$	14%～16%以下
净利额达成率	$\frac{税前实际净利}{税前目标净利}\times100\%$	100%以上
净利率	$\frac{税前实际净利}{营业额}\times100\%$	2%以上
总资产报酬率	$\frac{税后净利}{总资产}\times100\%$	20%以上

3. 发展性指标

发展性指标主要反映企业的成长速度，评估的主要指标有营业额增长率、开店速度、经营利润增长率、卖场面积增长率。其计算公式及参考标准如表5-8所示。

表5-8 经营发展性评估表

指　标	计 算 公 式	参 考 标 准
营业额增长率	$\left(\frac{\text{本期营业额}}{\text{上期营业额}}-1\right)\times100\%$	高于经济增长率的两倍以上
开店速度	$\left(\frac{\text{本期门店数}}{\text{上期门店数}}-1\right)\times100\%$	在3年内达到基本规模，每月开一家店为快速开店，每2～3个月开一家店为一般开店速度。应注意与后勤支援能力的相适应
经营利润增长率	$\left(\frac{\text{本期利润}}{\text{上期利润}}-1\right)\times100\%$	至少大于零，最好高于营业额增长率
卖场面积增长率	$\left(\frac{\text{本期卖场面积}}{\text{上期卖场面积}}-1\right)\times100\%$	大于零而低于营业额增长率

4. 效率性指标

效率性指标主要反映企业的生产力水平，评估的主要指标有经营安全率、商品周转率、交叉比率、每平方米销售额。其计算公式及参考标准如表5-9所示。

表5-9 经营效率性评估表

指　标	计 算 公 式	参 考 标 准
经营安全率	$\frac{\text{实际销售额}-\text{盈亏平衡点销售额}}{\text{实际销售额}}$	30%以上
商品周转率	$\frac{\text{销售额}}{\text{平均库存}}$	30次/年以上
交叉比率	毛利率×周转率	600%以上
每平方米销售额	$\frac{\text{销售额}}{\text{卖场面积}}$	1996年1月份统计，上海超市每天每平方米销售额平均为40元

5.4 连锁企业资产管理的风险防范

所谓风险是指由于外部环境和内部管理方式的变化而造成企业资产的损失和预期收益率的下降。资产管理在连锁经营的财务管理中占有十分重要的地位，以下以资产管理为例，阐述连锁企业如何进行风险防范。

1. 适度控制发展速度，注意投资风险

经营规模是衡量连锁经营企业是否成功的一个重要指标，所以没有一定的规模就称不上连锁经营。如国际连锁店协会(IFA)就规定连锁商店必须有11个以上分店；英国则把拥有11家以上分支商店的连锁公司称为大型连锁，有2～9家分支商店的称为小型连锁商店；美国全国便利店连锁协会(NAGS)规定便利店连锁必须有7家以上分支店。但这也并不是说达到了一定的规模就会有相应的规模效益，更不是规模越大效益越好。

规模效益一般是指工业生产中产出总量(或总收益)增加与投入要素量(或生产成本)增加之间的比例关系，其内在的规律是：当生产规模较小时，增加投入要素量(即扩大生产规模)，能使产出总量增加的倍数大于投入要素量增加的倍数，这种情况称为规模效益递增，这时扩大生产规模有利于提高企业的经济效益；当生产规模扩大到一定程度时，如果继续增加投入要素量，就会使产出总量增加的倍数与投入要素量增加的倍数大致相等，这种情况称为规模效益不变，这时扩大生产规模虽然能提高企业的总收益，但并不能提高企业的经营效率，只能维持原有的收益—成本水平；当生产规模的扩大超过了一定的度，如果继续增加投入要素量，就会出现产出总量的增加倍数小于投入要素量增加倍数的情况，这称为规模效益递减。这时扩大生产规模不仅会降低企业原有的收益—成本水平，而且还有可能降低企业的总体盈利水平。

可见，企业所追求的应该是一定生产规模范围内的规模效益，以避免出现规模效益递减的状况，使投入要素所发挥的效益维持在最佳水平。就我国目前的连锁经营企业而言，在许多客观条件尚不具备的情况下，如果过分追求连锁店数目，投入大量资本，很有可能造成企业效益的下降，导致负债率上升，最终将会影响连锁公司的总体形象。所以，企业在发展时应注意适度规模，以避免投资过急而造成的资金周转不灵的风险。

2. 发展直营连锁，注意经营风险

直营连锁具有资产一体化的特征，消费者需求、竞争者变化、所属行业前景、经营者能力等都有较强的不确定性。因此，在发展直营连锁时要随时注意市场的变化，避免把所有的资金投入在同一地方，一旦市场风云变幻，经营效益下降，企业可能会出现资金匮乏的情况。表现在企业无力偿还债务：由于负债经营是以定期付息、到期还本为前提的，如果企业经营发生变化，所有发展的直营连锁都没有预期的效益，企业用负债进行的投资不能按期收回，必将面临无力偿还债务的境地，其结果不仅导致公司资金紧张，也影响公司的信誉程度，甚至还可能因不能支付而导致“灭顶之灾”。

避免经营风险可采取下列具体措施。

(1) 在调查研究的基础上预测市场动向，尽量回避一些风险程度大且很难把握的经营活动。

(2) 不要把所有的资金投资于一个项目，多投资一些不相关的项目，使高利和低利项目、淡季和旺季、畅销商品和滞销商品在时间上、数量上相互补充或抵消，使公司的经营有充分回旋的余地。

(3) 采用保险、担保等方法分解企业的经营风险。

3. 发展加盟连锁，注意管理风险

经营管理的规范化、管理规范的标准化是连锁经营的前提条件和规模效益的基本保证。公司拥有的连锁经营方式最有条件向特许经营发展，而特许经营的实质是向投资者提供一整套规范的经营技术体系。如果总公司片面追求网点数量，大量发展特许加盟店，而又缺乏有效的管理和强有力的服务能力，就有可能使投资者或消费者的利益受到侵犯，导致赔偿。不但使企业财产受到损失，而且使企业形象受到严重损害，甚至可能导致整个特许加盟连锁的崩溃。因此，在发展特许加盟时，必须注意与企业自身的管理能力相适应，避免因特许加盟发展过快而带来的“鞭长莫及”的管理风险。

本 章 小 结

财务管理是组织企业资金运动、协调财务关系的一种管理活动，它围绕企业的资金运动而展开。连锁企业的财务管理具有以下特点：首先，它是一项综合性的管理工作；其次，连锁企业货币流与物流是分开的；再次，连锁企业资金统一运作，发挥规模效益；最后，连锁企业的财务管理能迅速反映企业的经营状况。连锁企业财务管理的内容主要包括资金管理、资产管理、成本费用管理、融资决策、投资决策。财务报告是反映连锁公司财务状况和经营成果的总结性书面文件，主要包括资产负债表、损益表、利润表和现金流量表。利用财务报告及相关资料，可以对公司的经营情况进行分析，经营分析的方法主要有比较分析法、因素分析法、结构分析法、动态分析法、比率分析法。经营绩效是指企业的经济性成果可以用一定的数量来衡量；将一定时期的经营绩效与上期、同行、预定标准相比较，就是经营绩效的评估。评估经营绩效的指标可以分为安全性、收益性、发展性、效率性四个方面。

思 考 题

(1) 连锁企业财务管理的概念是什么？
(2) 连锁企业财务管理的特点有哪些？
(3) 三种不同连锁经营形态在财务管理上有什么区别？
(4) 连锁企业财务管理的主要内容有哪些？
(5) 连锁企业经营分析方法中的因素分析法大致可分为哪几种？
(6) 我国连锁企业资产风险防范应从哪几个方面入手？
(7) 我国连锁企业财务管理的现状如何？
(8) 加强我国连锁企业财务管理的对策有哪些？

案例分析

※ 零售连锁企业如何实现集中财务监控 ※

天津克瑞思集团是一家跨地区、经营多种行业的综合性集团公司，该集团涉足商业、房地产、运输业等多种行业，并在唐山、西安等地设有分公司。在当今竞争激烈的零售业领域，如此多元化的资产、庞大的规模，毫无疑问需要先进的经营理念与现代化的财务管理手段。天津克瑞思集团的经营模式采用集中采购、统一配送的连锁经营模式，这就对集团的财务系统提出了相应的要求。但集团原有的财务系统只能在局域网上使用，满足单一店面的财务处理要求，集团管理者的决策只能依据报表数据，而无法做到实时的财务监控，难以保证财务数据的准确性和及时性，直接影响到企业决策的制订和贯彻。另外，原财务系统与业务系统无法有效集成，造成物流和资金流的接口瓶颈，使企业全面信息化管理的效率大大降低，浪费了大量的人力、物力资源。

基于上述原因，克瑞思集团的中外方管理人员在对财务系统重新选型的过程中，要求实现会计核算、集团财务控制、费用预算、财务分析的功能，并与业务系统无缝集成。现在克瑞思集团总部与各地分公司都已全面使用奇正财务系统，可以轻松、快捷地核算庞大的营业业务，为公司管理层提供了全面的分析与评估数据。

一、集中管理，财务监控，数据共享，及时准确

天津克瑞思集团经营仓储超市、运输业、房地产业等多元化产业，在天津、北京、西安、唐山等地拥有多家经营中心，每家经营中心又拥有多家店面，总部需要对每个经营中心及下属店面实现财务监控。

二、多账套设置

天津克瑞思集团利用奇正财务管理系统的多账套设置功能，为各独立核算的店面、经营中心、各分公司及集团总部分别设立账套。由总部制订财务规范，各店面的财务人员处理相应的本地业务，各经营中心财务人员管理其分辖店面及经营中心财务数据，集团财务人员管理所有分公司及各经营中心的财务数据，监督及分析各店面运行情况，进行集团业务数据的合并。

三、数据共享，及时准确

天津克瑞思集团总部安装数据库服务器，各店面通过 DDN 登录服务器，所以克瑞思集团所有店面的财务数据都集中于总部，实现了数据共享，总部可随时监控各分公司的业务，且具有真实性。

四、统一采购，异地配送，集中结算

天津克瑞思集团采用集团统一采购、异地配送、各店面进行销售的方式。克瑞思集团的业务系统可使总部随时了解各经营中心及各店面的销售及库存情况，从而安排采购需求。在奇正财务系统中，集中采购后，由总部与供应商统一进行财务结算，即对供应商付款实行统一管理。

总部根据各分店的库存情况，对各经营中心及店面配送后，由总部集中进行账务处理，而不需要各店面处理物资采购业务。即由总部制作为各店面的物资配送业务凭证，在各店面账套中能自动生成物资增加凭证，而不需要分公司制作凭证。

由总部与供应商统一进行结算，加强了集团资金控制；免除了由于各店面账务处理的不及时或由于工作中的失误，而使总部与各店面账务不一致，实现了集团的资金监控；各店面的财务人员业务量大大减少，当地业务极其简单，节省了人力，实现资源的充分利用。

五、固定资产管理

克瑞思集团中固定资产业务虽然不像经营性业务那样发生频繁，但其占用的资金额也较多，对固定资产需要了解其使用状况，哪些资产即将到期，需要做相应的处理，且固定资产有时可能发生部门间的调拨等变化时，处理也很复杂。自从使用奇正软件后，一切都变得简单了。

(1) 利用奇正软件的固定资产管理系统，将固定资产作为卡片管理，随时可了解固定资产的分布部门、已使用年限。

(2) 利用系统提供的多种计提折旧方法，每个会计期末根据规定的折旧方法自动计提折旧。

(3) 系统自动进行增加资产的账务处理与折旧费用的转账处理；若资产提折旧已到残值，根据公司的设置，判断是延期使用，还是报废。

(4) 系统自动处置资产的提前报废、部门及使用状态的变动及相应的账务处理。

(5) 系统还可处理由于企业改制要进行资产的评估增值处理，以及相应的是否补提折旧的账务处理。

六、成本(利润)中心管理

天津克瑞思集团每个独立核算的账套中，又有多个下属部门。在奇正系统中将各部门分层次作为责任中心进行财务管理。如将其下属的某个业务部设为责任中心，核算该业务部所有业务，统计查询余额表，分析该责任中心的收入及费用在各会计期的发生趋势以及利润发生变化的原因。

克瑞思集团公司为了管理的需要，还将一些相同性质的责任中心进行汇总，就是将各经营中

心的相同性质的责任中心进行合并，在总公司中分析集团资金的动作情况。

克瑞思集团是由总部对各账套的责任中心设置费用预算控制额，而各经营中心无权进行修改，加强了费用控制。在每个预算期末比较各责任中心费用预算值与实际的差异，分析各责任中心收支状况。

七、加强客户的财务信用控制

天津克瑞思集团的往来业务是企业中最复杂、最频繁的业务，也是经营性业务中主要的资金流动。总部需要实时了解各分公司的资金动态，从而可以事先掌握资金的运筹情况。

天津克瑞思为了控制坏账，加强对客户的管理，可以根据各客户的绩效，为客户设定信用额度及信用天数，以减少坏账风险；如果超过信用额度，系统将提出警告信息，如果控制严格，需要释放信用额度，才能继续业务。

系统根据设置的核销原则，如先发生先核销，发票号相同、按合同号核销等多种核销方法，将发票与回款进行核销，从而可做客户的账龄分析及客户的绩效分析。

对于赊销，克瑞思集团根据合同设定了相应的收款条件，从而根据收款条件进行销售收款预测，预估在一定期限内资金的回笼情况。

八、加强对应付账款的管理

克瑞思统一与供应商进行结算业务。对于供应商的资金支付，其流程是付款前由财务系统输出付款清单，与业务系统及供应商核对后，经过审批才可以付款。

系统将发票与付款单进行核销后，可以统计对供应商的付款状况报告及根据付款条件进行资金需求预测，从而事先进行资金的筹措准备。

天津克瑞思集团的同一客户或供应商，可能与集团内多公司进行交易，为了集中管理，了解该客户或供应商与集团的整体交易情况，将客户或供应商业务进行合并，从而可以实现对客户或供应商的整体交易分析。

九、内部银行结算

天津克瑞思集团内部资金不是无偿使用。总部要对各店面上交的利润进行计息，总部下拨给各店面的资金也需要计算利息，这就需要进行内部结算。奇正软件可以按不同的计息期间、不同的计息基数及计息利率计算利息，输出计息单，自动进行相应的利息费用账务处理，且自动进行内部银行对账。

十、双记账功能

对于合资企业，需要向外方提供集团报表，因国内与国外会计制度存在差异，且记账本位币、会计期等因素也不同，所以报表需要进行调整。奇正软件提供了双记账功能，由于其可以复币记账，灵活设定会计期，能够根据国内的业务按照国外的会计制度自动生成国外的财务账，从而输出对外报表，大大简化日常的财务工作。

案例思考题

(1) 克瑞思集团为何要实现财务系统集中监控？

(2) 克瑞思集团是如何实现集中财务监控的？

(3) 克瑞思集团采取了哪些措施加强对应付账款的管理？

第 6 章

连锁企业配送管理

学习目标

- 熟悉配送的概念及其与物流的关系
- 了解连锁企业的配送现状
- 了解连锁企业的配送模式类型
- 掌握连锁企业的配送模式分析与选择
- 熟悉配送中心的概念
- 掌握配送中心的选址方法
- 掌握配送中心作业流程

6.1 连锁企业配送概述

随着连锁经营的迅猛发展，连锁企业对商品配送的要求越来越高，商品配送水平成了衡量一个连锁企业管理现代化水平的关键标准。配送能力的强弱直接决定着连锁企业的经营成本高低，影响企业的赢利能力。

6.1.1 配送的概念

在现代物流的“词典”中，最引人注目的字眼是——配送。它是整个物流系统中挖掘第三利润源泉的突破口。配送在英语中的原词是 delivery，是交货、送货的意思。在日本工业标准 JIS 中，将配送定义为“将货物从物流结点送交收货人的活动”，也强调了送货的含义。我国国家标准《物流术语》中对配送下的定义是：在经济合理区域范围内，根据用户要求，对物品进行拣选、加工、包装、分割、组配等作业，并按时送达指定地点的物流活动。

配送是物流中一种特殊的、综合的活动形式，它把商流与物流紧密结合，是包含了物流中若干功能要素的各种物流活动。它不是消极的送货式的发货，而是把“配”和“送”有机地结合起来，按用户对商品种类、规格、品种搭配、数量、时间、送货地点等各项要求，在物流据点有效地利用分拣、配货、集装、合装整车、车辆调度、路线安排的优化等一系列工作，使送货达到一定的规模，以利用规模优势取得较低的成本。

6.1.2 配送与一般送货的区别

配送的最终目的虽然是将货物有效地送达客户，但与一般的送货相比有着本质的不同。主要体现在以下几个方面。

(1) 配送是从货源地集货，通过特定的地点加以整理而送达用户的一种特殊送货形式。从功能看，其特殊性表现为：配送中从事送货的是流通企业，而不是生产企业；一般送货是由厂商到用户的直达型送货，而配送是“中转型”送货；一般送货是有什么送什么，配送则是按用户的需求，需求什么送什么。

(2) 配送不是单纯的运输送货，而是包括了集货、分货、配货、配装等活动在内的难度较大的工作。它必须完全按用户的需求，包括商品的品种、品牌、数量、时间等方面的要求进行运送。所以，除了各种“运”、“送”活动外，还要进行“配”的工作，是“配”和“送”的有机结合。

(3) 配送在规模、水平、速度、效率、质量等方面远超过一般的送货。要圆满完成配送中的分货、配货、送货等复杂工作，除了要有现代化的设施装备(如各种传输设备、分拣机、识码器、运输工具等)和先进的经营管理水平外，还需依赖强大的信息系统，保持配送系统内部以及与上下游之间的紧密联系。所以，配送是技术进步的产物。

(4) 一般送货是销售性送货，即生产什么送什么，而配送是客户需要什么送什么。一般的送货只是推销的一种手段，配送则是一种专业化的商品流转组织形式，是社会分工的产物。如果说送货是一种服务方式的话，配送则是一种物流体制形式。

6.1.3 配送与物流的关系

配送是物流系统中由运输派生出来的。从一次配送活动中可以看出，配送包含了物流的所有功能，如运输、集货、储存、分拣、配装等，有些还附带加工，而且在配送的过程中始终贯穿着收集信息的操作。从这些方面来讲，配送实质上是一个多项目、多环节的物流活动，只是范围相对较小的微型物流活动。但是配送与物流有着本质的区别(见表 6-1)，具体如下。

表 6-1 配送与物流的区别

比 较 项	配 送	物 流
运输距离	较短	较长
辐射范围流体	较小	较大
处在供应链上的环节	末端	整个供应链上的运输
流体	少品种、大批量、少批次	多品种、小批量、多批次
主体活动	运输及分拣配货	运输及保管
与商流和物流的关系	商流与物流分离的产物	商流与物流结合的产物

(1) 配送的距离较短，辐射范围小，当然随着交通条件的改善、信息技术的发展，配送的距离在逐渐增长、辐射范围在逐步扩大。以往配送活动范围仅局限于本市、本地区内，目前早已突破城市界限。如美国的沃尔玛就是通过其强大的卫星通信系统对各城市的连锁门店开展配送活动。

(2) 配送位于供应链的末端，处于支线运输，一般发生在靠近最终消费者的地方，而物流涉及整个供应链上的运输。

(3) 物流处理的流体具有少品种、大批量、少批次等特点；配送具有多品种、小批量、多批次等特点。

(4) 物流的主体活动是运输及储存，而配送则是运输及分拣配货。分拣配货是配送的独特要求，也是配送中有特点的活动。

(5) 物流是商物分离的产物，而配送则是商物合一的产物。虽然配送在具体实施时，也有以商物分离形式实现的，但从配送的发展趋势看，商流与物流越来越紧密的结合，是配送成功的重要保障。

6.1.4 配送的目标

配送目标可概括为：提高服务水平，降低配送成本，保证配送及时性，提高配送质量。

1. 高服务水平

在规定的时间内完好无损地把货物送到客户手中。这里服务水平还不是像人们通常所想象的那样只是服务态度热情、友好一点，而是包括了很广泛的内容。配送系统是一个服务系统，它的所有活动都是服务活动，为生产服务、为流通服务、为客户服务。而这种服务的核心，就是满足的需求。而满足客户的需求表现在各个方面，最主要的是满足客户对所需货物的需求，不能缺货，还要保质、保量、及时送货，安全可靠地运输、储存、包装、装卸，做到配送成本低、服务态度好，为客户提供信息支持、技术咨询、技术支持和售后服务等，几乎遍及配送活动的各个方面、各个环节。因此，要服务好，实际上就是需要配送系统全面做好各个方面的工作。

2. 低配送成本

不仅要满足客户需求，也要使自己有利可图，要实现“双赢”的目的。低配送成本是指配送的总成本最省。配送系统是由多个单元构成的，配送活动又由多种类型、多个环节构成，因此，各种配送方式、各个配送环节都会发生配送费用。一个配送系统所有的物流方式、配送环节所发生的配送费用的总和，就是这个配送系统的总费用。整个配送系统的第二个目标，就是要使得这个配送系统的总费用最小。要做到配送系统的总费用最小，则要求整个配送系统要优化，各个单元也要优化，要尽量利用各种优化技术，充分利用和努力节约资源，提高工作效率，降低配送成本。

3. 高配送效率

以最少的投入获得更多、更好的产出是每个企业追求的目标。只有提高配送的效率，才能提高配送系统的经济效益。所谓配送系统的效率是指“配送系统的产出与投入之比”。配送系统的产出是配送服务，产出的多少可以用服务水平的高低来衡量与评价；配送系统的投入是为提高配送能力所消耗的活劳动与物化劳动，体现为配送成本。以最低的配送成本达到可以接受的服务水平，或以可以接受的配送成本达到最高的服务水平，这都是企业所追求的目标。

4. 高配送质量

配送质量直接与客户有关，配送质量的高低直接代表企业的形象和信誉，对企业的市场占有率有很大影响。

6.1.5 连锁企业配送的含义与特点

1. 连锁企业配送的含义

连锁企业以各连锁店铺为配送对象，把零售经营与满足自己需要的物流活动以“联购分销”方式有机地结合在一起，实现经营上的规模效应。它的配送行使者与配送对象具有隶属关系，是实行统一经营条件下的商品配送，即特定配送。其购销关系连续、稳定，是一种真正意义上的配送。

2. 连锁企业物流配送的特点

(1) 预约配送。连锁企业对各连锁店的配送是配送之前有约定，按各连锁店的订货要求进行配送。

(2) 货物种类众多。连锁企业，特别是现在的大型连锁超市，货物规格各异，种类成千上万。

(3) 物流活动集中化。连锁企业把各连锁店的商品采购、储存、运输活动集中起来，统一办理，并按各店铺的要求对商品进行分类、编配、整理、配装后，将商品送交各门店。

(4) 配送点多，线路复杂。连锁企业经营的分店数目较多，导致了配送线路比较复杂。

(5) 购销关系稳定。连锁企业的配送对象是所属的连锁店，因此形成了比较稳定的购销关系，这种稳定的购销关系不是靠行政手段来维持，而是以经济利益，即通过配送取得规模效益，使连锁店总店能降低经营成本，提高经济效益。

(6) 附加增值服务较多。一般连锁企业配送中心除了配送服务以外，还会为连锁企业提供一些其他的增值服务。如拆零，当供应商大包装供货时，其可能不适合直接销售，要求配送中心按照各个分店的订货进行拆零，然后再拼装。另外，大部分配送中心还附带有处理运货等增值业务。

6.2 连锁企业配送的现状

6.2.1 发达国家连锁企业的配送现状

配送在发达国家出现得比较早，随着经济发展速度的逐步加快，配送得到了进一步的发展。如今，在国外配送已经成为连锁零售业经营的一个最基本的条件，而且还在迅猛发展。从国外连锁超市物流配送的现有情况看，无论是在配送规模上、配送功能上、技术装备上还是在服务质量上都已经达到了比较完善的地步[1]。目前配送中心、加工中心等物流中心遍布整个美国、日本和西欧，而且这些国家对物流配送的研究也较多，已经形成比较成熟的理论体系，不论是硬件方面还是软件方面都具有相当高的水平。其中，美国在物流配送机械方面水平较高；日本物流配送基础设施良好，物流配送社会化、组织化程度较高，注重物流配送实用技术和方法，物流配送成本控制较好。发达国家连锁企业的配送现状有以下 4 个特点。

1 国家发展和改革委员会经济运行局等，中国现代物流发展报告：竞争合作与产业成长(2006). 北京：机械工业出版社，2006 329～334。

1. 配送的规模日趋扩大

在发达国家，对大型连锁超市自建的配送中心而言，规模一般都很大。配送规模日益扩大的另一个重要标志是配送中心的数量明显增加。据统计，日本在各大城市建立的配送中心已近 30 个，其中在东京一个城市就设立了 5 个配送中心。在美国，配送中心的数量达数万家，仅共用型配送中心就有 250 家。

2. 配送功能有集成化和延伸化趋势

除了将流通加上归于配送过程中的重要功能，发达国家连锁超市企业还强调配送功能的完善化和延伸化。除了基本的储存、分拣、包装、流通加工、运输等服务外，还尽量延伸至采购及订单处理、配送方案的选择与规划、库存控制策略等增值服务。同时，配送过程中着重于将物流和供应链其他环节进行集成，包括物流渠道与商流渠道的集成、物流渠道之间的集成及物流环节与制造环节的集成等。

3. 配送技术和设备更加先进

发达国家连锁超市配送设备的更新周期比较短，其与之匹配的配送技术也非常先进。通过配送新技术如条形码标识技术、自动存货、补货技术、自动分拣技术和计算机智能化等的导入使用。可以有效地提高各个环节的作业效率，大大缩短作业时间、提高设备的利用率、减少闲置及等候时间、合理安排配送区域和路线。随着高科技迅猛发展，信息技术的发展还改变了企业应用供应链管理获得竞争优势的方式，成功的企业应用信息技术来提高物流配送的效率和准确率，增强其决策能力。同时，采用现代化设备如自动分拣机、电动升降机、自动传送带等进行机械化和自动化作业，充分表现了其快速、准确的配送服务，并能有效地节约空间、节约劳力，提高仓库管理水平，减少货损，缩短商品周转期。

4. 配送服务质量高

发达国家连锁企业都把提高配送服务质量视为发展配送业务的重要手段，并通过有效的配送管理和严格的规章制度来保证配送服务质量的提高。有些学者将配送的服务质量归纳成两方面的内容：一是基础质量，即指配送服务或配送业务必须达到的基本要求，具体来讲就是要做到拣选配货准确无误、发货不出现错装、发货时间不能超过规定的期限、发送的目的地准确无误和保持配送货物的完整性等；二是战略质量，即指提供更好、更全面的服务。在国外连锁超市中的配送不但注意保持“基础质量”的稳定，使配送货物的准确率、准时率保持在 100%的水平，同时更重视提高“战略质量”，尽力提供更好、更全面的服务。

6.2.2 我国连锁企业的配送现状

1. 我国连锁企业配送形式呈多元化发展

随着我国零售业的发展以及行业对物流认识的提高，目前我国连锁零售业表现出多元化发展的趋势。从主要形式看，由于历史和环境的原因，大部分连锁零售企业选择了自建物流配送中心的方式，特别是有实力的连锁零售企业，将物流建设作为今后企业发展的战略。委托第三方进行物流配送的企业也大大增加，除了北京物美、深圳新一佳、广东好又多以及家电的大中等企业大胆尝试外，更多的企业开始采用物流外包的方式。还有大量的连锁零售企业由于门店数量以及企业规模、实力的原因，采用供应商直接供货，这其中包括进入中国市场的国外知名大型超市。

2. 外资连锁企业进入中国市场，抢占市场份额

中国零售业对外资全面开放，使外资零售业开店速度加快，并且加快了在我国建立物流体系的步伐。2005 年 8 月，由西班牙迪亚集团投资建设的迪亚天天上海物流中心在西北物流园区举行开幕仪式，迪亚上海物流中心面积 14 000 平方米，专门为迪亚天天华东区的 118 家连锁门店提供专业、快速的物流服务。沃尔玛在中国近 30 个城市开设了 50 多家店，到 2006 年达到 100 家左右。为跟上在中国内地的扩张步伐，沃尔玛计划扩建在深圳、天津已有的两个配送中心，并打算在上海或长三角地区新建一个配送中心。

3. 配送规模小、配送率低

我国连锁企业初期的发展大多考虑在连锁分店数量方面的增加，没有把统一物流配送作为连锁业发展的基础，平均一个物流中心配送 20 个店铺，平均每辆车承担 2～3 个店铺的送货。而日本的一个物流中心负责 70 个店铺，需 4～5 辆车，中国香港百佳超市的一个物流中心负责配送 100 多个店铺。由于物流配送规模小，多数企业统一配送率只有 50%左右，造成人员闲置，运输设备不能充分利用。物流成本偏高导致商品零售价格居高不下，因此物流配送规模最终制约了连锁经营的发展。

4. 配送技术、设备落后，现代化程度低

连锁企业配送的各种软硬件设备、技术落后，操作机械化水平低，信息技术现代化建设滞后。这主要是由于我国普遍缺乏现代物流配送的观念，只考虑到机械化的设施和设备以及现代化的技术需要大量的投资，且回收期长。我国的劳动力价格比较便宜，这就更使得许多企业不愿意高资金投入现代化技术、机械化设备，实行手工分拣、人力搬运、人工配货与包装，就会出现作业速度慢、效率低、破损率和出错率提高的现象。由于不能充分利用信息技术，物流信息系统薄弱，使高效率的信息收集、传递和信息处理成为空谈，也降低了通过信息技术增强企业决策的能力。配送的机械化、自动化程度越低，配送的效率就越低，供货的及时性、准确性和经济性也都受到影响。

5. 不同企业物流水平差异明显

我国连锁零售企业众多，包括有实力的大型集团企业、大型外资零售企业以及大量的中小型连锁零售企业。由于企业的情况不同，其物流水平参差不齐。据统计，北京超市通过自营配送体系运送商品的比例很低，没有一个企业的配送中心对各店经营的商品实行100%统一配送，少数企业的统一配送率在50%左右，最好的在80%～90%之间，多数在60%～70%之间，差距明显。其他中小城市或边远地区的连锁零售企业实行统一配送的比例更低。随着发达地区经济的高速发展，企业实力的不断壮大，这种差距将越来越大。

6.2.3　连锁企业配送的发展趋势

在未来几年内，随着连锁企业经营不断向多业态、多业种、多地域和多形式拓展，以及信息技术在连锁经营企业应用的日益广泛，物流配送将呈现出新的趋势。

1. 冷冻生鲜品的配送将备受关注

一方面，连锁企业的配送中心将增加或加强冷冻生鲜食品的配送功能。这主要是随着零售市场竞争加剧，居民生活水平提高，人们对快速食品、生鲜半成品和冷冻食品的需求增加，大型零售企业设立食品加工中心和配送中心是物流配送的一个趋势。另一方面，以批发为主导型的食品配送中心将会出现。一些实力较强的食品批发企业面向独立经营的单体超市门店开展以食品为主的配送服务，这将是我国专业化物流配送中心建设发展的一个趋势。例如，伴随消费者生活水平和对商品质量要求的提高，专门经营肉类、蛋类、菜类、牛奶、面包、冰淇淋等新鲜食品的物流配送企业，会逐步转变为集物流、常温仓储、冷藏、包装、流通加工、配送为一体的多功能物流中心。

2. 第三方物流的发展将加快，连锁企业引入第三方物流将是一个发展趋势

在日本，大约有30%的连锁企业在很大程度上依靠社会化的专业配送企业。随着专业化物流企业的兴起和成熟，将商品的配送业务部分甚至全部交给专业物流企业完成，将会成为连锁企业日益增加的一种选择。相对而言，一些自身具有物流配送中心的连锁企业，也将开始利用自身较强的物流配送能力开展社会化的物流配送。

3. 信息技术的应用将进一步加强

信息技术的应用将提升企业物流的现代化水平与连锁企业物流相关的信息系统，主要包括企业内部的管理信息系统，以及与供应商进行数据交换的系统(EDI)或电子订货系统(EOS)。随着信息技术的普及和推广，零售企业特别是连锁企业开始了网上数据传送和订货的应用，利用互联网与物流配送中心、上游供应商共享商品的销售和库存信息，在电子订货、商品验收、退货、促销、变价、结算、付款等环节提供协同支持。

4. 工业、物资企业对商业物流的介入将进一步深入

一是生产企业物流向连锁企业物流扩张。在商品竞争激烈的行业，如家电、服装、化妆品和保健用品等领域，大型生产企业基本上都直接参与了面向消费者的市场活动，一些生产企业的运输部门已经开始从自身配送向社会化物流配送转变，并逐步适应大型连锁企业的要求。二是传统物流企业向连锁企业的第三方物流转变。我国原有的一些储运企业大都从事有关生产资料的运输和保管业务，随着企业改制以及物流市场的扩大，它们开始将业务拓展到零售领域，特别是连锁企业。还有一些原隶属流通部门的运输和仓储部门也从整体业务中剥离出来，独立从事专业的物流服务。目前已经有一些物流企业介入了连锁企业的物流业务，相信会有更多的物流企业转向为连锁企业提供物流服务。

6.3 连锁企业的配送模式

连锁企业的配送是构成消费品供应链的终端环节，也是形成商品使用价值最重要的环节，涵盖运输、集货、储存、加工、分拣、配装以及为各环节提供配套服务的信息系统等。根据提供配送服务的主体，一般将其运作模式分为四类：自营配送模式、共同配送模式、供应商配送模式、第三方配送模式。

6.3.1　配送模式的类型

1. 自营配送模式

自营配送模式是指企业物流配送的各个环节由企业自身筹建并组织管理，实现对企业内部及外部货物配送的模式。这种模式有利于企业供应、生产和销售的一体化作业，系统化程度相对较高，既可满足企业内部原材料、半成品的配送需要，又可满足企业对外进行市场拓展的需求。其不足之处表现在，企业为建立配送体系的投资规模将会大大增加，在企业配送规模较小的时候，配送成本和费用也相对较高。自营配送模式的运行流程如图 6-1 所示。

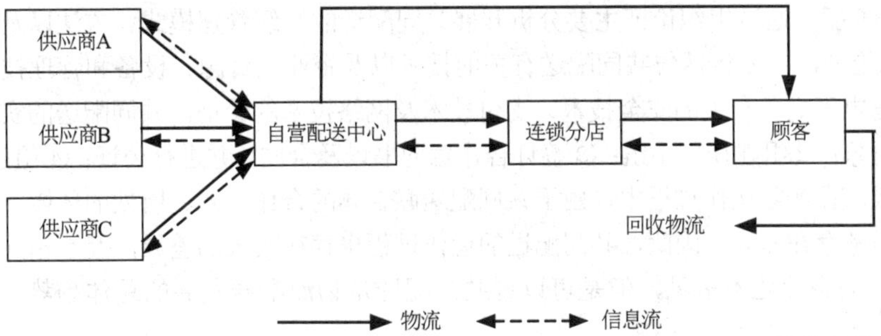

图 6-1　自营配送模式的运作流程

随着连锁经营的发展，以配送中心为核心的物流系统构建显得越来越重要。物流配送已经成为保证连锁零售运营体系正常运作的基本条件，也是构筑各企业核心竞争力的关键因素。目前大型连锁零售公司多数采用以自建为主的物流系统发展战略，投巨资建设自己的现代化物流配送中心，实行统一配送。特别是在常温仓储和冷冻品及生鲜产品仓储方面，这一现象更加普遍。

2. 共同配送模式

共同配送是指多家商业企业联合起来组成物流联盟，为实现整体的物流配送合理化，在互惠互利原则指导下，共同出资建设或租用配送中心，制订共同的计划，共同对某一地区的用户进行配送，共同使用配送车辆的配送模式，联盟各方通过契约形成优势互补、要素双向或多向流动、相互信任、共担风险、共享收益的物流伙伴关系。这是那些经营规模较小或门店数量较少的连锁超市常采用的一种模式。共同配送模式的运作流程如图 6-2 所示。

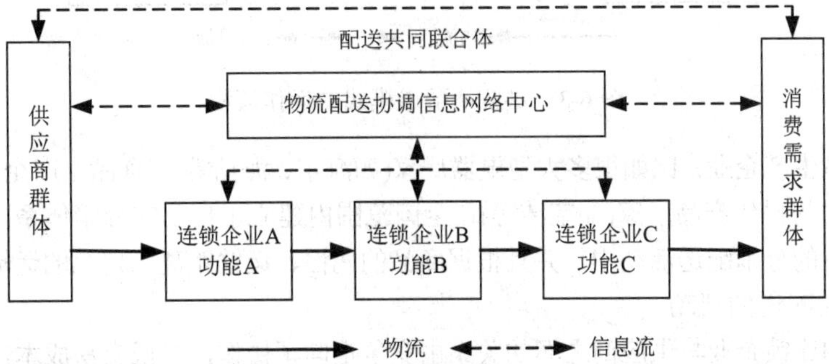

图 6-2　共同配送模式的运作流程

共同配送的核心在于充实和强化配送的功能，提高配送效率，实现配送的合理化和系统化。作为开展共同配送的联合体成员，首先要有共同的目标、理念和利益，这样才能使联合体有凝聚力和竞争力，才能有利于共同目标和利益的实现。开展共同配送、组建联合体要坚持以下几个原则：功能互补；平等自愿；互惠互利；协调一致。

企业在树立了共同配送的理念之后，要进行共同配送，组建共同配送联合体，就必须进行共同配送的可行性论证。论证的内容主要包括以下几个方面。

(1) 环境分析，环境分析主要包括宏观环境分析和微观环境分析。宏观环境主要包括经济环境、法律环境和自然环境等。其中，重点以经济环境为主，主要包括交通、通信及仓储等。而微观环境主要是对合作者的分析，在配送范围合理的区域内，对合作对象的配送需求、合作动机、配送能力进行仔细的分析。

(2) 组织论证，通过组织论证主要分析开展共同配送的组织管理模式、方法以及组织保证。

(3) 技术论证，主要包括与共同配送有关的技术以及企业间资源、设备和管理技术的论证，同时还包括与电子商务有关的安全技术、支付技术及网络技术的论证。共同配送的实施步骤为：①选择联合对象；②组建谈判小组；③签订合作意向书以及合同，并进行公证；④组建领导班子，议定管理模式。在实际运作过程中，由于共同配送联合体的合作形式、所处的环境、条件以及对客户要求的服务存在差异，因此，共同配送的运作过程也存在较大的差异，互不相同。目前国内采取这种模式的企业还不多见，但是可以说共同配送是物流配送发展的总体趋势。

3. 供应商配送模式

简单来说，就是由生产企业直接将连锁企业采购的商品，在指定的时间范围内送到各个门店甚至送到货架的物流活动。通常，中小超市公司由厂方直送商品的比例较高，而大型连锁超市公司趋向于通过自己的配送中心对门店实施配送，据估计，厂方直送商品只占商品总量的15%～20%。供应商配送模式的运作流程如图6-3所示。

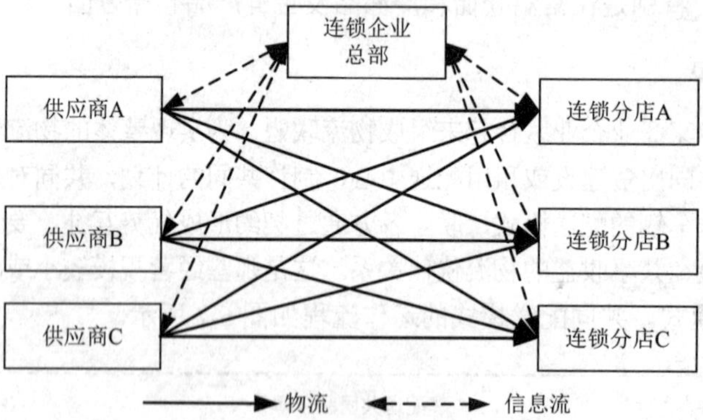

图6-3　供应商配送模式的运作流程

我国的大型生产企业，比如很多大型电器厂家(如海尔、海信等)、食品生产企业(如康师傅等)以及国外有实力的日化产品厂家(如宝洁等)在全国范围内建立了自己的分销体系，将分销渠道直接介入连锁企业的分销配送活动中，并且根据商品的属性、运输距离、自己的运输能力以及季节等条件安排有关配送的活动。

一些大型的连锁企业与供应商之间的关系由竞争走向了协作，降低交易成本，保持双方之间供需信息的快速传递。如华联超市与上海捷强集团公司以及宝洁公司建立了自动补货系统(ERC)，将“连锁超市补货”转变为“供货商补货”。这一举措开创此模式在连锁超市中运作之先河，使企业削减整体成本、库存与有形的资产投资，并使消费者得以选择高品质、高新鲜度的食品而从中受益。这一模式在华联超市的运营取得了良好的效果，其他超市企业也开始相继模仿、推广。但是由于连锁超市经营的商品种类比较多，供应商配送模式有一定的局限性，比较适用于销售量比较大并且适于整车运输的商品的配送。

4. 第三方配送模式

第三方就是为交易双方提供部分或全部配送服务的那一方。第三方配送模式就是指交易双方把自己需要完成的配送业务委托给第三方来完成的一种配送运作模式。第三方配送模式的运作方式如图 6-4 所示。

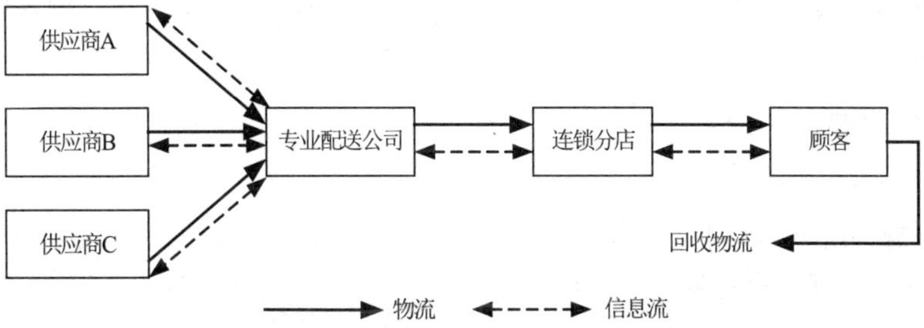

图 6-4　第三方配送模式的运作流程

大型连锁零售公司通常配送业务量巨大，它们即使建有自己的配送中心和较为完善的配送体系，在某些业务方面仍然需要与第三方物流公司产生业务合作，即超市配送的部分外包，在配送方面实行厂商协作共同完成。特别是在长途运输、区域仓库等方面的业务，外包的优势较为明显。

中小型连锁企业由于规模小导致配送业务量相对较小，资金实力方面的欠缺，不适于自己建设如配送中心等一些项目投资大、回收期长的服务性工程，因此，这些企业通常会采用与社会性专业配送企业结成战略联盟的方式，将业务外包，有效利用第三方物流配送(TPL)完成仓储和配送任务，以完全实现或近似实现本企业零库存的目的。相对于日本大约有 30%的连锁超市将其配送业务外包给社会化的专业配送企业，我国连锁企业利用第三方物流的比例还比较低，行业的规模和服务水平还有待提高。

6.3.2　配送模式的比较分析

各种配送模式都有自己的优劣势，连锁企业采用何种配送模式，关键在于企业的实际情况如何。

1. 自营配送模式的优势与劣势及适用范围

(1) 自营配送模式的优势。

① 反应快速、灵活。在这种配送模式下，连锁企业对配送业务直接进行管理和运作，配送业务围绕着企业的销售而展开，能最大限度地满足企业销售服务的要求，为本企业连锁店铺提供的配送服务更灵活、更方便、更能满足连锁企业的需要，因而其服务质量和服务水平较高。

② 企业拥有对配送系统运作过程的有效控制权。首先，自营配送便于各环节的协调配合，以对物流系统运作的全过程进行有效的控制，同时可以降低交易成本、避免商业秘密的泄露。其次，能够控制或者避免竞争对手对该商品配送系统的利用，保障企业在物流配送上的优先地位。

(2) 自营配送模式的劣势。

① 一次性投资大。虽然自营配送具有自身的优势，但由于配送体系涉及运输、仓储、包装等多个环节，建立配送系统的一次性投资较大，占用资金较多，对于资金有限的企业来说，配送系统建设投资是一个很大的负担。

② 成本较高。企业自营配送一般只服务于自身，依据企业自身配送量的大小而建立。而当单个企业因经济实力和销售规模限制无法产生配送规模效益时，就会带来高额的配送成本，难以发挥连锁经营的优势。

另外，由于配送中心是企业自建自营，且要求高水平服务，连锁企业需要花费相当大的投资和精力去进行配送中心的建设和管理，无疑增加了企业的运营成本。

(3) 自营配送模式的适用范围。这种配送模式适用于一些经济实力雄厚、销售规模较大或自身拥有较好的配送网络，大型的连锁企业。

2. 共同配送模式的优势与劣势及适用范围

(1) 共同配送模式的优势。

① 提高资源利用率。共同配送模式通过对连锁企业、物流企业的功能和设施设备、信息网络等资源进行整合，实现物流资源的优化配置，最大限度地提高人员、物资、金钱、时间等物流资源的效率，取得最大效益。

② 提高配送效率、降低配送成本。共同配送模式可以通过混合装载，将多家企业的零散货物整合成一次性运输，优化配送路线，达到配送的经济规模，提高配送效率，降低配送成本。

③ 减少投资、提高核心竞争力。共同配送模式可以减轻连锁零售企业的投资负担，基于自身主营业务的比较优势，在供应链上选择最适合自身、能使自己获得最大价值的业务环节，节约了资源投入的同时提升了企业的核心竞争力，促进企业成长。

④ 有利于节约社会资源。共同配送模式可以充分整合利用各种“缺乏系统功能”的物流资源，产生协同效应，避免重复建设，减少社会车流总量，减少闹市卸货妨碍交通的现象，改善了交通运输状况。

(2) 共同配送模式的劣势。

① 在配送组织费用的分摊方面存在难度。能否适当核算运费及其他费用是一个值得注意的问题，也是一个存在难度的问题。

② 有泄漏商业机密的可能。因为是共同配送，企业的很多资料需要公开，这样商业机密难免会泄漏。

③ 企业间共同配送难以实施，实行共同配送的企业间难以磨合。共同配送模式是基于企业间的相互合作，作为共同配送联合体的企业成员要有相同的目标理论和利益，但是不同的企业在文化理念上多多少少会存在差异，企业间的磨合不是一个一蹴而就的过程。

(3) 共同配送模式的适用范围。对连锁企业来说，共同配送模式适用于家电连锁企业与运输企业的共同配送。

3. 供应商配送模式的优势与劣势及适用范围

(1) 供应商配送模式的优势。

① 采用供应商配送模式的连锁企业不用承担运输成本，有精力专注于自身的主营业务。如家乐福在中国就是采用的这种配送模式。

② 责任与风险都转移给了供应商。

(2) 供应商配送模式的劣势。

① 依赖性强，对连锁企业的规模有要求。规模大的供应商不会因为少批量的货物就给连锁零售企业进行送货，供应商要求零售企业的订货要达到一定的数量，故供应商的配送模式对连锁零售企业的规模有一定的要求。

② 在某种程度上削弱了连锁企业的讨价还价能力。送货由供应商进行，供应商掌握一定程度的主动权，这样也就削弱了连锁企业的讨价还价的能力。

③ 易造成连锁企业的商品单一化。因为是供应商送货，供应商的货物品种不会很丰富，并在一定的采购量下供应商才会送货，这样就会造成大批量地采购同质的商品，从而使连锁经营没有特色。

(3) 供应商配送模式的适用范围。适用于大卖场、仓储式综合性超市。

4. 第三方配送模式的优势与劣势及适用范围

(1) 第三方配送模式的优势。

① 连锁企业将配送外包使企业专注于自己的经营。根据分工原理，不同的企业有着不同的分工，各企业应做自己最擅长的业务。针对连锁企业来说，企业要做的是怎样将产品卖出去，而不应完全专注于后勤工作。将配送外包给第三方可使企业无后顾之忧，专心于自己的业务。

② 减少固定投资。采用第三方配送可使企业减少在固定资金上的投入。资金的周转对小型的资金紧缺的连锁企业特别重要，这些企业采用第三方配送可以减少资金占用，进而减少企业的经营风险，转嫁了企业的资金风险。

③ 第三方配送可为企业提供多种服务。第三方配送一般都比较专业，可以根据不同连锁零售企业的要求提供不同的配送服务。

(2) 第三方配送模式的劣势。

① 连锁企业难以与第三方配送企业磨合。将物流配送外包给第三方使连锁零售企业不能直接控制物流，连锁企业需要向第三方配送企业准确传达企业的需求，经常第三方物流配送企业需要融合到连锁企业中来。对于双方的初次合作需要一段较长的磨合期。

② 配送服务标准化程度低，难以衡量物流配送费用。现在配送服务的衡量的标准化程度不高，物流配送的运费也没有一个确定的衡量标准，不过随着国内第三方物流的发展，这一现象正在得到改善。

(3) 第三方配送模式的适用范围。适用于处理配送能力相对较低的连锁企业。

依据以上分析，几种配送模式的比较如表 6-2 所示。

表 6-2　连锁企业配送模式的比较分析[1, 2]

配送模式 / 对比因素	自营配送	共同配送	供应商配送	第三方配送
适用企业	大型连锁企业	大、中型企业	连锁性不强的大卖场、仓储性综合超市	处理配送能力相对较差的连锁企业
服务质量	高	较低	低	较高
信息化程度	较低	一般	一般	高
物流成本	高	较高	低	低

1 戢守峰. 物流管理新论. 北京：科学出版社，2004

2 陈水坤. 第三方物流的组织与管理. 苏州：苏州大学出版社，2000

(续表)

对比因素＼配送模式	自营配送	共同配送	供应商配送	第三方配送
物流控制能力	高	较高	较低	较低
规模效益	较低	一般	高	较高
集中核心业务的能力	低	较低	高	高
物流业务的专业化程度	较低	较低	较低	高
业务关系	一对一	一对一	多对多	多对一
增值服务	较少	较少	多	较多
质量控制	容易	一般	难	较难
运营风险	高	较高	高	较低
供应链因素	少	较少	一般	多
可信任度	高	较高	低	一般
设备	陈旧	较陈旧	一般	先进
运营资料泄漏的可能性	低	较低	高	较高
专业人才	较多	较多	较多	多

6.3.3 配送模式的选择

1. 连锁企业配送模式选择的指标体系

配送是连锁企业的核心，在选择配送模式时，应针对连锁企业的类型需要设计一套科学、完整且能够从全方位、多角度反映连锁企业配送模式的指标体系。配送成本和配送服务是连锁企业配送模式选择的最重要的两个因素。商品的特性对配送模式的选择也起到一定的作用，比如冷冻食品的配送一般是由供应商直接配送到零售店。连锁企业在考虑配送模式时一般会考虑到地区经济的发展、物流网络的发达程度以及信息技术支持。此外，宏观的政府政策和市场环境也会对连锁企业配送模式的选择有一定的影响。

因此，把影响配送模式的选择因素归纳为成本因素、服务因素、环境因素、内部因素等几个方面，并建立了一般连锁企业配送模式选择指标体系，如图6-5所示。

(1) 成本因素。任何一个企业管理者都希望自身经营活动的各项成本最小、利润最大，所以配送成本是连锁超市在选择配送模式时必须考虑的核心要素。一般认为物流配送成本包括以下几个方面。

① 配送作业成本。配送作业成本主要是指某种物流配送模式下的配送作业导致的直接成本，包括库存成本、订单处理成本、装卸搬运成本、包装加工成本、运输成本等。

对于自营配送模式以外的其他配送模式来说，其配送作业成本可以看成是每个配送单元的配送价格。而对于自营配送模式来说，配送作业总成本的计算公式如下。

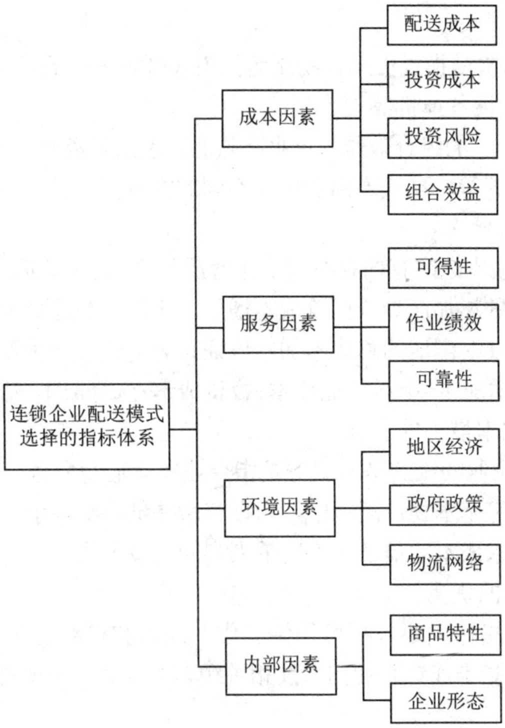

图 6-5　连锁企业配送模式选择的指标体系

配送作业总成本=库存成本+运输成本+装卸搬运成本+包装加工成本+分拣成本

那么

$$\text{配送作业成本}=\frac{\text{配送作业总成本}}{\text{配送单元数}}$$

其中，

库存成本=库存持有成本+库存管理人员工资
运输成本=运输设备折旧成本+运输人员工资
装卸搬运成本=装卸搬运设备折旧成本+运输人员工资
包装加工成本=包装加工设备折旧成本+包装加工人员工资
分拣成本=分拣设备折旧成本+分拣人员工资

② 投资成本。投资成本主要是指某种配送模式下连锁企业需要付出的投资成本，包括投资资金和投资的设备、设施等资源。

对于自营配送模式来说，其投资成本就是用来建设配送中心的资金和用于购买各种设备的资金，其计算公式如下。

投资成本=自建配送中心的资金+配送中心的各种运输、装卸、分拣、加工等设备成本

对于共同配送来说，其投资成本是连锁企业用于配送的各种设施设备成本。

对于选择供应商直接配送、第三方物流配送或者第三方物流企业联盟配送来说，超市基本不

存在投资成本。

③ 投资风险。投资风险是指投资某种物流运作模式必须承担的各类风险，如技术的过早更新换代造成技术提前贬值、设备掉价等。

④ 与企业资源配置产生的组合效益。企业资源配置包括对资金、设备、人力、信息等的配置规模、配置结构和配置方式等。现代连锁业中，不同的物流运作模式在现有企业资源配置下会产生不同效益。

需要注意的是，这些成本之间有的存在着二律背反现象：比如说降低库存可以减少库存成本，但会带来运输距离和次数的增加而导致运输成本增加。所以，在选择配送模式时，不能仅仅以某一项成本最小为目标，而要对配送的总成本加以论证。对于任何一种配送模式来说，它所对应的配送成本，都可以用“配送成本=配送作业成本+投资成本+选择成本+服务成本”来计算，最后要达到计算出来的配送总成本最小的目标。

(2) 服务因素。连锁企业物流的基本服务是指企业在运输和配送、储存、搬运、流通加工、包装以及相关的信息处理等基本物流活动中，为顾客所提供的服务承诺。随着竞争的加剧，连锁企业愈来愈意识到一味追求成本的最低并不能带来利润的最大化。配送服务水平的高低已直接关系到连锁企业自身竞争力的优劣。

衡量物流基本服务的指标主要包括可得性、作业绩效和可靠性3个方面。

① 可得性。可得性是指当连锁企业门店及相关顾客需要商品时所拥有的供货能力。它可用以下3个方面来衡量。

- 缺货频率。缺货频率是指在一定时期内缺货的概率。将全部产品所有发生缺货的次数汇总起来，就可以反映连锁企业物流实现其基本服务承诺的状况。
- 供应比率。供应比率是指顾客需要的满足程度。例如，一家门店订货500个单位，有450个单位可得，那么订货供应比率为90%(=450/500)。它主要用于衡量缺货的程度或影响的大小。
- 订货完成率。订货完成率是指已完成的订单数量(实际交货数量)占已订货数的百分比。一般用来评价连锁企业物流服务的精度和能力，是一种最严格的衡量。

② 作业绩效。连锁企业物流服务的作业绩效是用以衡量从订货到入库过程中的速度、一致性、灵活性等，以此说明所期望的作业完成状况。

- 速度。完成周期的速度是指从开始订货时起至商品装运实际抵达时止的这段时间的长短。连锁企业根据物流服务方案的设计，完成周期所需要的时间会有很大的不同，可以短至几个小时，也可以长达几个星期。
- 一致性。一致性是指连锁企业在众多的完成周期内按时递送的能力。确切地说，一致性是指必须按照递送承诺加以履行的处理能力。
- 灵活性。服务的灵活性是指连锁企业处理门店及顾客异常需求的能力。连锁企业的物流能力直接关系到在始料未及的环境下如何去妥善处理问题。

③ 可靠性。服务的可靠性是指连锁企业能否并且乐意迅速提供有关物流作业和门店订货状况的精确信息，这是衡量其物流能力最重要的内容之一。它与存货可得性和作业完成能力构成企业物流服务质量。

(3) 环境因素。

① 地区经济。地区经济的发展对于连锁企业的未来发展有着重要的作用，选择恰当的配送模

式对于支撑连锁企业的战略发展目标十分重要。地区经济发展前景越看好，连锁企业规模也有望扩大，恰当的配送模式能够维持企业经营目标期限内利益的最优化，因此，决策者会倾向能够支撑未来连锁企业发展目标的物流配送模式。

② 政府政策。物流系统建设是一项长期艰巨的任务，如果政府在一定时期(特别是发展初期)给予某种配送模式(比如自建配送中心)一定的政策扶持，如制订相应的法规、贷款、税收上的优惠等，那么对于有基本条件的连锁超市来说，就会倾向于选择政府政策扶持的配送模式。所以，这个指标可以通过政府政策扶持的力度来加以评判。

③ 地区物流网络发展。本地区物流市场发展的程度，物流市场是否规范，国内物流服务相应的法律法规是否完善，会影响到连锁企业决策者对物流配送模式的选择。物流服务市场不规范，对于连锁企业控制其配送环节、提高服务水平是不利的。

(4) 内部因素。内部因素分为商品特性和企业形态两类。

① 商品特性。某些商品具有特殊配送要求，如玻璃、陶瓷等易碎品或生鲜、冷冻类商品，对配送工具有着特殊要求，一般是由供应商配送。而某些商品由于对运输时间有严格要求(如保质期短的商品)，需要压缩中间配送环节，一般不会考虑第三方物流，而往往通过供应商直接配送模式。

② 企业形态。不同的连锁企业形态对物流配送的需求是不一样的。对于大型连锁企业如家乐福，由于规模巨大，往往采用供应商直接配送，而对于便利店如日本 7-11，每家门店规模极小，但在一个地区内分布广泛且集中，采用自营或者共同配送就是比较理想的配送方式。

2. 我国连锁企业配送模式选择的动态性分析

追求规模效益是连锁经营企业的内在要求，因此连锁企业总是不断在数量上进行扩张。为了应对国外大型连锁企业对本土企业的冲击，国内连锁企业也开始了快速的扩张，试图以规模的扩张来增强自身的竞争力，但快速的扩张也带来组织管理上的不适应。作为连锁经营重要的一环，配送如果不能适应企业扩张的需求，则成本不能降低，服务也不能提高，企业的经营就有可能失败。因此，在不同的扩张时期选择恰当的配送模式对于企业经营成败至关重要。由于我国连锁企业发展时期不过 20 多年时间，相比国外大型连锁企业规模小得多，且物流配送更是处于低端水平，发展的空间很大，因此，我国本土连锁企业的配送系统与国外发展成熟、相对定型的配送系统不同，常常会随着企业的扩张而改变，具有动态性。以山东三联集团为例，山东省三联集团是一家经营家用电器为主的全省连锁的大型商业企业，其物流实践经历了三个阶段：第一阶段由于物流量较少，再加上没有合适的第三方物流提供商，以自营为主；第二阶段是以第三方物流配送为主，这是由于自身物流规模的不足，特别是网上销售分散配送的需要，利用第三方物流的效率高于自营物流；第三阶段主要是以自营配送为主，这时集团的物流量随着销售量急剧增加，用自营物流的配送网络逐渐替代第三方物流，这主要是基于连锁经营规模较大的情况下，为了增加本企业的竞争能力，并以其自营物流的总成本最低、快速性和可靠性形成核心竞争力。

6.4　连锁企业配送中心的规划与管理

6.4.1　配送中心概述

现代物流系统包括运输、仓储、包装、装卸、搬运、流通加工、配送和信息处理等作业环节。

运输作业所占成本最大(大约50%)，但作业内容相对简单。配送业务是现代物流系统中最为复杂的作业环节，在从事配送业务的配送中心，作业流程包括了运输、储存、包装、装卸、搬运、流通加工和信息处理等各项物流作业。所以，配送中心是设施较为复杂的物流节点。

对连锁企业来说，配送中心可以通过配送作业的经济规模，降低流通费用，加快商品的周转，从而进一步增强连锁企业的竞争优势。

1. 配送中心的定义及其形成

日本《市场用语词典》对配送中心的解释：是一种物流节点，它不以储藏仓库这种单一的形式出现，而是发挥配送职能的流通仓库。也称为基地、据点或流通中心。配送中心的目的是降低运输成本、减少销售机会的损失，为此建立设施、设备并开展经营、管理工作。

日本《物流手册》对配送中心的定义：是从供应者手中接受多种大量的货物，进行倒装、分类、保管、流通加工和情报处理等作业，然后按照众多需要者的订货要求备齐货物，以令人满意的服务水平进行配送的设施。

《中华人民共和国国家标准——物流术语》对配送中心给出了如下定义：配送中心是从事配送业务且具有完善信息网络的场所或组织。应基本符合下列要求：①主要为特定用户或末端客户提供服务；②配送功能健全；③辐射范围小；④提供高频率、小批量、多批次配送服务。

王之泰在《物流学》中对配送中心的定义如下：配送中心是从事货物配备(集货、加工、分货、拣选、配货)和组织对用户的送货，以高水平实现销售或供应的现代流通设施。即配送中心是以组织配送性销售或供应，执行实物配送为主要职能的流通型物流据点。

配送定义的要点有：

(1) 定义中强调了配送中心的“货物配备”工作是其主要的、独特的工作，是全部由配送中心完成的。

(2) 定义中强调了配送中心有的是完全承担送货，有的是利用社会运输企业完成送货，从我国国情来看，在开展配送的初期，用户自提的可能性是不小的，所以对于送货而言，配送中心主要是组织者而不是承担者。

(3) 定义中强调了配送活动和销售或供应等经营活动的结合，是经营的一种手段，以此排除了这是单纯的物流活动的看法。

(4) 定义中强调了配送中心的“现代流通设施”，注意和以前的诸如商场、贸易中心、仓库等流通设施的区别。在这个流通设施中以现代装备和工艺为基础，不但处理商流而且处理物流，是兼有商流、物流全功能的流通设施。

综上所述，配送中心是从供应者手中接受多种、大量的货物，进行包装、分类、保管、流通加工和信息处理等作业，然后，按照众多需要者的订货要求备齐货物，高效、准确、经济地进行配送的信息化、现代化流通设施或组织。

配送中心的形成和发展是系统化和大规模化的必然结果。由于客户在服务处理的内容上、时间上和服务水平上都提出更高的要求，为了顺利满足客户的这些要求，就必须引进先进的分拣设备和配送设备，以及信息化的现代管理，否则就不可能建立迅捷、安全、正确、廉价的作业体制。因此不少企业都建立了配送中心。可见，配送中心是基于物流合理化和拓展市场两个需要而逐步发展起来的。

如图 6-6 所示，传统企业在没有配送中心的情况下，物流通路的混杂局面；而图 6-7 是建立配送中心后，尤其是大批量、社会化、专业化配送中心建立以后，物流配送显得非常合理和有序。

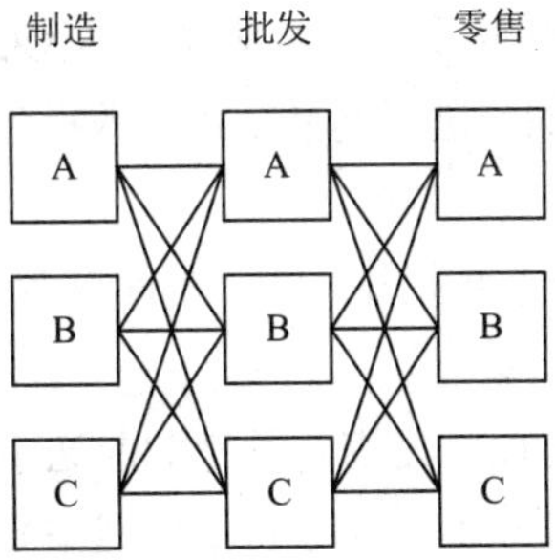

图 6-6 传统企业物流流通图

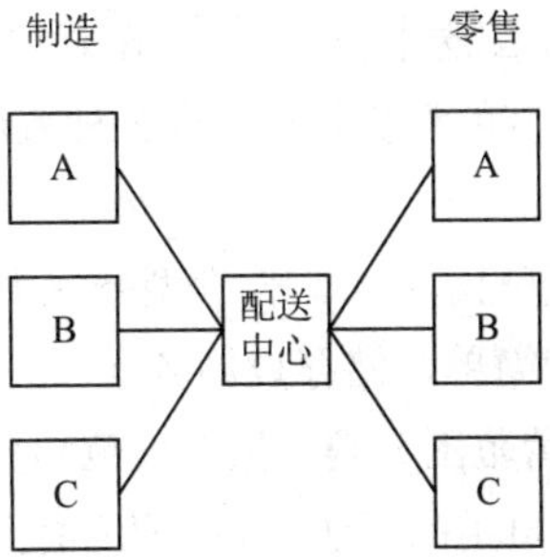

图 6-7 现代企业物流流通图

2. 配送中心的类型

配送中心的功能、构成和运营方式有较大区别，可以分类(见表 6-3)如下。

表 6-3 配送中心的分类

分类方法	配送中心类别	分类方法	配送中心类别
按服务对象分类	生产企业配送中心	按经营范围分类	食品配送中心
	商业配送中心		日用品配送中心
按企业性质分类	自有型配送中心		药品配送中心
	公用型配送中心		家电配送中心
	合同制配送中心		电子产品配送中心
按功能分类	流通型配送中心		书籍配送中心
	加工型配送中心		汽车零配件配送中心
	储存型配送中心		服装配送中心

(1) 按服务对象分类。

① 生产企业配送中心。生产企业配送中心的服务对象是生产制造企业，配送业务包括用于生产的原材料、零部件、在制品流转、产成品销售等。生产企业配送中心对企业的生产物流起着控制、调节和平衡的作用。

② 商业配送中心。商业配送中心是专门为商品流通中的批发、零售、连锁店、超市等提供配送服务的配送中心。其业务范围相对比较稳定，经营品种多，配送业务复杂。

(2) 按企业性质分类。

① 自有型配送中心。自有型配送中心是企业自己投资建立、自行使用和管理的配送中心，通常只为本企业服务。

② 公用型配送中心。公用型配送中心是专业化、社会化服务的独立型配送中心。特点是规模较大、设施齐全、服务完善、成本较低。是配送中心的主要形式。

③ 合同制配送中心。合同制配送中心是通过签订合同，为签约方提供长期配送服务的配送中心。配送业务相对单一。

(3) 按功能分类。

① 流通型配送中心。流通型配送中心以流通配送为主，储存为辅。流通型配送中心的商品周转速度快、经营的品种多、配送作业比较复杂，理货区面积所占比重较大。

② 加工型配送中心。加工型配送中心以流通加工为主要业务。通常少品种大批量进货，在配送中心根据顾客的订货要求进行各种流通加工作业。例如，进行商品分级、改换包装、刷标记、贴标签等。

③ 储存型配送中心。储存型配送中心以物品储存为主要业务。特点是库存量大、品种单一、配送作业比较简单、储存设施齐全。

(4) 按经营范围分类。按经营范围分类，配送中心可以分为许多种专业配送中心。例如，食品配送中心、日用品配送中心、药品配送中心、家电配送中心、电子产品配送中心、书籍配送中心、汽车零配件配送中心、服装配送中心等。

3. 配送中心对连锁经营的作用

(1) 配送中心有力地支持了市场营销体系。配送中心从事的是物流活动，是为经销服务的一种活动。配送中心的设置强化了商品的生产与消费、进货与销售之间的协调能力。就配送中心来说，作为物流的一个重要内容是生产营销系统的延伸。例如，在向门店供货时，可进行小批量的商品包装、装卸和发运，使得配送中心如同生产过程的延伸，同时，配送中心的多种活动都以满足门店需求为目标，体现了物流活动的内涵，在某种意义上支持了市场营销活动。

配送中心不是以储存为目的的，然而，配送中心保持一定的库存起到了蓄水池的作用。特别是在国庆节、春节等销售量比平日成倍增加的销售高峰期间，配送中心的库存对确保销售起到了有力的支撑。配送中心以集中的库存形式取代以往一家一户的库存结构方式，这种集中库存比起传统的“前店后库”，大大降低了库存总量，增加了供销的调控能力。

(2) 配送中心是连锁的信息中枢。配送中心接受连锁商店通过信息网发来的订货单，据此编制订购、拣选作业流程表，由自动拣送系统按单拣选配送；由计算机系统编制合理的配送计划，确保一定的商品及时、按量送达分店；同时，还可以将零售店的订货信息及配送中心的库存情况及时反馈给生产厂商。

(3) 配送中心实现了物流的系统化和规模经济的有机结合。物流系统化是指把物流的各个环节视为系统，进行整体设计和管理，以最佳的结构、最好的配合，充分发挥其系统功能的效率，实现整体的物流合理化。

① 配送中心通过集中配送的方式，按一定规模集约并大幅度提高其能力，实现多品种、小批量、高周转的商品运送，从而降低了物流的整体成本，使资源最终配置这一环节以大流通方式与大生产方式相协调。这种配送方式提高了流通社会化的水平，实现了规模经济所带来的规模效益。

② 密切了解连锁企业与供货方的关系，并从中受益。如集中订货批量大，对供货方举足轻重；集中大批量订货可享受更优惠的价格折扣；供货方若集中送货，从而节省了费用，连锁企业可得到部分让渡。

③ 配送中心是多功能的物流设施，实现了整体的物流合理化，并充分体现了物流系统的内涵和外延。

(4) 配送中心对各分店实现零库存起到关键的作用。由于各连锁分店的主要任务是现场销售，在场地安排上，营业场所面积要占 70%，用于储存的场所不会太大，而建立在大量采购、快速分拣、加工、配货、快捷运输基础上的连锁配送系统，辅以信息系统对各分店销售库存信息的准确、及时反馈，能够解决什么时候送、送多少最好的问题，从而能够使各分店不需自设仓库，实现“零库存”。这样，整个企业就可以大量节约库存成本，通过分店的专业化销售而提高效率。

(5) 配送中心完善了连锁经营体系。由于配送中心为门店的销售活动创造了种种优势，从而使整个连锁经营体系的成本大大下降，成为零售业中的一种有竞争力的零售经营形式。配送中心对于整个连锁经营体系的作用表现在以下几个方面。

① 统一进货，有利于严把质量关。

② 加速商品周转、减少商品损耗、降低流通费用。

③ 扩大配送中心的拆零、分拣能力，改善门店的存货水平，有利于实现零星商品无库存、少库存经营。

④ 保证门店管理逐步向“只管销售”发展。“企业经营决策权向总部集中，物流活动向配送中心转移”，这是连锁企业成功的关键之一。例如，流通加工可减轻门店的工作量；拆零作业有利于商场增加销售商品的品种数。

所以，配送中心在连锁企业内有不可缺少的地位，它以自身的合成效应去支持实现连锁的规模效应，因此，要实现连锁经营的规模经济，配送中心是不可少的。

6.4.2 连锁企业配送中心的建设途径

综观世界上连锁经营成功的经验，只有结合我国具体国情，根据不同企业的特殊情况，合理地选择建设配送中心的途径，才能使连锁经营健康发展，配送中心的建设有以下途径。

1. 连锁企业自建配送中心

一些规模大、资金雄厚的连锁企业集团，可以建立自己的配送中心，为整个连锁集团服务，当然，如有余力也可以服务其他的公司，这不仅能够取得更大的经济效益，同时能取得更大的社会效益。这种途径有利于协调总部与各连锁分店之间的关系，保持经营特色。如百联集团、庆商社等。

2. 建立联合型的配送中心

目前，国内外都发展了一些联合型的配送中心，这类配送中心有两种不同的联合方式：一种是由一家或多家连锁公司与物流企业联合，分别承担不同功能，共同实现配送中心任务，为连锁公司和其他企业配货；另一种是连锁企业和生产企业进行联合，共同建设为连锁公司和其他企业提供配货的配送中心，此种形式是流通领域向生产领域的延伸。

3. 建立代理型的配送中心

代理型的配送中心是指连锁店本身并不经营配送业务，配送业务由某供应商或配送中心代理完成，这样不仅可以避免由于连锁规模较小而导致的收益不足以抵消建设费用的问题，有利于专业化的配送中心来提供服务，有利于提高配送效率。

4. 建立改造型的配送中心

改造型的配送中心是指充分利用原有批发企业、商业储运企业的场地、设备和购销渠道优势，进行技术改造、管理创新、功能完善，使之变成现代化的物流配送中心。

6.4.3 连锁企业配送中心的规划

配送中心是连锁经营的灵魂。它的规划是一项复杂的系统工程，包括时机选择、类型选择、所有者选择、地址选择、规模选择、设施选择、投资选择等多个重要因素。这里主要讲述配送中心的选址、规模、投资三个方面。

1. 配送中心的选址

配送中心地点选择的标准应当是：将商品送至所有连锁店所费成本最小。因此，配送中心的地点选择通常由连锁店的分布状况所决定，不能片面追求利用旧设备或是支付最低租金，势必影响配送效率，提高配送成本。但是这并不是说配送中心必须设在各分店的中心，因为，如果各分店的中心恰巧是市中心，地皮昂贵、库房费用大、交通不便等，虽然距离短，但配送成本并不低；又如，由于主客观因素，各分店的商品流转量不尽相同，片面追求最短距离并非费用最省。

(1) 配送中心选址的原则。配送中心的选址过程应同时遵守适应性原则、协调性原则、经济性原则和战略性原则。

① 适应性原则。配送中心的选址须与国家以及省市的经济发展方针、政策相适应，与我国物流资源分布和需求分布相适应，与国民经济和社会发展相适应。

② 协调性原则。配送中心的选址应将国家的物流网络作为一个大系统来考虑，使配送中心的设施设备在地域分布、物流作业生产力、技术水平等方面互相协调。

③ 经济性原则。配送中心发展过程中，有关选址的费用主要包括建设费用及经营费用两部分。物流中心的选址定在市区、近郊区或远郊区，其未来物流活动辅助设施的建设规模和建设费用以及运费等物流费用是不同的，选址时应以总费用最低作为物流中心选址的经济性原则。

④ 战略性原则。配送中心的选址应具有战略眼光，一是要考虑全局，二是要考虑长远。局部要服从全局，目前利益要服从长远利益，既要考虑目前的实际需要，又要考虑日后发展的可能。

(2) 配送中心选址的影响因素。现代物流学原理已经证明，在城市现代物流体系规划过程中，配送中心的选址主要应考虑以下因素。

① 自然环境因素。

- 气象条件。配送中心选址过程中，主要考虑的气象条件有温度、风力、降水量、无霜期、冻土深度、年平均蒸发量等指标。设在市区的物流配送中心，宜选择城市年主导风向的上风口，以减少城市产生的各种污染物落入中心内。选址时还要避开风口，因为在风口建设会加速露天堆放的商品老化。
- 地质条件。配送中心是大量商品的集结地。某些容量很大的建筑材料堆放起来会对地面造成很大压力，如果配送中心地面以下存在着淤泥层、流沙层、松土层等不良地质条件，会在受压地段造成沉陷、翻浆等严重后果，为此，土壤承载力要高。
- 水文条件。配送中心选址须远离容易泛滥的河川流域与上溢地下水的区域。要认真考察近年的水文资料，地下水位不能过高，洪泛区、内涝区、故河道、干河滩等区域绝对禁止使用。
- 地形条件。配送中心应地势高亢、地形平坦，且应具有适当的面积与外形。若选在完全平坦的地形上是最理想的；其次选择稍有坡度或起伏的地方，对于山区陡坡地区则应该完全避开；在外形上可选长方形，不宜选择狭长或不规则形状。

② 经济因素。

- 运输费用。新建物流配送中心选址时应优先选择靠近物流服务需求地的位置，紧邻大型工业、商业区，以便缩短运距、降低物流运输费用，提高物流服务的效益。这项指标也是物流中心定量选址中通常所关注的目标，物流费用越低的选址方案越接近最优方案。
- 服务水平。服务水平是配送中心选址的考虑因素。由于现代物流过程中能否实现准时运送是服务水平高低的重要指标，因此，在配送中心选址时，应保证客户可在任何时候向配送中心提出物流需求都能获得快速、满意的服务。
- 商品特性。新建物流配送中心要能很好地适应商品的特性，经营不同类型的商品的物流中心最好能分别布局在不同地域。如生产型配送中心的选址应与产业结构、产品结构、工业布局紧密结合进行考虑。

③ 投资环境因素。

- 交通条件。物流配送中心必须具备方便的交通运输条件，一般来讲，物流配送中心的地址最好应靠近港口、机场、铁路编组站、公路货运站场、交通主干道出入口等交通便利区，中心最好能衔接两种以上的运输方式，以方便运输作业，良好的交通运输环境是选择物流配送中心位置的前提条件。
- 公共设施状况。物流配送中心的所在地，要求城市的道路、通信等公共设施齐备，有充足的供电、水、热、燃气的能力，且场区周围要有污水、固体废物处理能力。
- 经营环境。物流配送中心所在地区的优惠物流产业政策对物流企业的经济效益将产生重要的影响；数量充足和素质较高的劳动力条件也是物流配送中心选址考虑的因素之一。

④ 其他因素。

- 国土资源利用。配送中心的规划应贯彻节约用地、充分利用国土资源的原则。配送中心一般占地面积较大，周围还须留有足够的发展空间，为此地价的高低对布局规划有重要影响。此外，配送中心的布局还要兼顾区域与城市规划用地的其他要素。
- 环境保护要求。配送中心的选址需要考虑保护自然环境与人文环境等因素，尽可能降低对城市生活的干扰。对于大型转运枢纽，应适当设置在远离市中心的地方，使得大城市交通环境状况能够得到改善，城市的生态建设得以维持和增进。
- 周边状况。由于配送中心是火灾重点防护单位，不宜设在易散发火种的工业设施(如木材加工、冶金企业)附近，也不宜设在居民住宅区附近。

综上所述，配送中心的选址评价指标体系如图6-8所示。

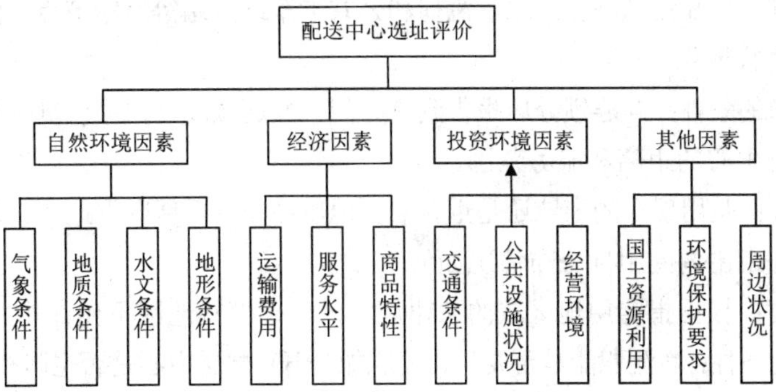

图6-8 配送中心的选址评价指标体系

(3) 配送中心选址的程序和步骤。在进行配送中心选址时，可以按照图6-9所示的程序进行。

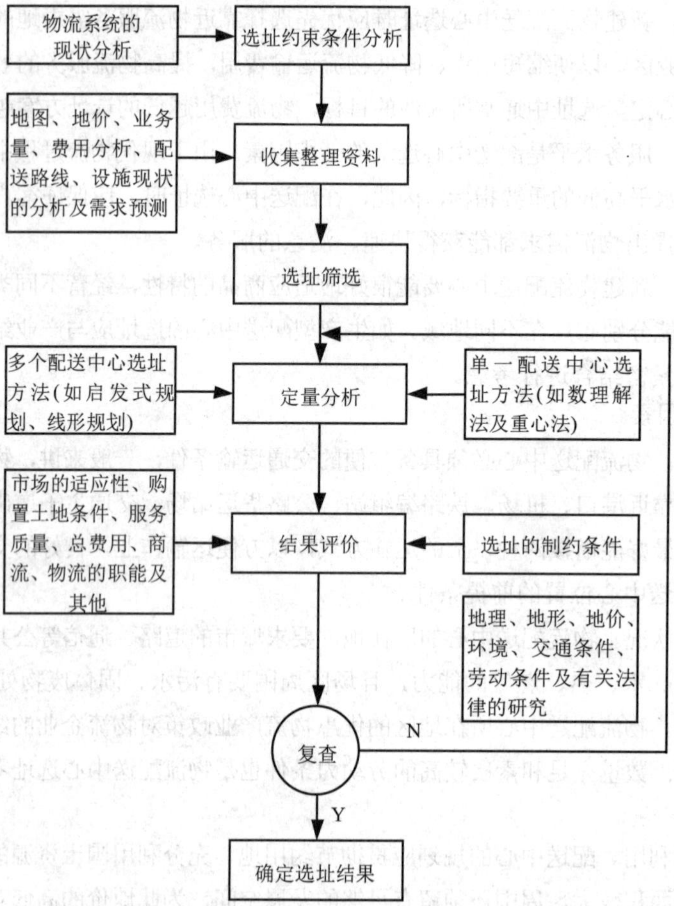

图6-9 配送中心选址程序图

从图6-9可以看到选址具体来说可分为7个步骤，接下来主要分析前两个步骤。

① 选址约束条件分析。选址时，首先要明确建立配送中心的必要性、目的和意义。然后根据物流系统的现状进行分析，制订物流系统的基本计划，确定所需要了解的基本条件，以便大大缩小选址的范围。

- 需要条件：包括配送中心的服务对象——顾客的现在分布情况及未来分布情况的预测、货物作业量的增长率及配送区域的范围。
- 运输条件：应靠近铁路货运站、港口和公共卡车终点站等运输节点，同时也应靠近运输业者的办公地点。
- 配送服务的条件：向连锁分店报告到货时间、发送频度、根据供货时间计算的从连锁分店到配送中心的距离和服务范围。
- 用地条件：是用现有的土地还是重新取得地皮；如果重新取得地皮，那么地价有多贵；地价允许范围内的用地分布情况如何。
- 法规制度：根据指定用地区域的法律规定，明确哪些地区不允许建立配送中心。
- 流通职能条件：商流职能是否要与物流职能分开；配送中心是否也附有流通加工的职能；如果需要，从保证职工人数和通行方便出发，要不要限定配送中心的选址范围。

● 其他：不同的物流类别有不同的特殊需要。如为了保持货物质量的冷冻和保温设施，防止公害设施或危险品保管等设施，对选址都有特殊要求，是否有满足这些条件的地区。

② 搜集整理资料。选择地址的方法，一般是通过成本计算，也就是将运输费用、配送费用及物流设施费用模型化，根据约束条件及目标函数建立数学公式，从中寻求费用最低的方案。但是，采用这种选择方法寻求最优的选址解时，必须对业务量和生产成本进行正确的分析和判断。

● 掌握业务量。选址时，应掌握的业务量如下：从供应商到配送中心之间的运输量；向顾客配送的货物数量；配送中心保管的数量；配送路线上的业务量。由于这些数量在不同时期会有种种波动，因此，要对所采用的数据水平进行研究。另外，除了对现状的各项数据进行分析外，还必须确定设施使用后的预测数值。

● 掌握费用。选址时应掌握的费用如下：从供应商至配送中心之间的运输费；配送中心到连锁饭店之间的配送费；与设施、土地有关的费用及人工费、业务费等。

由于第一项和第二项费用会随着业务量和运送距离的变化而变动，所以必须对每吨每公里的费用进行分析(成本分析)；第三项费用包括可变费用和固定费用，最好根据这两者之和进行成本分析。

2. 配送中心的规模

配送中心的规模包括 3 层含义：一是与店铺规模相适应的总规模，即需要总量为多少平方米的配送中心；二是建立几个配送中心及这些配送中心的布局；三是每个配送中心的规模。因此，配送中心的规模决策也就包含了这三个层次的决策。这里只讨论第一层决策，其他的可以依此类推。

配送中心的主要功能是为连锁企业的各店铺提供商品服务，因而，服务能力便成为衡量配送中心总规模是否适当的一个指标。一般来说，配送中心总规模与服务能力成正相关关系，即配送总规模越大，配送中心服务能力越强，反之亦然。但是尽管配送中心是服务性机构，在注意服务能力的同时应进行“成本—收益”分析。一般来说，配送规模与单位配送成本之间的关系，在开始的某一时段内，随着配送规模的不断扩大，配送成本也随着不断降低，其原则在于规模经济；当配送规模达到一定程度之后再进一步扩大的话，配送成本则开始随配送规模的扩大而上升，因为此时规模不经济已经开始发生作用。根据国外连锁经营企业配送中心的发展经验，配送中心与所配送的总店铺的面积比一般为 1∶10，即配送中心面积如为 1 万平方米，可配送 10 万平方米的连锁店铺。当然，连锁店铺总面积与配送中心规模的比例，因业态、流转速度以及主要配送的商品不同而有所差异。

3. 配送中心的投资

(1) 投资额的确定。配送中心的主要投资额领域有以下几个方面。

① 预备性投资。配送中心是占地较大的项目，它和仓库的不同之处在于，配送中心应处于与用户接近的最优位置，因此，在基本建设主体投资之前，需有征地、拆迁、市政、交通等预备性的投资，这是一笔颇大的投资，尤其在一些准黄金地域，这项投资可超过总投资额的 50%。

② 直接投资。用于配送中心项目主体的投资，如配送中心各主要建筑物建设、货架、叉车、分拣设备的购置及安装费，信息系统的购置及安装费，配送中心自有车辆的购置费等。

③ 相关投资。不同地区与基本建设及未来经营活动有关的项目，诸如燃料、水、电、环境保护等，都需要有一定的投资。在有些地区，相关投资可能很大，如果只考虑直接投资而忽视相关投资，投资的估计可能发生偏差。

④ 运营费用。不同配送中心选址，也取决于配送产品、配送方式和用户状况。这些因素会造成运营费用较大的差别，在布局时必须重视这些投资因素。有时候建设费用虽低，但运营费用高，在投资中如果不考虑运营费用，则投资效果往往会判断不准。

(2) 投资效果分析和确定。配送中心的选址必须在准确掌握投资额度之后，确认其投资效果，而且以投资效果来做最后决策。投资效果问题归根结底是对投资效益的估算。配送中心和一般产品生产企业的最大区别在于，它没有一定数量、一定质量、一定价格的产品，因而收益的计量性模糊，灰色因素较大。此外，在经营活动中，人的因素等不确定因素很多，所以在计算效益时需要对用户、市场占有率等若干方面做不同层次的估计，分别组成不同方案进行比较。

6.4.4 连锁企业配送中心的经营管理

1. 连锁企业配送中心的经营管理内容

配送中心的高速运作有赖于良好的经营与管理，配送中心的经营管理主要包括以下几个方面。

(1) 入库管理。入库管理是配送中心物流管理的第一道环节，其核心任务是将总部采购的来自各个厂家的货物汇集到配送中心，经过一系列的入库流程，按照规定方法将货物放置于合适的地点。

(2) 储存管理。目前商品在仓库里的存放系统有两种模式，一是商品群系统，二是货位系统。商品群系统是指将同类商品集中放于一处；货位系统包括开放货位系统和统制货位系统，即每一个货位都有一个相应的编号，前者货位编号固定，某类商品可随机调换货位，后者商品则被赋予同一编号，改变货位则改变编号。两种存货系统各具优缺点，如商品群系统定位容易，但搬运困难；货位系统定位复杂，但搬运方便。在计算机系统应用广泛的情况下，采用开放货位系统比较适宜，在存放货物时必须及时将其存放的货位号输入计算机，以方便、快捷地查找货物。

(3) 发货管理。发货管理是配送中心物流管理的最后一道环节，目标是把商品准确且及时地运送到各个连锁店铺。这就要求采取经济、科学的配货方法和配货流程，在现代信息管理设备的辅助下，顺利完成发货这一管理职能。

(4) 信息管理。信息流系统和物流系统是结合在一起发生作用的，是支撑连锁企业营运的两个车轮。可以说，信息流系统畅通与否直接决定着物流系统的流畅程度，主要表现在一是提高订货与收货的准确性，二是及时掌握各分店的信息，三是缓解人力不足等问题。因此，做好配送中心的信息管理工作，对连锁企业的发展十分重要。

(5) 财务管理。财务管理对于任何一个部门都是非常重要的，配送中心当然也不例外，随着配送中心由自营型向共营型等社会化形态的转变，财务管理这一职能将日趋独立。

2. 配送中心的经营管理目标

(1) 服务性目标：为连锁门店提供全方位的准确、高效、安全的服务，要求做到无脱销、无货损等事故，并尽可能降低费用。

(2) 速送性目标：要求迅速、及时地把商品送到分店，这既与配送中心的位置布局有关，又与配送路线的合理组织有关。

(3) 空间的有效利用目标：一是有效利用土地面积的立体空间，二是合理安排商品储存，采用现代化机械设备提高运输效率。

(4) 规模适当化目标：做好配送集中与分散是否适当的研究，实现配送中心机械设备、电子设备的合理设置及充分利用。

3. 配送中心的作业流程

许多连锁企业的配送中心对应该采取的作业流程不清楚，仍采用单店经营时的仓库作业流程，使配送成本得不到节约，无从体现连锁效益。连锁的效益主要来自于“统一进货，统一配送”，统一进货最主要的目的是避免库存分散，降低企业整体的库存水平。降低库存水平的好处是减少库存商品占压的流动资金，减少为这部分占压资金支付的利息，减少储存和保管这部分商品的费用，降低商品滞销压库的风险。当然库存水平要与企业的服务水平相吻合，以免有脱销的风险。统一配送的最主要目的是减少送货交通流量，提高送货车辆满载率，降低去向空驶率，从而减少送货费用。这两个统一在配送中心的作业流程上是要体现出来的。

配送中心作业流程要便于实现两个主要目标：一是降低连锁企业的物流总成本；二是缩短补货时间，提供更好的服务。因此，实现连锁后，企业应对配送中心作业流程进行重新设计。典型的配送中心作业流程如图6-10所示。

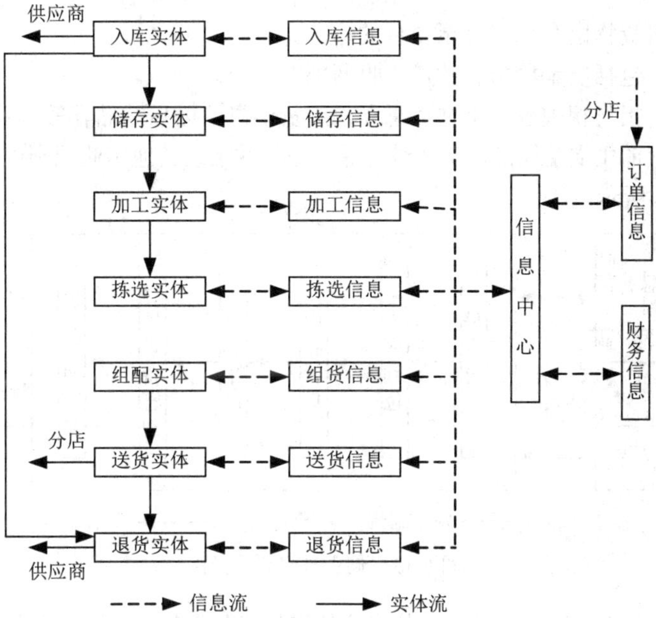

图6-10　配送中心作业流程

(1) 信息中心。如图6-11所示，信息中心是整个配送中心的大脑，指导配送中心作业的各个环节，是配送活动准确、有序进行的保障。

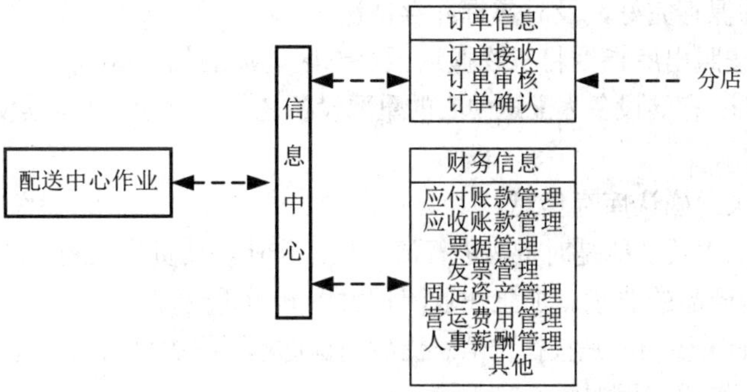

图6-11　信息中心

(2) 入库。入库的主要功能是完成配送中心货物的入库作业，包括从上游客户送货抵达直到货物入库为止所实施的一系列实体作业。入库作业流程如图 6-12 所示。

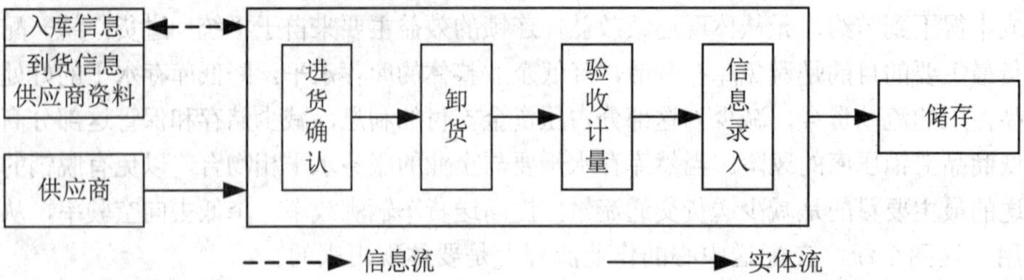

图 6-12　入库作业流程图

① 进货确认：从入库信息模块取得进货信息，确认货物品种、数量、车辆类型及到达时间等信息。

② 卸货：指将货物由车辆搬运至站台的作业。

③ 验收计量：包括质量检验和数量点收两部分内容。

④ 进货记录：指将相关进货单据信息存入进货信息，为后续储存等作业提供货物信息。

(3) 储存。储存的主要功能是对货物进行储存作业并辅助其他作业顺利进行存取作业。储存作业流程如图 6-13 所示。

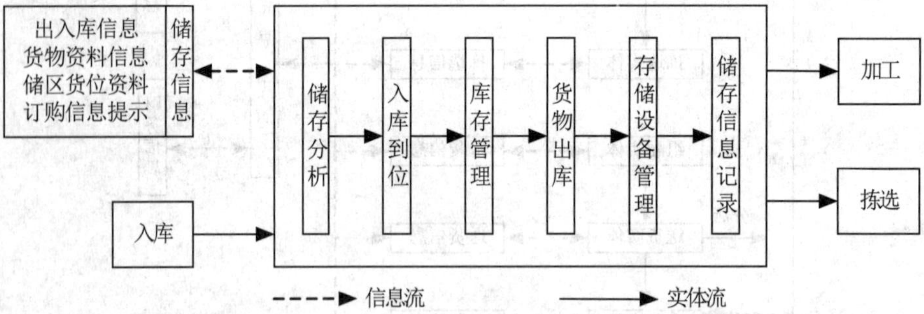

图 6-13　储存作业流程图

① 储存分析：货物入库前应从库存信息模块取得货位资料，以便安排人员适时将货物搬运入库。

② 入库到位：将验收的货物入库存放在预先安排的货位上，注意品名和数量的正确性。

③ 库存管理：包括货位管理、货物保管和库存盘查。即对仓库货位进行规划管理，提高入出库作业效率，使货物保存完好，及时掌握库存情况。

④ 货物出库：按照出库指令将货物搬运至拣选区、流通加工区。

⑤ 存储设备管理：存储设备为配送中心的重要设备之一，应随时注意其使用状况，及时保养维护。

⑥ 储存信息记录：确认库存信息。

(4) 加工。加工的主要功能是对货物进行流通加工作业，使货物达到客户要求，经过加工作业满足分店对所订购商品的要求。加工作业流程如图 6-14 所示。

(5) 拣选。拣选的主要功能是按拣选信息提供的拣选单，将货物从储存区和流通加工区取出，搬运至拣选区。拣选作业流程如图 6-15 所示。

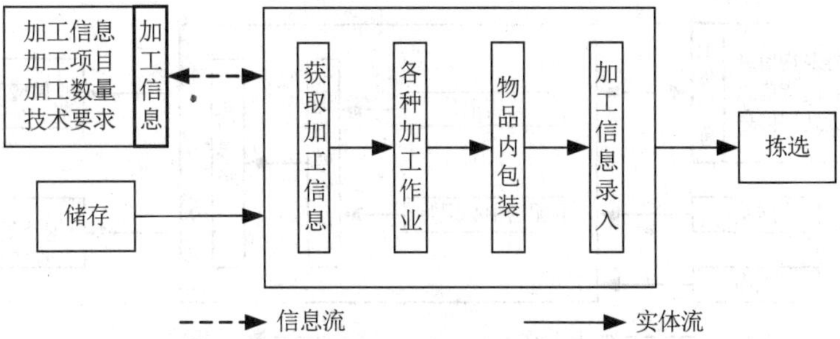

图 6-14　加工作业流程图

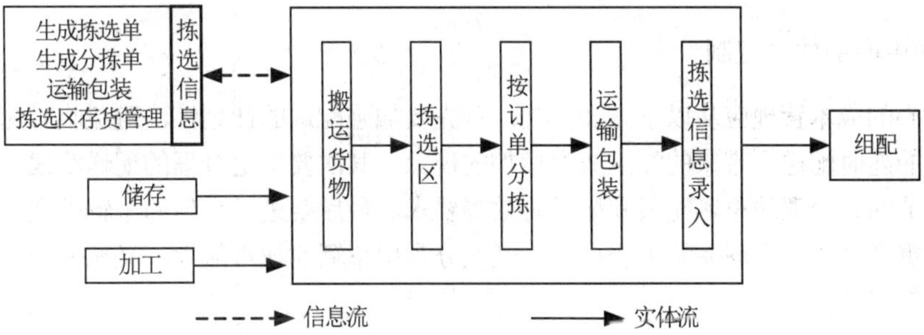

图 6-15　拣选作业流程图

(6) 组配。组配是将按客户订单分拣后的货物进行组合配货装车，以提高车辆利用率。组配作业流程如图 6-16 所示。

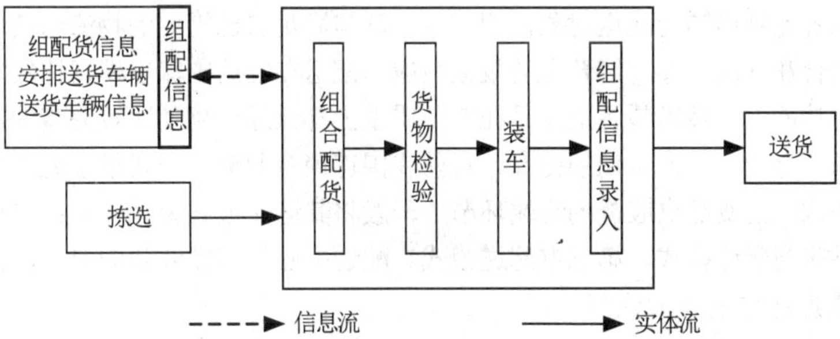

图 6-16　组配作业流程图

(7) 送货。送货是按送货信息安排的路线将货物及时送达分店。送货作业流程如图 6-17 所示。

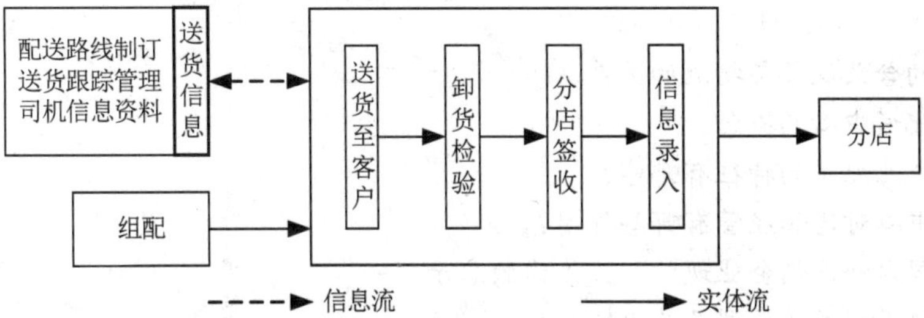

图 6-17　送货作业流程图

(8) 退货。配送中心的退货主要是下游分店退货。因送货运输所发生的货物损坏和数量差错等，需将货物返回配送中心进行处理，把供应商提供的不合格货物退给供应商。退货作业流程如图 6-18 所示。

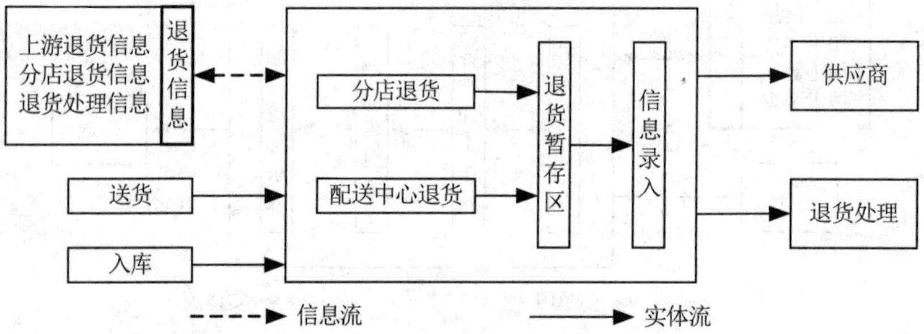

图 6-18　退货作业流程图

4. 配送中心的成本控制

配送中心的成本管理应从以下方面控制：首先要加强配送的计划性，避免临时配送、紧急配送或无计划的随时配送所带来的配送成本增加的现象。其次要确定合理的配送路线，以满足最大限度的里程节约、合理的车辆配载和配送时效等要求。最后要进行合理的车辆配载，在车辆配载时应注意实重商品与轻泡商品的组合搭配，既充分利用车辆的载重能力，又充分利用车辆的有效容积。

本章小结

连锁企业以各连锁店铺为配送对象，把零售经营与满足自己需要的物流活动以“联购分销”的方式有机地结合在一起，实现经营上的规模效应。配送在发达国家出现得比较早，无论是在配送规模上、配送功能上、技术装备上还是在服务质量上都已经达到了比较完善的水平。随着我国零售业的发展以及行业对物流认识的提高，目前我国连锁企业配送形式呈多元化发展的趋势。连锁企业的配送是构成消费品供应链的终端环节，一般将其运作模式分为4类：自营配送模式、共同配送模式、供应商配送模式、第三方配送模式。配送中心是连锁经营的灵魂，良好的经营与管理是连锁企业高速运作的有力保障。

思考题

(1) 配送的含义及其与物流的关系。
(2) 简述配送中心的概念。
(3) 连锁企业配送的特征有哪些？
(4) 配送中心对连锁经营有哪些作用？
(5) 比较国内外连锁企业现状，谈谈你的启示。
(6) 简述配送模式的类型及其比较分析。
(7) 配送中心选址应考虑的因素有哪些？

案例分析

※ 家乐福与沃尔玛配送模式的选择 ※

家乐福与沃尔玛都是世界有名的连锁零售企业，沃尔玛采用的是自营配送模式，家乐福采用的是供应商配送模式。

1. 沃尔玛以其配送能力而闻名

随着世界 500 强之首——沃尔玛在中国大陆市场的迅速扩张，越来越多的人把眼光聚焦于沃尔玛成功的秘诀。人们通常把快速转运、供应商管理库存、天天平价当做沃尔玛成功的三大法宝，其中商品的快速转运往往被认为是沃尔玛的核心竞争力。于是不少企业纷纷仿而效之，大力加快建设配送中心的步伐，认为只要加强商品的配送与分拨管理，就能像沃尔玛一样找到在激烈的商战中制胜的精髓。但经过一段时间的运营之后，效果却不近人意，究其原因，主要是曲解了沃尔玛的运营管理模式。沃尔玛之所以能成功主要有以下原因：

(1) 独特的历史背景。1962 年，当沃尔玛第一家店在阿肯色州的一个小镇开业时，由于其位置偏僻，路途遥远，供应商很少愿意为其送货，因此，山姆·沃顿不得不在总部所在地本顿威尔建立了第一家配送中心，显然，一家店不可能单独支撑一个配送中心的运营成本，于是以该配送中心为核心，在周围一天车程即 50 千米左右的范围内迅速开店。获得成功后，又迅速复制该运营模式。而同期的凯玛特、伍尔柯等大连锁公司基本位于美国大城市，有大量的经销商为其提供完善的配送等方面的专业化服务，因此也就不会把商品配送视为自己的核心竞争力。

(2) 强大的后台信息系统。随着 IT 技术的迅猛发展，沃尔玛以最快的速度把世界一流的信息技术运用到实践中，其耗资 7 亿多美元的通信系统，是全美最大的民用电子信息系统，甚至超过了电信业巨头——美国电报电话公司，其数据处理能力仅次于美国国防部。EDI(电子数据交换系统)及条码等现代物流配送技术的使用，更为全球每个门店的销售分析、商品的分拨及进销存管理等，提供了最强有力的武器。反观国内零售企业，门店数量少，销售量低，单店利润差，很少有实力能投资完善的信息系统。一套系统的研发少则几百万，多则几千万甚至过亿，使不少的小型零售企业望洋兴叹。

(3) 门店数量众多。目前美国本土有近 4000 家店，配送中心有 30 多家，可见约 100 多家门店才能支撑一个现代配送中心的巨额费用。在门店数量不足时，配送中心的巨额费用往往会成为一个企业的经济负担。当沃尔玛进入中国时，也复制了美国的运营模式，在广东与天津分设了两个配送中心。经过多年的苦心经营，到目前为止，沃尔玛尚未实现全面盈利，不少业内人士认为这种状况与其完全照搬美国本土的运营模式有关。美国本土的商店选址大都位于小镇，而在中国开的店大都位于中心城市，大量的供应商可以提供专业化服务，集中配送反而难以体现高效率。

2. 家乐福却采用供应商配送模式

沃尔玛的商品配送模式是绝大部分国内企业都无法模仿的。与沃尔玛不同，另一艘世界零售航母家乐福，选择的却是供应商配送模式。家乐福 1995年以“大卖场”形式进入中国，并在此后因地制宜地发展连锁超市。2007年家乐福销售规模达296亿元，与2006年比增长24%，门店总数达112家，名列中国百强第6。由于家乐福的选址绝大部分都集中于上海、北京、天津及各省会城市，且强调的是“充分授权，以店长为核心”的运营模式，因此商品的配送基本都以供应商配送为主，这样做的好处主要有以下几个方面。

(1) 送货快速、方便。由于供应商资源多集中于同一个城市，上午下订单下午商品就有可能送达，能将商品缺货造成的失销成本大幅降低。为了减少资金的占用及提高商品陈列空间的利用效率，超大卖场基本都采取“小批量、多频次”的订货原则，同城供应商能更有效地帮助此原则的实现。相对而言，沃尔玛的许多商店坚持的是中央集中配送的模式，由于路途的原因，虽然有信息系统的强大支撑，但商品到货的速度还是相对缓慢，因此，在有的门店“此商品暂时缺货”的小条在货架上随处可见。

(2) 便于逆向物流。商品的退换货是零售企业处理过时、过期等滞销商品的最重要手段。如果零售商采用的是供应商配送的商品配送模式，零售商与供应商的联系与接触非常频繁，因此商品退换货处理也非常迅速，但如果采用中央配送模式，逆向物流所经过的环节大大增加，因此速度也相对变缓。

3. 配送模式分析与比较

沃尔玛在中国乃至整个亚洲，根本无法建立起像美国那样高效运作的配送中心。中国没有北美地区那样发达且免费的高速公路，高额的运输费用大大增加了物流成本。沃尔玛仅在深圳、大连等地有小型的物流中心，目前也只能处于半闲置状态。沃尔玛已经开始调整自己的物流配送策略，但速度可能不是很快。

规模达不到一定的程度，市场价格不能完全压下来，沃尔玛山姆会员店的价格并没有比其他零售商店低。由于沃尔玛在本地产品采购上偏弱，在部分地区当地消费者熟悉的本地商品往往找不到，影响了这些顾客的再次光顾。沃尔玛的全球采购部门是从过去一家专门为其经营采购业务的进出口公司演变而来，沃尔玛中国采购部门与全球采购部是买卖关系，承担了沃尔玛中国店面大部分的采购业务，并不能享受全球采购的诸多益处。沃尔玛与家乐福的商品配送模式，基本代表了目前国内零售企业的两种不同经营思想。由于各有利弊，因此，较成熟的零售商大都根据自己企业的特征制订相应的商品配送方案。

零售业态的分类、商店的选址、商店的数量、商店是否配有内仓等，都是影响零售企业商品配送模式的重要因素。概括起来可以从以下几个方面进行考虑。

(1) 中心城市宜采用供应商配送模式。我国现阶段配送行业发展不成熟，东部与西部、沿海与内陆经济发展水平相距较大，相关法律法规不健全，部分地区地方保护主义思想较为严重，各地消费者商品偏好差异较大，加之门店数量不是非常多，这些因素都导致进行全国性的商品分拨与配送会产生低效率。家乐福目前成为中国市场发展最快、效益最好的零售商，核心竞争力就是以店长经营绩效为中心的管理体制，由此而产生的能迅速适应市场变化的本土化经营方式。但采用供应商配送的商店较容易产生的一个问题是商品结构的同质化。目前，基本所有国内中心城市的商业竞争都进入了白热化阶段，商品毛利率每年都在下降，如果所有商品均从当地采购，商品的差异化将难以体现。因此，中心城市的零售商在坚持本地采购为主的同时，还应适当保持部分中央采购的商品，这部分商品可占到商品总量的 20%～30%之间，主要以进口商品、自有品牌及一些时尚商品、应季商品为主。

(2) 二线城市宜配送。二线城市的供应商资源较为有限，主要以生鲜和一些地方特色的食品供应商为主。如果大部分商品不能从中心城市配送，该门店商品对当地消费者的吸引力必然会大幅下降。因此，联华等大零售商一般都先在中心城市开店，中心城市的采购队伍及供应商资源较为成熟后再向二线城市扩张，这样能较为有效地从商品结构上确保连锁经营的特色。当然，在选择仓储与运输方式时，又有自营与外包两种模式可以选择，这主要取决于本企业的资金实力以及是否有丰富的配送管理经验，如果本企业没有足够的资金建设仓库及运输车队，或者自营效率低，业务少，并缺乏相关成熟经验，就可考虑把上述业务外包给第三方配送公司，充分利用社会化分工带来的成本节约。

案例思考题

(1) 沃尔玛与家乐福的配送模式有何异同？

(2) 沃尔玛与家乐福的配送模式对我国连锁企业在配送模式的选择上有什么启示？

(3) 结合自己所学知识，谈谈影响配送模式选择的因素有哪些？

第 7 章

连锁企业信息管理

学习目标

- 了解连锁企业信息管理系统
- 了解连锁企业信息管理系统的主要内容
- 熟悉信息管理系统在连锁企业中的功能和作用
- 熟悉连锁企业信息系统的应用

在本章开始前我们引入一个问题，带着这个问题去学习、研究连锁经营的信息管理。沃尔玛、家乐福公司的管理者为什么几乎不得不完全依赖于信息，并将信息视为其最有价值的资源。

7.1 连锁经营信息管理概述

7.1.1 信息科学基础

在现代社会中，信息是一个被广泛使用的概念，技术信息、经济信息、金融信息、军事信息等充斥着整个世界。所谓信息是指主体对客体的认识和揭示，它包括数据、字符、文字、图形等。信息的概念不同于数据，数据又称资料，是对客观事物的记录，是可以鉴别的符号，数据经过处理仍然是数据，处理数据是便于更好地解释。只有经过特定背景解释，数据才有意义，才成为信息。例如，100是一个数据，除了数字上的意义外，接收者没有得到任何信息，但体重100公斤给予接收者的意义就不同了，接收者知道这个100是表示体重属性值而不是其他属性值，往下接收者就要关心体重100公斤是哪个客观实体的属性值，是张三的还是李四的？“李四体重100公斤”就能给予接收者明确的意义，也就是李四在体重属性上取值为100公斤，因此“李明体重100公斤”不仅仅有数据，更重要的是给数据以解释，接收者才得到了信息。可以说，信息是经过加工，并对客观世界产生影响的数据。

对于企业管理，信息已被作为管理的目标，管理者已认识到管理的艺术在于驾驭信息，信息的及时掌握可以产生价值。现代社会的特点之一，是管理信息量的增长速度十分惊人，有所谓“信息威胁”之说，这是指人类面临要处理的信息量大到难以应付的地步，以致造成混乱的结果。例如，一年内全世界发表的化学论文多达数万篇，如果没有计算机，要想从中找到一篇需要的文章就会像大海捞针。信息爆炸性的增长造成了信息挑战和信息威胁。面对这种情况，应用计算机等信息设备辅助作业是迎接信息挑战的唯一出路。

7.1.2 信息与管理的关系

管理的任务在于通过有效地管理好人力、财力、物力等资源来实现企业的目标，而要管理这些资源，需要通过反映这些资源的信息来管理。每个管理系统都首先要收集反映各种资源的有效数据，然后再将这些数据加工成各种统计报表、图形或曲线，以便管理人员能有效地利用企业的各种资源来完成企业的使命。所以，信息是管理上的一项极为重要的资源。信息对于管理的重要性在于“管理就是决策”，管理工作的成败取决于能否做出有效的决策，而决策的正确程度则取决于信息的质和量。

有两方面原因使管理者越来越多地关注信息管理：一是商务活动越来越复杂；二是计算机性能的极大提高。

一定的管理方法和管理手段是一定社会生产力发展水平的产物。现代社会的特点是分工越来越细，对各种问题的影响因素越来越错综复杂，对情况的反映和做出决定越来越要求迅速、及时，管理效能和生产、经营效能越来越取决于信息管理的完善程度，因此，对信息的需要不仅在数量上大幅度增加，而且在质量方面其正确性、精确性和时效性等的要求也不断提高。传统的手工系统越来越无法满足现代管理对信息的需要。生产社会化的发展，必然会在越来越大的生产、经营活动范围中，把碰运气、照旧传统办事及靠猜测等现象从决策过程中排除出去。基于计算机的信息系统，能把生产和流通过程中的巨大数据流收集、组织和控制起来，经过处理，转换为对各部门都不可缺少的数据，经过分析，使它变成对各级管理人员作决定具有重要意义的有用信息。特别是运筹学和现代控制论的发展，使许多先进的管理理论和方法应运而生，而这些理论和方法又都因为计算工作量太大，用手工方式根本不可能及时完成，只有现代电子计算机高速、准确的计算能力和海量存储能力，才为这些理论从定性到定量方面指导决策活动开辟了新局面。

任何组织都需要管理。所谓组织，是指人们为了实现共同目标而组成的群体和关系，如企业、部门、公司等，它们都具有一定的形式和结构，并完成其特定的目标。一个组织的管理职能主要包括计划、组织、领导和控制四大方面，其中任何一方面都离不开信息系统的支持。

7.1.3 连锁经营信息管理

现代商业连锁经营管理将企业集零为整、将商品化整为零，购销分工进一步细化，商品流转过程中的进货、送货、销售、库存及决策等分别由专业化的职能部门来完成，同时辅以项目小组或委员会等多种形式协调各部门的工作，以系统工程的方式来进行管理，从而可以大幅度地降低商品的进价，合理调整商品结构，集中配送，减少库存积压，加速资金周转，从整体上提高商业企业的经济效益。同时，连锁经营管理还可以使资金、商品在总体上有明确的流向，商品流通各环节逐步规范化、标准化，多个环节形成一种流水化的作业活动。

标准化的实施离不开信息技术，信息技术促进连锁企业管理的变革，这种变革是必然的，尽管人们对它的认识是滞后的，但这种变革依然伴随着信息化的发展或快或慢地在悄悄进行着。在高自动化、信息化的管理环境下，可以取得高效率和高效能。但是，如果企业管理没有适时变革，它将影响现代商业信息化的健康发展，出现现代先进的信息管理系统的低效率、低效能工作的情况。美国商业服务业的产值和职工人数早已超过了制造业，发达的商业服务业为进入信息化时代准备了社会条件。信息技术正在加快社会结构的全方位转化，进一步促进了新的网络式结构的出现，如美国Wal-Mart、K-Mart等大零售商都与制造商和供应商建立公司网络，使市场、服务、生产紧密地联系在一起，打破了行业和地域界线，大大地提高了全社会经济循环的效率。以Wal-Mart为例，它在计算机信息系统的建设上走在了前列，总投资达7亿美元，建立了计算机卫星网络系统。但老Wal-Mart是怎么看的呢？在他的回忆录中，他说："我并不关心花多少钱，我喜欢的是能够立刻得到我想要的所有数据。每一种商品、任何地区、任何一个连锁店的销售情况，我在任何时间、任何地点都可以查看到。在这一点上，生产厂家对其产品在我们店的销售情况绝对不会比我们清楚。大家都知道信息就是力量，从我们的计算机信息系统中所获得的力量，成为我们竞争时的一大优势。"他还继续指出："我走进卫星通信室，在这里看上一两分钟就可以了解这一天的经营情况。从屏幕上，可以知道今天信用卡入账的总金额，以及收到多少张失窃的信用卡。如果有重要或紧急事情要通知各个商店或配送中心，而且要当面宣布，我本人或其他主管可以到我们自己的摄影棚去，然后利用卫星立即传送到各地去。"

连锁经营信息管理主要是通过信息技术，赋予连锁企业合理化、制度化、规范化的观念，提高商品流通的效率，使物流、资金流和信息流等畅通无阻，达到最佳的有效利用，从而改善经营环境，降低中间成本，提高商品的竞争力；同时，也能更好地掌握市场趋势和创造更多的商业机会，尤其是能够快速、便利地适应顾客，满足顾客需求。连锁内部的物流管理及其相关的信息流管理极为重要，其与供应商之间的联系也是十分紧密的，因此，及时收集、处理、掌握和运用经营的相关信息对连锁企业经营起生死攸关的作用。国外一些发达国家的著名连锁企业为了及时了解和掌握消费者对连锁企业与销售商品的各种要求，都在投入大量资金组建现代化的信息网络，以保证能够瞬时地、动态地掌握市场变化，快速组织适销对路的商品，扩大市场占有率。据资料统计显示，在美国，商业、连锁业管理信息系统已经占到各类管理信息系统总量的60%。

【案例7-1】

分享沃尔玛信息管理的秘籍

沃尔玛是如何有效管理其每年几千亿美元的生意呢？为什么沃尔玛的商品价格比竞争对手更低呢？这一切都源于其高超的信息管理技术，源于公司创始人山姆·沃尔顿的不懈努力，他早年服役于美国陆军情报部队，特别重视信息的沟通和信息系统的建设。这也成为沃尔玛的一大传统，对于那些想急于改善流程、降低成本、提供服务质量的企业来说，或许可以从沃尔玛的信息管理实践中得到重要的启发。对于CIO们来说更可以看看权威的CIO到底在干些什么，到底有哪些职责，以下的内容就是*CIO Today*杂志对沃尔玛CIO的独家专访。

"我们发展并采取了很多方法来保证实施过程，"沃尔玛的CIO Linda Dillman 这样告诉*CIO Today*杂志，"很坦率地说，我们并不相信那些所谓的极其优秀的设计专家从一开始就能设计出让任何项目都能完全实施下去并取得优异绩效的方案。所以，我们不断地学习，不断地调整，然后沿着这条路一直走下去。"

企业数据的随需所动。对于企业来说，通过电话、网络以及分销渠道，在第一时间知道客户以及反映市场前景的关键数据是非常重要的，这有助于加速其他的商务过程、把握每一个销售机会，从而提高信息技术的投资回报率。

沃尔玛的执行副总裁兼CIO Linda Dillman是全球公认的开发、实施网络信息服务系统方面的权威专家之一。Linda Dillman最突出的成就包括零售巨头沃尔玛的永续存盘的供货网络系统。

同时，她还是零售行业内的供应链管理中推行RFID(射频识别技术)运动的主要力量。在其职业生涯中，她曾担任过许多信息服务管理方面的关键职务，包括山姆俱乐部的经理、沃尔玛的信息技术应用发展经理，并且在1997年被提升为沃尔玛信息技术应用发展部门的主管。

全球零售巨头沃尔玛公司是财富500强中排名第一的跨国企业集团，其运营的企业包括沃尔玛商店、大型连锁超级购物中心、毗邻超市以及位于美国国内的山姆俱乐部。在全球范围内，沃尔玛还在阿根廷、巴西、加拿大、中国、德国、日本、墨西哥、波多黎各、韩国和英国经营着类似的零售业务。

在其商务旅行的途中，Linda Dillman 专门抽出时间接受了 *CIO Today* 杂志的专访，内容涉及沃尔玛的 IT 管理内幕、在当今的商业环境下 CIO 的角色以及 CIO 面临的挑战和机遇等。在访谈中，Linda Dillman 展现了一个鲜明的 CIO 的特点：沉着、冷静、充满自信、思维敏捷、和蔼可亲而又不失圆滑。

CIO Today：作为一个大集团的 CIO，您最关心的问题有哪些？

Dillman：人们总是很喜欢问我这个问题，事实上这并没有一个简单的答案。在任何一个时刻，我的脑海里都有很多事情，问题的答案取决于你问问题时的环境。当然，从整体上来说，我最关注的事情总是围绕在人才的发展上面的。

在沃尔玛，我们所有的系统几乎都是我们自己建立起来的，因而我们必须不断地培训员工，保证他们能不断地成长以跟上系统改进的步伐。我们建立起了一个高效的团队专门负责这方面的工作，我的经常性的工作就是不断寻找帮助他们提升技能的方法，把那些表现突出的员工加入到这个团队中来。

此外，我也关心其他 CIO 们所关注的大部分内容，但是我从来都觉得这些问题是很容易处理的，它们从来不会让我半夜醒来睡不着觉。但是也有一件事情让我们都很恼火，那就是垃圾邮件以及类似的东西，对于我来说花费那么多的时间和精力来处理这些问题，真的让我感到很羞愧和遗憾，因为这项工作不能创造出任何价值。

CIO Today：今天的 IT 环境和5年前的环境发生了很大的变化吗？

Dillman：两三年前，大家还在探讨是否所有的事情能够整合在一起还是仍然保持各自分裂的状态，而现在变化确实非常大，几乎所有的事情都能有效整合在一起，我们已经过了那个过渡期。

信息技术的灵活性已经带来了巨大的改变，甚至是在某些你想象不到的方面。例如，我们通过信息技术可以密切监视我们产品的成本，然后找出所有可以降低成本的地方，这样沃尔玛就可以总是向顾客提供最低价格的产品和服务，让人惊讶的是，我们甚至可以控制我们的印刷费用来降低总成本。

我们今年的目标是降低印刷成本的10%，而事实上到现在为止我们已经降低了19.7%的印刷费用，原因就在于我们推广使用了信息技术与合作伙伴进行联系、协调，这样就大幅减少了原来需要印刷的纸张。

在网络性能方面我们也取得了巨大的进步，网络改变了我们的商业模式，例如，我们的网站和链接可以把客户引导到他们最想去的商店。他们还可以在自己家里把数码照片上传到沃尔玛的网络上，然后可以到沃尔玛的商店里面去冲印。这种便利在几年前是无法想象的。网络的飞速发展使我们可以选择不同的渠道和服务方式为我们的客户提供满意的服务。

CIO Today：新的法律法规对企业的 IT 部门和 CIO 产生了什么样的影响呢？

Dillman：我想你说的是 Sarbox 法案(《萨班斯—奥克斯科法案》，简称“萨班法案”)，对吧？该法案目前对我们来说还没有什么大的影响。你知道，我们公司的创始人萨姆·沃尔顿有一个非常精细的控制系统，这与我们现在使用的非常像，只不过是我们现在的系统更大、更加计算机化。

我们自己开发、建立、运行我们自己的系统，同时也使用全球其他的系统，因此总是有很强的控制焦点。这样，对于我们来说，Sarbox 法案仅仅是意味着增加一点点证明文档和测试。

我们最关心的事情是，随着公司规模的不断扩大如何保持原有的控制系统，希望在我们的系统中不会出现一点点小错误。

CIO Today：在未来的一年里，你们公司的哪个部门、哪种技术将会获得最大的预算支持呢？

Dillman：刀片服务器，这是一个令我们非常兴奋的技术。网络建设将会继续获得预算的支持。

同时，我们还将大规模地购买存储设施，这和其他公司的做法一样。因为沃尔玛的每一份数据都有三份存储，我们的数据又是非常庞大的，这样我们对存储设施就会有巨大的需求。

CIO Today：您可以向我们大概说明一下像沃尔玛这样大规模的企业的决策过程到底是如何进行的吗？又是如何实施管理的主动性呢？

Dillman：我们采取集中式的管理方式，在沃尔玛只有一个IT团队负责公司所有的相关业务。此外，我们对于IT的成本评估并不是基于内部的业务单元的，虽然每个业务单元都有一个经理在我们的IT团队中，他们的主要职责就是比较客观地评价IT系统所带来的收益和不足。

不过，从整体上来说我们首先关注的还是全球战略的主动性。

每年秋季，我们都会用两天固定的时间来研究每个领域里顾客的需求和关注的地方。到一月份的时候，我们回到各个业务单位一起讨论，然后决定最终的方案。等到下一个财政年度，即从2月1号开始，公司的运作就是以先前制订的计划为准了。

我们自己发展了一系列的方法来保证实施。很坦率地说，我们并不相信那些所谓的极其优秀的设计专家从一开始就能设计出让任何项目都能完全实施下去并取得优异绩效的方案。所以，我们不断地学习，不断地调整，然后沿着这条路一直走下去。

人类的天性是把事情做得完美，但是我总是这样告诫我们的团队：如果你能够每天都有所进步，你就会获得非常大的回报。但是如果你想把事情做得很完美，你就永远都不会完成你的工作，同时你也会浪费更多的资金，把事情做得更好，但是绝对不要追求完美。

CIO Today：您认为沃尔玛的哪一个或者两个软件、硬件产品是非常突出的呢？

Dillman：毫无疑问是RFID——射频识别技术。该技术带来的冲击是深远的，我们已经在3个配送中心、全球150家购物中心以及达拉斯的总部进行了试用。

沃尔玛有超过100多家供应商使用电子标签，在全球沃尔玛的购物中心里面有超过100万个扫描阅读器，这一切大大改善了物流管理的流程。我们关注的中心是监测货价上的商品，保证能够即时补充顾客需要的商品。

以前，部门经理为了保证即时补充货源，他们必须监视几乎所有的事情，而且结果往往不令人满意。现在，借助RFID技术，我们可以自动获得采购订单，更重要的是，RFID系统能够在存货快用完时，自动给供应商发出采购订单。

RFID由于能够实时监控仓库的库存量，并且经理们可以随时得到自己想要的信息，因此RFID能够保证不会发生库存过多的现象。RFID能够随时监控货物的数量和在仓库中的具体位置，这在很多方面都是非常有用的。

RFID是如此的神奇，我们正打算在笔记本电脑以及其他移动设施上应用RFID技术。

CIO Today：您看现在涌现出来的技术哪种对企业最重要呢？

Dillman：我认为并不存在哪种技术对于企业是最重要的，但是现在使用的很多技术都在不断发生变化，当你真正去关注可能的变化时，还是非常令人兴奋的。

CIO Today：你们是怎样进行新技术的研究和开发的呢？

Dillman：我们所有的技术研发都是靠商业事务来推动的，即总是站在寻找商业机会或者解决商业难题的角度来看问题的，是开发新的技术去解决现有的具体任务，而不是先研究出一项新的技术，然后再去考虑该把这项技术应用于哪里。

所以，当我们进行研究时首先就知道了究竟在找什么，几乎是进行研发前就定义好了要采用什么样的方式，如果这项解决问题的技术不存在，那就去努力研究出来。

我们和IT设施的供应商有非常好的关系，经常去拜访他们的实验室和研发部门，同时还不断地向外界学习新的技术、新的理念。

1. 连锁经营的信息源

连锁企业经营信息源多种多样，从连锁企业信息管理的角度来考察可以分为企业内部信息源和企业外部信息源。

(1) 企业内部信息源。企业内部信息源是直接、重要、及时而可靠的信息源。主要有：

① 企业内部各机构。例如，管理策划、经营销售、财务统计、顾客服务、维修服务机构，人事、后勤、党团组织及工会等部门发出的各种信息。

② 各类经营现场。商业经营活动的各类现场是最根本、最丰富、最直接、最生动的，也是最重要的信息源，包括店铺(柜组)、展销会、博览会、洽谈会、订货会、交易会等。

(2) 企业外部信息源。企业外部的信息源较多，主要有：

① 与企业管理、经营、决策等工作有关的机构。例如，各级党政机关和业务主管部门(特别是政府的综合调研部门)，统计、物价、工商、税务等部门，相关行业的管理部门，银行、信息中心、行业协会、学会、研究会等各类社会团体，商业、教学、科研机构，经济咨询、预测机构以及有关的生产厂商等。

② 各种文献资料。这类商业信息一般是经过加工的、以特定形式提供的系统化信息，如各种统计文献(即各种统计报表、手册、统计公报等资料)，各种年鉴(全国性或地区性的经济年鉴、统计年鉴)，商业辞典、商品目录、企业名录、各种报告(行业和专业信息机构发表的简报、考察调研报告、通讯、综述等)，各种期刊书籍及其他文献资料。随着科学技术的发展，目前文献资料的载体除了传统的纸张外，还采用磁盘、磁带、光盘等形式，使信息传播和汇集的速度越来越快。

③ 广告和新闻媒体。例如，广播电视、户外广告、邮递广告、电话声讯台等。

④ 各类数据库系统。目前全世界有各类信息数据库4万多个，我国可以直接查用的约有20 000个。利用计算机联网可以及时、方便、快捷地得到所需的信息。

⑤ 广泛的社会关系。拥有某方面信息的人士也是重要的信息源，如专家、学者、公务员、记者和社区居民等。

2. 连锁经营信息的收集

连锁经营信息是企业进行经营决策、市场开发的基础。现代连锁企业十分重视对连锁信息的广泛收集和不断积累，以求有效、准确地利用商业信息。

(1) 连锁经营信息的收集范围。连锁经营信息的收集范围主要包括以下几个方面。

① 企业内部信息，包括企业自身实力、财务统计、经营管理等方面的信息。

② 市场信息，即反映商业企业与供应商、消费者及其他支持方之间关系的信息，包括市场需求、市场供应、市场价格与支持等方面的信息。

③ 竞争对手信息，包括竞争对手名单(含潜在竞争对手)、竞争者信息(如竞争对手的战略、策略、实力、计划、动态等)、本企业参与竞争的条件等信息。

④ 环境信息，即反映产、供、销及与消费者共处的社会、经济、文化背景的信息，包括自然环境、社会环境、政策环境和国际环境等信息。

⑤ 预测信息，包括社会、经济、科技的宏观预测、市场预测、企业发展预测以及未来发展机

会和风险预测等信息。

⑥ 反馈信息。商业企业的任何商业活动实施之后，都需要收集来自厂家、消费者、社会等各方面的反应，并加以分析。这种反馈信息的准确、及时必然使企业的经营能够主动、得法、有道，也必然使企业在市场竞争中处于有利地位。

(2) 连锁经营信息的收集途径。连锁经营信息的收集途径可以归纳为以下 5 种。

① 通过企业本身所建设的计算机信息系统取得。

② 通过公开的报纸杂志、电视广播、文献资料、图书等大众传播途径取得。

③ 通过行政和业务关系取得。现阶段我国商业企业的经营管理活动仍脱离不了行政系统，因此依靠行政和业务关系是取得商业信息的主要途径。

④ 通过各种有组织的信息网络取得，包括人工信息网，计算机数据库信息网络，有线、无线电讯网和 Internet 等。

⑤ 通过广泛的人际关系取得。商业活动是服务于人的活动，在人与人的交往中是最易收集到有用商业信息的。

3. 连锁经营信息的处理

现代商业连锁企业区别于传统零售业的明显特点，就是集中与分散相统一。连锁企业虽然是由分散连锁分店组成的连锁群体，但是必须实行统一店名、统一标志、统一服饰、统一结算、统一进货、统一价格、统一配送、统一管理等规范化网络式经营，以求得资源最佳配置和优化经营，由此使连锁企业中的物流、商流、资金流和信息流构成一个较庞大的网络体系。只有当这些信息流在网络中活跃而畅通时，配送中心、各连锁分店以及连锁总店各职能部门的业务活动才能高效地联系起来，发挥出群体优势，真正实现连锁经营的规模效益。这就要求连锁企业必须借助完善的计算机管理信息系统，而不是再凭经验或凭零散的市场信息的传统方式来经营和管理。连锁企业的规模越大，地域分布越广，建立管理信息系统的迫切性就越大。

例如，美国沃尔玛公司在全球各地有 4000 多家连锁店，每家店的面积都是上万平方米。公司年零售总额达 1650 亿美元。这么大规模的连锁公司，其结算却不超过 24 小时，而且详细到商品小类和规格，这样的工作效率若不借助计算机，若没有现代化的信息管理简直就是不可想象的。

目前国内大中型连锁企业经营的商品有上万种，一般连锁超市的商品也有七八千种。对这些商品的管理，如果采用人工管理到每一个商品，其工作量是难以想象的。若不管理到每一个商品，其补货和盘点就比较困难；总部对所属各个分店的商品销售情况的汇总工作量更是巨大，没有先进的计算机管理，连锁经营就无法实现。因此，连锁经营必须引入先进的信息管理。

7.2 连锁企业信息管理系统

7.2.1 连锁企业信息管理系统概述

近几年，国内连锁企业越来越意识到信息管理的重要性，纷纷加强信息系统的建设，以便随时了解商品销售动态和消费者购买行为变化。然而，过去它们根本不知道什么商品已经出售或待售，在订购更多的商品或降价销售过剩存货之间，它们不得不等着店员去盘点商品。即使是现在，仍然有许多商店在营运过程中，对所有的有关订货和收货，从配送中心到门店的运输再到单个商品的出售，以及退货记录这些宝贵的信息，或者花高价用手工处理，或者就被简单地忽略了。

7.2.2 连锁企业信息管理系统的建设

连锁企业在经营管理活动中存在着丰富的信息资源，它们既是企业经营活动的组成部分，又是企业经营管理的决策依据。商业信息的不断流动形成了商业信息流，它和商流、物流、资金流等密切相关且不断扩大，使连锁企业各方面的管理和决策力度加大。为此需要利用信息技术进行信息化管理，以达到信息管理制度化、规范化、科学化。连锁企业信息系统建设包括3个层次。

(1) 作业层信息化。作业层信息化的主要职能是通过计算机技术代替部分手工操作，完成基本数据的采集。它主要从事日常事务性工作处理、报表处理和查询处理，包括销售数据的收集、统计、查询，产生销售报表，各种会计账簿的登录、查询以及产生相应的报表等。这是整个信息化战略的基石，没有解决好这一层次的信息化，就不能得到准确的数据、丰富的信息，更谈不上有更深入的管理和分析。

(2) 管理层信息化。管理层信息化是通过对基层采集的数据进行统计分析与对比，根据总部的经营方针，对企业的人事、财务、库存、合同、销售、仓储等方面进行组织管理和微观控制。管理层处理来自作业层的数据，并将产生的信息提供给决策层使用。

(3) 决策层信息化。决策层利用所获得的各类数据，运用模型库和方法库中的各种模型和方法，挖掘各种信息和规律，辅助决策者预测未来市场的变化趋势，制订正确的发展方向和策略。它所处理的数据包括两方面：一是企业内部作业层和管理层的信息；二是企业所处环境数据。它不但需要常规的即时数据，还需要历史数据。由于决策环境的不确定性，要解决的问题也是不精确的，计算机系统只能提供辅助性决策的依据，决策者需要借助这些数据进行分析和判断并做出问题的解答。

从上面3个层次可以看出，连锁企业信息系统的建设就是要解决四个平台建设的问题：为顾客、供应商和本企业提供一个信息交互平台；为业务人员提供一个业务处理平台；为管理者提供一个控制平台；为决策者提供一个决策支持平台。

【案例 7-2】

7-11 连锁店铺的信息管理系统平台

(1) 平台基础。日本7-11连锁店的店铺信息管理系统平台是基于NEC PC机的。售货员使用POS机收款的同时，输入顾客的性别和大致年龄段，然后将数据传输到PC机上。PC机还监控店铺的设备，如冰柜和空调。如果设备运行不正常，PC机上的应用系统就会自动通知维修公司。

(2) 手持终端。店铺信息管理系统还包括NEC的手持终端。店铺经理订货时可用手持终端从PC机下载数据，统计不畅销的品牌，从而决定哪些品牌不再订货。

(3) 与总部的实时连接。PC机是与总部的计算机直接连接的，总部可以向PC机或手持终端发布一些动态消息，如另一个店铺正畅销的商品。

7-11连锁店的信息系统具有学习功能，使用越频繁，订货的准确性就越高。另外，总部的信息系统分析5000多家店铺的日销售数据，将各店和总体销售分析结果提供给店铺的管理人员以进行更好的决策。7-11连锁店专为销售分析采购了惠普公司的分布式客户机/服务器系统。

(4) 与制造商的伙伴关系。7-11连锁店将POS数据提供给制造商进行需求规划和新产品开发。例如，需要每天补货的鲜活食品占到销售额的40%，其销售数据可实时提供给制造商进行需求规划。另外，这种伙伴关系使7-11连锁店节省了自己的物流中心，制造商可将其商品送到另一个制造商的工厂，使用条形码扫描仪按店铺进行分类，减少了每家店铺的送货车次。

(5) 顾客分析。PC机所收集的数据准确地描述了典型的顾客类型、所采购商品的类型和时间。店铺经理根据这些数据进行订货决策。7-11的店铺应用程序跟踪3000种商品，并用图形化数据来展示。这类数据可以显示这些商品每天销售的时间和当时的天气状况，同时也揭示哪些货位对销售和利润贡献最大。结果发现，到7-11店铺采购的顾客有72%是男性，他们主要在晚上7：00～9：00到店铺买盒饭，因此，可每天于这个时段在货架上摆放盒饭。另外，系统还发现每天有19%的冷面需要扔掉，原因主要是由于天气炎热容易引起食物变质，因此店铺在天气热时应减少订货。

7-11 连锁店铺的信息管理平台如图 7-1 所示。

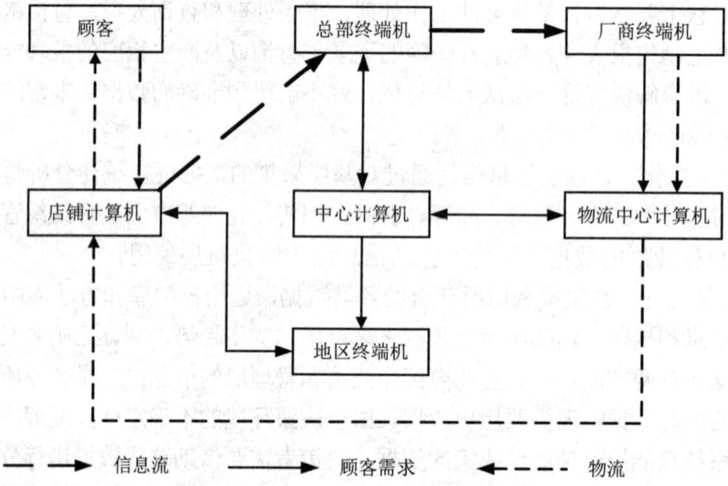

图 7-1　7-11 的店铺信息管理平台示意图

7.2.3　连锁企业信息管理系统的主要内容

我国连锁企业信息管理系统的基本结构是：POS 系统+MIS 系统。在基本结构的基础上，一些企业同时还运行 EOS 系统和 EDI 系统(电子数据交换系统)。

连锁企业信息管理系统可以分为 3 个层次，如图 7-2 所示。

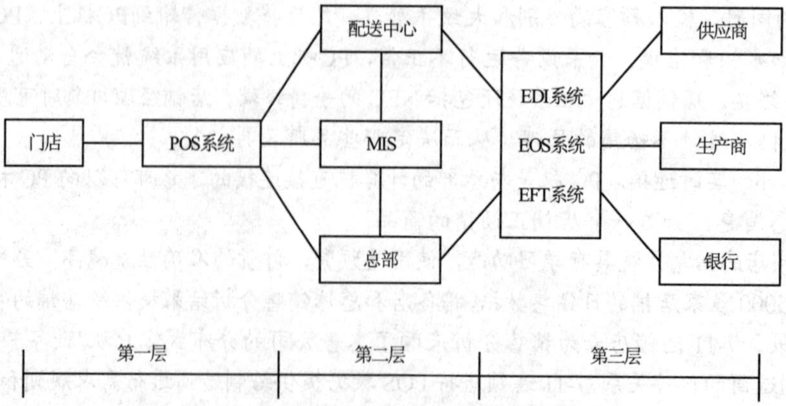

图 7-2　连锁企业信息管理系统的层次图

第一层是前台销售点系统(point of sales，POS)，负责销售数据的采集。

第二层是后台计算机管理信息系统(management information system，MIS)，负责数据的整理、分析、处理，涉及总部、配送中心、门店三方面。

第三层是电子数据交换系统(EDI 系统)、电子订货系统(EOS 系统)、电子转账系统(EFT 系统)，用于与供应商、生产商、外部银行的联系和资料的传递、结算等，这些系统和连锁企业的其他管理系统一起构成了商业企业的信息网络系统。

(1) POS 系统。POS 系统即时点销售数据管理系统。该系统采用条形码技术使设备与收款机联合进行销售数据的实时输入，采用信用卡技术使刷卡设备与收款机联合进行商品销售的实时结算，能够及时地跟踪处理销售与结算支付业务，并根据这些数据进行详细、正确、迅速的分析，为商品的补货和管理提供依据。利用 POS 系统可以及时了解商品的销售动态和周转情况以及库存信息，还可以帮助进行商品结构的 ABC 分析，实现对商品的单品管理。这对于连锁企业研究消费者偏好、把握消费趋势是非常有意义的。

(2) MIS 系统。MIS 系统即管理信息系统，是指专门为连锁企业服务、具有特定功能的管理信息系统。它是为增加商品销售，在企业内部对商品计划、合同、购货、销货、调货、存货、核算、财务、统计分析、辅助决策的整体循环处理过程中，以数据信息为轴心、全面自动化的管理控制系统。

(3) EDI 系统。EDI 系统即电子数据交换系统，是按照协议在数据通信网络上将具有一定结构特征的标准数据资料，在贸易伙伴的计算机系统之间进行交换和自动处理的电子化工具。它将与商业贸易活动相关的运输、保险、海关等行业的信息，用一种标准化的格式进行代码描述，然后通过计算机通信网络，实现企业内部各单位之间、企业与其他企业或相关机构之间的电子数据的传输、处理与交换等业务。对于连锁企业而言，每天都有大量数据需要在总部、门店、配送中心、交易伙伴之间流动，因此，使用 EDI 系统既实现了“无纸交易”，又加快了信息传输的速度，提高了工作效率。

(4) EOS 系统。EOS 系统即电子订货系统，是连锁企业将各种订货信息通过计算机网络系统传送给供应商，完成企业(包括配送中心)批发商、制造商之间的商品订购、运输、调配，以及订货、接单、处理、供货指示和结算等的作业控制，其全部过程均是在计算机中进行处理的。连锁企业通过建立与供货商之间的 EOS 系统，实现商品快速反应，能减少缺货现象，加强商品采购管理。

总之，上述各信息系统不是独立存在的，而是整合起来的一个有机网络，可以消除信息收集的重复和各功能系统的局限性。在这个基础上，一些新的网络信息技术也层出不穷，如 SCM(供应链管理)系统、HS(物流配送)系统、HRM(人力资源管理)系统等。连锁企业要根据自身发展的需要建设相应的信息网络，提高企业的运营效率。

需要强调的是，连锁企业信息化程度高并不代表企业的管理水平就一定高，关键还在于连锁企业必须有一种基于信息化的执行文化，在于管理者头脑中有一种用数据进行科学管理的观念。拥有一个完善的管理信息系统和管理制度并不能保证企业拥有强大的竞争力，只有同时建立起基于信息化的企业执行文化才能发挥制度和技术的作用。

7.2.4　连锁企业信息管理系统的功能与作用

连锁企业在经营管理活动中存在着丰富的信息资源，它们既是企业经营管理活动的组成部分，又是企业经营管理的决策依据。商业信息的不断流动形成了商业信息流，它和商流、物流、资金流等密切相关且不断扩大，致使连锁企业各方面管理和决策的难度加大，为此必须利用信息技术进行信息化管理，以达到信息管理制度化、规范化、科学化。因此，建立一套快速、灵敏、准确、高效甚至智能化的信息系统对于连锁企业来说非常重要。

1. 连锁企业信息管理系统的功能

连锁企业信息管理系统在企业中的功能可归纳为以下几个方面。

(1) 采集信息。把连锁企业各个环节的信息搜集起来，纳入PC后台和企业的信息中心。

(2) 加工信息。把采集的信息进行整理、加工、分析，使经营者及时掌握企业进销存的动态和企业人力、财力、物力的动态，掌握市场的第一手资料，为市场预测提供数据资料。

(3) 存储信息和检索信息。存储信息是为了确保信息的连续性和实用性。信息检索是为连锁经营查询、监测某些信息服务，以确保企业不受损失。

(4) 传输信息。连锁企业向生产商、各类供应商、其他合作伙伴、政府机构、消费者传递有关的信息，关键是达到以销定产、以销定进、以销定存，保证进货质量，优化经营布局和商品结构的目的。

2. 建立连锁企业信息管理系统的意义

连锁企业建立信息化管理系统是全面提高企业竞争能力的关键，其意义表现在以下几个方面。

(1) 采用现代的电子计算机技术能充分实现和发挥连锁企业的优越性。随着连锁规模的膨胀，没有现代化计算机管理系统将导致企业管理的瘫痪。

(2) 能精确、适时地反映和处理连锁企业各项经营活动，将进货、配送、销售、结算和计划等环节统一起来，明确商品流向，反映货仓商品进出，完成价值查询，提高经营效率。

(3) 能准确实现商品的单品管理。

(4) 优化商品结构，促使主力商品的种类、价格、品质与消费群体需求相一致。

(5) 及时发现、处理临界期商品和滞销商品，有效控制进货内容，以避免商品短缺与重复进货，提高资金利用率。

事实上，连锁企业计算机系统的建立，对于连锁企业的管理和超常规发展起了极其重要的作用。计算机系统的应用提高了连锁企业的管理效率，规范了企业的管理模式，培养了企业的管理人才，提高了整个企业的管理水平。

7.3 连锁企业信息管理系统的应用

7.3.1 前台销售系统

POS系统也就是销售点(point of sale)系统或前台系统，是指在商业经营场所，通过收银员在收银机上的实际操作将商品卖给顾客，为商业实现销售额的过程。POS系统通过自动读取设备(如收银机)在销售商品时直接读取商品销售信息(如商品名、单价、销售数量、销售时间、销售店铺、购买顾客等)，并通过信息网络和计算机系统传送至有关部门进行分析和加工，以提高经营效率的系统。POS系统最早被应用于零售行业，以后逐渐扩展至其他如金融、旅馆等服务性行业，利用POS系统的范围也从企业内部扩展到整个供应链。

POS系统是以后台计算机和商品条形码为基础，以条形码扫描器为基本工具，配备电子收银机及其他电子设备(如磁卡阅读器)所构成的一个系统。POS系统主要用于前台销售，实现收款、退货、换货、价格查询、折扣、取消交易、简单的数据统计分析等功能，支持多种支付方式。其最重要的功能是适时采集各种商品的销售信息，对所经营的商品实施单品管理。

POS 系统运作的基本组件包括条形码技术、条码标签印制机、POS 收银系统及商品主档。以下逐一进行介绍。

1. POS 系统运作的基本组件

(1) 条形码技术。条形码是用一组数字表示商品的信息。按使用方式分为直接印刷在商品包装上的条形码和印刷在商品标签上的条形码；按使用目的分为商品条形码和物流条形码。

商品条形码是指以直接向消费者销售的商品为对象、以单个商品为单位使用的条形码。由13位数字组成，最前面的两位数字表示国家或地区的代码，中国的代码是69，接着的5位数字表示生产厂家的代码，其后的5位数字表示商品品种的代码，最后的1位数字用来防止机器发生误读。例如，在商品条形码6902952880041中，69代表中国，02952代表贵州茅台酒厂，88004代表53%(VN)，1代表500ml的白酒。

物流条形码是指在物流过程中的以商品为对象、以集合包装商品为单位使用的条形码。标准物流条形码由 14 位数字组成，除了第 1 位数字之外，其余 13 位数字代表的意思与商品条形码相同。物流条形码第 1 位数字表示物流识别代码，如在物流识别代码中 1 代表集合包装容器装 6 瓶酒、2 代表集合包装容器装 24 瓶酒，所以物流条形码 26902952880041 代表该包装容器装有中国贵州茅台酒厂的白酒 24 瓶。商品条形码和物流条形码的区别，如表 7-1 所示。

表 7-1 商品条形码和物流条形码的区别

种　类	应用对象	数字构成	包装形状	应用领域
商品条形码	向消费者销售的商品	13 位数字	单个商品包装	POS 系统、补充订货系统管理
物流条形码	物流过程中的商品	14 位数字(标准物流条形码)	集合包装如纸箱、集装箱	出入库管理、运输保管、分拣管理

(2) 条码标签印制机。商品条形码按印制来源可分为原印码和店内码两类。原印码是由商品制造商申请核准的条码，并在商品出厂前直接印制在包装上，而店内码则是由商店自行印制的条码标签，在商品入店时粘贴在商品包装上。

(3) POS 收银系统。当顾客拿着商品到收银台结账时，工作人员必须使用 POS 收银系统，才能阅读商品条码、寻找商品售价或接受该商品售价并记录商品的销售状况。目前较通用的 POS 收银系统有以下两种：一是由计算机收银机和扫描器组成的系统；二是由电子收银机、扫描器、主档控制器、计算机组成的系统。

(4) 商品主档。POS 系统要运转还得靠计算机内建立的商品主档。当扫描器接收商品信息后，就要到计算机内去寻找商品的主档资料，以辨识商品代号是否正确，然后寻找售价或接受该商品售价，并记录该项商品的销售数量。商品在第一次进入连锁店销售之前一定要依据规定的档案格式，先将有关该商品的基本资料输入计算机，才可销售。除此之外，还要进行商品主档的维护，维护时应注意正确性和时效性。商品在销售期间，如遇到变价、淘汰、分类调整等变动状况，需要及时将信息传递给商品主档管理人员，以避免造成因商品主档资料与卖场销售信息不一致而造成的混乱现象。

2. POS 系统的功能

不论前台管理系统所配置的硬件有何差别，其软件功能应能满足基本销售和管理要求，并应能支持尽可能多的功能，即一方面要便于收银员的操作和管理，另一方面要提供尽可能多的原始数据，作为后台统计、分析、决策的依据。

作为一个完整的前台 POS 系统，应具备销售、付款、员工管理及简单的数据统计和分析等一系列功能。

(1) 收银员登录、退出功能。

(2) 销售功能。

(3) 多种方式的付款功能。

(4) 其他功能，如票据查询、报表查询、前台盘点、状态检查。

3. POS 收银机的硬件设备及其外设

通常将键盘、打印机、显示器、银箱等 POS 机的硬件部分与其他外部设备集于一体，运行专用的软件后，便可实现销售数据的录入、处理、统计、输出、存储、传送，并对设备的各个部分进行管理，如图 7-3 所示。

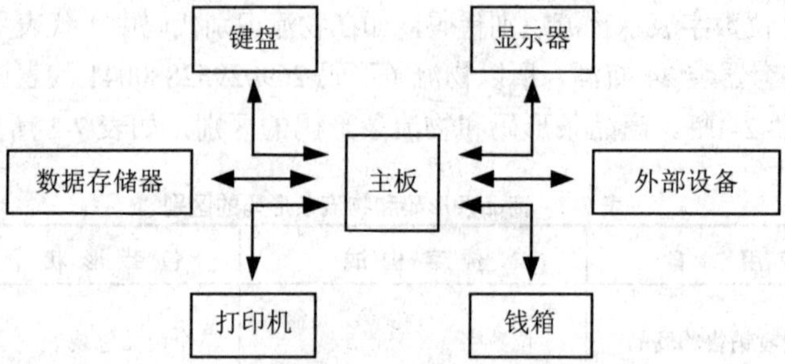

图 7-3　POS 机的硬件组成

7.3.2　后台管理系统

现代连锁商业企业的自动化管理，除前台收银系统外，其余主要功能由后台管理系统，也就是 MIS 系统实现。前台管理系统接受后台管理所设定的各种基本信息，并将详细的销售资料传送给后台管理系统进行分析和汇总。后台管理系统和前台管理系统相辅相成，构成完整的连锁商业企业自动化管理系统。

现代连锁商业企业的后台需要完成除前台商品销售过程以外的一切管理功能，既要为前台收银管理系统提供必要的商品、收银员等基本资料，又要收集前台收银管理系统提供的各种详细的销售数据和记录日志，作为查询、分析、统计和决策的信息依据。后台管理系统除了和前台收银管理系统存在数据接口外，在连锁经营模式下还有和配货中心的接口。因此，后台管理系统功能齐全、内容丰富、工作量大，也是开发过程的难点和重点。尽管现代连锁商业企业各自的经营规模不同、经营模式不同、管理方法不同，但作为后台管理系统具有一定的共同点。作为一个连锁商业企业的后台，其管理和连锁商业企业的业务经营管理是分不开的。连锁商业企业业务的经营过程可以简单地概括为进、销、存，因此，作为连锁商业企业后台管理的核心就是商品的进、销、存管理，即商品的进货、销售和库存管理及其他的相关管理，如图 7-4 所示。

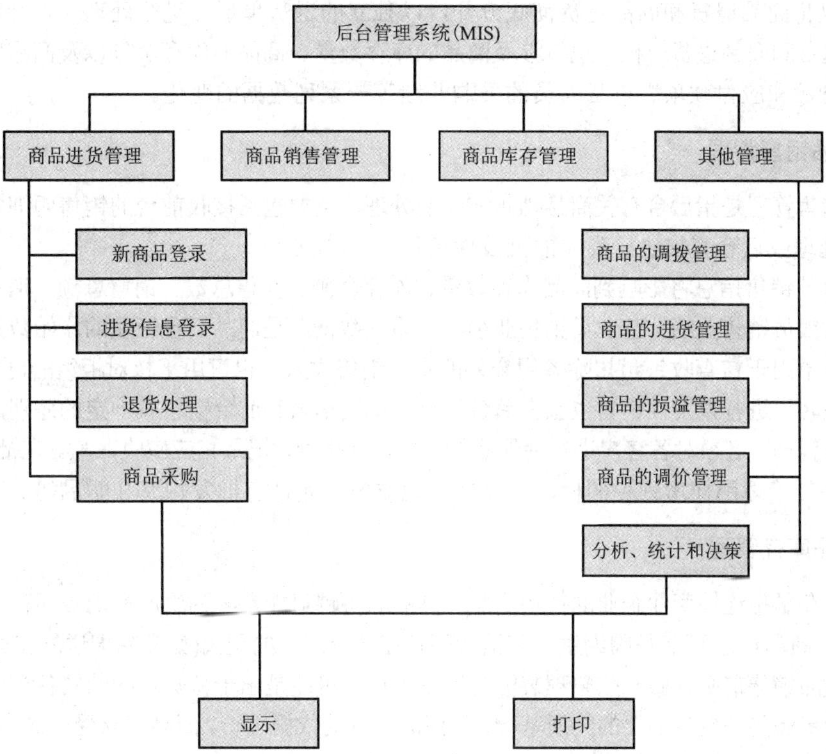

图 7-4　后台管理系统(MIS)

1. 商品进货管理

商品进货是指连锁商业企业采购商品的商业活动。商品进货必须利用货币资金向商品生产者或其他连锁商业企业采购商品。没有支付货币资金而获得的商品，如接收馈赠品就不能算是商品进货。同时，采购所得的商品必须用于进一步销售，购进商品不再转卖，如采购内部饮食所需的蔬菜，也不属于商品进货行为。商品进货是整个企业经营过程的起点。

商品的进货管理主要涉及以下内容。

(1) 新商品登录。对于采购进店的商品如从未登录过，必须对其基本资料如编码、名称、规格、型号、单位、税率、供应商情况、分类码、进货价格、核定销售价等进行必要的登录，以便将有关信息传送给 POS 机，否则新购商品将因找不到相应编码资料而无法在收银机上销售。

在新商品的登录过程中，有可能对商品的分类、商品的供应商等信息进行必要的设置。

(2) 进货信息登录。对采购商品按照有关规定经确认后正式作为进货信息录入电脑。基本的进货信息应包括进货单编号、进货日期、进货人、验收人，供应商编号以及所采购商品的代码、批次、单位、数量、进货单价、进货税额、折扣情况、生产日期、保质期等。在实际应用中，要特别注意商品在采购时进货计量单位和商品基本资料计量单位间的一致，如香烟在基本资料中以包为单位，而在进货时可能以条为单位。

商品的进货将影响到商品的库存数量、商品的库存金额、商品供应商的进货额和应付款项、进货人员的采购业绩等一系列的变化，因此，商品的进货必须慎重处理，以保证各种数据间的一致和完整。

(3) 退货处理。商品因质量或代销滞销等原因必须将商品退还给供货商，即商品退货。商品退货可以和商品的进货相同处理，以负的数量形式表示商品的退货，并增补备注栏目填写退货原因。也可以将商品退货和商品进货彻底分开，以独立的退货单形式进行处理。

商品退货和商品进货一样，也将涉及商品的库存数量、商品的库存金额以及商品供应商的进货额、退货额和应付款项、进货人员的采购业绩等一系列数据的变化。

2. 商品销售管理

商品销售管理是指后台有关商品销售方面的处理，主要包括接收前台的销售明细资料。收银员解款单处理或后台直接进行商品的批发性销售。

POS机的销售信息将影响到商品库存数量、库存金额、销售总数、销售总额、退货数额、优惠金额、收银员销售业绩、营业员销售业绩等一系列数据，是商品后台管理的原始数据来源。收银员的解款单用于核查收银员扣除备用金外的实际销售收入，也可用于核对柜组的自备账目等。

对大宗客户进行批发性销售也宜在后台进行。批发销售和前台销售有一定的差别，为了对客户进行完整管理，必须对各客户进行注册登录，并建立账号，记录相应应收账款。在批发过程中，还允许像进货管理那样增列税额栏、开具增值税发票、允许有批发扣率和赠品等。

3. 商品库存管理

商品库存是指连锁商业企业的待销商品。商品的待销可能是因为生产和消费间存在着较大时差(如季节性商品)，也可能是因为生产和消费间存在着空间上的距离(如商品配送的在途运输)；可能是由于商品销售前必须做一些整理装配等准备工作；可能是出于特殊目的的储备等原因。商品库存是进一步满足消费者需要的物质基础，是商品进货的依据之一。商品库存受商品的生产周期、商品的保质期限、商品的进货周期、仓储条件、可用资金。商品的销售情况等一系列因素的影响，是商品供求关系的体现。

商品库存管理应能随时了解库存情况。可以以定性或定量的方法确定合理的商品结构、品种、数量及库存时间。ABC分类法是商品库存管理中被广泛使用的一种定量分析方法。

【案例7-3】

ABC分类法

ABC(Activity Based Classification)分类法又称帕累托分析法或巴雷托分析法、柏拉图分析、主次因分析法、ABC分析法、分类管理法、重点管理法、ABC管理法、abc管理、巴雷特分析法，平常我们也称为“80/20”规则。 它是根据事物在技术或经济方面的主要特征进行分类排队，分清重点和一般，从而有区别地确定管理方式的一种分析方法。由于它把被分析的对象分成A、B、C三类，所以又称为ABC分类法。

ABC分类法是由意大利经济学家维尔弗雷多·帕累托首创的。1879年，帕累托在研究个人收入的分布状态时，发现少数人的收入占全部人收入的大部分，而多数人的收入却只占一小部分，他将这一关系用图表示出来，就是著名的帕累托图。该分析方法的核心思想是在决定一个事物的众多因素中分清主次，识别出少数的但对事物起决定作用的关键因素和多数的但对事物影响较少的次要因素。后来，帕累托法被不断应用于管理的各个方面。1951年，管理学家戴克将其应用于库存管理，命名为ABC法。1951—1956年，约瑟夫·朱兰将ABC法引入质量管理，用于质量问题的分析，被称为排列图。1963年，彼得·德鲁克将这一方法推广到全部社会现象，使ABC法成为企业提高效益的普遍应用的管理方法。

此规则通过对同一类问题或项目进行排序，来认明其中少数争议较大的。帕雷托通过长期的观察发现：美国 80%的人只掌握了全国 20%的财产，而另外 20%的人却掌握了全国 80%的财产，而且很多事情都符合该规律。于是他应用此规律到生产上。他的主要观点是：通过合理分配时间和力量到 A 类——总数中的少数部分，你将会得到更好的结果。当然忽视 B 类和 C 类也是危险的，在帕雷托规则中，它们得到与 A 类相对少得多的注意。

商品库存管理中的一项重要工作就是商品盘点。商品盘点实际上是一种库存商品数量的管理，它对库存中的商品实物、商品保管卡、商品保管账及会计账等进行全面核查，检查商品的实际库存数和商品的账面数，确保账物、账卡、账账等相互之间的一致，以便及时发现库存商品的质量、损溢、短缺等情况，减少库存损失。商品盘点一般可以一个月进行一次，也可以根据需要按旬、季或临时进行库存盘点。由于对库存商品全面盘点需要耗费大量的人力，因此可以设定相对灵活的盘点策略，允许商品的分批盘点。

4. 其他管理

商品进销存是连锁超市经营管理的主要内容，在连锁商业企业的实际经营管理过程中，还存在着一些相应的商品、票据、信息等管理。通常有以下几部分：

(1) 商品的调拨管理。商品的调拨是指因销售等需要，单个连锁超市内部不同柜组、部门间或连锁商业企业各销售单位间商品的相互调拨。拨出商品和调入商品的部门或单位，必须填写相应的调拨单据，对调拨商品的品种、规格、数量、单位、核算单价及金额等信息进行必要的记录。商品的调拨将直接影响到商品的库存，有时还会影响到商品的利润。随着市场经济的逐步繁荣，商品的调拨相对来说越来越少。

(2) 商品的进货调整管理。商品在进货时，供应商经常会略超量供货，称为物扣，以冲抵运输途中的可能损失。这样，连锁商业企业实收商品数量就可能和供应商发货单数量不同，有一定溢缺。不管是溢还是缺，这部分商品不影响供应商的应付款项，但会影响到商品的进货成本，因此应填写相应的进货调整单。有时也将进货调整单放在报溢单中处理。

(3) 商品的损溢管理。零星商品因质量、自身变值、偷盗、自然原因等引起的损或溢，应该填写相应的报损或报溢单或单一的损溢单，以确保商品账物在数量和金额上的一致。

此外，零星商品盘点的盈亏也可以以商品溢缺的形式进行记录。

(4) 商品的调价管理。商品的供需情况会不断发生波动，商品价格也必然会作出相应变动。商品价格的调整一般针对某一商品进行，对不同进货批次的同一商品将作全部调价。商品调价必将影响到商品的库存金额，因此必须对账面库存金额进行必要的增值或减值调整。

另外，对商品的核价工作，也可以通过商品的调价管理来完成。

(5) 分析、统计和决策。对商品的进销存进行完整全面的分析、统计和决策既可以分散在各个相对独立的过程管理之中，也可以以专门的方式建立一个独立的、系统的分析、统计和决策体系。

由于计算机存储容量、运算速度、图形界面等的迅速发展，可以建立具有进销存各环节完整信息的数据库，通过图形、报表、图表等各种手段来分析、统计商品的营销情况，并为连锁商业企业的经营管理提供决策。

计算机管理系统的建立，经过一定时间的稳定运行，可以提供大量的经验数据。借助于一定的数据模型，结合大量经验数据，就可以对经营状况、市场需求、收入效益等进行科学的预测和瞻望。

7.3.3 电子订货系统

电子订货系统(EOS)是指将批发商、零售商所发生的订货数据输入计算机，通过计算机通信网络将资料传送至总公司、商品供应商或制造商处。因此，EOS能处理从新商品资料的说明直到会计结算等所有商品交易过程中的作业，可以说EOS涵盖了整个商流、物流、资金流。在寸土寸金的情况下，零售业已没有许多空间用于存放货物，在要求供应商及时补足售出商品的数量且不能有缺货的前提下，更必须采用EOS系统。EOS包含了许多先进的管理手段，因此，在国际上使用非常广泛，并且越来越受到商业界的青睐。

1. 电子订货系统结构

EOS系统结构，如图7-5所示。

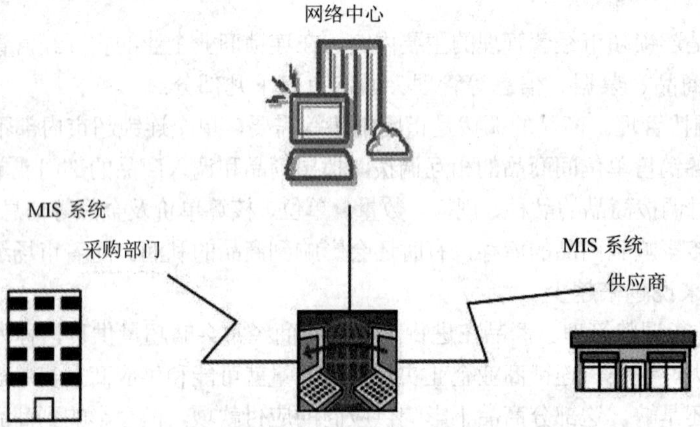

图7-5　电子订货系统结构示意图

从物流的角度来看电子订货系统结构，不难得到零售商、供应商、网络中心在物流中的角色和作用。

(1) 零售商。采购人员根据MIS系统提供的功能，收集并汇总各机构要货的商品名称、要货数量，根据供应商的可供商品货源、供货价格、交货期限、供应商的信誉等资料，向指定的供应商下达采购指令。采购指令按照网络中心的标准格式进行填写，经网络中心提供的EDI格式转换系统而成为标准的EDI单证，经由通信界面(专用网或Internet)将订货资料发送至网络中心，然后等待供应商发回的有关信息。

(2) 网络中心。不参与交易双方的交易活动，只提供用户连接界面。每当接收到用户发来的EDI单证时，自动进行EOS交易伙伴关系的核查，只有互为伙伴关系的双方才能进行交易，否则视为无效交易。并对每一笔交易进行长期保存，供用户今后查询，或在交易双方发生贸易纠纷时，可以根据网络中心所储存的单证内容作为司法证据。

(3) 供应商。根据网络中心传来的EDI单证，经网络中心提供的通信界面和EDI格式转换系统而成为一张标准的商品订单，根据订单内容和供应商的MIS系统提供的相关信息，供应商可及时安排出货，并将出货信息通过EDI传递给相应的零售商，从而完成一次基本的订货作业。

当然，交易双方交换的信息不仅仅是订单和交货通知，还包括订单更改、订单回复、变价通知、对账通知、发票、退换货等许多信息。

2. 电子订货系统的组成与特点

(1) EOS 系统的组成。电子订货系统采用电子手段完成供应链上从零售商到供应商的产品交易过程。因此，一个 EOS 系统也必须有供应商、零售商、网络和计算机系统。它们之间的关系可以用图 7-6 表示。

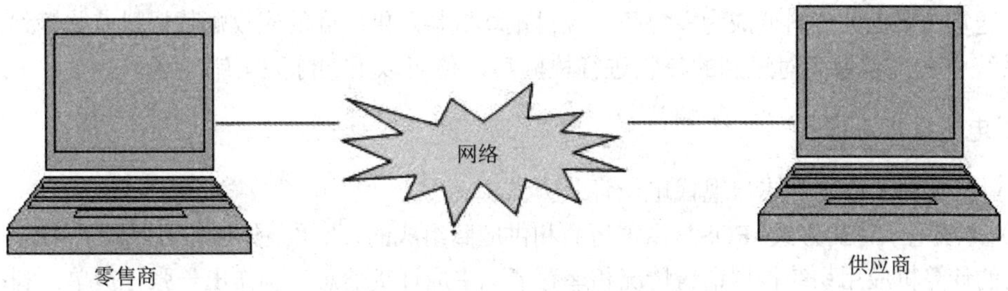

图 7-6　EOS 的组成

EOS 系统的硬件与软件如图 7-7 所示。

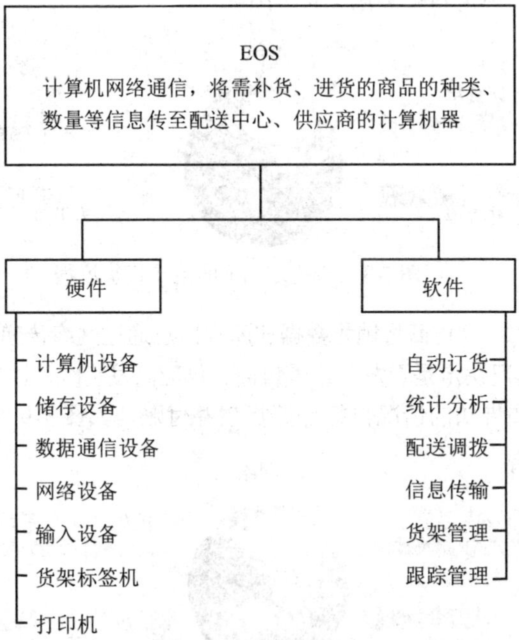

图 7-7　EOS 的组成

(2) EOS 的特点。

① 连锁商业企业内部计算机网络应用功能完善，能及时产生订货信息。

② POS 与 EOS 高度结合，能产生高质量的信息。

③ 在零售商和供应商之间进行信息传递。

④ 以计算机为工具，通过网络传输出货信息。

⑤ 信息传递及时、准确。

⑥ EOS是许多零售商和供应商之间的整体运作系统，而不是单个零售店和单个供应商之间的系统。

⑦ 电子订货系统在零售商和供应商之间建立起了一条高速通道，使双方的信息及时得到沟

通，使订货周期大大缩短，既保证了商品的及时供应，又加速了资金的周转，实现了零库存战略。

EOS系统并非单个的零售店与单个的供应商组成的系统，而是许多零售店和许多供应商组成的大系统的整体运作方式。EOS系统基本上是在零售店的终端利用条码阅读器获取准备采购的商品条码，并在终端机上输入订货资料，利用电话线通过调制解调器经由网络传到供应商的计算机中，供应商开出提货传票，并根据传票，同时开出拣货单实施拣货，然后依据送货传票进行商品发货，送货传票上的资料便成为零售商的应付账款资料及供应商的应收账款资料，并接到应收账款的系统中去。零售商对送到的货物进行检验后，便可以上架陈列与销售了。

3. 电子订货流程

(1) 传统电子订货方式与现代电子订货方式。

① 传统电子订货方式。EOS是由零售商和供应商组成的、采用整体运作方式的大系统。首先，零售商的计算机应用系统根据销售情况和库存情况生成订货信息，制作出一张订货单，利用计算机网络传到供应商的计算机系统中；供应商则根据订货单的要求准备货物，开出出库单(发货通知单)；将发货通知单通过网络传递到零售商的计算机系统中。交货单的资料便成为零售商的应付账款资料及供应商的应收账款资料，如图7-8所示。

图7-8　传统方式下的电子订货流程

② 现代电子订货方式。零售商将销售数据和库存信息通过网络传递给供应商，告知销售情况如何，供应商根据销售情况决定是否发货给零售商。供应商发货时，通过网络传给零售商装货通知，零售商根据装货通知告知的情况自行计算货款并付账，如图7-9所示。

图7-9　持续补充业务

(2) 基于EDI的电子订货系统。EDI方式的特点如下。

① 数据信息标准化。一般采用EDIFACT标准单证格式，便于计算机系统的自动识别。

② 数据交换、处理自动化。EDI强调从应用到应用(Application To Application)的数据交换。也就是零售商的应用系统根据销售情况自动产生订单，发送给供货方；供货方收到订单后进行发货处理，给零售商发发货通知，所有工作由计算机自动完成而无需用户干预。

EDI方式下的订货过程如下。

① 零售商根据自己的需求在计算机上制作出订单，并将所有必要的信息以电子传输的格式存储下来，同时产生一份电子订单。

② 将电子订单通过翻译软件转换成 EDI 报文，通过 EDI 系统传送给供应商。

③ 供应商使用邮箱接受命令，从 EDI 交换中心自己的信箱中收取全部邮件。

④ 供应商在收妥订单后，进行备货处理，并制作发货单。

⑤ 将发货单通过翻译软件转换成 EDI 报文，通过 EDI 传送给零售商。

⑥ 零售商从 EDI 中心自己的信箱中收取发货单后，根据发货单上的信息验货、付款。至此，一个订货过程完成了。

(3) 基于 Internet 的电子订货系统。在 Internet 上完成订货业务是零售商和供货商之间的业务功能之一。基于 Internet 的订货系统的特点如下。

① Internet 分布广，用户数量大。

② 信息传输方式多，上网简单。

③ 信息发布采用 WWW 技术，直观效果好。

④ 保密安全性差。

⑤ Internet 不能直接访问对方数据库，需人工干预。

零售商在自己的计算机系统上制作出订单，然后以用户方便的方式(E-mail，FTP，TEL-NET)通过Internet发送到供货商的信箱中。供货商从自己的信箱中接受订单，准备供货，并把发货单通过Internet发送到零售商的信箱中，零售商按发货单上的信息结账、付款，如图 7-10 所示。

图 7-10　基于 Internet 的电子订货

本 章 小 结

连锁企业信息管理系统是一个以人为主导，利用计算机硬件、软件、网络通信设备以及其他办公设备，进行信息的收集、加工、传输、存储、更新和维护，以连锁企业战略竞优、提高经济效益和效率为目的，支持企业高层决策、中层控制、基层动作的集成化的人机系统。它的基本功能包括采集信息、加工信息、存储信息和检索信息、传输信息等。连锁企业信息管理的应用主要有前台销售系统、后台管理系统、电子订货系统。

思 考 题

(1) 如何构建连锁企业信息管理系统，主要包括哪 3 个层次？

(2) 连锁企业信息管理系统的主要内容有哪些？

(3) 连锁企业信息管理系统的基本功能有哪些？

(4) 建立连锁企业信息管理系统的意义有哪些？

(5) 连锁企业信息管理的应用系统有哪些？

(6) 在建设和完善连锁企业管理信息系统过程中，企业应注意些什么？

案例分析

※ 沃尔玛的核心信息管理系统 ※

1. 信息系统结构及职能范围

沃尔玛总部信息中心共有员工近3000名，其中约有300～400名从事项目管理工作；约800名从事应用软件开发；还有300～400名系统维护人员。员工人数通常根据任务变化进行合理调配，一般约1020人分为一组。例如，组建有国际财务组、会计组、跨部门业务Netmeeting组、E-mail组等。

公司所有业务和信息系统管理完全按照高度中央集权方式进行矩阵式的组织管理。信息中心各职能部门负责提供项目资源需求，信息应用分部负责开发软件。

例如，沃尔玛公司的客户关系管理系统开发项目由市场部与调查公司拟定4050项指标，制成调查表交给IT部门，通过E-mail等散发到各门店来完成客户调查。如果开发新项目时公司信息中心开发小组技术力量不够，通常会采取业务外包的形式，特殊情况下也会请咨询公司帮助改进业务并提出软件开发需求，然后外包给软件公司。

在一套庞大、复杂的系统下，沃尔玛的良性经营运转是需要完全契合的一套内部管理体制和操作流程相配套的。因此，从某种意义上说，沃尔玛的成功取决于其拥有一个优秀的CIO，取决于公司职员能完全按照一套操作简单、控制复杂、成本最低、赢利最大的系统管理模式工作。例如，沃尔玛的销售额比凯玛特高，但是信息部门的用工人数不到3000人，而凯玛特为5000多人；美国某家零售公司，8位专业人员管理50多台NT服务器和8台UNIX服务器，而沃尔玛却是1520人管理6000～7000台NT服务器。通过对公司信息系统的开发管理，充分体现出沃尔玛公司整体特别是一个优秀CIO严谨的行事流程及管理风格。

2. 及时补货系统

沃尔玛实行的“天天平价”以及“最低利润销售”的经营原则，曾经导致公司与其供应商之间的合作伙伴关系非常紧张。1986年，由于美国国内的成衣制造周期过长(平均生产周期约125天)，造成生产供应存货成本、市场及零售终端缺货率过高，加剧了沃尔玛在行业内的不利位置。为了解决这一系列问题，沃尔玛开始研究如何缩短从制造、配销、零售这一过程中的运转周期，以降低存货成本、增加回转率及降低零售店的缺货率。为了减少不必要的中间采购环节，沃尔玛重新整合了采购供应链，直接与生产商建立供应关系。最关键的是，沃尔玛与IBM合作开发出自己专用的EOS系统，并同时采用商品条码代替大量手工劳动。与合作伙伴之间架设起的EOS系统调整了当年美国国内制衣产业结构，也使原来商品的产销时程从125天减至30天。

今天，供应商坐在自己的办公室里，便可对其在沃尔玛店铺内的各类货物库存和销售情况了如指掌。沃尔玛可以随时通过网络发送补货单，实现商品销售情况跟踪以及无纸化采购订单等。这不仅方便了供应商对商品市场终端销售的掌控，大大降低了其物流通路的成本，同时也使沃尔玛商品货架空货率降低。

例如，沃尔玛与宝洁公司之间建立了及时补货系统(Key Acc-oust Replenishment System，KARS)，如图7-11所示。KARS将正式订单反馈进入ASI(American Software Inc.)的内部订单产生系统，自动进行批次作业，其中包括发票与交货明细通知单等相关文件。方便的系统维护管理功能和系统良好的接口能力，也是沃尔玛整套信息系统管理中最为关键的因素。

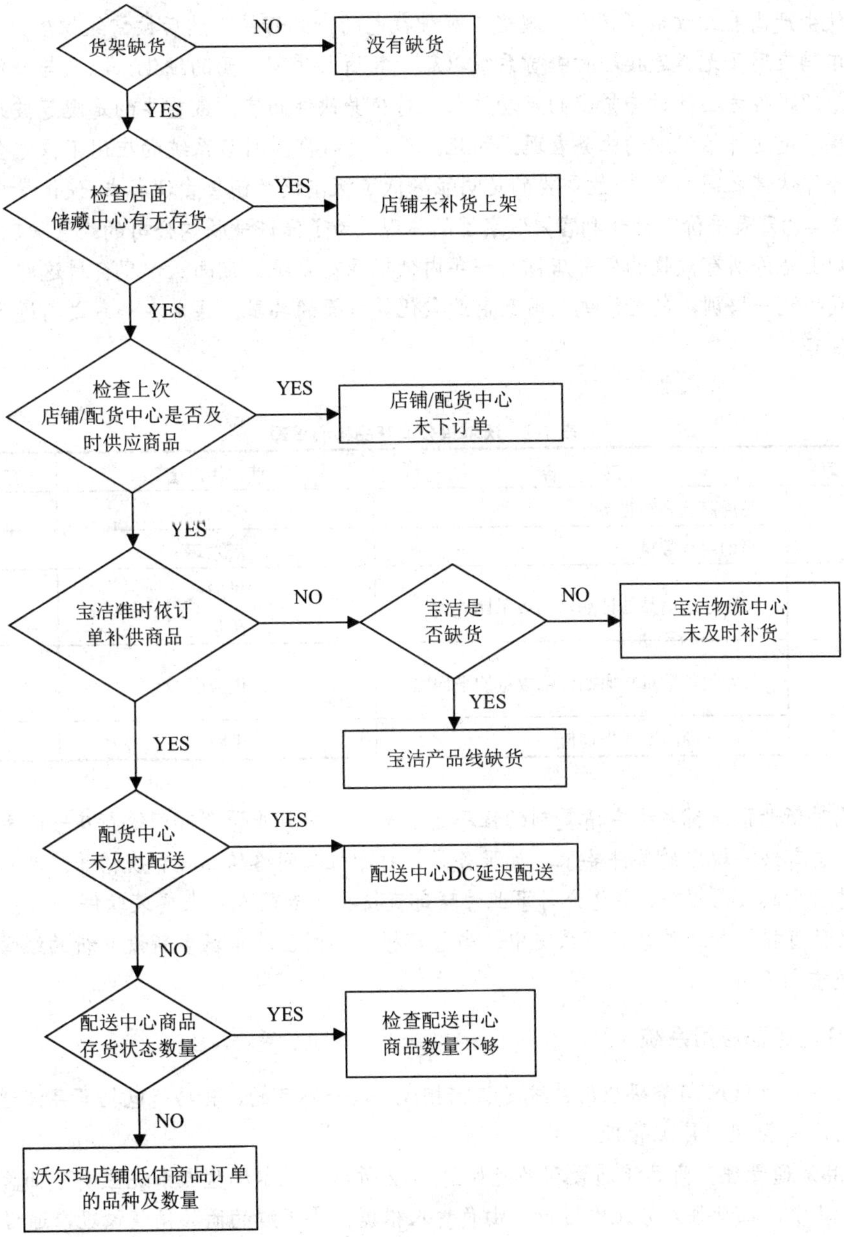

图7-11　与宝洁建立的及时补货系统

(1) 订单流程。一般来讲，店面每周下一次单给配送中心；对于常规商品，配送中心按照公司规定，每周下一次单给供应商，供应商每周交货给配送中心。店铺事业管理部根据促销内容规定，在固定日期下单给供应商，配送中心在固定日期送货至各店铺。

(2) 系统缺货分析。依各店缺货率的高低，系统分析缺货商品状态与周期性，分析正常品/促销品的缺货原因和促销品的交货是否影响到正常品，分析不同产品缺货的百分比。

系统为采购员提供并保存两年的销售历史记录，包括所有商品，并具体到每一个规格、颜色的单品销售数据，最近各周的销量、存货；系统可自动计算分析并存储店铺内所有销售记录及商品品类管理资料，提供单品的当前库存、已订货数量、由配送中心送货的数量、最近各周的销售数量、建议订货数量以及销售终端所能提供的信息资料；系统提供相同的数据给供应商与沃尔玛采购员，使生产商能细致地了解哪些规格、哪种颜色的产品好销，然后按需组织生产。如表 7-2 所示为沃尔玛应用了无缝连接即时补货系统以后，其商品管理方面的细化，以及与合作供应商之间在商品管理跟踪方面及时与紧密的互动关系。对交易伙伴而言，最重要的是规范彼此的商业行为，以实事求是地评估双方的业务表现。因此，无缝连接即时补货系统的应用不仅完全改善了沃尔玛与其合作伙伴之间的关系，最重要的是明显降低了沃尔玛的销售管理成本，使销量提高了 20%左右，保证其“天天平价”、“让利客户”宗旨的体现。为了保证被收购公司的经营管理正常运作，沃尔玛原则上允许所有被收购公司店铺在一年内使用原有系统。期间沃尔玛会对这些公司员工进行沃尔玛式的统一培训，包括系统应用及企业文化等方面的共融。通常在一年之内逐步更换为沃尔玛系统管理。

表 7-2 沃尔玛公司商品核心管理

商品管理	内容	使用者	查核日期
总缺货率	每周商品类缺货率	沃尔玛	每周
库存率	平均库存数量	沃尔玛	每天
即时补货率	实际运送商品与订购商品数量比	供应商 沃尔玛	
商品供应实际数量	实际收货数量与原始订购数量的平均比	供应商	
供应商库存	供应商商品库存平均值	供应商	每天

沃尔玛对新开张店铺系统申请复制的程序通常是：公司事业管理部门给新店一张表，表中的主要内容是总部统一规定的备件要求，如服务器、打印机及网络的品牌和规格等；新店按照规定确定软硬件后向总公司报告，由总公司事业管理部直接指派专门人员来安装软件，试运行正常后，将此店铺名称直接添加进整个管理系统中。当总部根据不同区域市场重新设立新的经营业态时，将进行系统重新开发。

3. POS 与条码应用系统

沃尔玛公司的 POS 与条码应用系统是相辅相成、缺一不可的，其功能包括商品流通管理、客户管理、供应商管理、员工管理。

(1) 商品流通管理。商品流通管理功能如图 7-12 所示。沃尔玛盘点系统主要分抽盘和整店盘点两部分。其中，抽盘每天分几次进行，由负责人根据需要了解的商品销售情况，通过公司统一的信息系统直接输入指示，营业员通过店铺内的电脑收到指令后，用无线手提终端扫描指定商品的条码，确认商品后对其进行清点。然后，资料通过无线手提终端直接输入公司系统内。系统可以根据相关的分析快速得到商品的存货资料，并产生订货，再利用 EOS 系统向物流中心下订单。

整店盘点是门店按照总部统一的管理操作规定，定期对店铺内的所有商品进行盘点。由负责该区域的营业员通过无线手提终端得到主机上的指令，按指定的路线、顺序清点货品，然后把清点资料传输回主机。盘点期间不影响店铺内的正常运作。

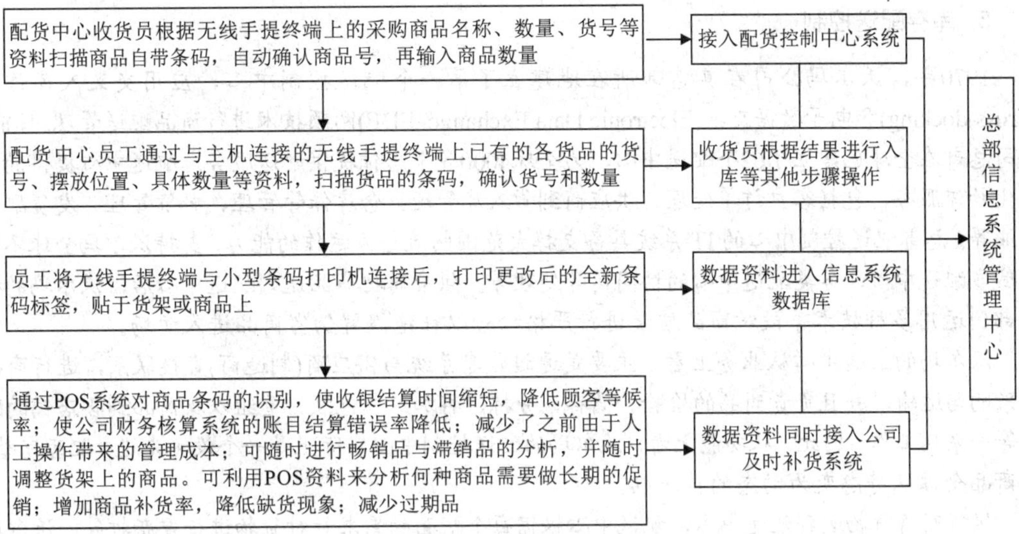

图7-12　商品流通管理

(2) 客户管理。以沃尔玛山姆会员店为例，新加入会员必须先到会员服务中心填写入会表格并办理相关手续，服务中心立刻通过条码影像制卡系统为客户照相，并在8秒钟之内把条码影像会员卡发到客户手上。卡上有客户的彩色照片、会员编号及其条码、入会时间、类别、单位等资料。会员凭卡进入山姆店选购，在结账时必须出示此会员卡，收款员通过扫描卡上的条码确认会员身份，并可把会员的购货信息储存到会员资料库，方便以后使用。采用这种方式的主要优点是成本低、效率高、资料准确，而且会员丢失卡后不必担心会被其他人冒用。

(3) 员工管理。在员工管理上，沃尔玛用条码影像制卡系统为每个员工制作员工卡，卡上有员工的彩色照片、员工号、姓名、部门、ID条码。员工工作时必须佩戴员工卡，并使用员工卡上的条码记录考勤。所有员工的资料信息以及作业情况全部进入公司的信息系统，作为员工工作的基础考核数据。利用各种先进信息技术，沃尔玛在人力资源上的管理成本已经降到了很低的水平。

系统的最大特点是舍弃了较多厂商使用的客户机/服务器结构，采用较为先进的浏览器/服务器结构，运用COM+技术，实现了三层结构模式，其中间应用层的数据访问、处理能力和灵活的伸缩性等特点为超市大型应用提供了高性能和高扩展性的保证。

4. 卫星控制专用通信系统

在沃尔玛庞大的集团式购销渠道网络中，卫星通信系统花费近6亿美元，租赁的一颗人造卫星帮其实现即时通信。目前沃尔玛将这部分工作全部外包给AT&T负责，沃尔玛总公司直接与各管理事业部、远程虚拟办公室、本地卖场店铺、海外各地区卖场店铺、各配货中心、生产及供应商等，通过卫星通信运行统一的补货系统、EDI系统、库存管理系统、会员管理系统、收银系统等。

沃尔玛总部可在1小时内对全球4000多家分店每种商品的库存量、上架量和销售量全部盘点一遍，还可以了解到任意一家门店的资料并进行管理调配。总部各事业管理部每天通过卫星通信网，对全球各个地区的不同分店实行沃尔玛核心经营体制管理。总部不会由于管理面积庞大，业务信息传递不畅而被悬浮在上层，通过卫星通信系统可以达到对公司战略发展过程的灵活掌控和实际直接参与中央集权管理控制的目的。卫星通讯系统的采用，是沃尔玛未来永续发展的战略性里程碑。

5. 库存配送控制

1970年，沃尔玛公司在其总部所在地建立了第一个配送控制中心，应用交叉入库作业(Cross-docking)和电子数据交换(Electronic Data Exchange, EDE)两项技术进行商品配送管理。目前，公司总部在全球已建立了62个配送中心，为全球4000多个店铺提供配送服务。配送中心提供的专业化物流服务，包括客户订单处理、供应商到货入库管理、仓库保管管理、补货管理、发货配送作业等。总部配送控制中心的IT系统具备支撑大范围物流整体运作的能力，支持沃尔玛全球不同区域多配送中心、各类配送中心的协同商务处理等。供应商把商品送到配送中心后，沃尔玛的检验部门运用多种技术手段对商品质量进行严格检验以杜绝假冒伪劣商品进入卖场。

沃尔玛的配送中心从业务上看，主要是通过信息系统与供应商(制造商)直接联系，进行商品的采购与运输，并且负责商品的检验、储存、分拣、再加工或包装、重组以及商品到各店铺的配送等一系列工作。因此，从功能上看，沃尔玛的配送控制中心实际上是一个设施先进、配套完整，将商品仓储从静态变为动态的转送站。

供货商将货物运到配送中心，配送中心根据每个店面的需求量对货物进行重新打包。沃尔玛的价格标签和统一产品码(Universal Product Code，UPC)条码早已经在供货商那里贴好，服装类商品都已经挂在衣架上。货物在配送中心的一侧作业完毕后，被运到另一侧准备送到各个店面里，也就是说，货物从“配”区运到了“送”区。配送中心配备几英里长的激光制导的传送带，货物成箱地被送上传送带，运送过程中条码被扫描，这样，这些货物箱就能够在庞大的配送中心自动找到将要装运自己的卡车，而无需在配送中心停留存货。

配送中心共有5500辆运输卡车，全部装备了卫星定位系统，每天24小时不停地作业。总部对此一目了然，可以根据实际情况合理安排运量和路程，最大限度地发挥运输潜力，提高工作效率。卡车每年的运输总量达到77.5亿箱，总行程6.5亿公里，物流成本被压到最低。

6. 内部供应链管理

沃尔玛内部供应链管理主要由4部分组成：顾客需求管理、供应商和合作伙伴管理、企业内和企业间物流配送系统管理、基于Internet/Intranet的供应链交互信息管理。其主要特征是投入大、功能全、速度快、智能化和卫星中心通信全球联网；是典型的拉动式供应链管理，即以最终顾客的需求为驱动力。整个供应链的集成度较高，数据交换迅速，反应敏捷。

沃尔玛供应链信息系统对商品的退货、打折、赠送等实行严格的管理，具备完整的痕迹追踪功能。它主要分成前台POS和后台管理两大模块，是一个集查询、分析、报表为一体的企业级智能化供应链管理系统。前台POS系统不仅在Web环境中具有强大的查询和报表功能，而且可以通过可配置的业务流程和模块进行有效分析，如进货分析、供应商分析、销售分析、库存分析、促销效益分析、客户购买行为的关联分析等；可利用第三方的数据表达工具和在线分析工具，满足超市进货、销货、存货管理和财务管理的要求。其配置的中央账务结算和清算系统(内部银行)有效地解决了以往人工运作效率慢和手续繁多等问题，并且可脱网收银，因此在网络故障下仍可保证数据的完整性。

沃尔玛针对全面的现金流和资产管理开发出一系列结算、清算报表体系，并通过SCM和内部网与配送中心、银行系统、财税系统建立了接口，实现统一对账、统一资金调度、统一存货补货管理等。沃尔玛还与银行建立了银企联盟系统，全面降低资金分散使用造成的占压，有效地防止供应商账期失控。

后台信息系统根据不同业务需求，可以解决一品多供应商、一品多条码、多规格、多品组装和一品拆分销售等问题，并进行严格的安全权限管理。

7. 最好的信息系统也隐藏危险

沃尔玛能够长期立于同业无法模仿的现代化科技管理模式，并保持绝对优势来源于两项具有战略意义的重要步骤：公司自行开发信息管理系统和卫星通讯。

但是，再先进的技术和管理也有问题存在，因此对于沃尔玛来说，它的最大危机隐患就来自于这套成熟完整的信息系统。

入侵检测系统(IDS)技术是安全界富有争议的一个话题。IDS 是一种集检测、记录、报警、响应在内的动态安全技术，不仅能检测来自外部的入侵行为，同时也监督内部用户的未授权活动，是近十多年发展起来的新一代安全防范技术。它通过对计算机网络或系统中的若干关键点收集信息并对其进行分析，从中发现是否有违反安全策略的行为和被攻击的迹象。

沃尔玛目前采用的安全防护系统是 IDS。面对新的黑客攻击手段、大规模程序化攻击以及智能程度较高的手工入侵，即使采用最昂贵和最领先的 IDS 产品，也不过是个摆设。因此，未来威胁沃尔玛的最大潜在危机就是其完美成熟的管理信息系统。因为沃尔玛庞大的电子信息系统巨链，一环紧扣一环，这样的管理系统在正常状态下的运行效率极高，其成本相对于原始的管理系统要低，对人员的要求以及依赖不高，但是一旦任何一个环节遭遇网络安全侵袭出现故障，将会直接影响到整体系统的运行，甚至造成系统瘫痪。

2003 年 8 月 14 日，北美地区曾发生震惊全球的大规模停电事故，后来调查发现是网络黑客的恶意攻击，导致电力信息系统中一个重要环节出现严重故障。由此不难看出，对于几乎完全依赖信息系统进行管理运作的公司来说，这种恶性事故一旦发生就如同推倒一个排列完好的多米诺骨牌。

沃尔玛的核心管理模式其实就是一个完整而成熟的零售连锁行业电子信息系统的模型。随着市场竞争及管理科学的发展，如何更进一步地安全使用电子信息技术将是沃尔玛面临的紧要战略性问题。这也是沃尔玛在未来行业竞争及永续发展中，以绝对控制渠道而控制市场战略的重要保证。

案例思考题

(1) 世界零售行业巨头美国沃尔玛百货连锁集团公司的整体信息系统管理及操作的成功模式有哪些？

(2) 其核心信息系统管理技术对于零售连锁行业渠道管理的重要性是什么？

第 三 篇

现代连锁企业提升篇

第 8 章

现代连锁企业培训管理

学习目标

- 掌握连锁企业培训的基本概念
- 熟悉连锁企业培训的基本过程
- 了解连锁企业培训外包

连锁经营者要充分意识到员工不只是企业经营中的可变资本，而应该是可以开发的有效资源，加强员工培训、提高人员素质是促进连锁企业成长的重要途径。因而，员工培训不是连锁企业短期、临时的工作，而是企业经营、发展过程中一项长期工作。从国际、国内众多成功连锁企业的发展轨迹中不难发现，其员工培训已经融入企业的整个管理方式和企业文化之中，而且大都建立了科学、严谨、高效的企业培训体系。

8.1 连锁企业培训的基本概念

8.1.1 企业培训的内涵

培训是指组织有计划地实施有助于组织成员学习与工作相关能力的活动。这些能力包括知识、技能或对于工作绩效起关键作用的行为。培训使员工不断更新知识、开拓技能、改进工作态度、提高工作绩效，确保员工能够按照预期的标准或水平完成本职工作或更高级别的工作，从而提升组织效率，实现组织目标。不同的学者基于不同的研究角度对企业培训提出了自己的见解，比较典型的有如下几类：

(1) 培训是指企业有计划地实施有助于雇员学习与工作相关的能力的活动(诺伊，2001)。

(2) 培训是一组系统的过程，被设计用来迎合与受训者的当前或未来工作相关的学习目标(Blanchard，2000)。

(3) 培训是用来给新员工或现有员工履行工作所需技能的方法或过程(Dessler，2001)。

(4) 培训是组织用来开发员工的知识、技能、行为或态度，从而帮助实现组织目标的任一系统的过程(Taylor，1998)。

(5) 培训是正式或非正式群体或个体学习那些经过设计，用来传授或改进员工的技能、知识和工作绩效的经验，其直接目的就是获得新工作技能或改善竞争能力(Tracey，1991)。

随着企业培训地位的日益提高，培训越来越具有人员开发的战略意义。也即培训不再仅仅局限于基本技能的培养，还要关注员工解决和分析问题的能力，以满足现代企业对速度和灵活性的要求。另外，培训还要从单纯地向员工传授具体技能转变为创造一种知识共享的氛围，使员工能自发地分享知识，创造性地应用知识以满足客户需求。因此，现代企业培训应该是培训与开发的结合(Training & Developing，T&D)。

企业培训的内涵可以从以下几个方面来理解。

1. 企业培训是企业人力资本投资的核心

人力资本是指凝结在劳动者身上的知识、技能及其所表现出来的能力，这种能力是生产增长的主要因素。它是具有经济价值、能带来巨大效益的一种资本。人力资本投资就是通过对人力资源一定的投入(货币、资本或实物)使人力资源质量及数量指标均有所改善，并且这种改善最终反映在劳动产出的增加上。

企业培训能有效地增加人力资本存量，而人力资本存量对企业总产量的贡献显著，表明员工掌握的各种知识、技能水平提高，能有效地提高劳动生产率，提高资源利用率并降低产品成本。因此，企业培训是企业人力资本投资的核心。

2. 企业培训以提高员工工作绩效为导向

企业培训的目的是要提高员工现在和未来的工作绩效和能力，从根本上就是要实现组织的发展目标。因此，组织要计划一项培训时，必须要明确培训给员工和组织带来什么样的收益或价值，准确分析付出的成本，从而决定培训的方式、参与人员、效果的评价方法等一系列问题。如果这些问题不明确，培训的效果和效率将大大削弱。

3. 企业培训是企业开展的有计划、有步骤的系统管理行为

企业培训必须要确定培训目标，提高相应的资源和条件，遵循科学的培训方法和步骤，进行专门的组织和管理。培训通常包括培训需求分析、制订培训方案、实施培训项目、培训效果评价等环节。从管理的全过程来看，培训是一种管理手段，也是一个管理过程。

综上所述，企业培训是指企业根据组织目标，由企业计划并实施的旨在为提高员工工作技能、知识以及创造力的管理过程。

8.1.2 培训与现代企业的关系

1. 培训的作用模型

企业培训的作用模型可以用图 8-1 表示。从图 8-1 可以看出，培训提高了员工的工作技能和知识水平，改进了工作态度，从而触发了工作动机，有效激励了员工的工作行为，从而提升了员工的工作绩效。因此，培训的重点就是要使员工在工作态度、工作技能和知识上获取改进或提升。

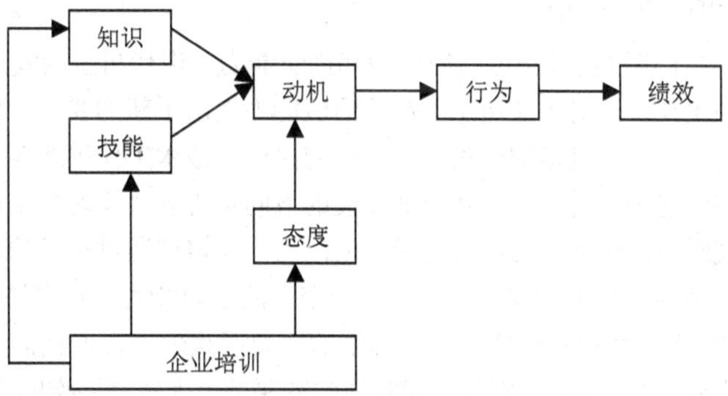

图 8-1　企业培训的作用模型

2. 培训对促进现代企业发展的意义

(1) 培训可以提高劳动生产率和人力资本利用率，从而提升企业竞争力。企业培训的直接目的就是要提高员工的知识水平、工作技能，改进工作态度等，使之能够更好地为企业服务。这样，员工在知识和能力提升的同时，自身的劳动生产率也自然会提高。另外，经过培训的员工，随着其劳动熟练程度的提升，对新知识、新技能的吸收能力，以及与其他员工配合的默契程度也随之增强，这样就有利于知识的进步，促进技术的进步以及生产要素组合的改善，从而进一步提高劳动生产率。

另外，现代企业在不同发展的阶段，根据企业发展的目标和需求，针对不同的需求对员工进行培训，这样充分提高了人力资本利用率，发挥了培训投资的最大作用。

(2) 培训是企业高回报的智力投资。人才竞争是当前激烈市场竞争的关键，而人才的价值在于其积极的态度、卓越的技能和渊博的知识。由于知识和科技高速更新与发展，每个人的知识和技能都在快速老化，而环境以及市场的快速变化，使企业中的员工素质提高也就显得尤为重要。因此，“培训是一种投资”已经成为大多数企业的共识，培训的实质就是一种系统化的智力投资。企业投入一定的人力、物力对员工进行系统培训，员工素质提高，人力资本升值，企业业绩改善，从而获取投资收益。因此，培训是企业高回报率的智力投资。

(3) 培训增强企业的适应性。变化，是企业环境的永恒主题。应变，是企业发展的基本任务之一。培训，正成为企业适应不断变化和日趋复杂环境的日益重要的核心职能。培训工作的质量越来越直接地影响到企业的管理水平。

根据人力资源的观点，一个企业的长远发展不只依靠设备先进，产品优质，技术领先，更依赖于具有高素质的、有创造力的员工，这些员工对于企业的管理、运营和服务，是企业长期生存并得以发展的根本。因此，员工培训有利于企业人力资源素质的提高。培训可以使员工不断地更新观念，保持对于外界环境的洞察力和敏锐的反应，进而使得企业在环境变化之前做好准备和应对措施，始终处于市场的领先地位。所以，员工培训有利于企业加强对外部环境的适应性。

(4) 培训能够减少企业人才流失。培训有助于减少员工外流给企业造成的损失，培训能够向员工进行企业发展理念、职业道德、团队精神等一系列有助于企业凝聚力形成的教育，使员工形成强大的“以企业为荣”的向心力，减少员工外流，避免企业损失。培训还能有效建立企业文化，用良好的企业文化影响员工，使其增强对企业的责任感和归属感。

3. 现代企业的员工需要培训

(1) 通过培训，员工可以提升岗位适应能力和创新能力。现代科技的发展必然引发新技术、新设备、新工艺不断出现。这对企业员工的岗位适应能力提出了新的要求。培训则能赋予他们掌握新知识、新技术的能力。经过培训的员工才能适应岗位、技术工作的新要求。同时具备向新的岗位、新的职位转移的能力。另外，现代企业发展的方向是迈向“学习型企业”。学习型企业要求企业的员工要重视学习，学会学习，具有学习的能力，而培训通过有目的、有计划、有组织的培训活动，能够有效地转变员工的观念，培养企业个人的学习能力，从而提高员工的创新能力。

(2) 培训有利于员工自我价值的实现。马斯洛的需要层次理论告诉我们，生理、安全的需要是个人较低层次的需要，而自尊，特别是自我实现的需要是个人较高层次的需要。在现代企业中，员工工作所追求的目标已经不仅仅停留在低层次的需要，绝大多数员工工作的目的在于追求高层次的需要，即自我价值的实现。培训的作用在于不仅使员工在物质上得到满足，而且使他们的精神在较高层次上得到激励和价值的自我实现。

8.1.3 连锁企业培训的特征

人类社会已经进入到了一个崭新的、关键性的时期，即知识经济时代。经济发展、科技进步和信息革命推动了世界全球化、市场化的进程，连锁企业在迎接知识经济的过程中面临着种种机遇和挑战，其培训系统既具有一般企业的共性，也形成一些自身的特征。

1. 培训的系统性

根据现代企业理论，可以将连锁企业看成是一个投入产出的系统，即通过投入一定的资源转化为市场需要的产品和服务，相应地，其管理活动也是一个庞大的系统工程。作为连锁企业战略管理中关键一环的培训系统，其系统性主要体现在培训的全员、全方位与全程方面。员工培训不仅本身是一个完整的系统，而且还有若干独立的子系统，如培训内容的设计、培训流程的运作及培训效果的评估都具有完整系统功能。因此，员工培训应视为一个长期、经常性的系统工作过程。

2. 培训的针对性

处于连锁企业不同层次、不同岗位的员工，培训的内容、方式则有所不同，例如，收银员主要针对收银机的操作、常见故障的排除、装袋服务等基本技能的培训即可；而店长不仅需要对门店进行全面的负责管理，又要与总部保持良好的配合，因而对店长培训更侧重于协调、沟通等管理能力方面的提升；而对连锁企业总部管理人员的培训要求更高。因此，连锁企业在对员工进行培训时，要针对不同层次的员工，采取不同的培训方式，要使培训具有针对性。同时，培训的针对性反映在具体的培训工作中就是培训方式的多元化和灵活性、培训内容的丰富性和实用性。

3. 培训的一致性

一致性是连锁企业培训的基本特征。由于在同一个连锁体系中，各成员店在经营理论、企业识别系统、商品和服务、经营管理上都具有统一性，因而，对各分店的店长和其他工作人员的工作范围、工作任务、工作技能等要求都基本相同。这样，针对同一工作岗位的培训就具有鲜明的一致性，无论是培训内容还是培训方式都可以在各分店间共享。另外，当连锁企业在扩张发展时，培训人才的一条关键路径就是将新员工送到各家分店实习或派有经验的员工到新店担当要职。

4. 培训的应用性

企业对员工培训的目的就是在于使员工将所学的知识、技能应用到实际工作当中去，因此，培训系统的工作应该根据企业经营的实际状况、工作岗位要求和受训员工特点来开展，这与学校教育有很大的差异，既要提高员工的理论水平和认识能力，又要解决工作中存在的一些实际问题，而且落脚点就在实际问题的解决上。培训的知识与技能得以应用，转化培训成果的目的才可以说实现。

5. 培训的周期性

连锁企业在经营过程中店面人员的需求数量有很强的周期性和规律性。对于大型连锁超级市场，一天当中的客流量不尽相同，通常在中午 11 点左右和下午 5 点左右会形成客流高峰期。每一周的双休日和节假日的客流量通常也会比平时高出好几倍。另外，某些商品的销售在不同的季节也会呈现不同的规律。因此，对于连锁企业来说，如何在各时间段根据客流量和销售规律的不同来决定员工的培训时间和方式，是一个重要并且困难的问题。通常，连锁企业可以在客流量少的时候组织人员进行培训，一来可以充分利用空余时间，同时也可以合理安排工作人员人数。

6. 培训的战略性

培训工作是关系到企业今后发展和在市场竞争中能否取得胜利的重要因素。培训不仅是为了培养和训练目前岗位上空缺的员工或眼前扩张所需的新员工，更重要的是服从于企业的发展战略，并与企业各领导阶层的培训机制结合起来。因此，连锁企业的培训必须具有战略的特性，要使人才培训持续化和系统化，也就要求连锁企业在战略的高度制订合适的培训计划。

8.1.4 连锁企业培训管理的基本过程

与一般的企业培训相似，连锁企业的培训过程也包括培训需求调查、需求分析、培训计划的编制、培训的前期准备、培训实施、培训考核与评估、培训改进等几个部分。根据这个培训流程，可以将培训运作系统模块化，按照执行的时间先后，将整个系统划分为培训需求分析、培训计划编制、培训课程设计、培训实施和培训评估与反馈 5 个模块，这 5 个模块之间有着严密的逻辑关系，同时各个模块又由几个相关工作构成，每一个工作环节都影响到其他环节，从而形成一个具有严密逻辑关系的整体系统，如图 8-2 所示。

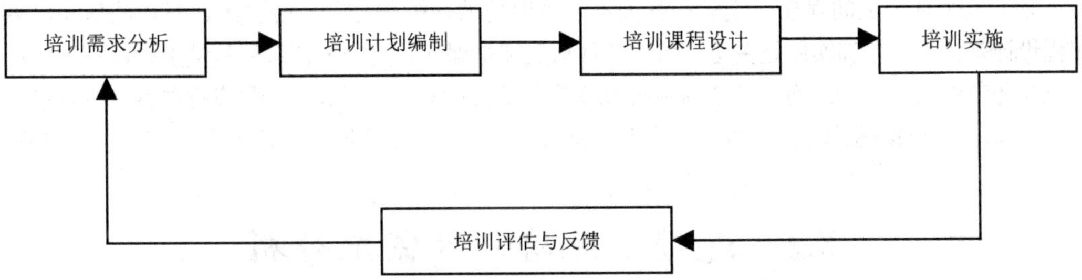

图 8-2 连锁企业培训系统的基本模型

1. 培训需求分析

培训的使命是帮助企业解决目前经营或管理上存在的问题，或使企业员工的“目前状态”与

"理想状态"之间的差距缩小，这种期望就形成了企业的培训需求。科学的培训应该建立在客观需求的基础之上。需求分析主要包括三个方面：组织分析、任务分析和个人分析。另外，需求分析包括一些专业的分析方法，如观察法、问卷调查法、访谈法、必要性分析方法等。

2. 培训计划编制

在明确培训需求后，就要编制培训的计划了。培训计划是从连锁企业的战略出发，在全面客观的培训需求分析基础上，确定培训的目标，并且按照一定的逻辑顺序安排，对培训的时间、地点、培训师、培训对象、培训方式(自己设计或培训外包)和培训内容进行的预先系统设定。培训计划必须满足企业及员工两方面的需求，兼顾企业的资源条件及员工素质基础，并充分考虑培训的超前性和培训结果的不确定性。

3. 培训课程设计

在培训管理进入课程设计阶段，培训教师在接受培训任务后，要进行培训内容的分析，以便选择、购买、编辑教学大纲和教材，同时深入分析受训人员的学历背景、工作经验、素质状况等，以便选择合适的培训方式方法。通常，不同的培训内容会采用不同的培训形式，不同的素质或不同层次的受训人员的培训方式也不尽相同。在该阶段，连锁企业内培训项目的组织部门要为培训教师做一些辅助准备工作。

4. 培训实施

培训实施是培训工作的执行环节，根据目标和计划，对培训过程中出现的问题及时做出调整，控制整个培训过程的顺利进行。狭义的培训实施就是指按规划好的时间、地点，培训师对学员进行培训，并监督整个培训过程，做好培训记录。广义的企业培训实施还涉及这样一些工作内容，如培训信息的公布、登记、课程安排、学员培训的记录及培训评估结果的分析与管理等。

5. 培训评估与反馈

培训评估与反馈是企业培训管理中对修正、完善和提高培训的必要手段。这一环节主要包括考查学员对所学课程的反应、考查学员对课程内容的掌握、考查培训学员将所学知识转换为相应能力的程度以及考查培训的回报率。通过上述手段，一方面验证了培训的结果是否达到了预期的培训期望，另一方面，也为培训需求分析、培训课程设计、培训实施与管理提供了有科学价值的反馈信息，为改进培训系统与效果提供可靠的依据。

以上五个环节之间存在一定的相互关系，培训需求分析是前提，培训计划编制是基准，培训课程设计是核心，培训实施是关键，培训评估与反馈是保证。整个培训系统从量上看，不等于这五个孤立环节的简单相加，而是使培训系统整体具备了新的特性，形成了一种良性的培训循环机制。另一方面，处于系统整体之中的环节也同时获得了新的特性，即不同于它们处于孤立状态时的情形。

8.2 连锁企业培训的需求分析

8.2.1 连锁企业培训需求分析概述

连锁企业在进行培训前要进行培训需求分析。培训需求分析既是主动确定培训目标、设计培训规划的前提，也是进行培训评估的基础，准确的培训需求分析作为培训活动的首要环节，将为后面的课程开发、计划与组织、实施与评估工作建立明确的目标和准则。

1. 连锁企业培训需求分析的界定

需求产生于目前的状况与期望状况之间的差距，这一差距就是“状态缺口”。连锁企业对员工的能力水平提出的要求是“期望状态”，而员工目前的实际水平则为“目前状态”，两者之间的差距形成“状态缺口”。连锁企业要努力缩小这一“缺口”，就形成了培训需求。

所谓培训需求分析是指在企业培训需求调查的基础上，采用多种分析方法与技术，对组织及其成员的目标、知识、技能等方面进行系统的鉴别与分析，以确定是否需要培训及培训内容的一种活动或过程。它的关键是找出产生培训需求的真正原因，并确定是否能够通过培训来解决。培训需求分析通常需要回答下面几个主要问题。

(1) 培训要达到什么目的？

(2) 通过培训要使哪些具体行为或表现得到改进？

(3) 可行性如何？

(4) 如何估算培训回报率？

连锁企业的发展目标、经营策略是受市场及客户需求引导的，那么培训需求也应以连锁企业经营战略为导向，同时应注重基础层面的组织因素影响，像工作分析、绩效评价等基础工作是保证培训需求得以正确分析的基础。培训工作不仅要满足连锁企业发展的要求和职务的需要，同时应注意员工自身发展的需求，应结合员工职业生涯规划进行合理的引导。关注员工的职业发展和职业安全，对员工是一种激励，让员工对企业产生归属感和提高员工忠诚度，一方面创造了团队学习的氛围，另一方面激发员工的学习和工作积极性，使得员工在发展的同时，企业也得到了整体的提升。

2. 连锁企业培训需求产生的原因

要进行培训需求分析，首先要明确培训需求产生的原因。一般来说，连锁企业的培训需求主要是由连锁企业的经营方向发生变化、员工的岗位变更、工作内容变化和工作绩效的下降等原因引起的。

(1) 连锁企业的经营方向发生变化。随着连锁企业的发展，其经营方向也会发生变化。当企业经营战略发生变化后，经营方向也会做出相应的调整。经营方向一旦发生变化，企业面临的环境和条件也会发生变化，企业对每一个员工的要求也会发生变化，这时企业员工可能要面临适应新环境和新条件的挑战，就会产生培训的需求。

(2) 员工工作岗位的变更。连锁企业员工岗位的变动非常普遍，如正常的职位晋升，另外，为了满足企业发展的需求，企业会不断从外界引入人才。例如，对大型连锁超市来说，基础操作层员工的流动更是频繁发生。无论对于内部员工岗位的变更还是新员工的上岗都需要通过培训来提高其岗位胜任能力。

(3) 工作内容发生变化。即使是同一工作岗位，也会接触到新的工作内容，接受新的人和事。即使是小小的工作环境的变化，都会促发新的培训需求。这些变化的产生可能源于新设备、新方法、新流程、自动化、重组和管理风格的变化、重新定位和重新立法等。因此，员工要在新的环境面临新的工作内容，就必须通过培训对变化做出灵活反应。

(4) 工作绩效下降。提高员工和组织的绩效是培训需求产生的重要原因。员工的工作态度、技能和知识直接关系到企业的效率，而怠工、操作失误和事故对绩效产生负面影响，因此相关内容的培训不可缺失。

3. 连锁企业培训需求的影响因素

随着连锁网络的不断拓展和企业规模的不断扩张，连锁企业培训需求的影响因素(如表8-1所示)逐渐呈现多元化、复杂化趋势，但概括起来可以分为两大类：常规性影响因素和事件性影响因素。常规性影响因素主要是指在企业日常经营活动中经常涉及的一些问题，对于它们要在确定培训需求时作为一般因素来加以考虑；事件性影响因素则是指一些偶发的、非经常性的事件，对于它们要在确定培训需求时作为补充因素加以考虑。

表8-1 连锁企业培训需求的影响因素

常规性影响因素	事件性影响因素
连锁企业发展目标	新员工的加入
连锁企业发展战略	员工职务的调整
员工个人职业生涯规划	消费者的投诉、抱怨
岗位胜任能力	销售量的下降
社会环境、法律法规	企业内部损耗上升
员工行为评估、考核	员工工作效率下降
竞争对手的发展变化	需要应变特殊事件的能力
客户消费偏好的改变	新技术的应用、新产品的销售
培训资源状况的变化	国内外重大事件的发生

4. 连锁企业培训需求分析的参与者

由于确定谁需要培训是培训需求分析所要回答的问题之一，因此培训需求分析的参与者必须要考虑全面，通常包括以下人员：

(1) 培训部门工作人员。培训需求分析的整个工作是由培训部门主持的，而且培训部门掌握了大量有关员工技能、水平的资料，同时他们对每个岗位的要求和变化也是最清楚的。

(2) 参加培训的员工本人。培训的对象是针对每位员工，本着促进员工职业发展的原则，了解他们的学习需要并制订相应的培训项目与计划，将有助于培训得到员工的支持和欢迎，并取得理想的效果。

(3) 员工的上级。作为员工的直接管理者，他们对员工的优缺点比较清楚，他们能帮助培训部门明确培训目标和培训内容，并亲自监督执行。

(4) 员工的同事。通常在一起共事的人相互比较了解，能向培训部门提供有参考性的意见，但一般来说这只有在人际关系和谐的连锁企业中才能做到。

(5) 有关专家。专家具有丰富的经验和深厚的知识，他们对问题的看法往往是颇有见地的，因此向专家请教，无疑会得到一些启示。

(6) 顾客。“当局者迷，旁观者清”，顾客对员工或企业存在的问题分析一般会更客观、科学，这对培训项目的设计是有很大帮助的。

8.2.2 连锁企业培训需求分析模型

培训需求分析(training needs analysis)这一概念最早是在1961年由麦基(Mcgehee)和泰勒(Thayer)等人提出的，他们认为培训需求分析是一种通过系统分析确定培训目标、培训内容及其相互关系的方法。20世纪70年代后，企业培训逐渐成为国外组织心理学的热门研究领域之一，培训需求分析的内涵在这种背景下得到了进一步的发展与完善。下面介绍几种流行的培训需求分析模型。

1. Goldstein三层次模型

20世纪80年代，I.L.Goldstein、E.P.Braverman与H.Goldstein 3人经过长期的研究将培训需求分析系统化，构建了Goldstein模型。模型将培训需求分析分成了组织分析、任务分析和人员分析3个部分，构建了最为广泛流行的培训需求分析模型，如图8-3所示。

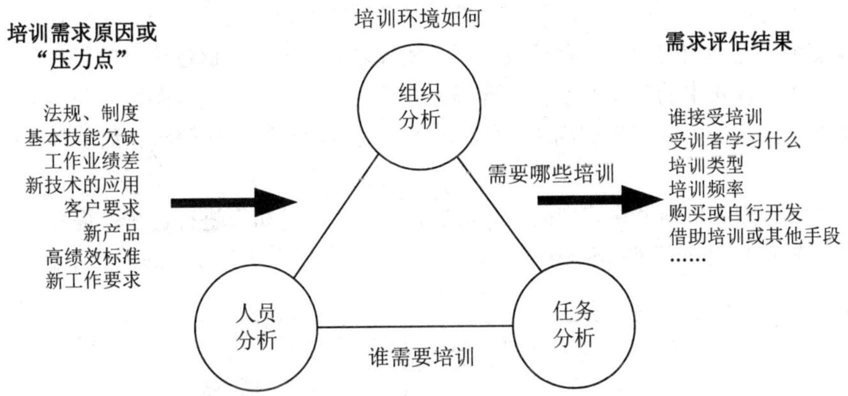

图8-3 Goldstein三层次培训需求分析模型流程图

Goldstein认为培训需求分析应该从组织、任务、人员3个角度进行。在该模型中，组织分析是指在组织的经营战略条件下，判断组织中哪些员工和哪些部门需要培训，以保证培训计划符合组织的整体目标与战略要求；任务分析是指通过分析完成该项任务所需要的知识、技能和态度，由此确定与任务相关的各项培训内容，并定义各项培训内容的重要性和掌握的困难程度；人员分析是指从员工的实际状况的角度，分析员工现有情况与理想的任务要求之间的差距，即“目标差”，以形成培训目标和内容的依据。

Goldstein认为通过这3方面评价结果的比较和综合，就能揭示出培训任职者最必要的知识、技能和态度。在这里，组织分析是任务分析和人员分析的前提，任务分析更侧重于职业活动的客观要求方面，即理想状况，而人员分析更侧重于员工个人的主观特征方面的分析。

该模型是培训需求分析的重要理论基础，它最大的特点就是将培训需求分析看成了一个系统，进行了层次上的分类，它使培训需求分析的分析对象不再局限于对员工或对组织，它通过将组织、任务、人员的需求进行整合，使得培训需求分析更加全面化，分析结果更加科学化。将培训需求分析分为组织分析、任务分析、人员分析3个部分，其分析重心、分析目的、分析方法各有侧重，将使企业的培训计划更具有针对性。该模型是一个较为全面的培训需求分析模型，也是目前学术界普遍认同的培训需求分析模型。

但是该模型仍然存在着一定的不足，表现在：第一，模型在对组织分析时虽然考虑了企业战略、组织资源对培训需求的影响，但是忽略了组织外部环境的影响。而外部环境特别是相关的政府宏观政策对企业培训的影响作用不可忽视，因此，在进行企业培训需求分析时，还应重视对如国家政策、行业规范等外部环境的分析。第二，模型对人员进行分析主要集中在员工绩效现状与理想水平的差距上，关注的是员工“必须学什么”以缩小“差距”，而员工自身“想学什么”却没有重视。第三，从该模型的论述中很难找到具体的可操作性的分析方法，这也是该模型存在的最大问题。缺乏简单而有效的识别工具，这对于人力资源管理尚未规范的我国企业而言，难以提供模型分析所需的数据，操作难度加大，不利于模型运用的普及。

2. 培训需求差距分析模型

美国学者汤姆·W·戈特将“现实状态”与“理想状态”之间的“差距”称为“缺口”，建立了培训需求差距分析模型，如图8-4所示。该模型是通过对“理想技能水平”和“现有技能水平”之间关系的分析来确认培训需求的。该模型主要包含了以下两个方面的思想：第一，只要“理想状态”形成，“现实状态”便会与之构成差距——包括现有知识程度与希望达到的知识程度之间的差距，现有能力水平与希望达到的能力水平之间的差距，现有认识、态度水平与希望达到的认识、态度水平之间的差距，现有绩效与预期绩效之间的差距，已经达到的目标与要求达到的目标之间的差距，现实中的劳动者素质与理想中的劳动者素质之间的差距等。第二，培训需求是由差距的形成而产生的，即“培训需求=理想状态－现实状态”。任何培训活动都旨在消除或缩小这种差距。

培训需求差距分析模型将培训需求分析的重点“差距分析”进行提炼，提高了培训需求分析的可行性，较好地弥补了Goldstein模型在任务分析和人员分析方面操作性不强的缺陷。

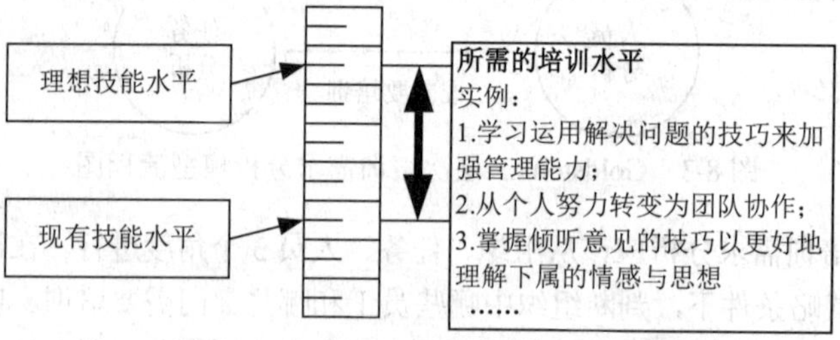

图8-4 培训需求差距分析模型图示

然而，该模型同样存在着局限性，表现为：第一，未就企业战略对培训需求的影响给予足够的关注。第二，模型的有效性依赖于一个假设前提，即“培训活动＝绩效提高”。进一步的分析表明，这一假设前提又至少包括两个命题，一是绩效问题100%是因为知识、技能与态度的不足而产生的，二是培训能100%学以致用转化为员工绩效。而事实上，Joe Harries研究发现“绩效问题产生的最常见的原因不是缺乏知识与技能”。G. Rummler更强调“仅靠培训几乎从未解决过问题”。尽管如此，该模型关于“培训旨在缩小差距”的思想还是极有见地的。

3. 前瞻性培训需求分析模型

前瞻性模型是由美国学者TerryL.Leap和Michael D. Crino提出的。将“前瞻性”思想运用在培训需求分析中是该模型的精髓。他们认为随着技术的不断进步和员工在组织中个人成长的需要，即使员工目前的工作绩效是令人满意的，也可能会因为需要为工作调动作准备、为员工职位的晋升作准备或者适应工作内容要求的变化等原因提出培训的要求。前瞻性培训需求分析模型为这些情况提供了良好的分析框架，在确定员工任职能力、跟进个人职业发展方面极有实用价值。对“不充分的员工技能”区别考虑是否通过培训方案来解决是培训需求在可行性分析方面研究的一大进步。前瞻性培训需求分析模型如图 8-5 所示。

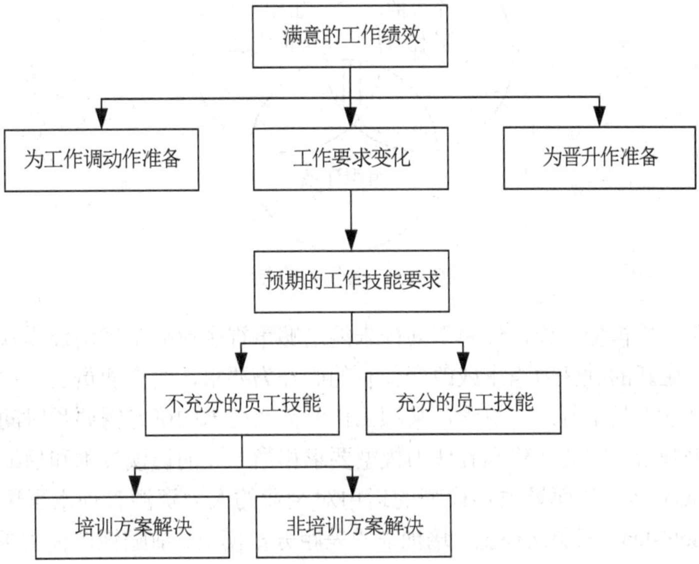

图 8-5　前瞻性培训需求分析模型

然而，该模型的“前瞻性”只关注了员工的未来发展，忽视了企业的发展需求，因此，根据模型得到的需求结果未必都能与组织战略和业务发展要求相适应，模型的设计存在着与企业战略目标相脱节的问题。如果企业因缺乏明确战略规划，直接依据企业战略规划书或经营管理报告等企业文献得出前瞻性的实质内容，这种风险将更大。

4. 胜任力模型

确定特定职务的胜任力(competency)是培训需求评价的新趋势之一。胜任力这一概念是由 McClelland 于 1973 年提出的，它指能将某一工作(或组织、文化)中表现优异者与表现平庸者区分开来的个人的表层特征与深层特征，它包括知识、技能、社会角色、自我概念、特质和动机等可以通过测量或计数来显著区分优秀绩效和一般绩效的个体特征。胜任力模型(Competency Model)则是组织当中特定的工作岗位所要求的与高绩效相关的一系列胜任力的总和。它强调需求分析和培训结果应能提高受培训者对未来职务的胜任力。

在培训需求分析中，胜任力模型(见图 8-6)的导入是十分必要的。首先，胜任力的可测量性可以使分析过程更加标准化，而且使培训需求更加具体化。McClelland 特别强调对胜任力的测量，他所在的明尼苏达大学的研究人员通过多年的研究和实践，提出了 20 多种胜任力，如获取信息的技能、分析思考的技能、概念思考的技能、策略思考的技能、人际理解和判断技能、帮助/服务定向的技能、对他人的影响技能、对组织的知觉技能、建立和管理人际关系的技能、发展下属的技能、指挥技能、小组工作和协作技能、小组领导技能等。这些胜任力的提出，对于改进培训需求评价的内容结构设计有重要的价值。其次，该模型较好地弥补了 Goldstein 模型在任务分析方面存在操作性不强的缺陷，它有助于描述工作所需的行为表现，以确定员工现有的素质特征，同时发现员工需要学习和发展哪些技能。模型中明确的能力标准也使组织的绩效评估更加方便。最后，胜任力模型也使员工能容易理解组织对他的要求，建立行动导向的学习。

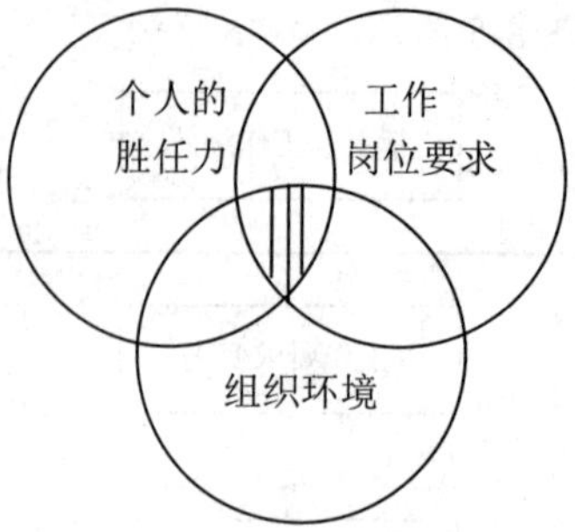

图 8-6　胜任力模型

然而，与差距分析模型一样，该模型同样未能足够重视企业战略对培训需求的影响。企业经营战略的变化会产生新的胜任力需求或改变原有的胜任力要求，给企业员工培训需求带来变化。另一方面，由于胜任力是个复杂的概念，某项工作所需胜任力的确定需要长时间的资料积累以及丰富的专业经验来判断，因此，建立胜任力模型要求相当专业的访谈技术和后期分析处理技巧，且耗时、费力、成本高，从而导致该模型的运用对企业的人力资源管理水平提出了较高要求。

以上介绍了Goldstein 三层次模型、培训需求差距分析模型、前瞻性培训需求分析模型、胜任力模型等 4 种培训需求分析模型。在进行培训需求分析的过程中，熟悉这些模型，可以让培训需求分析的前提、过程和结果更科学，可信度更高。然而，每种模型都有其不足之处，因而连锁企业在运用这些模型的同时，应该对其不足有充分的考量，针对自身的特点、优势和劣势，需要适当对模型进行修正或扩展，使模型的运用更具科学性和可操作性。

8.2.3　连锁企业培训需求分析步骤

为了对连锁企业培训需求分析有更为深入的了解，我们以 Goldstein 三层次模型为理论基础，从组织分析、任务分析、人员分析 3 方面分析入手，大致的分析步骤如图 8-7 所示。

图 8-7　连锁企业培训需求分析步骤

1. 组织分析

组织是由人组成的，具有明确的目的和系统性结构的实体。如果组织的目标不明确，就容易产生个人行为与组织目标相背离的情况。如果这样，即便是员工在培训中获得了大量的知识、技术和能力，也会发现在工作中无用武之地。因此，在进行培训需求分析时应该首先进行组织层面的分析。

培训需求的组织分析，主要是指通过对组织的目标、资源、环境等因素的分析，准确找出组织存在的问题，即现有状况与应达到目标之间的差距，并确定培训是否对解决这类问题起到有效的作用。

培训需求的组织分析，涉及能够影响培训规划的组织的各个组成部分，它包括对组织目标的检查、组织资源的分析、培训的环境、培训的条件(气候)等方面。

(1) 组织目标。明确、清晰的组织目标既对组织的发展起决定性作用，也对培训规划的设计与执行起决定性作用，组织目标决定培训目标。

当组织目标不清晰时，设计与执行培训规划就很困难，详细说明在培训过程中应用的标准也不可能。

(2) 组织培训的环境。连锁企业是在一个开放的环境下的，它不可避免地要受来自组织以外的其他因素的影响。外在影响因素包括组织面对的法律、社会、政治、经济问题。同样，市场竞争的激烈程度也可能对培训产生影响。外部环境不但影响着组织培训目标的确立，也影响着组织的规模、结构及其过程和方法。一个良性发展的企业，必须在适应外部环境的要求和变化过程中，对培训需求具有足够的敏感性和适应性，充分利用现有条件，及时制订和调整培训计划。

(3) 培训气候。组织气候对培训有重要作用。正像描述组织目标所呈现出的复杂性一样，仅仅确定组织目标还不能产生任何作用。当培训规划和工作环境的价值不一致时，培训的效果很难保证。

某培训咨询公司进行了一项研究，即通过对20个超市连锁店的分析来确定其模型。该研究主要是分别考查每一个组织单位的转变经营内容和分配给各个组织单位的学习者的适应变化的行为。学习者都是一些助理经理人员，他们都完成了9个星期的培训规划，然后被随便分配到20个超市连锁店中的任意一个中去。被分配到正在转变经营内容的单位的学习者在工作中往往表现出更多的适应变化的行为。而且正如期望的一样，在培训中感觉较好的学习者在工作中表现得更出色，但是转换气候与培训之间的相互作用并不明确。

(4) 培训资源。组织资源的研究包括对组织的人力、时间、资金等资源的分析。可利用的组织人力、物力和财力资源是决定培训工作能否顺利开展的重要决定因素。可利用的资源数量影响着各种培训需求的优先次序。例如，组织内部没有相应的教室，就决定了培训场地可能需要外租，培训时间和方式等都需要做相应调整。因此，在进行组织分析时，了解组织的资源条件非常有必要。组织资源分析包括对组织的经费、时间、人力等资源的描述，因为组织所能提供的经费将影响培训的范围和深度。另一方面，培训是需要相当时间的，如果时间紧迫或安排不当，极有可能使培训效果达不到要求。再则，对组织人力状况的了解也非常重要，准确的人事预测，是决定是否进行培训的关键因素。

2. 任务分析

当组织分析模块的研究中得出企业在培训的环境和条件上能够予以支持的结论后才能进入任务分析模块进行任务层面的需求分析。任务分析主要是通过对工作任务和岗位责任的研究，发现从事某项工作的具体内容和完成该工作所需要的各项知识、技术和能力，以确定培训项目的具体内容。任务分析的结果也是将来设计和编制相关培训课程的重要资料来源。

在任务分析模块中，通过对某项工作任务进行工作分析，明确某项工作的职责和关键任务，确定该工作的绩效标准和任职资格要求，在此基础上分析员工胜任这一工作所需的知识、技术和能力等要素，并进行这些要素的培训可行性分析以及需求程度的排序，从而确定为了有效地完成工作任务，需要进行哪些方面的培训，为企业准确制订培训方案提供重要的参考标准。

任务分析的最终结果是对企业或组织工作活动的描述，按一定的分析程序进行分析，可以提高分析的效率以及结果的准确度和清晰度。任务分析模块的分析流程如图 8-8 所示。

(1) 工作分析。工作分析是现代组织实现管理科学化、制度化的最基础的工作。通过对一项工作进行系统的工作信息收集和分析，掌握其主要任务和职责，以编制工作说明书。工作说明书为各种管理活动提供有关工作方面的信息。工作分析的目的是为了更有效地进行培训需求分析，因此，在工作说明书中应重点关注任职资格和绩效标准的信息。在分析的过程中，除了工作说明书提供的信息以外，仍有必要对实际的工作操作进行观察，这样可以使分析人员对工作包含的任务和员工的实际工作条件有更清楚的认识。

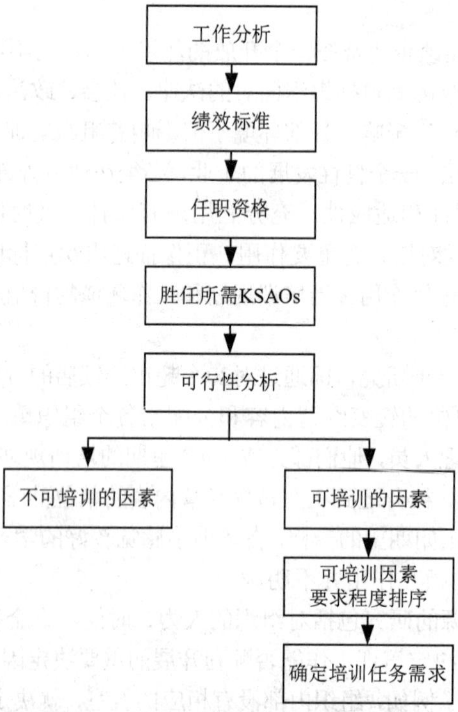

图 8-8 任务分析模块的分析流程图

(2) 确定绩效标准。绩效标准是对一项工作中什么任务是应该做的、如何去做以及任务完成时应达到什么样的结果的说明。绩效标准的确定来源于工作分析中任务的评价，通常运用关键事件法来收集信息。它是分析任务的任职资格的基础，是分析实际绩效与理想绩效差距的依据，对有效的培训需求分析有着至关重要的作用。

(3) 明确任职资格和胜任条件。任职资格是由员工必须具有的知识、技术、能力、态度以及其他素质所组成，人力资源开发必须确定每项工作的任职资格条件，因为这些是员工在培训中必须发展和学习的。而胜任力则是员工要达到理想绩效应具备的素质组合，针对胜任条件进行培训有助于开发员工潜能、促进员工发展、满足组织要求。因此，有效获取该工作所必备的基本技能和认知能力的信息，明确胜任这项任务所需的知识、技术、能力及其他要素，对于培训需求分析具有重要的价值。通过表 8-2 对本文所指的知识、技术、能力等进行了定义，以便能够更好地进行任职资格和胜任条件的分析。

表 8-2 知识、技术、能力及其他要素的定义

知 识	对成功完成某项任务所需要信息的掌握和了解，这些信息通常是陈述性的或者程序性的信息
技 术	个人在某项作业上的熟练程度或胜任水平(通常以量化形式给出)
能 力	个人在执行任务之初拥有的更一般化、更持久的特质或能力
其他素质	包括人格、兴趣爱好、态度等

(4) 可行性分析。任务分析模块的可行性分析的分析对象是与该工作的任职要求相对应的知识、技术、能力和其他要素。因为并不是所有的要素都适合用培训的方式去实现或改善，有时候要使任职者掌握或具备某些要素，采用其他的方式可能比培训更加有利于实现。可行性分析的重点就在于区分哪些是需要培训的要素，哪些是无需培训的要素，从而决定培训项目中应该包括哪些知识、技术、能力要素的内容。为了使结果更具科学性、合理性，可行性分析需要从工作任务的多个维度进行全面的评估。

(5) 需求程度排序。需求程度排序是指对具有培训可行性的知识、技术、能力及其他要素进行需求的优先程度排序。方法是根据上一步骤的结果，对具有培训可行性的要素按照重要性进行排序，然后计算各要素的培训需求程度，由此得到培训需求的优先排序。在进行需求程度排序时，要充分考虑未来所发生的工作变化，因此应有一定的前瞻性，从而减少企业在不断发展过程中的衔接或过渡出现问题。

3. 人员分析

不同的组织以及组织内部的不同单位，培训需求分析的主体是不一样的，但是一般来说，任何组织和单位都要通过培训部门、主管人员、工作人员来进行。培训需求分析的个体层次主要是分析工作人员现状之间的差距，在此基础上确定谁需要和应该接受培训及培训的内容。

(1) 培训部门。培训部门通常是选择谁需要和谁会获得培训的参与者。培训部门经常要负责绩效考核。这种考核是引起新增培训的工作分配或技能提高过程的一部分。为了未来发展，需求分析中心可以选择一些有潜力的经理人员及行政人员参加培训。

培训部门经常负责检查和执行委托培训项目，虽然培训部门不是单独为此类活动负责，但他们一般起主要作用。

一些大型企业的培训部门都有针对每个工作人员的培训详细记录，其中记载了每一个工作人员曾经参加的培训，并且提出了未来培训和开发的可能性。

(2) 主管人员。主管人员也是确定谁会获得培训的关键参与者。主管人员能够使培训决策成为绩效评价系统的一部分。绩效评价本身是培训需求分析与缺失检查的一种类型，它为培训决策的制订提供了警告性参数。

作为培训需求分析和开发过程的一部分，主管人员应该鼓励工作人员提出员工开发计划，或者做出过去培训和开发的员工任务完成报告。员工开发计划需要工作人员详细指明改进知识、技能及能力和策略，而不管其现有水平。

主管人员能够制订出包括单位内所有工作人员在内的部门培训计划表。主管人员应了解培训工作人员掌握相关知识、技能和能力的状况，并能够解释因员工患病、意想不到的工作量增加的原因。交叉培训工作人员可帮助主管人员了解不同的工作人员技能和工作的掌握情况。

(3) 工作人员。工作人员通过评估他们自己的需要、经常迫切要求提高与其工作有关的技能、知识、能力，并积极寻找培训机会。其主要内容是将员工目前的实际工作绩效与理想绩效进行比较，或将员工现有的水平与员工职业发展预期要求进行比较，发现两者之间是否存在差距，从而根据差距产生的原因来判定哪些员工有必要进行培训以及进行何种类型的培训。

8.2.4 连锁企业培训需求分析方法

无论是组织分析，还是任务分析或员工分析，都离不开一定的方法与技术。而这些方法与技术又是多种多样的，下面主要讨论问卷调查法、访问法、观察法、分组讨论法等几种常用的方法。

1. 问卷调查法

问卷调查是通过员工填写“培训需求调查问卷”，并对问卷信息进行整理、汇总、分析，从而确定培训需求的方法，这也是组织经常使用的一种方法。

(1) 内容。

① 其形式可能是对随机样本、分层样本以及所有的“总体”进行调查或民意测验。

② 可采用各种问卷形式，如开放式的、投放性的、指令选择、等级排列等。

③ 可自由选择诸如分类法、失误分类或等级评定等形式，这些形式既可由调查者预先指定，也可由调查对象自己决定。

④ 在可控或不可控的条件下，都是被调查者自己进行测试(通过邮件)，有时需要对问题给予解释或一定的协助。

(2) 优点。

① 可以在短时间内调查许多人。

② 相对来说成本较低。

③ 给调查对象充分的表达机会，不会造成恐慌或腼腆。

④ 得到的信息、资料容易汇报总结。

(3) 缺点。

① 针对性太强，不在调查范围内的对象缺少自由表达的机会。

② 在准备工作中需要大量的时间和特定的技术(如设计调查问卷)。

③ 弄清问题起因和找到可能解决办法方面的效果不大。

④ 容易造成低回收率以及夸大性回答、无关性回答和不适当回答等问题。

2. 访问法

(1) 内容。可以是正式或非正式的结构性的或非结构性的，或者两者兼而有之。

① 可以用于一个特定群体(董事会、职工、委员会)，或者每个相关人员。

② 可以采用面对面或打电话的方式，可以在工作场合或远离工作场合进行。

(2) 优点。

① 易于揭示调查对象的感情，以及他们所面对的或者希望解决的问题的原因、解决办法。

② 为调查对象提供最大的自然阐述其观点和主张的机会(尤其是在无限制、非指令方式采访时)。

(3) 缺点。

① 通常花费较长时间。

② 很难对采访结果进行分析和量化(尤其是非结构性采访)。

③ 若采访者没有娴熟的技巧，当事人很容易感到不自然。

④ 若使调查对象自然地接受访问或不引起调查对象的怀疑，要依赖有技术的采访者。

3. 观察分析法

观察分析法是通常观看员工的工作状况，如操作是否熟练，待客销售是否周全等，从中分析员工需要培训的内容。

(1) 内容。

① 可以像观察一个新的董事会或职工大会在会议中的相互影响那样，有特定的功能与行为。

② 可以像敲门后走进职工的办公室，找出交流障碍的证据一样，没有预先设定的形式。

③ 可以正式的被用作区分行为在组织机构或程序中的有效性。

(2) 优点。

① 最大限度地减少日常工作或群体行为的干扰。

② 获得的资料与实际需要了解的培训需求与兴趣高度相关。

③ 当与反馈步骤相结合时，在观察者与被观察者之间提供了对照物。

(3) 缺点。

① 要求被观察者具有较高的程序与内容方面的知识(面谈者通常仅需要程序的技术)。

② 只能在工作时收集资料造成一定的局限性。

③ 观察对象有可能把观察活动误认为“间谍行为”。

4. 测评法

(1) 内容。

① 可以是问卷的混合形式。

② 可以功能导向，用于测试一个群体成员的技术知识熟练程度(像观察法一样)。

③ 可以对被访对象认识到的一些想法和掌握的事实进行抽样调查。

④ 可以在有或没有助手的情况下进行。

(2) 优点。

① 在确定是否因为缺少知识或技能、态度而造成问题的原因方面十分有用。

② 测试结果容易量化和比较。

(3) 缺点。

① 数量相对较小的测验证明只对特定的情况有效。

② 不能证明测试的知识和技能能否在实际工作场所运用。

5. 分组讨论法

(1) 内容。

① 像面对的采访一样，可以是正式的或非正式的，有组织的或随意组合的，或者两者兼而有之。

② 可以集中在工作(角色)培训分析、群体问题分析、群体培训目标确定，或者任何数量的任务或专题(例如，董事会领导艺术培训需要)的分析。

③ 使用一种或几种比较熟悉的有利于群体工作的艺术，如头脑风暴法、组织对照法、刺激法、塑造法等。

(2) 优点。

① 允许进行现场分析和发表不同见解。

② 对最终要决定的培训需求提供支持。

③ 因为资料分析是(或者可能是)由几个人共同进行的，所以减少了调查对象对调查者的依赖。

④ 有助于调查者成为好的问题分析人或者好的倾听人。

(3) 缺点。

① 耗时较多，因而费用也较高。

② 得到的资料很难进行合成与分析(特别是运用随意组合技术时，问题更突出)。

6. 记录、报告法

(1) 内容。

① 可以包括组织的图表、计划性文件、政策手册、审计和预算报告。

② 可以包括工作人员记录(争议、调动、事故等)。

③ 可以包括会议记录、周或月项目报告、备忘录、部门服务记录和项目考核研究报告。

(2) 优点。

① 为麻烦问题提供极好的分析线索。

② 为组织或团体内部问题所造成的结果提供客观证据。

③ 这些记录和报告已经是工作成果的一部分，因而可以将对工作的干扰和付出的精力降到最小。

(3) 缺点。

① 无法表明一些问题的起因，或可能的解决办法。

② 所反映的是过去的情况，而不是现在的情况或变化。

③ 要从技术性很强、纷杂的原始资料中整理出明晰、明确的模式和趋势，需要技术熟练的分析专家。

7. 自我评价法

(1) 内容。

① 一般运用问卷调查方式(问卷调查表、自我诊断表等)。

② 由员工本人对自身做出评价，制订个人发展计划。

③ 整个工作在人力资源部门或者专家的指导下进行。

(2) 优点。

① 员工对自身状况最为了解，比较符合实际情况。

② 针对性强。

③ 节省大量人力。

(3) 缺点。

① 此方法对员工自身素质要求较高。

② 员工自我评价的客观性有时难以评判。

8. 关键人物访谈法

(1) 内容。

① 通过对关键人员的访谈，应保证了解到关键人员的培训需要，如董事会会长，相关业务承办人，职业协会成员及有关的服务人员。

② 一旦确定了培训，就可以通过面谈、小组讨论、问卷等方式收集调查资料。

(2) 优点。

① 在操作方面相对简单，成本较低。

② 可以同时获得多人对培训需求的范围、措施、对象等不同的观点与看法。

③ 建立和加强了参与者之间的信息沟通。

(3) 缺点。

① 因为这些关键人物总是从他们个人或企业角度看待培训需求问题，所以这种技术存在一些固有的偏见。

② 如果这些关键人物不具有代表性，可能导致对培训的片面理解。

9. 绩效差距分析法

绩效差距分析法，也称问题分析方法，它主要集中在问题而不是组织系统方面，其推动力在于解决问题而不是系统分析。绩效差距分析方法是一种采用广泛、非常有效的需求分析方法。

开展绩效差距分析方法主要包括以下阶段。

(1) 发现问题阶段。发现并确认问题是绩效差距分析方法的起点。问题是反映理想绩效与实际绩效间的差距的一种指标，其类型诸如销售量、客流量、士气问题等。

(2) 预先分析阶段。这是由培训者进行的直观判断阶段。在这一阶段，要做出两项决定：一项是如果发现了系统的、复杂的问题，就要运用全面性分析方法；另一项是处理应用何种工具收集资料问题。

(3) 资料收集阶段。收集资料的技术有多种，各种技术在使用时最好结合起来，经常采用的有扫描工具、分析工具等。

(4) 需求分析阶段。需求分析涉及寻找绩效差距。传统上，这种分析考查实际个体绩效同职务说明之间的差距。然而，需求分析也可以是为了组织需求和职务说明。至此，工作设计和培训就高度结合在一起。我们可以把需求分析分为职务需求、个人需求和组织需求 3 个方面。

(5) 需求分析结果。通过一个新的或修正的培训规划解决问题，是全部需求分析的目标所在。对结果进行分析，通常最终确定针对不同需求采取不同的培训方法及不同的培训内容。

8.3　连锁企业培训计划的编制

由于连锁经营在我国的发展时间不是很长，连锁经营模式还处于发展阶段，很多连锁企业对培训计划还缺乏系统的概念。培训计划性不够便会间接影响到培训的效果，而且缺乏计划性的培训不仅容易在培训目标上出现诸多偏差，而且还容易导致资源应用的不合理、分布不均匀等后果。最为重要的是，只有当培训计划是成长性、持续性的培训管理计划时，才能够使培训管理水平不断得到提高，并且不会出现“管理泡沫”现象。

8.3.1　培训目标的确定

通过对需求进行分析并确定了培训的主题后，培训部门为每个培训都要确立好培训的目标。确立培训目标是为了明确学习的方向，可以根据培训目标衡量学习的效果。培训师需要清楚培训必须得到的是什么，员工也需要了解通过培训将达到的标准。培训目标不明确，就找不到执行的方向和切入点，导致：①盲目进行培训，浪费时间和精力；②培训无效，员工对培训失去兴趣；③最终一事无成。

一个良好的目标必须具备 3 个特点：具体、可量度和可观察度。由于培训主要是与员工的学习有关，因此，一个良好的目标应该能够准确地描述员工接受培训后的一些行为表现。

1. 连锁企业培训目标的特征

从总体上来说，连锁经营企业人员培训的目标就是“培训为连锁店的发展服务，培训与连锁店的经营管理相结合”。确立目标是一种以结果为导向的思维方式，对培训部门和企业来说，都可以以此为努力的方向。

(1) 目标层次分析。明确目标是为了明确培训的方向，衡量培训的效果，所以目标要切合实际。明确的培训目标应该是具体可衡量的，能准确描述培训的结果。培训的目标可分解为三种不同层次的可以达到的目标：①培训能达到的最佳效果应该达到的目标；②培训效果非常好的状态必须达到的目标；③培训要达到的基本要求。

(2) 目标的可行性。检查明确的培训目标必须是与组织目标相一致，与部门目标、个人目标相结合的目标。明确可行的目标必须符合几个基本条件：准确定位、具体明确、可量化、能够合理分解，并有相应的时间限制。

2. 培训目标确定的步骤

(1) 提出目标。在课程设计工作开始之前，就应为培训提出明确的目标。但要注意，这一工作并不是一次完成的，它是一个在整个培训过程中根据对目标人群的了解，不断增加和不断修改的过程。

(2) 分清目标主次。在培训需求调查中，参加培训的人员有很多的需求，在确定目标时，对这些需求要分清主次区别对待。只有完成了“必须掌握的”的目标之后，才能考虑“应该达到的”的目标，最后考虑“可以达到的”的目标。

(3) 检查目标可行性。根据参训者的情况、时间等条件，检查是否能完成目标并做出调整。知识目标通常容易实现，而且不需要花很多时间，只要“告诉他们”就行了，或者是做一次测试。技能目标则需要较多的时间，因为要通过大量的实践才能使参训者掌握。态度目标需要更多的时间，这涉及改变人们的观念。因此，要根据不同的目标采取不同的课程设计方法。

(4) 设计目标层次。设计目标层次需考虑两个问题：第一，这次培训需要准备哪些知识？第二，哪些目标在其他目标之前完成？

对第一个问题的回答可以帮助确定从哪里开始;对第二个问题的回答可以帮助建立目标层次。

通常，人们会把知识目标放在首位，参训者只有懂得了知识，然后才能去做。这样有一个弊端，就是会导致在开始时用大量的时间讲授，而用于实践的时间很少，结果是参训者知道了怎么做，但却做不好。这一阶段的最终结果是要列出工作目标。一天的培训不要超过三到四个目标。

3. 制定目标要注意的问题

很多人设定一大堆目标，然而却没有设定具体合理的期限，这些目标是不会达到的。一个没有期限的梦想或是目标，效果是非常有限的，在订出目标之后，要考虑“是否有足够的时间让参训者实践，以达到这些目标？”如果有好几个目标，最好把它们分在不同的培训中。如果目标很大，应该把它分成几个小目标，然后在不同的培训课程中实现。

8.3.2 培训计划的定义及作用

1. 培训计划的定义

培训计划就是按照一定的逻辑顺序排列的记录，它是从企业战略出发，在全面、客观的培训需求分析基础上做出的对培训时间(When)、培训地点(Where)、培训者(Who)、培训对象(Whom)、培训方式(How)和培训内容(What)等的预先系统设定。

培训计划必须满足企业及员工两方面的需求，兼顾企业资源条件及员工素质基础，并充分考虑人才培养的超前性及培训结果的不确定性。

培训计划要考虑的问题如下。

(1) why：培训的原因是什么？连锁企业培训的根本目的就是提高员工素质，为连锁企业的发展服务，包括发挥员工个人的潜力；为岗位提高合适的人才；促进连锁企业内部各层次人员之间相互关系的协调；提高全体员工的自我发展意识；为连锁企业经营的发展提供人才储备。

(2) what：培训的内容是什么？连锁企业人才培训的内容因人员所处不同的职能部门(如采购、销售、技术、管理等)和不同级别(如高层、中层、基层等)而会有较大的差异。

(3) who：培训的负责人是谁？

(4) whom：培训的对象有谁？店长、理货员、收银员等。

(5) when：什么时间进行培训？培训多长时间？

(6) where：培训的场所设定在哪里？

(7) how：如何实施培训？实施操作步骤和采用什么方式、技术？

(8) how much：培训的投入和预算是多少？培训的直接成本和间接成本是多少？

2. 培训计划的作用

培训计划设定了培训的起点、终点和培训的具体过程。具体来说，培训计划给管理和控制带来的好处主要有以下 5 点：

(1) 它保证不会遗忘主要任务。

(2) 它清楚地说明了谁负责、谁有责任、谁有职权。

(3) 它预先设定了某项任务与其他任务的依赖关系，这样也就规定了工作职能上的依赖关系。

(4) 它是一个尺度，可用于衡量对照各种状态，最后则用于判断项目、管理者及员工的成败。

(5) 它是用在监控、跟踪及控制的重要工具，也是一种交流和管理的工具。

8.3.3　培训计划的结构

企业培训计划不是单一的，而是多层次、多方面的。从培训计划的横向结构看，有整体培训发展计划、培训管理计划和部门培训计划。从培训计划的纵向结构看，有长期培训计划、中期培训计划、短期培训计划。

1. 培训计划的横向结构

培训计划的横向结构如图 8-9 所示。

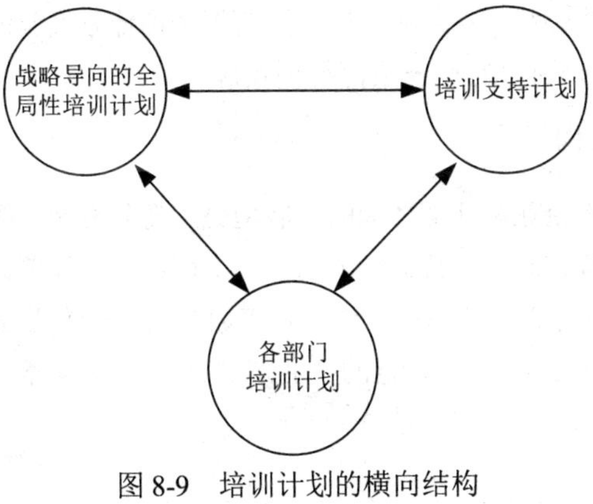

图 8-9　培训计划的横向结构

企业整体培训计划是企业培训目标和培训战略等问题的规划，对企业培训工作起全局性的指导、控制作用。主要涉及企业培训形式分析、培训总体目标、培训资源、培训策略等内容。目的是明确内外部环境条件，并提出解决方案，规定组织培训的大方向。

培训管理计划是培训管理者为实现整体培训计划而制订的相关计划，主要内容有企业培训目标的细化、部门培训规划、培训实施工作条例等，是联系整体培训计划和部门培训计划的关键。

部门培训计划是各部门具体培训工作实施规划。详细列出了培训需求分析、培训目标、培训对象、培训资源、培训内容及培训结果预测等。

2. 培训计划的纵向结构

如图8-10所示，培训计划按时间跨度可以分为长期培训计划、中期培训计划和短期培训计划。短期培训计划即培训实施计划。它们之间是一种从属的包含关系，中期计划并不是长期计划之外的计划，而是长期计划的进一步细化或具体化，同样，短期计划是对中期计划的进一步细化或具体化。

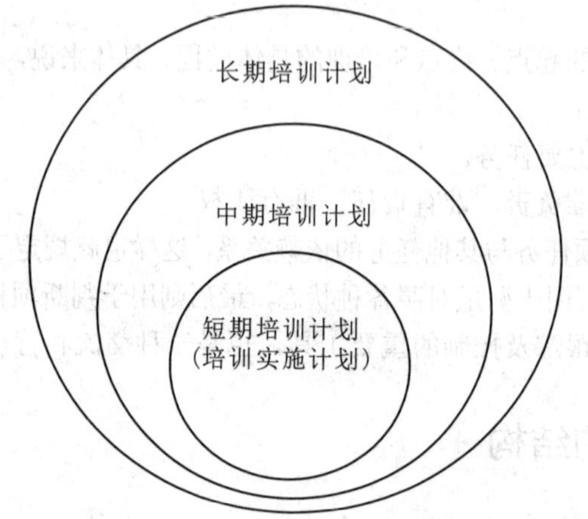

图8-10　培训计划的纵向结构

长期培训计划的重要意义在于充分分析企业内外部环境的发展趋势，充分考虑组织以及员工个人的长远目标的基础上，明确培训所要达到的目标与现实之间的差距和培训资源的配置等方向性和目标性的问题。一般长期培训计划的期限为1～3年。中期培训计划是长期培训计划的进一步细化，同时又为培训实施计划提供指导和依据，实质上具有承上启下的作用。短期培训计划必须要考虑的两个要素是可操作性和培训效果，因此，短期培训计划实施的前期准备工作非常重要，这些准备工作必须要保证计划中的每一项都得到实施。

3. 培训计划的综合结构

长期计划在于充分分析企业内外部环境的发展趋势，充分考虑组织及员工个人的长远目标，明确培训目标及资源配置等方向性和目标性的问题。中期计划是长期计划的细化，并为培训的实施提供指导和依据。短期目标必须考虑可操作性和培训效果，其前期准备非常重要。3个层次和3个时期计划的相互配合，共同构成了完整的企业培训计划系统(见表8-3)。

表 8-3　培训计划综合结构

培训计划内容 各时期培训计划	战略全局性培训计划	培训支持计划	各部门培训计划
长期培训计划			
中期培训计划			
培训实施计划			

8.3.4　影响培训计划的因素

1. 培训范围

培训规划针对不同层次的培训对象，可以将其分为 5 个层级：个人、部门、组织、行业和跨行业。

岗位培训规划注重于个人，即偏重于个人能力和技能的提高。这种培训要求培训者对学习者进行单独的辅导，具体分析其所从事的工作并做出分析和指导。它有利于学习者的快速进步，但成本较高，培训规模有限。学徒式规划是其典型代表。

培训规划也可针对某组织内的一个部门来设计。该部门的人员可能只有几个人，也可能有几千人。通常，大多数技能培训是在这个层次上进行的。技能培训的主体涵盖从工作专业到部门规划的所有范围。

培训规划的对象还可以是整个组织。这时的培训可以是职业精神培训、企业文化教育、思想教育、安全教育等。在这个层次上设计规划时，必须重视规模经济的作用。

培训规划还可以为某一行业内的所有组织来设计。行业一般由政府来划分，行业培训一般也由政府或者行业协会来规划和组织。此类培训的主题主要有适用各行业的企业管理培训、法规培训和研究开发性培训。

有些培训规划能适用于所有行业。它包括技能培训(如计算机技能培训)、管理培训、普通基础教育和一般性培训等。

2. 培训对象的类型

根据学习者的工作类型可以确定培训的类型属于技术性的还是非技术性的。技术性的培训基本上是处理那些工作所必需的过程、程序、一般知识和技能，而不涉及监督、管理和激励员工；非技术性的培训则相反，它对员工的激励以及有效管理提出了更高的要求。

3. 培训规模

培训规模受很多因素的影响。例如，它可能由接受培训企业的规模、经营方向决定，也可能由培训本身的性质、培训力量的强弱、培训场所的大小和培训费用的多少来决定。

如果只有少数员工接受培训就可以进行个人培训，可以不需要或者只有少量的专业教师。个别培训常用于轮岗培训、学徒式培训、在岗培训、程序教学、录像技术、自觉学习等形式。个别培训可以在比较灵活的地方和时间进行，甚至可以在工作时间，就在员工的工作岗位上进行。

对于集体培训，培训者必须考虑 3 个因素：受训生源、培训费用和培训策略。如果学生较多，那么对这么多学生的管理也就成了问题。要想降低每个学生的培训费用，就需要一定的学生规模。

培训策略是决定学生集体规模的一个重要因素。例如，使用计算机进行培训，学生人数通常较少；使用讲授、讨论、个案、角色扮演等方法进行培训，要求学生规模适中。

4. 培训场所

教室只是诸多培训场所的一种。在某些组织里，教室是最少使用的场所之一。对某些连锁企业来说，卖场也许天然就是在岗培训和自我锻炼的最佳场所。培训中心和语音教室也适于现场培训。

非现场培训场所包括教室和专门培训基地。使用它们时，需要准备好方位图、停车场标志和其他后勤方面的告示。体验生活的实际场地也是培训规划所应考虑的培训场所。将教室培训和实地体验结合起来，既可使学生获得第一手的经验，又能对它们进行分析和反思。

5. 培训时间

一期培训的时间从几十分钟到数周不等。培训内容、费用和员工生源都能影响培训时间。为期一个小时至半天的短期培训可以用来介绍主要议题和当今技术发展状况，也可以用来讨论简单的议题。在学习同一段内容时，如果时间超过三四个小时，那么即使教师采取一定的策略来激发员工的兴趣，员工的学习能力仍不可避免地会下降。这是短期培训的一个短处。

系列培训能为员工提供总结和再强化的机会，因而适用于传授较深和较难的内容。

封闭式培训要求员工在培训地吃住。因而，员工的花费更多，也更愿意接受一些更加复杂的培训，如夜间培训。决定此类培训时间的主要因素是费用，尤其是房租。此类培训常用于那些在地理上人员较为分散的组织。

影响培训时间的还有员工和业余时间的分配。大部分职业培训都是在工作时间进行的。虽然可以考虑利用员工的业余时间，但这样做时首先要得到学习者个人的同意。

6. 培训方案的重复使用率

培训方案的重复使用率对设计成本有实质的影响。如果某种方案的实施有限一次或两次，其设计费用和人均实施费用相对来说就比较大。而如果一个方案多次重复使用，即使当初设计费用较大，那么将它们平均到每个参加培训的学生身上，这个费用也不算太大。

因而，在设计培训规划时，要尽量照顾到规划的可重复使用性。要做到这点，就必须做出科学的制度安排。常规化的培训制度(如轮训，每年一度的新员工培训)是提高培训方案的重复使用率的重要条件和方法。

7. 培训费用

设计培训规划必须考虑的一个因素就是培训费用。培训费用直接影响着培训初期计划的进行以及培训的实际效果。培训费用与培训可能带来的收益相比较的结果更是直接关系着培训工作是否值得展开。

企业选择培训方式时必须考虑一个问题，即企业是在内部设立培训部门，还是依靠外部的力量完成培训工作。实践证明，在企业内部设立培训部门并不一定都适用，可能这种方式的费用过高，而外部的专家可能在专业知识方面更胜一筹。从有关培训调查结果来看，培训的主要费用是工资以及参加培训员工的相关费用,同时员工来参加培训而耽误工作所花费的机会成本必须考虑。如果使用外部培训人员，可能在费用上会有所增加，但是只要培训效果好，完全可以弥补费用的增加，毕竟培训效果是最主要的。

8. 培训教师

培训教师担负着企业员工培训的重任，培训教师素质的高低直接影响着企业人力资源的素质高低，进而影响着企业的生死成败。因此，对于企业来说，培训教师的选择和培养至关重要。培训教师的基本职能是培训，即为员工提供学习的内容、条件、相关信息、绩效评估和反馈以及其他方面的帮助。

罗杰贝内特教授认为，培训教师具有 15 种职能，这些职能可以指导培训教师更好地完成培训工作。

(1) 培训政策的制订者。

(2) 培训需求分析的认定者。

(3) 培训创造性思维的缔造者。

(4) 研究人员和培训课程的设计者。

(5) 培训目标的制订者。

(6) 培训内容设计者和发展者。

(7) 培训管理者和组织者。

(8) 培训市场推广者。

(9) 培训负责人和组织发展的代理人、教练、导师。

(10) 培训顾问、建设者。

(11) 学以致用的代理人。

(12) 培训资源的管理者。

(13) 建立联系的负责人。

(14) 培训质量负责人。

(15) 培训结果评估人。

8.3.5　制订培训计划的步骤与方法

1. 制订培训计划的步骤

员工培训计划的制订就像一台冰箱的生产一样，要遵循科学的“生产”流程方可生产出高质量的产品。程序错误就会导致返工或生产出废品。

在制订培训计划时，可以先制订公司级培训计划，然后再制订部门级培训计划。公司级培训计划主要包括岗前管理培训、岗前技术培训、质量管理培训、企业管理培训等培训计划。部门级培训计划根据部门的培训需求来制订。

通过公司培训计划将具有共性的培训组织到一起来进行，可以有效地降低培训成本。在制订部门级培训计划时，要结合部门员工与岗位知识和技能要求的差距来进行。公司级培训计划制订完毕后，再根据公司级培训计划制订部门级计划就会更加有的放矢。

(1) 需求调查。根据培训的不同目的，展开培训需求调查。

(2) 数据分析。总结差距和根源，也就是明确组织能力、员工素质技能与业务目标的差距；明确差距的根源及解决方法；明确通过培训可以解决的差距即培训解决问题的能力。

明确各培训项目信息。培训项目信息包括培训月份、培训类型、培训名称、培训方式、参加人员范围、重点参加人员、费用预算等。对于重点参加人员，在培训后要进行考核。

(3) 制订培训解决方案。明确方案涉及的培训项目；评估现有的培训资源，包括人员、资金、课目、师资等；确定培训重点项目和常规项目，确定培训工作的重点；确定培训需进行的课程开发、师资培养、建设系统，确定培训计划和培训预算。

(4) 培训计划的沟通和确认。要求做好培训报告。首先，明确报告的目的。目的是要获得与培训相关的部门、管理者和员工的支持，以便落实培训计划。其次，要说明报告的内容，如培训的出发点、培训要解决的问题、培训的方案和行动计划、希望得到的支持等。

良好的计划是成功的一半。当培训计划是在为企业经营和业务发展提供帮助，是在为管理者提高整体绩效时，培训将发挥出最大的作用。

部门级的培训计划要与各部门经理进行讨论。在讨论中，各部门经理可能会提出增加培训内容和培训预算。要严格控制培训预算，但培训内容可以增加，当然主要通过内部培训的方式解决。另外，培训经理要向部门经理讲清楚部门经理级培训由培训经理协助部门进行，而不是由培训经理全权负责。否则，在培训实施过程中容易出现管理纠纷。

2. 制订培训计划的常用方法

(1) 培训计划会议。为整合组织内外的培训资源，应对培训计划的合理性、可行性等因素进行有效的控制，在制订培训计划时往往要召开培训计划会议，来对培训计划进行论证和评价，并确定最终培训计划方案。参加培训计划会议的往往需要由涉及计划的部门经理和培训管理者，以及培训管理部门的课程开发人员共同参加，有时为了使培训计划不偏离培训对象的需要，也可以考虑选择几名员工代表参与培训计划会议，听取他们的意见，可使培训计划更为客观，更切合实际。

(2) 部门经理沟通。在制订供应性培训计划时，最为常用的方法当属部门经理的沟通。缺乏与部门经理之间的深入沟通，所提供的培训计划再好，也往往会在实施过程中要面对来自部门经理们的干扰或排斥。

(3) 领导决策。直接由领导部门针对企业具体情况加以决策。

8.3.6 制订培训计划应注意的事项

一些成功企业培训活动的经验表明，除了应具有系统性外，培训活动的成功也依赖于一些其他因素，归纳起来有以下几点。

1. 注意投入与产出的效益分析

企业运营过程中所能运用的资源是有限的，培训部门获得培训所需资源的过程如同销售人员推销产品，必须充分展现培训的投入与产出的效益对比。在培训活动正式开始前，培训计划需要提交给公司管理层审批后才可执行。因此，能否充分展现培训的效益，对培训部门能否得到管理层对培训投入的承诺起着至关重要的作用。

2. 寻求获得高级管理层对培训的支持至关重要

高级管理层控制着公司的资源，洞悉企业的长远发展目标与组织需求，如果培训活动与战略目标紧密联系，管理层就会全力支持计划的执行并提供所需的资源。

3. 直接管理层对培训计划制订的参与

在制订培训计划过程中，也应该让直接管理层参与设计培训计划，这一点很重要。直接管理层对业务需求与人员更了解，能帮助培训部门更准确地定位培训的重点，同时基于直接管理层对培训计划与培训目标的理解，能有效保证今后开展培训活动可获得的支持。

4. 建立具体的、可度量的培训目标是通过确定培训需求应达到的最终目标

目标详细说明圆满完成培训计划后受训者能够做到的事情。因此，目标为接受培训和实施培训的人提供了共同努力的方向，也为评价计划是否成功提供了基准。

5. 参加人员的特征

例如，转岗人员培训计划的制订，要了解的是他们所具备的知识和经验的程度，学习的动机、风格，他们接受培训的能力，他们工作环境的特点和状况等。

6. 培训的内容

培训的内容，是以理论为主，还是以实践为主，间或以引进新思想、新技术为主。例如，转岗培训主要是使转岗人员能尽快适应新岗位的要求，因此，在制订培训计划时，要先考虑的是让他们尽快了解和掌握业务知识以及新岗位基本工作技能的要求，在这一阶段考虑的是以理论为主、技能为辅的培训内容。

7. 培训时要使用的设备

培训时要使用哪些设备。如电视机、投影仪、屏幕、摄影机、幻灯机、黑板、白板、纸、笔等。尤其是一些特殊的培训需要一些特殊的设备，事前一定要准备好。

8. 培训地点的选择

培训地点一般有以下三种：企业内部的教育基地、企业外部的会议室、宾馆内的会议室。要根据培训内容来布置培训场所。若为参观实习或上岗实践，则要处理好培训与工作的关系。

除了上述几点以外，建立培训部门在组织中的地位与信用度，使培训活动被认同，也具有一定的意义。当企业内的各职能部门通过培训提高了绩效后，必然会增强对培训部门的信任，并会给培训工作更多的支持。

8.3.7 连锁企业培训课程设计

培训课程设计的优劣关系到培训效果的好坏。不同岗位、不同人员，培训课程应有所侧重。要提高培训效果，必须首先解决培训课程的设计，包括不同岗位学习内容，基本知识、基本技能、基本素质等方面，都应做出详尽而科学的设计。

1. 连锁企业培训课程设计的概念

要理解课程设计的含义，首先应理解“设计”一词的含义。“设计”是指建立在分析和综合的基础上的精心规划和预先制订。设计的主要特点是：

(1) 以目标为导向，确定目标是设计中不可缺少的第一步，清楚地说明目标有助于保证设计的价值和参加者的理解。

(2) 提高成功的可能，设计使一些可能的问题得到预先的分析和解决。

(3) 节省时间和精力，使价值不大的计划、方案在实施前就被淘汰。

(4) 减少压力，精心的设计使实施者得心应手。

综上所述，连锁企业培训课程设计就是指连锁企业在培训课程的实质性结构、课程基本要素的性质，以及这些要素的组织形成等方面的安排，一般包括目标、内容、学习活动及评价程序。

2. 连锁企业培训课程设计的理论基础

培训的过程就是员工学习的过程，是相对永久且不属于自然成长过程结果的人的能力变化。在学习的过程中，从不同的学习角度看，具有不同的学习特性。了解不同的学习特性和相关理论，是培训成功的关键，也是课程设计与开发的前提。

(1) 成人学习理论。由于大多数正规教育机构是专门培训孩子和年轻人的，在学习过程中，学生通常被看做是指令和学习内容的被动接受者，无法为学习环境提供足够的相关经验。教育心理学家认识到了正规教育的局限性，于是开发了成人教育法，即成人学习理论。关于成人学习特点的研究主要致力于揭开“成人怎样学习”的奥秘。著名美国成人教育理论家诺尔斯对这一问题进行过深入的研究，认为和青少年相比，成人具有下列学习特性：

- 成人的自我概念从儿童时代的“依赖的个体”转变为“能够自我指导的个体”。具体地说，成人能够对自己的学习承担责任，能够了解自己的学习需要，有明确的学习目的和目标，能够制订适合自己的学习计划，有实现计划的顽强毅力和恒心，而且非常厌恶那种把他们当做儿童处置的传统课堂学习环境。
- 成人在不断成长的过程中积累的丰富的工作经验和生活经验，是进一步学习的重要资源。这意味着成人自身的各种阅历和体验本身就是推进他进一步学习的良好基础。但应该看到，成人所拥有的经验有时候也是一把“双刃剑”，亦即原有的经验中的思维定式往往也会成为他获得新的知识、技能或态度的阻力。对此要注意予以克服和化解。此外，成人所拥有的这些丰富经验也是促进同伴学习乃至教学相长的宝贵资源。
- 成人的学习目的明确，学习以及时、有用为取向，以解决问题为核心。这表明，作为社会成员身份的成人学习者，其学习的主要目的是为了解决所面临的职业与生活问题，因而，成人的学习过程实际上应该是一系列帮助成人学习者学会认识问题、分析问题和解决问题的实验过程。
- 成人由于承担了社会、职业和家庭等多种角色，难免成为一个功利主义的学习者，而且常常伴随着程度不等的焦虑感。这说明，成人由于承认学习者的工作和生活压力较大，可供成人学习的时间十分有限，因而使得成人的学习往往带有很强的现实指向性。此外，成人在学习过程中产生的焦虑感会弱化学习的动机，对学习的有效性造成负面影响。

由于企业培训是面对成人学员，具有成人学习的一般特征。因此，在开发培训课程时，充分掌握成人特有的学习特性对开发工作是大有裨益的。对于成人的学习特性，一直是众多成人教育理论家和心理学家所关注和致力研究的问题。认识成人学员在学习能力、学习动机和学习效能等心理方面的基本特点对成人教育课程的实践有着极为深刻的影响。它能有效地帮助我们在课程设计和实施过程中更多地考虑学员的心理特征，从而使之成为真正意义上的成人课程。

(2) 激励理论。激励理论以马斯洛的需求层次论和赫茨伯格的双因素论为代表。需要是一个人在一段时间内每一时刻感到的不足。“需要”激励人们以一定的行为方式来弥补这种不足。

① 马斯洛需求层次理论。人类的需要都有层次之分，当基本的需要得到了满足后，人们会逐级而上追求更高的需要。由于此种需要是具有动机性的，只有未满足的需要，才会影响到行为，而已满足的需要，则不会成为激励因素。且只有一种需要被满足了，则另一个更高的需要才会出

现并需要去满足。马斯洛将需要划分为五种需要层次，即生理需要、安全需要、社会需要、尊重需要、自我实现需要，由于在当今的管理理论中，人们在倡导把员工视为自我实现人，尤其是对于企业中工作时间已经较长的高级技工，低层次的需要他们大多已经满足了，所以，在高级技工的培训方案中，我们应激励他们的尊重及自我实现的需要。

② 赫茨伯格的双因素理论。与马斯洛的需求层次论有较大相似之处，赫茨伯格把需要分为维持因素和激励因素两大类，所谓维持因素是指某些因素在工作中未出现时，会造成员工的不满，但它们的出现也不会引发强烈的工作动机。而激励因素是指某些因素会引发高度的工作动机和满足感，但如果这些因素不存在，也不能证明会引发高度的不满。维持因素和激励因素之间的差异，类似于心理学家所谓的内在和外在激励。

内在激励来自于工作本身与自己的成就感，且在执行工作时发生，而工作本身就具有报酬性。外在激励作为一种外在报酬，其发生于工作后或离开工作场所后，其很少提供作为满足感，如薪酬即为一种外在激励。事实上，在岗职工如果缺乏学习意愿，或者由于职业教育培训不能满足其继续学习的需要，结果必将成为其自身和企业发展的障碍。大多数人刚进企业时，都充满活力，对职业充满好奇。在工作中做出成绩，得到重视、重用，是他们内心深处最想实现的愿望，从某种程度上也是他们努力工作的动机。但随着时光流逝，往往只有少数人得到或实现自己的愿望，大多数人则由于缺乏新的刺激，失去了开始阶段的职业兴奋，原有的志向和使命感也随之淡薄，对于工作抱着应付，只求“过得去”的心态。组织中成员的这种状况势必导致组织进入“组织整体素质下降→令产品服务质量下降→令产品用户消费者不满意率提高→令企业声誉受损→令企业效益下降→令职工福利下降→令人员工作动力下降”的恶性循环之中。

恰当运用需求理论能够更好地激励员工学习，所以在设计与开发企业培训课程时，应了解员工的需要并使培训内容与员工的需要相一致，这样才能利用激励因素去激发员工的工作热情努力工作。

③ 终生学习理论。终生学习包括两个方面，一是员工自身的终生学习，它是企业获胜的重要保证，在产品日益多样化和供大于求的买方市场上，企业间竞争愈加激烈。竞争最终将聚焦于对外服务和内部管理的质量上，而这两项工作都是由高素质的人来实现的。二是企业本身的终生学习，通过挖掘企业内部的人力资源，充分利用各种培训机制，通过各种培训课程的学习，进一步提高人员素质，使人才不断涌现、成熟起来，从而提高企业整体素质，成为企业在激烈的市场竞争中获胜的重要保证。企业为提高其竞争力，必须抓好企业内部的员工培训，建立终生学习型的组织是企业员工培训的重要手段，创建学习型的组织是企业长远发展的重要途径，企业培训课程必须体现这一特性。

3. 连锁企业培训课程设计的基本原则

(1) 应用系统方法和思想进行培训课程开发。充分考虑培训需求，进而在课程设计、培训模式、培训组织方面要能够满足各层次的需求，并且需要设定课程目标，安排课程评价，以对课程适时调整。同时，应注重课程的体系性、灵活性及适应性。

(2) 培训教学活动应针对培训工作的性质、特点和各种培训对象的不同，设计出不同的培训课程，根据成员的学习特征、学习理论，可以总结出若干针对性的原则。

(3) 最优化原则。最优化原则是培训教学设计的中心指导思想，是培训教学设计活动所要解决的核心问题。系统方法的建立和发展，大大推动了最优化思想的研究，越来越多的教育学家致力于探讨教学最优的问题，即帮助教师力求完成复杂教学任务的捷径。培训教学最优化，其实质是探索在培训教学中如何花费最少的时间而获取最大的效果，可用下列公式表示“优化程度－培训效果—时间”。要达到培训教学的最优化，必须考虑在培训过程中抓住主要、本质的东西。要做到正确分析培训对象特点、科学设置培训课程，合理安排教学进度，选择教学方法与教学媒介等。成功的课程开发，取决于一个好的课程设计，以系统思想作为指导，这是培训课程设计的趋势所在。

4. 连锁企业培训课程设计的要素分析

(1) 目标。课程目标提供了学习方向和学习过程中各阶段要达到的标准。它们经常是通过联系课程内容，以行为术语表达出来，而这些术语经常属于认知范围。在我们所熟悉的一般课程的教学大纲中，最常用的有“记住”、“了解”、“熟悉”、“掌握”等认知指标。至于“分析”、“应用”、“评价”等较高级的认知行为目标显然也是可以表述出来的。

(2) 内容。在课堂内容组织上，有两点尤其重要，这就是范围和顺序。顺序指内容在垂直方向上的组织。范围指对课程内容在水平方向上的安排。范围要精心地限定，使内容尽可能地对学习者有意义并具有综合性，而且还要在既定的时间内安排。

(3) 教材。教材要以精心选择或组织的有机方式，将学习的内容呈现给培训者。在学科课程中，教科书是最常用的教材，也是必备的，在教科书的选择上，要求内容丰富，针对性、实用性、操作性强。

(4) 模式。课程的执行模式主要指的是学习活动的安排和教学方法的选择，旨在促进培训者的认知发展和行为变化。

(5) 策略。一个被普通运用的教学策略是“判断—指令—评价”。在这一策略中，教师分析学生的学习进展情况，判断他们遇到了什么困难，对学习顺序的下一个步骤做出指令，当学员完成指令后，教师做出评价，确定他们是否掌握了课程设计的学习内容。

(6) 评价。学科课程的评价重点放在定量的测评上，并衡量可以观察到的行为。例如，在报告学习者的学习状况时，常常用诸如 A、B、C、D 等表明某种程度成就的字母等级表示。

(7) 组织。除了集体授课以外，分小组教学也经常被课程设计者运用，分组教学为“因材施教”的个性化教学提供了某种可能。

(8) 时间。课程设计者要巧妙地配置有限的课程时间，教师要使学习者于整个课程执行期间积极地参与学习活动，使他们把课堂时间看成是最有价值的。

(9) 空间。这里的空间主要是指培训教室，还有一些特殊的空间可以利用，如卖场、图书馆、研讨室、调研场所、运动场等。

5. 连锁企业培训课程设计的基本思路与方法

培训课程设计要集思广益，采用小组方式是最好的办法。小组可以通过运用每个人的经验和知识，设计出完善、有趣的课程。另外，在课程设计讨论时，采取头脑风暴法，但需要注意六点：

(1) 讨论者应自由表达自己的想法，暂时不要对此做出任何评价，以使发言者畅所欲言。

(2) 大量想法中必定包含有价值的内容，畅谈会后要进行全面综合评价，认真归纳总结，从中找出新颖而又具有价值的设想。

(3) 不许对他人的想法提出批评或表示吃惊。

(4) 鼓励畅所欲言。

(5) 鼓励多提设想和看法。

(6) 追求综合改进。

运用这一方法，可以在课程设计的开始阶段用尽可能少的时间收集到尽可能多而且全面有用的信息，特别是在课程开发初期，需要调动每个人的创造性时，这是一种很好的方法。

6. 连锁企业培训课程设计的流程

连锁企业培训课程设计的流程，如图 8-11 所示。

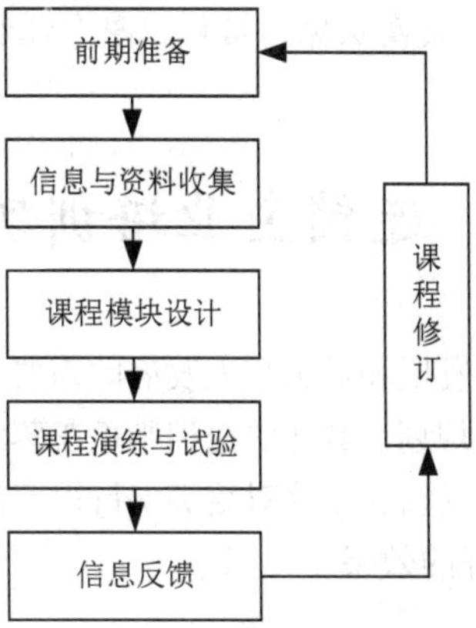

图 8-11　课程开发流程图

(1) 前期准备由培训中心讲师、各职能部门培训管理人员以及部分员工组成课题小组负责课程开发，为课程设计收集尽可能多的信息材料，制订课程设计工作计划，设定课程目标。

(2) 信息和资料的收集充分挖掘与课程开发相关的各类信息资源，识别可利用的、有价值的信息，并有效加以利用。

(3) 课程模块设计包括课程内容设计、课程教材设计、教学模式设计、培训活动设计、课程实施设计以及课程评估设计等。

(4) 课程演练与试验针对培训课程作一次全程演练，应安排相关专家、学员代表等进行评价。

(5) 信息反馈与课程修订应根据专家意见或学员反馈信息对课程适时调整，这样才能及时发现问题、解决问题，有利于保障培训效果。

7. 连锁企业培训课程主要内容设计

培训课程内容的编排主要根据接受培训的对象而定。对于连锁企业来讲，培训对象从总体上可以分为两类，一类是内部培训对象，主要是指企业内部员工；一类是企业外部人员，主要是指企业外部顾客以及经销商、代理商等。而内部培训对象一般又有两种分类的方法，一是按进入企业的时间长短分为新老员工；二是按工作性质不同分为管理人员、销售人员、客服人员以及其他业务人员等。

对新老员工的培训内容，大体上可以分为技术能力、人际关系能力和创新决策能力等 3 类。对新员工的培训应主要体现在企业概况认识、企业文化、企业管理制度、工作岗位职能等方面，其余的时间新员工更多的应参与到企业的相关部门进行实习，以便尽快对企业有全面深入的了解。而对老员工的培训，则应着重于引导他们的自我指导式学习，强化他们的学习能力。

【案例 8-1】

麦当劳的培训课程

麦当劳公司培训课程的设计非常明确。一般员工，首先接受操作性的培训，即基本操作的培训。培训从新员工加入麦当劳的第一天起，直接在工作岗位由一名老员工带着一对一地训练，直到新员工能在本岗位上独立操作。当员工晋升后，开始第二阶段的课程学习，即管理性的培训。在见习经理期间，除了他们在各个基层工作岗位继续工作之外，还要参加基本营运课程的培训；晋升为第二副理后，开始负责餐厅的日常营运，同时参加基本管理课程和中间管理课程的培训；之后，还有机会进入汉堡大学接受更高层次的培训。整个课程设计完整，目的明确。

8.4 连锁企业培训实施

培训的组织实施是指根据企业发展和员工个人发展的需要，将培训规划具体化并予以执行的过程。由于前面已有了良好的培训规划，具体的培训则贵在落实。真正在培训实施过程中要注意的就是一些技术细节，主要目的让受训者始终对培训保持很高的积极性和配合精神，尽可能地使教与学双方互动，使培训取得良好的效果。

8.4.1 培训组织体系的建立

1. 培训组织部门

培训是一项组织化的工作，组织化的优点在于提供系统、协作以更有效地实现培训的目的。通常，连锁企业的培训部门需要成为培训人员的专职管理员，其人员的配置应视不同连锁企业的规模、连锁企业的经验以及企业内部职工素质等不同而有所不同。一般来说，培训的组织部门的基本职能包括以下几个方面。

(1) 收集信息。收集信息的重要性在于：它有助于确认培训与发展的整体目标，使培训工作的视角建立在“什么样的培训与发展更有利于组织的发展之上”。同时，培训部门获取资源支持，推销自己也必须依靠信息的收集。

收集信息应主要着眼于：

① 企业现在有关培训的信息。

② 企业的文化、战略、目标和发展。

③ 确认和了解培训服务对象的信息。

④ 确认和了解培训的消费者(事实上将要培训的人或参与教育项目的人)的信息。

⑤ 了解人力资源开发与管理的其他相关部门，如录用、奖惩、工资等的信息。

(2) 确立目标。确立培训目标主要包括：

① 培训与发展的全面目标。

② 完成本培训的工作分析，将目标细化。

③ 提出培训与发展建议。

④ 选定培训对象。

⑤ 确定培训的程度。

⑥ 确定培训的评价标准。

(3) 制订战略。策略重点考虑的是实施培训的人员、预算、方法和技术等问题。它要回答以下几个问题：

① 由谁来进行培训，确定培训者。

② 投入多少及何种资源，进行预算。

③ 选择何种方法和方式。

④ 采用何种培训技术。

⑤ 需要采用哪些设施。

(4) 培训实施。实施注意考虑：

① 责任分配(专门化)。

② 控制体系(职权关系)。

③ 资源如何配备。

④ 如何实施(正式条例、政策和程度、纪律)。

(5) 培训评估。培训评估就是依据特定的标准，对培训绩效或效果进行度量，这是发现问题、改进工作的依据。培训评估的主要工作包括：

① 确立评估的标准。

② 测定实际情况。

③ 将实际情况与标准相比较。

④ 反馈评估结果。

2. 培训制度

(1) 培训制度的建立。企业培训涉及企业和员工两方面，要想提高培训的效率，就必须建立一套完整的培训制度，明确双方的权利和义务，理顺双方的利益关系。企业制定制度的主要目的是调动员工参与、接受培训的积极性，使企业培训活动系统化、规范化、制度化，进而营造出全员进取的良好学习氛围。因此培训制度是培训系统的重要一环，是日常培训工作开展的指导性文件，也是保护企业与员工双方利益的法规性文件。培训制度的建立，也主要是从宏观上对整个培训加以把握和调控，从制度上确定培训的方向与目的，以及把员工培训纳入企业的用人体制。

由于培训的目的和形式各不一样，所以存在多种培训制度，必要的培训制度包括培训计划制度、培训上岗制度、培训时间保证制度、培训质量跟踪制度、新员工培训制度、内部工作岗位调换培训制度、晋升和晋级培训制度、业务提升培训制度、知识更新培训制度、培训实施管理制度、培训考核和奖惩制度、培训资金管理制度等。这些制度对培训过程中的某一方面给出了明确的规定，使培训工作在具体的实施过程中可以照章办理。企业培训制度要落实领导层的具体人员专门负责员工培训工作，从长远角度制订企业人员培训的长期规划。同时，培训制度还要根据现实需要不断调整员工培训结构和专业方向，以及培训的规模和力度。严格的培训政策和科学的管理制度是做好培训工作的保证，企业须根据其发展战略与实际的发展状况而不断地规范和完善培训制度，而不能照搬其他企业的现有制度。

(2) 培训的配套制度。培训的实施还须有相关的配套制度予以保障。制订与培训相关的配套制度的主要目的是激励各个利益主体参加培训的积极性。这包括以下几个方面：①对员工的激励。比如企业通过一系列培训→使用→考核→奖惩的相关培训制度的建立，形成以目标激励为先导、竞争激励为核心、利益激励为后盾的人才培养激励机制。同样，企业把培训纳入员工的职业生涯规划制度当中，这样也可使企业的发展目标与个人发展目标统一。②对部门与主管的激励。建立岗位培训责任制，把培训任务层层分解，与各级领导的责、权、利挂钩，使培训通过责任制度，层层渗透在企业的目标管理中，从而使培训成为全员的事。③对企业的激励。激发企业培训的积极性，关键就在培训的实效性发挥上。只有制订合理的培训制度，做好各方面的协调工作，使员工通过培训真正能够提高工作效率，进而改善企业的经营业绩，使培训真正能够满足企业生存与发展的需要，才能使企业对培训产生极大的兴趣。

(3) 培训制度的风险防范目的。制订培训制度除了激励外，还有对培训进行风险管理的目的。培训是一项生产性投资，存在一定的风险，所以仍得做好风险防范。所谓企业培训风险主要指人才流失、培养竞争对手、专业技术保密难度增大等，正是由于存在种种培训风险，目前很多企业由于找不到合适的防范手段才对培训投资持不积极的态度。针对培训风险，企业其实可以通过制订相应的管理制度来加以防范。如培训流失风险，企业可根据《劳动法》与员工建立相对稳定的劳动关系，并就具体的培训与员工签订培训合同，明确双方的权利、义务和违约责任。

企业的培训制度需企业领导的高度重视与参与。而目前，许多企业领导虽然逐渐认识到培训的重要性，但多数领导仍停留在口头上。从前面调查中收集到的数据可以看到，多数企业的培训计划都是由人事部门制订，企业领导仅是过目，更为关注的却是企业的培训经费是否超支。员工培训是辅助公司实现其经营战略目标的途径，企业领导应该高度重视。企业的培训制度也正是高层领导培训理念的体现，它决定了培训在企业的地位，因此需要企业领导的高度重视。

8.4.2 培训实施流程

培训实施流程如图8-12所示。

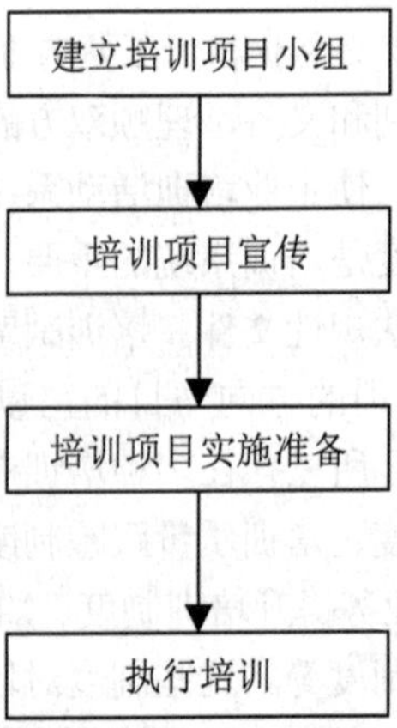

图8-12 培训项目实施流程

培训的实施首先要确立培训项目的工作小组，以确立负责人或责任人，整个培训项目由其指挥。这样整个培训工作的开展才能整齐划一地有序进行。而培训的组织成员没有严格的界定，既可以是培训部门的工作人员，也可以是其他部门人员，甚至可以是企业的高层领导。但在整个培训实施的过程中，都要接受项目负责人的指挥。工作小组成立后，还需进行明确分工，并界定责任，使培训的每一工作环节落实到人。

其次，需做好培训的宣传工作。一个很好的培训项目被设计出来后，若企业其他部门对其不甚了解，就难以得到他们很好的配合，从而影响培训的效果。因为他们没有与培训部门进行很好的沟通，无法派送合适的受训对象去参加培训，而培训对象的正确选择对培训十分关键。而同样，受训员工不能真正理解这个培训项目的意义所在，其学习的动力也会不足，不能对培训产生什么兴趣，甚至产生抵触情绪。所以，在实施培训之前要与各部门主管及员工进行双向交流，取得建议，获得支持。

再次，就是做好培训前的准备工作。培训的实施，须投入人力、财力、物力、时间、信息等诸多方面的资源，这都得在培训前做好充分的准备。在培训分析与规划阶段，已对培训的实施进行了可行性分析，因此，资源的准备一般都是可行的，只是是否准备周全而已。主要有以下几个方面。

(1) 根据培训的项目目标，确立实施方案，包括项目的形式、学制、内容、程序、课程及教师。

(2) 制订项目进度表，确定授课日程。授课日程或顺序的安排应按照各个学习单元之间的相互关系与难易程度来确定讲授顺序和课时。

(3) 再次确认培训教师，并与教师进行沟通，确认培训重点与讲授方式、风格。协助教师准备教科书和参考资料，编写教学大纲。

(4) 布置培训场地。不同培训项目对场地有不同的要求，应根据培训的内容要求来选择和布置培训场地。

(5) 准备培训设施。如投影仪、电视机、屏幕、放像机、摄像机、幻灯机、黑板、白板、纸、笔等。不过一些特殊的培训还需一些特殊的设备。

(6) 准备培训经费。

(7) 发放培训时间通知，并追踪确认，使每个学员都确知时间、地点、基本内容与培训目的及要求。

(8) 开始执行培训计划，进入培训的具体实施。对于培训课程的执行，主要依照计划进行就可，这里不加以赘述。但在培训过程中，需进行及时的反馈，即过程中反馈，培训工作者随时了解培训动态，掌握学员的反应，并根据受训者的要求，适时进行调整，以保证培训效果。

8.4.3　连锁企业培训外包

1. 连锁企业培训外包及其特点

“业务外包”(business process outsourcing)这个概念最初是由 C. K. Prahalad 和 Gray Hamel 于 1990 年首先提出的，是指企业将一些非核心的、次要的或辅助性的功能或业务外包给企业外部的专业服务机构，利用它们的专长和优势来提高企业的整体效率和竞争力，而自身仅专注于企业具有核心竞争力的功能和业务。连锁培训外包是指连锁企业为了节省开支或者缺乏优秀的培训或管理人员等原因而将人力资源的部分职能部分或全部外包给外部供应者的行为。

连锁企业培训外包在外部供应商的参与下与传统的企业内培训相比具有显著的特点。培训外包与传统组织内部培训最显著的区别体现在结构上。传统的培训组织趋向于由固定的、从事某一特定职能(如指导设计)的培训者和管理者来经营。而供应商的培训者的数量则根据对产品和服务的需求不同而变化。培训者不仅具有专业能力(如指导设计)，而且能作为内部咨询专家并能提供更完善的服务。

连锁企业在对企业内部资源进行分析，确定培训外包决策后，可以通过征询建议书来选拔能够提供培训服务的咨询机构和供应商。征询建议书是指这样一种文件：它向咨询专家概括说明了企业所寻求的服务种类、所需参考资料的类型和数量，接受培训的雇员数量、项目资金、评价满意度和服务水平的标准和流程，预期完成项目的时间及公司收受建议的截止时期。征询建议书之所以具有价值是因为它提供了评价咨询专家的一整套规范的标准，而且征询建议书能使企业免去对那些不能提供满意服务的供应商进行评估的必要。

2. 影响外包供应商的选择决策的关键因素

因为培训外包的供应商对培训绩效的好坏直接起着决定性作用，因此供应商的选择也是培训外包决策中最为关键的一环。以下为影响这一决策的三个关键因素：

(1) 企业内部因素。不同的企业战略要求不同的企业培训战略，而培训战略对企业绩效的影响取决于与其相适应的企业战略。当培训战略与企业战略相适应时，才能充分发挥人力资本在企业战略管理中的独特作用，从而最终达到提高组织绩效的目的。不同的企业战略或组织需求需要不同的企业培训战略与之相适应。另外，企业在不同的发展阶段对培训的要求或侧重点也不尽相同。因此，企业需要根据自身的企业战略、所处成长阶段对供应商的专业能力和服务特点进行全面考察，使两者相适应，实现较高的培训绩效，提高企业竞争力。

(2) 供应商的业务素质。当企业进行培训外包时，毫无疑问是为了通过接受专业培训组织或咨询公司来提高组织的培训绩效，以适应激烈竞争的需要。这时要求供应商具有优秀的专业素质：包括培训方面的经验，对培训过程科学而全面的了解，具有一定数量的专家团队或高素质的具有培训任职资格的员工队伍，关于专业领域或管理知识方面较深层面的知识，供应商内部良好的协调管理，还有一定水平的培训资料文件等。只有具备这些基本条件，才能使培训外包有意义，这也是培训外包供应商选择的根本条件，是培训外包的立足之本。

那么选择培训外包供应时，如前所述，在比较各供应商的征询建议书的基础上，企业还要更进一步就一些与供应商专业素质、行业地位有关的问题进行调查。如供应商在设计和传递培训方面有多少和哪些类型的经验？供应商员工的任职资格要求是什么？供应商有开发过的培训项目的例子吗？供应商能为企业提供参考资料吗？供应商有哪些证据可证明其提供的培训项目是卓有成效的？此类问题，都对确定供应商的专业素质非常重要。

当由外部供应商来提供培训服务时，很重要的一点就是要考虑培训项目是针对公司的特定需要的，还是咨询者只准备根据以往在其他组织中应用的培训的基本框架来提供服务。一些成功而有效率的外包供应商，往往在对其客户进行了深入细致的研究之后才能提供符合需要的因地制宜的培训项目。

(3) 供应商的企业文化。企业文化可以概括为不同观念、不同意识所形成的群体风格、构成的不同企业形象。也可指在企业中经领导者积极倡导和企业员工长期实践中所形成的、为绝大多数员工所遵守的基本信仰、基本价值观、基本行为规范、基本道德规范的总和，是一种观念上的行为准则。由于各个企业的历史传统和社会环境不同、行业特点不同、技术设备和生产经营状况不同、人员组织结构和员工素质不同，因而各个企业所形成的企业文化模式也不尽相同。

培训外包中，企业与供应商之间由于企业制度不同、规模不同等因素决定了它们之间是一个包含多重文化的系统整体，在经营思想、价值观念、工作风格、管理方式等方面都会形成一定的差异，如果企业与供应商之间的文化差异太大，或者这种差异处理不当，便会形成不同文化之间的冲突和抵触，不利于企业与供应商之间的沟通合作，影响培训方案的施行，妨碍培训传递过程。或者因为战略思想的差异，供应商不能很好地理解企业所处的地位与环境，对企业与之自身需要相匹配的培训要求估计错误，最终影响培训外包的绩效。因此，供应商的企业文化与企业本身的企业文化的较好匹配、系统整合也是培训外包供应商选择决策的一个关键因素。

在进行决策时，企业应该在对自身企业文化特点充分理解的基础上积极考察供应商的企业文化。如考察企业文化是不是有利于学习组织的建立，企业文化是不是使得员工之间包括上下级和平级之间知识共享的顺畅，隐性知识的转化与传递途径是不是有效，同时企业与供应商之间的知识共享和沟通渠道是不是顺畅，这些都是非常重要的。因为培训外包涉及企业与供应商之间较高战略层次上的资源整合，常常面临由于文化差异带来的摩擦和冲突，在企业与供应商进行接触做出决策之前要重视以后培训外包过程中的跨文化管理问题。如双方的企业文化之间的关系是否有利于形成目标一致的团队文化，从而系统地考虑局部利益与整体利益的关系，并可能在实施过程中通过随时的协调、沟通，达到两种利益的一致，从而建立信任关系，消除习惯性的防卫行为，加强各方的协调和合作。

3. 连锁企业培训外包管理

在与每个培训外包关系建立的开始，企业和外包供应商之间订立最初的合同，以此来确定培训外包中的培训任务、对象、方式等等，亦即衡量这些活动成功与否的标准。然而，这些标准的确定总是在培训对象、企业充分了解培训外包中可能出现的新情况以及或有费用之前，因此，最初订立的合同并不能作为一种长期的外包的合作关系的唯一基础。根据服务水准协议的要求，一些关键的服务水准从一开始被合理的界定的话，将对企业与供应商之间的关系以及培训外包的绩效产生积极的影响。

为了给最初订立的合同提供补充，企业应该将培训外包关系中的所有活动纳入服务水准协议中。那么，在外包合同中，服务水准协议应该包括以下主题。

(1) 确定业务范围和目标。在这方面达成协议的目的是确定培训外包服务的关系。在这一些协议中，应该包括：

① 明确培训外包的目的。

② 对培训外包服务范围的明确界定。

③ 规定在培训过程中中心任务的转移程序。

(2) 服务水准。服务水准是一系列的绩效水平，为实现企业的培训目标从而进一步实现企业的经营目标提供重要的指导标准。事实上，培训外包供应商时常为企业提供他们能够轻松交付的服务水平，而不考虑企业的实际需要。然而，企业在特定的内外部环境中，对培训外包服务水平的实际要求不仅仅是上述交付的服务水平。事先设定的绩效标准是否具有现实性决定着企业能否获得培训效果上的提升以及能否有效防止外包供应商的绩效水平低下。因此，服务水准主要对培训外包活动提供可靠、精确、高品质的管理，同时还包括数量和质量上的一系列测量方法。

事实上，经常应该评估和检验的内容包括 5 点：

① 必须完成的目标。

② 培训服务的及时提供。

③ 培训服务结果与培训要求的一致性。

④ 培训对象即雇员的满意度。

⑤ 费用成本。

(3) 建立绩效期望。企业和外包供应商之间有经常的开发式交流时，培训外包才能取得成功。经常性的对话能保证外包供应商提供服务的质量而不仅仅是数量。在订立合同时，列清处理变化的程序，比如说周期性或不可预见的变化应当列出，同时对于这些突发事件所引起的培训任务交付延误应给予一定时期的罚金免除。

(4) 绩效的评估和报告。在服务水准协议的这个阶段，企业一般在前面已经设置了绩效期望。然而，实际绩效或供应商的贡献将如何被评估？绩效评估报告必须能够使企业了解到外包活动和管理控制的现状，以便能及时调整服务水平、处理相关问题。绩效评估报告在时间上要求能及时确定当时问题。在深度上，要求能准确表明问题的性质并根据它来确定未来的培训需求、内容、形式。

(5) 付费程序。很明显，在这一服务水准协议中，应该说明常规服务费用的决定及其支付方法。同时，一些服务范围的变化或增加在培训外包活动中是经常可能出现的情况，因此对于在这种情况下的付费，其标准也应该在服务水准协议中说明。

(6) 惩罚与激励办法。企业在进行培训外包时，往往具有较高的绩效期望。如雇员对培训项目的满意程度、培训效果的实现、企业绩效的改善、培训服务的及时有效提供、完善科学的培训计划、组织学习氛围的实现。但是如何保证培训外包的供应商能够按照企业的要求提供服务呢？比较有效的方法就是结合企业的文化对供应商进行经济激励或惩罚。对于经济的激励或惩罚，其质和量的标准必须明确、易懂，便于根据绩效水平进行采取对应的措施，尤其是对于非常重要的一些绩效指标。

(7) 问题管理。服务水准协议应该对培训外包过程中出现的问题的记录、报告和解决的程序进行了详细的规定。这些程序可以保证对这些问题按照一定的等级进行分类，从而确定不同的解决方法和响应时间限制。

(8) 质量改进目标。一般从一开始，服务是从较低水平起步，因此外包活动往往是以持续的质量改进为目标。当外包供应商对外包活动的整个过程有全面的了解时，企业也将更加明了培训外包可能出现的结果。在这种情况下，企业和外包供应商能根据培训活动的客观规律和实际要求，建立不断提升改进的目标产出，并在培训外包的过程中，通过中期目标的完成来逐步实现。

8.4.4 培训方法与技术

1. 案例教学法

案例教学法是针对某个特定的问题，向参加者展示真实性背景，提供大量背景材料，由参加者依据背景材料来分析问题，提出解决问题的方法，从而培养参加者分析和解决实际问题的能力。此方法是针对某一具有典型性的事例进行分析和解答，始终要有个主题，即“你将怎么做”，参加者的答案必须是切实可行的和最好的。

在对特定案例的分析、辩论中，受训人员集思广益，共享集体的经验与意见，有助于他们将受训的收益在未来实际业务工作中思考与应用，建立一个有系统的思考模式。同时，受训人员在研讨中还可以学到有关管理方面的新知识与新原则。

培训师事先对案例的准备要充分，经过对受训群体情况的深入了解，确定培训目标，针对目标收集具有客观性与实用性的资料加以选用，根据预定的主题编写案例或选用现成的案例。在正式培训中，先安排受训人员有足够的时间去研读案例，引导他们产生“身临其境”、“感同身受”的感觉，使他们自己如同当事人一样去思考和解决问题。

适用的对象是中层以上管理人员，目的是训练他们具有良好的决策能力，帮助他们学习如何在紧急状况下处理各类事件。

2. 研讨会法

所谓研讨会法，是指由培训师有效地组织研习人员以团体的方式对工作中的课题或问题进行讨论，并得出共同的结论，由此让研习人员在讨论过程中互相交流、启发，以提高研习人员知识和能力的一种教育方法。

研讨会法作为一种企业培训员工的教育方法，以其显著的培训效果，在实际应用中占有非常重要的地位，它与授课法并称职业培训两大培训法。“集思广益”是讨论法的基础，只有收集众人之智慧，并相互激发，才可达到1+1>2的创造性效果。关键是要畅所欲言，通过大家脑子的自由思考，能出现各种各样的想法，有些甚至是极端的，然后把这些想法协调起来解决某一问题。

研讨会法培训适用于企业内所有成员，其培训目标就是要提高能力，培养意识，交流信息，产生新知。培训的方式主要有课题讨论法、对立式讨论法、民主讨论法、讲演讨论法、长期准备的讨论法。

3. 角色扮演法

采用这种方法时，参加者身处模拟的日常工作环境之中，按照其实际工作中应有的权责来担当与其实际工作类似的角色，模拟性地处理工作事务。通过这种方法，参加者能较快熟悉自己的工作环境，了解自己的工作业务，掌握必需的工作技能，尽快适应实际工作的要求。

角色扮演的关键问题是排除参加者的心理障碍，让参加者意识到角色扮演的重要意义，减轻其心理压力。此法相当于一种非正式的表演，不用彩排，它通过学员自发地参与各种与人们有关的问题，扮演各种角色，通过这种方式去体验其他人的感情，通过别人的眼睛去看问题，或者体验别人在特定的环境里会有什么样的反应和行为。

角色扮演法培训适用于新员工、岗位轮换和职位晋升的员工，主要目的是为了尽快适应新岗位和新环境。

4. 操作示范法

操作示范法是部门专业技能训练的通用方法，一般由部门经理或管理员主持，由技术能手担任培训员，以现场向受训人员简单地讲授操作理论与技术规范，然后进行标准化的操作示范表演。利用演示方法把所要学的技术、程序、技巧、事实、概念或规则等呈现给学员。学员则反复模仿实习，经过一段时间的训练，使操作逐渐熟练直至符合规范的程序与要求，达到运用自如的程度。培训员在现场作指导，随时纠正操作中的错误表现。这种方法有时显得单调而枯燥，因此培训员可以结合其他培训方法与之交替进行，以增强培训效果。操作示范法是职前实务训练中被广泛采用的一种方法，适用于较机械性的工种。

5. 成就动机训练法

成就动机是一种较高级的社会动机，是指个体积极主动地从事某种自认为重要或有价值的工作。成就动机训练可分为六个阶段：

(1) 意识化。通过与员工谈话、讨论，使员工注意到与成就动机有关的行为。

(2) 体验化。让员工进行游戏或其他活动，并从中体验到成功与失败、选择目标与成败的关系、成败与情感上的联系，特别是体验为了取得成功所必须掌握的行为策略。

(3) 概念化。使员工在体验的基础上理解与成就动机有关的概念，如“成功”、“失败”和“目标”等。

(4) 练习。为前两个阶段的重复。多次重复能使员工不断加深体验和理解。

(5) 迁移。使员工把学到的行为策略应用到学习场合，不过这时往往只是一些特殊的学习场合，这一场合要具备自选目标、自己评价、能体验成败的条件。

(6) 内化。取得成就的要求成为员工自身的需要，员工可以自如地运用所学到的行为策略。

很多研究证明，对成就动机进行训练是很有效果的。它的直接效果表现为受过训练的员工对取得成就更为关心，并能够根据自己的实际情况去选择所追求的目标。它的间接效果是能够提高员工技术能力并产生强烈探索问题的欲望。这些效果在原来成就动机水平低的员工身上表现得更为明显。

6. 模拟训练法

模拟训练法侧重于对操作技能和反应敏捷的培训，它把参加者置于模拟的现实工作环境中，让参加者反复操作装置，解决实际工作中可能出现的各种问题，为进入实际工作岗位打下基础。

7. 头脑风暴法

头脑风暴法又称智力激励法、BS法，是由美国创造学家A.F.奥斯本于1939年首次提出、1953年正式发表的一种激发性思维的方法。此法经各国创造学研究者的实践和发展，至今已经形成了一个发明技法群，如奥斯本智力激励法、默写式智力激励法、卡片式智力激励法等。

智力激励法是一种通过会议的形式，让所有参加者在自由愉快、畅所欲言的气氛中，自由交换想法或点子，并以此激励与会者的创意及灵感，以产生更多创意的方法。此方法重在集体参与，许多人一起努力，协作完成某项任务或解决某一问题。集体参与增加学员的团队协作精神；增强个人的自我表现能力以及口头表达能力，使学员在集体活动中变得更为积极活跃；在集体参与的过程中会有很多新的思想产生。

一般员工、管理者、监督人员、领导干部都可参与培训，并根据需要，从各阶层人员中各抽几名。培训目标就是培训参加人员的创造性能力，激发他们的创造性思维，以得到创造性的构想。

8. 敏感性培训

最主要的敏感性培训就是文化敏感性培训。

提高员工文化敏感性的培训一方面能使员工对自己的文化属性和环境做到自觉和自知；另一方面，这种培训还能提高管理人员对异国文化在知识和情感上的反映能力。无疑，获得文化敏感性最有效的方法来自于一个人在国外环境中的生活或工作经历。

文化敏感性培训有两个主要内容：一是系统培训有关母国文化背景、文化本质和有别于其他文化的主要特点；二是培训外派管理人员对东道国文化特征的理性和感性分析能力，掌握东道国文化的精髓。

目前许多大型跨国公司采用课堂教育、环境模拟、文化研讨会、外语培训等多种方式进行系统的文化敏感性培训，但并不能保证他们能够在东道国有效应付不同文化的各种冲击。因此，外派管理人员必须学会以新生和接受的态度对待异国文化，切忌用本国文化标准随便批评异国文化，更不能把本国的文化标准强加于东道国公民，即应努力做到克服自我参照习惯的干扰。

对于这种外派人员的培训通常在两个阶段上展开，上述所言及的是派出前的准备培训，第二阶段是现场指导，即外派管理人员在海外上任后，企业总部及当地的辅导者要对他们给予支持，前任者通常要给接任者进行几个月的指导。

此外，需引起注意的是，为了留住人才，让有能力的人安心工作，一些企业还对海外离任回国人员进行回国培训，以帮助他们减轻反向文化冲击，重新适应母国的企业文化，寻求进一步的发展。

9. 游戏法

游戏法是当前一种较先进的高级训练法，与案例研讨法相比较，管理游戏法具有更加生动、更加具体的特点。案例研讨法的结果是使受训人员会在人为设计的理想化条件下，较轻松地完成决策。而管理游戏法则因游戏的设计使学员在决策过程中会面临更多切合实际的管理矛盾，决策成功或失败的可能性都同时存在，需要受训人员积极地参与训练，运用有关的管理理论与原则、决策力与判断力对游戏中所设置的种种遭遇进行分析研究，采取必要的有效办法去解决问题，以争取游戏的胜利。但是管理游戏法培训对事先准备即游戏设计、胜负评判等都有相当的难度要求。

游戏法培训的对象是企业中较高层次的管理人员。

10. 参与式培训法

这类方法的主要特征是：每个培训对象积极、主动地参与培训活动，从亲身参与中获得知识、技能和正确的行为方式。其主要方法有以下几种。

(1) 会议。很少有人把参加会议视为一种培训方式。实际上，参加会议能使人们相互交流信息，启发思维，了解到某一领域的最新情况，开阔视野。

(2) 小组培训。小组培训的目的是树立参加者的集体观念和协作意识，教会他们自觉地与他人沟通和协作，同心协力，保证公司目标的实现。因此，小组培训的效果在短期内不明显，要在一段时期之后才能显现出来。

(3) 参观访问。有计划、有组织地安排职工到有关单位参观访问，也是一种培训方式。职工有针对性地参观访问，可以从其他单位得到启发，巩固自己的知识和技能。

8.4.5　培训师的选择

1. 培训师的基本素质和能力

培训结果的好坏直接取决于培训师的能力和素质，前期介绍得再好，最终总要体现在培训课程的设计和培训过程中，因此，优秀培训师必须具备以下几种能力：

对课程的把握和融会贯通。扎实的基本功和专业造诣是从事专业培训的前提，因此在培训开始前与培训师的面谈沟通非常重要，可以看出其基本功和专业能力。

(1) 良好的个人专业工作经验。要做营销培训师，必须要有正规企业的营销主管乃至总监级的工作经验，培训师不同于大学老师，没有工作经验也可以进行科研和教学，而职业和管理培训却需要非常良好的工作经验。目前经常有纸上谈兵的培训师，甚至于自己也一知半解，当学员提出实际工作中的问题时，经常是答非所问。国外正规的企业或职业培训师大都有十年甚至更长的工作经历的人担任企业方面的培训师。而目前缺乏工作经验只有一纸培训师证书的大有人在。

(2) 表达和演绎的能力。许多人满腹经纶却苦于无法表达，因而不适合从事培训职业，表达和演绎的能力是指能够用合适的方式把培训的内容传授给学员，并让学员掌握。这其中确实有许多培训的专业技巧，也是任何教学活动的难题。但是，目前的培训界却过于看重外在的表达形式，例如，对培训过程中气氛的调节等，而对培训师传授知识、技能的技巧重视不够。

(3) 解答问题和辅导的能力。培训从来是一个双向的过程，纯粹是单方面的满堂灌不是职业培训的要求。因此要求培训师要引导学员提出问题，并给予良好的回答，对有些需要专业技能的培训，还要注重辅导和能力、技能的转移。凡是只知道讲道理而无法进行辅导的培训，就是缺了非常重要的一个环节，是不完整的培训。

2. 培训师的选择

(1) 内部培训师的培养与选择。现如今很多连锁企业对本企业员工的培训很重视，从著名的高校、咨询公司花巨资请来专家为他们进行培训工作。培训工作会对员工的绩效、技能、态度产生一些积极作用，但也有些培训工作收效甚微，没有真正起到培训的作用。近些年很多连锁企业陆续加强了内部培训师的培养，从企业内部挖掘培养一批员工成为培训师，这些培训师往往能根据企业的具体情况有针对性地进行课程设置制作，从而能吸引员工的听课热情，效果往往是很好，且省去了高额的培训成本，这对企业以后的培训是一个很好的启示。

连锁企业对内部培训师的要求应该是既熟悉企业的业务又在专业方面有所专长，一般是企业内部表现比较好的员工。同时也要求内部培训师需要有良好的沟通能力、语言呈现能力等。内部培训师培养流程可以分解为以下几个步骤：

① 动员报名。这是整个内部培训师培养的首要环节，这个阶段的工作应由连锁企业人力资源部或独立的培训部发起，取得高层管理的同意，赢得部门领导及员工们的支持。

② 上报、筛选报名者。这个环节是整个内部培训师建设最重要的一环，直接关系到整个培训师队伍的质量。在企业自上而下的宣传后，根据报名情况和部门的推荐情况整理好所有报名者的资料。在对报名者的条件和资历要求进行对比后，对一些业务知识、技能、EQ较高的员工作为重点考察对象。通过第一轮筛选，人力资源部门或独立培训部有必要同相关的职能部门共同考核第一轮通过者，考核可以采取面谈、试讲的方法进行。对面谈试讲表现突出的个人作为拟录取的对象。

培训部门对培训师队伍组成人员进行培训技能方面的培训。对所有培训师队伍的组成人员进行培训直接关系着初步建立的培训师队伍能否有效地发挥应有的作用，直接关系着整个人力资源开发和培训的效果。由于这些组成人员以前很少或没有接触过企业培训，因此对于培训的专业技巧方面掌握得很少，即使具备一些，也需要加以规范和强化。所以，培训的重点就是关于培训活动的策划组织技巧方面，具体包括培训师的职责和角色，培训师的基本技能，课堂组织技巧，培训效果的评估方法等。

企业高层管理者对培训合格后的人员进行培训师的资格认定。培训测试后，要对这些组成人员进行正式的资格确认，这一环节标志着培训师队伍最终建立起来。进行资格确认可以仿照培训动员的方法，即由企业的高层管理者出面，以开会颁发证书的方式进行公开确认和表扬，宣布培训师队伍的最终建立。最后，人力资源部将其培训师资格归档并录入个人人事资料，从而成为绩效考核、晋升、薪酬评定等方面的依据。

(2) 外部培训师的选择。外部师资包括企业外部的专业培训机构人员，如培训机构、大专院校的教师、各行各业各条战线中的优秀骨干人员及国外专家学者，还有科研院所的研究人员等。外部培训师经常针对成人学习进行培训，富有成人教育经验，且多有各自擅长的培训领域，可为企业量体裁衣选择培训项目，并能很快开展培训，提供更新的观点、更开阔的视野。针对受训者不同层次、不同培训类型选择合格的培训教师。比如，对理论型、补充系统知识型的培训宜选择大学或研究机构的相应学科的教师兼职；对技术应用型、业务专题型的培训，适宜选择最熟悉本技术、本专题、本岗位的骨干技术员工、一流专家、学者、教授兼职；对研究型、高级研修型的培训，则适宜选择知识渊博、经验丰富科研成果多、社会知名度高的专家、学者作为指导教师；而对企业的管理知识、安全知识等培训，可以选择主管领导兼任；对基础性技术、能力的培训，可以选择专职培训教师进行。

总之，只有正确地选择高素质的合格培训教师，才能真正保证教学的效果和培训质量。

8.5　连锁企业培训评估与反馈

8.5.1　连锁企业培训评估概述

1. 培训评估的定义

培训评估，是指对培训项目、培训过程和效果进行评价，可分为培训前评估、培训中评估和培训后评估。培训前评估是在培训前对受训者的知识、能力和工作态度进行考察，作为培训者编排培训计划的根据，培训前评估能够保证培训项目组织合理、运行顺利，保证受训者对培训项目的满意度；培训中评估是指在培训实施过程中进行的评估；培训中评估能够控制培训实施的有效程度；培训后评估是对培训的最终效果进行评价，是培训评估中最为重要的部分，目的在于使连锁企业管理者能够明确培训项目选择的优劣，了解培训预期目标的实现程度，为后期培训计划、培训项目的制订与实施等提供有益的帮助。

2. 培训评估的目的

培训的目的是解决、预防工作中的问题，或为即将到来的新任务做准备。培训评估的目的在于：

(1) 培训是否起到了作用。无论对培训的组织部门、业务部门经理还是投资培训的决策层，都是一个应该明确回答的问题。否则，就会产生盲目投资的行为，不利于连锁企业的发展，也不利于培训负责人组织的下一个项目的立项和审批。

(2) 作为培训负责部门应全面掌握并控制培训的质量，对不合格的培训，能够及时找到欠缺之处并进行纠正，同时总结工作中成功的亮点，本着不断改进培训质量的原则，把培训工作越办越好。

(3) 对参加者的知识、技能、态度的接受更新能力，综合素质和潜在发展能力进行评估。

3. 培训评估的意义

培训评估是确定培训的价值的过程，可以帮助连锁企业了解培训项目的效果，完善培训项目，或决定培训项目的前景。

(1) 培训评估可以为决策者提供有关培训项目的系统信息，从而做出正确的判断，在不同的培训项目之中选择最为科学的培训方案，或对时间跨度较长，投入资本较多的培训项目做出是否继续或终止的决定提供较有价值的参考信息。

(2) 通过培训评估可以帮助培训管理者对培训需求的确定、培训目标的选择、培训计划的拟定、培训资源的控制、培训形式的采纳、培训师的确定、培训时间的控制、培训环境的营造等所有影响培训效果的工作提供改进的信息，同时对培训管理政策、培训模式和采用的培训技术及培训组织主持人不断进行检验。

(3) 通过培训评估信息的交流，培训心得的交流，参加培训后运用培训所学取得的工作进步的展示，使培训资源得到更广泛的推广和共享。同时使培训对象更加清楚自己的培训需求与目前水平的差距，从而产生参与下一阶段培训的愿望。

(4) 通过对培训前、培训中和培训后的全程培训评估，可以实现对培训过程的全程控制，从而使培训需求确定更加准确、培训计划更加符合实际需要、培训资源分配更加合理。通过培训中培训评估的实现，对培训实施中出现的偏差进行及时的纠正，或及时调整培训计划。

8.5.2 连锁企业培训评估模型与方法

自从有了培训以后，就有了对培训效果的探讨，但直到1967年柯克帕特里克(Kirkpatrick)提出培训模型后，培训效果评估活动才更加系统化和结构化，并且促进了大量实证研究的产生。

当前对培训效果评估进行系统总结的模型占主导地位的仍然是柯克帕特里克的四层次模型，但是其他不少研究者也针对该模型的不足提出了自己的评估模型，主要有：考夫曼(Kaufman)的五层评估、CIRO方法、CIPP模型、菲力普斯(Phillips)的五层次ROI框架模型。

1. 柯克帕特里克的培训效果评估模型

柯克帕特里克的四层次模型是最著名的评估模型。该模型认为评估必须回答四个方面的问题，从四个层次分别进行评估，即从学员的反应、学习、行为和结果进行评估，如表8-4所示。

表8-4 柯克帕特里克四级判别方法

层　次	可以问的问题	衡量的方法
反应层	受训人员喜欢该项目吗？对培训人员和设施有什么意见？课程有用吗？他们有些什么建议？	笔试
学习层	受训人员在培训前后，知识及技能的掌握方面有多大程度的提高？	笔试、绩效考试
行为层	培训后，受训人员的行为有没有什么不同？他们在工作中是否使用了在培训中学到的知识？	由监工、同事、客户和下属进行绩效考核
结果层	组织是否因为培训经营得更好了？	事故率、生产率、流动率、质量、士气

柯克帕特里克的四层次模型是目前应用最广泛的评估模型，它简单、全面、有很强的系统性和操作性。从反应、学习、行为、结果四个层面上进行了论述，比较全面和具体。实际上，这个模型确实能解释有关培训计划的大多数资料，同时为以后评估模型的发展研究奠定了基础。但是，柯克帕特里克的四层次模型中的反应仅仅是从情感上进行评估的，而缺乏对培训效用大小的重视，而效用型反应与培训结果的转化相关性更大，因此出现了在此基础上的扩展模型。

2. 考夫曼的五层次评估

考夫曼(Kaufman)扩展了柯克帕特里克的四层次模型，他认为培训能否成功，培训前的各种资源的获得是至关重要的，因而应该在模型中加上一层次的评估。并且培训所产生的效果不应该仅仅对本组织有益，它最终会作用于组织所处的环境，从而给组织带来效益。因而他加上了第五个层次，即评估社会和客户的反应，如表8-5所示。

表8-5 考夫曼的五层次评估模型

层　次	问　题
5. 社会产出	社会和客户的反应、结果和回报
4. 组织产出	对组织的贡献和回报

(续表)

层　　次		问　　题
3．应用		组织内个人效用和小群体效用
2．掌握		个体和小群体技能和胜任力
1. 培训可行性和反应	b. 反应	方法、手段和过程的可接受度和熟练度
	a. 培训可行性	人力、财力和物力资源投入的质量和可获取性

3. CIRO 评估方法

CIRO评估方法是一个由沃尔、伯德和雷克汉姆发明的 4 级评估方法。这种方法描述了 4 个基本的评估级别，是由情景(Contextual)、投入(Input)、反应(Reaction)和结果(Outcome)的首字母组成的。这种方法认为评估必须从情景、投入、反应和结果 4 个方面进行。

(1) 情景评估：是指获取和使用关于当前操作环境的信息，以便确定培训需求和培训目标。这种评估实际上是进行培训需求分析。在此过程中，需要评估以下 3 种目标。最终目标(组织可以通过培训克服或消除的特别薄弱的地方)、中间目标(最终目标所要求的员工工作行为的改变)和直接目标(为达到中间目标，员工必须获取的新知识、技能和态度)。

(2) 投入评估：是指获取和使用可能的培训资源来确定培训方法。这种评估涉及分析可用的内部资源和外部资源，确定如何开发这些资源，以便有最大的可能性来达到预定目标。

(3) 反应评估：是指获取和使用参与者的反应来提高培训过程。这个评估过程的典型特征是依赖于学员的主观信息。如果用系统和客观的方法对这样的信息进行收集和利用，他们的观点将会非常有用。

(4) 结果评估：是指收集和使用培训结果的信息。该评估被认为是评估最重要的一个部分。它包括 4 个阶段：界定趋势目标、选择或构建这些目标的测量方法、在合适的时间进行测量和评估结果以改善以后的培训。

4. CIPP 模型

CIPP 模型与 CIRO 相似，是由情景(Contextual)、投入(Input)、过程(Process)和成果(Product)的首字母组成的。这种方法认为评估必须从情景、投入、过程和结果 4 个方面进行。

(1) 情景评估：旨在确定相关的环境，鉴别需求和机会，并且对特殊的问题进行诊断。需求分析是情景评估最常见的例子。

(2) 投入评估：可以提高如何最佳使用资源以成功实施培训的信息。投入评估的信息有助于制订培训项目计划和培训设计的一般策略，通常投入评估的结果包括制度、预算、时间安排、建议书和程序等方面的内容。

(3) 过程评估：可以向负责培训实施的人员提供反馈，它可以监控可能的失败来源或给预先的决策提供信息。

(4) 成果评估：对培训目标结果进行测量和解释，包括对预定目标和非预定目标进行衡量、解释，这个级别的评估既可以发生在培训之中，又可以发生在培训之后。

总之，情景评估有助于形成目标，投入评估帮助计划培训项目，过程评估引导培训实施，结果评估有助于回顾决策。

5. 菲利普斯的五级投资回报率(ROI)模型

通常在培训结束后，绝大多数的公司只是报告在培训上花的费用，培训时间和参加培训的人数，而没有提供培训给公司带来的价值，参与者所学习到的东西以及由于培训带来的投资回报。近年来，特别强调要对培训发展的投入进行评估，投资回报率成为评估的关键部分。

ROI 过程在柯克帕特里克的 4 层次模型上加入了第 5 个层次：投资回报率。它是从反应和已经计划的行动、学习、工作应用、组织结果和投资回报率 5 个层次进行评估的。

图 8-13 是 ROI 方法实施培训效果评估的全过程。从数据收集开始，以 ROI 计算结束。

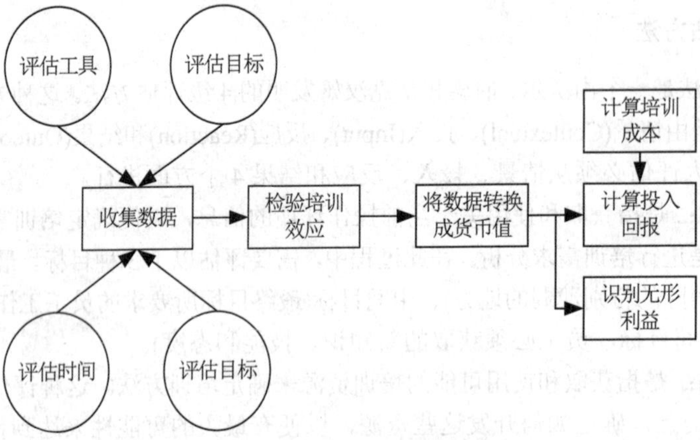

图 8-13　ROI 过程模拟

评估目的必须在评估之前考虑，因为评估目的常常决定了评估的范围，评估工具的类型和所收集的数据类型。如 ROI 分析中有一个评估目的是比较培训项目的成本和收益。这就要求收集的数据是影数据，数据收集的类型是绩效监控，分析的类型是全面分析，结果的报告方法是提交正式的评估报告。最常见的几种收集数据的工具是调查、问卷、访谈、测试、观察和绩效记录等。选用何种工具收集数据取决于组织的文化对他们的熟悉程度以及是否符合情景和评估要求。在某些情况下，数据收集的时间是在培训实施前后进行的。然而，有时培训前的数据很难收集到，只能在培训后进行跟踪评估。这里的一个重要问题是跟踪评估的时间，通常跟踪评估的时间范围是 3～6 个月。

8.5.3　连锁企业培训评估内容

1. 人才效益的评估

培训的目的主要是使员工在知识、技术、能力、方法和业务工作水平上有较大的提高，以使他们获得工作的成就感，并为社会进步、企业经济发展做出一定的贡献。因此，培训评估的首要内容就是对人的效益的评估，可以设置知识指标、能力指标来进行评价。

(1) 知识指标。知识效益指标又包括岗位业务知识、相关知识、工作技能知识。其中岗位业务知识是对每位受训者必须达到的基本要求。即通过培训，一定要掌握完成本岗位工作所需要的业务知识以及掌握新的实用的业务知识。相关知识是指与本工作岗位相关联的知识。这是因为现代企业中的任何一个工作岗位的知识都不是孤立的，为高效地做好本职工作，必须对相互交叉，相互渗透的知识要进行培训、学习、研究、了解。工作技能知识也是要求每位受训者必须达到的指标。它包括完成本岗位工作任务所必须的工作方法、技能、技巧、技术。同时，还包括岗位发展中的新知识、新技术、新方法、新技能、新技巧。

(2) 能力指标。能力通常指完成某种活动并直接影响其效率的本领。包括完成某种活动的方式和所必需的能力条件。培训评估中对能力效益的评估指标主要有以下几个方面。

① 智力。在企业培训中的智力指标主要指完成各类岗位工作所需要的智力基础。如工作中的观察力、记忆力、思维力、想象力等岗位认知能力。

② 主动能力。对受训者主动能力的评估，主要侧重能否主动、积极地进行探索，并善于分析、提炼、归纳解决问题和对事物做出正确的判断。

③ 协调能力。对受训者协调能力的评估，主要看受训者在学习和工作活动的过程中能否随时解决调整好工作中的各类矛盾及冲突，能否妥善处理好人与人之间、人与团体之间的各种工作或人际关系。此外，个体的工作计划能力、支配与组织能力、及时调整与改进能力、与人合作协调及共事能力等也都属协调能力评估的范畴。

④ 技术能力。技术能力是指各类受训者能运用工作技巧熟练地解决岗位工作中具体问题的能力。不同岗位职务的人员，有着不同的标准，如管理人员的技术能力通常包括决策能力、综合分析能力、工作组织能力、业务技巧能力、演讲能力及表达能力与口才。

2. 企业经济效益评估

对企业经济效益的评估指标，主要表现在以下几个方面。

(1) 通过培训提高了生产绩效，增加了生产的经济收入和降低了成本开支等。

(2) 提高了生产绩效。可以通过培训前后员工生产绩效统计分析，来测定培训所带来的绩效。如培训提高了服务质量，从而使顾客满意培训提高了管理者的经营、管理和决策能力培训提高了员工对各项制度执行的自觉性，使企业更具有竞争实力等。

(3) 增加了生产的经济收入。可以通过具体的统计数据来计算出经济增长的实际比率。如培训后的员工在工作中获得了更多的成功的机会，劳动强度的改变、人为事故的减少等，从而促进了企业经济的增长速度。

(4) 降低了成本开支。如通过培训，企业生产过程中次品、废品、作业差错率减少，出现了高效率、高质量的生产经营方式，可以降低生产及经营成本，提高经济效益改变员工的工作表现和作业过程中的行为方式操作熟练，也能大大地降低生产成本科学的管理手段与方法，也可以导致生产经营成本的下降，使企业获得可观的收益。

3. 社会效益评估

社会效益的评估，旨在评估通过培训对社会产生了哪些有益的影响和取得哪些与培训有关的社会成果。由于社会效果的评估，必须调查了解许多培训项目以外的因素，因而有时难以进行量化的分析，所以只好通过对某些与培训相关的宏观社会现象进行衡量。如培训对社会经济基础和上层建筑产生了什么影响等。在具体评估中主要有以下两个方面的评估指标。

(1) 对社会经济的发展指标。对社会经济发展的指标评估，可以通过以下几个具体的指标和具体的事例或事实来进行评估和判断培训活动。

① 培训活动是否有益于社会主义市场经济的发展。

② 培训活动是否有利于社会科技进步的发展。

③ 培训活动是否有利于社会人力资源、信息资源和物质资源的开发。

④ 培训活动在哪些方面提高了生产力水平和推动了社会经济的进步。

(2) 对社会的影响指标。对社会的影响指标的评估，主要是从社会上层建筑等方面来考察培训所带来的哪些社会影响。主要从以下几个方面进行评估。

① 培训活动是否提高了人们对社会制度正确的认识。

② 培训活动是否增强了人们的社会组织观念。

③ 培训活动是否改变了人们的生活方式和思想观念。

④ 培训活动是否有效地改善了社会文化和教育结构。

⑤ 培训活动是否改变城乡建设的环境。

⑥ 培训活动是否提高了人们的环保意识。

⑦ 培训活动对人们政治思想与伦理道德标准的影响和作用。

8.5.4 连锁企业培训评估流程

评估本身是一项复杂的系统工程，培训评估的开展要遵循科学的程序(见图8-14)，否则得出的培训评估结果很可能失去客观性。当对培训项目的方法和成果进行评估时，有3项活动是必须完成的。一是找出事实根据，即收集信息，包括收集培训人员在评估过程中使用的、可以衡量的实际情况；二是对收集到的信息与预定的培训目标和效果进行比较；三是评估人员在比较基础上做出鉴定，并做好反馈。通常，培训评估主要分成4个步骤：评估确定、制订评估方法、评估实施、评估反馈。

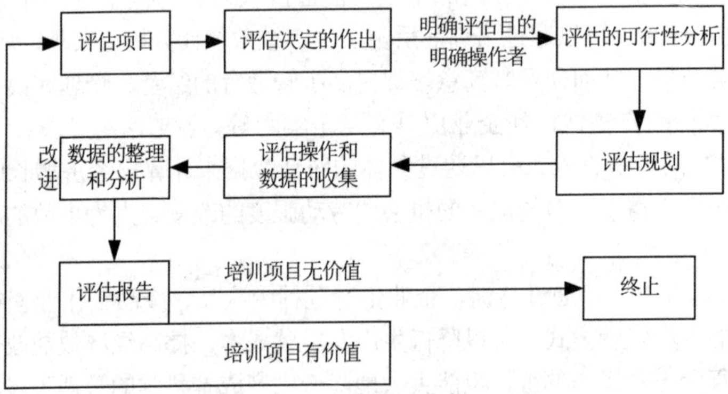

图 8-14 培训评估的流程

1. 确定培训评估是否开展主要从以下几个角度来进行考虑

(1) 培训评估的可行性。从这方面来说，可以利用下面的几项要素来进行考虑：是否有明确的培训目标；是否有合适的培训评估人选；是否来得及进行培训评估的准备工作；是否有足够的时间来开展培训评估；是否有足够的资源来开展培训评估。

(2) 评估价值的是否值得。要确定培训评估是否有价值可以从以下几个方面来进行考虑：培训项目需要的经费；培训项目实施需要的时间；培训项目的效果好坏对于公司的影响；培训项目影响的范围；培训项目遭到的非议；培训项目得到的赞许；培训评估结果是否能够得到充分利用。

2. 培训评估方案的制订

培训评估方案需要明确的项目有：培训评估的目的；评估的培训项目；培训评估的可行性分析；培训评估的时间和地点；培训评估的人员；确定培训评估的方法；培训评估的标准；培训评估的推进步骤；培训评估的工作分工与配合；培训评估的频率培训；评估的报告形成

与反馈。

在制订培训评估方案时，最好能够由培训项目的实施人员、培训管理人员、培训评估人员和培训评估应用人员来共同进行，这样可以确保培训评估方案本身的科学性和切实可行性。

3. 培训评估信息收集

不同的培训评估信息收集的渠道和收集的方法是有所不同的。例如，培训计划评估与培训最终效果效益评估的信息收集和收集方法就有所不同，前者的信息收集渠道主要是培训计划制订的参与者，收集方法是与参与制订培训计划的相关人员进行沟通面谈，并争取得到与培训计划相关的所有资料和培训计划本身，而后者在信息渠道和信息收集方法则涉及得更加广泛。

4. 培训评估的信息整理和分析

培训评估需要的信息来自于不同的渠道，信息形式有所不同，因此有必要对收集到的信息进行分类，并根据不同的培训评估内容的需要进行信息归档，同时要制作一些表格对信息进行统计，并利用一些直方图、分布曲线等工具将信息所表现的趋势和分布状况予以形象的处理。

5. 撰写培训评估报告

培训评估报告是培训评估的最后一个环节，同时也是影响培训评估结果的重要环节，因此，在撰写评估报告时不可凭一两人的观点，那样会大大影响评估结果的价值，也失去了培训评估报告的重要意义。

培训评估报告的组成：培训背景说明；培训概况说明；培训评估的实施说明；培训评估信息的陈述或以图表形式来表示；培训评估信息的分析；培训评估结果与培训目标的比较；培训项目计划调整或是否实施的建议提出。

撰写培训评估报告要注意的问题：要用辩证的眼光来分析问题；要在下结论之前确定真凭实据；要考虑到培训评估者本人存在的偏见；要考虑到培训的短期效果和长期影响。

培训评估报告在没有向上级呈报或没有定论之前，一定要召开由培训评估项目小组和所评估的培训项目的管理者、实施者、项目顾问、培训学员的领导或下级等相关人员共同参加的评估会议，共同讨论培训评估报告的真实性，结论的合理性，以确保培训评估的客观性，并真正发挥培训评估对领导决策、培训工作者工作的改善等方面的重要作用。

8.5.5 连锁企业培训效果转化

1. 培训转化的过程

成功的培训能够让受训者持续有效地将所学的知识技能使用于工作之中，甚而转化为受训者自身的一种习惯行为，成为其自身素质的一部分，这一过程也就是所谓的培训成果转化。如果培训结束后，其所学到知识、技能、思维方法及态度不能有效地应用到实际工作中，而且也没有人来关注培训的成果转化，那这次培训肯定是一次失败的培训。即使培训组织得十分完美，其业绩也仅是这次培训实施工作的肯定，而非对整个企业的培训效果的肯定，而且这样更是让人感到“功亏一篑”的惋惜。

然而，培训成果的转化并非是一蹴而就，它需要一个长期反复的过程。从受训者角度来看，培训效果转化一般经历4个层面的发展过程。

培训转化过程的第1个层面是“照样搬样”的转化运用，既指受训者通过培训学习，对所学的知识技能还只是停留框架性的概念认识，其应用还只能依样画样，并受到诸多条件因素的限制或影响，如对工作环境要类似培训环境的要求，这种环境正是启发受训者的瞬间回忆，同样也说明知识尚未在脑里消化。

第2个层面就是举一反三。这时，受训者已经部分或全部领悟了所学的内容原理，并能根据原理或机制灵活运用，这是培训转化关键的一步。也就是说受训者已能抛开条件因素的限制，即使在差条件下也能正应用。

第3个层面就是受训者达到融会贯通的地步，即受训者在实际工作中遇到与培训过程完全不同的情况时，也能建立起培训内容与现实应用的有效联系，使所学的知识能够得以正确的运用，并解决实际问题。

第4个层面的转化就是受训者的创新改进。受训者不仅能有效地对培训内容灵活运用，还能对所学的知识技能加以创新，在方法运用上加以改进。在日常工作中，受训者还常用自我激励的方式去思考培训内容在实际工作中可能的应用，并且扬长避短，进入创新发展的良性循环。

2. 影响培训效果转化的因素

成功的培训能够提高员工的知识技能，改善员工的工作态度，在实际工作中持续有效地进行培训成果转化，不断提高工作绩效以推动企业的向前发展。但培训成果的转化又存在哪些影响因素呢？

影响培训效果转化的因素主要有以下两个方面。

(1) 受训者特征对培训转化的影响。受训者特征包括受训者培训动机、文化水平及基本技能。这些不仅影响受训者在既有学习成果条件下的培训转化，而且还通过影响培训过程中受训者的学习效果间接影响培训的有效性。培训转化的过程本身就是受训者自我吸收提升的过程。受训者才是培训转化的真正主体。因此，在培训之前，就需对培训对象有所选择，并且要求受训者做好培训前的思想准备，端正学习的动机与态度，如有必要，还须明确培训考核结果对其工作的关联影响程度，如培训结果将作为其晋升奖惩的依据等。这些都是使受训者自身特征对培训转化向良性方向发展的方法，在实际工作中十分必要。

(2) 受训者工作环境对培训转化的影响。工作环境同样是影响培训转化的一个重要因素，也是目前许多企业员工培训存在的关键问题，往往成为提高培训有效性的瓶颈。这里所指的工作环境是指影响培训转化的所有工作上的因素，包括管理者的支持、企业的学习氛围等。有利于培训转化的工作环境能起到督促或提醒受训者将培训中所学到的知识应用到工作中去的作用。这样的工作环境离不开领导工作者的支持与重视。管理者可对刚接受培训就将培训所学内容应用到工作中的受训员工进行表扬，起到培训转化的正面强化效果。一般来看，管理者对培训的支持越高，就越可能进行培训转化。为了使工作氛围有利于培训成果的转化，让受训者获得更多应用新知识技能的机会，企业应该努力向学习型组织转变。学习型组织具有促进企业全体不断学习的作用，是一种适应能力与变革能力极强的组织。培训实质上也是一种学习，在良好工作环境中，知识的学习与运用被视为企业培训系统的基本组成部分，它可实现培训被动应对企业发展到主动提供企业核心竞争力的转变，使整个培训系统融入新的内涵。

3. 积极促进培训成果转化

在做好培训评估工作之外，企业还必须注意从以下几个方面积极推动培训成果的转化，以克服阻碍培训成果转化的诸因素，从而更好地提高培训的效果达到预期的培训目标。

(1) 提高管理者支持程度。事实上，人力资源管理中的许多关键性问题绝大部分都需要由各个部门的管理者来处理。所以要确保培训成果转换，管理者的支持必不可少。管理者支持程度越高，越有可能发生培训成果的转化。那么，管理者应从哪些环节入手呢？首先，管理者应该积极倡导和鼓励受训员工将培训中获得的新技能和行为方式应用到工作之中。尽可能帮助员工解决培训成果应用所需的各种设备和资源，当员工在应用培训内容出现失误时，不轻易惩罚和公开责难。其次，管理者应关注那些刚刚接受过培训的员工，与他们共同讨论如何将培训成果应用到工作当中，制订具体的行动计划，并商定员工汇报阶段性进展情况的时间。最后，采取激励和强化的手段，对那些刚受过培训就将培训内容应用于工作中的员工给予表扬和物质奖励。

(2) 对实践机会进行测量。员工将培训成果应用于工作的实践机会可以由管理者向他们提供，也可以由他们自己主动寻找。有实践机会的受训员工要比没有实践机会的受训员工更有可能保持住所获得的能力。对实践机会的测量主要针对已应用于工作当中的所培训内容的数量频率、难度和重要性，实践机会少说明工作环境对应用新技能的影响，例如，管理者没有支持培训活动或不给学员提供能够应用培训所强调的技能的工作机会，还可能说明培训内容对员工的工作并不重要，在培训项目设计与开发环节上有待改进。

(3) 建立受训员工联系网络。企业可通过在受训员工之间建立联系网络来增强培训成果在工作中的应用。联系网络可以由两个或两个以上的受训员工组成，通过面对面的沟通交流或通过电子邮件进行沟通，使受训员工可以讨论所学技能在工作中应用的进展，并共享成功经验。他们还可举办讲座交流如何获得应用培训内容所需的资源，以及如何克服阻碍培训成果应用的不利因素。

(4) 人力资源管理部门的督导。人力资源管理部门的主要职责首先是让管理者了解下属所参加的培训项目的内容，以及它与企业经营目标和经营战略的关系，把管理者应该做到的有关促进培训成果转化的工作事项备忘录发给他们。其次，应鼓励受训员工将他们在工作中遇到的工作难题带到培训课程中，作为实践练习材料或将其列入行动改进计划同时建议受训员工与管理者一道去发现和解决各种问题。再次，与管理者交流分享在培训班上收集到的学员的反馈信息，以引起管理者足够的重视，并对管理者进行培训，然后赋予他们培训自己下属的责任。最后，建议培训安排课后作业，让受训员工与他们的上司共同完成一份行动改进计划书。

总之，企业只有经常地、全面地对培训工作进行评估，积极营造培训成果转化的有利环境，不断地总结经验，克服薄弱环节，才能提高培训效果，实现人才开发的总体目标。

本章小结

本章首先介绍了连锁企业培训的基本概念，分析了企业与现代企业的关系，对连锁企业培训的特征进行了简述。然后详细介绍了连锁企业培训管理的基本过程，包括连锁企业培训的需求分析、连锁企业培训计划的编制、连锁企业培训的课程设计、连锁企业培训的实施以及连锁企业培训的评估与反馈等 5 方面的内容。

思考题

(1) 培训对于现代连锁企业发展有什么重要的意义？

(2) 连锁企业如何有效地实施员工培训与开发？

(3) 结合实际，你能想到的培训与开发方法有哪些？

(4) 连锁企业应该如何选择培训师？外聘培训师和内部培训师有什么区别？

(5) 连锁企业培训如何从受训者特点、培训项目的设计和工作环境 3 方面来改善和提高培训转化效果？

(6) 试论连锁企业如何提高新员工培训与开发的有效性？

第 9 章

现代连锁企业文化建设与管理

学习目标

- 掌握连锁企业文化的基本概念
- 熟悉连锁企业文化与企业核心竞争力的关系
- 了解现代连锁企业文化建设

美国哈佛商学院著名教授、世界知名的管理行为和领导科学权威约翰·科特大胆预言：文化管理在未来十年内很可能成为决定企业兴衰的关键因素。现实当中，连锁企业在经历了最初的经验管理、科学管理和战略管理后，日益认识到企业最高层次的竞争已经不仅是资金、技术、人员、策略的竞争，而是文化的竞争。谁塑造了优秀的文化，谁拥有了最优秀的经营理念并且转化为企业行为，谁就会成为市场竞争的优胜者。

9.1 连锁企业文化的基本理论

9.1.1 企业文化的定义

“文化” 一词由来已久，拉丁文用 culture 表示，具有居住、耕作、精神等意思，后引申为个人修养、社会知识、艺术作品和一定时代的社会生活等。在中国古代，“文化”的含义为“人文化成”和“以文教化”，即培养、教育、改变之意。《辞海》曾经给出较为全面的定义：“从广义上说，指人类社会历史实践中所创造的物质财富和精神财富的总和。从狭义来说，指社会的意识形态以及与之相适应的制度和组织结构。”可见，对文化的定义有着不同的诠释和理解。企业文化作为社会大文化的一个子系统，客观地存在于每一个企业之中。学者们对于企业文化，同样有着各种各样的阐述和说明，比较有代表性的有：

- 威廉·大内在《Z 理论——美国企业界怎样迎接日本的挑战》中指出，一个公司的文化由其传统和风气构成。这种文化包括一整套象征、仪式和神话。它们把公司的价值观和信念传输给雇员。这些仪式给那些原本就稀少而又抽象的概念添上血肉，赋予它们以生命。
- 美国的特雷斯·迪尔和阿伦·肯尼迪在《公司文化》一书中，认为企业文化是由企业环境、价值观念、英雄人物、礼节和仪式、文化网络等 5 个要素组成的。

- 美国麻省理工学院教授爱德加·沙因1985年出版的专著《企业文化与领导》中对企业文化的定义。即："企业文化是指在一定的社会经济条件下通过社会实践所形成的并为全体成员遵循的共同意识、价值观念、职业道德、行为规范和准则的总和。"
- 当代管理学家托马斯·彼得斯和小罗伯特·沃特曼在《成功之路》一书中，尽管没有给企业文化下一个明确的定义，但却详细地阐明了卓越企业所具有的八种文化品质。在他们看来，"企业文化是由企业领导者积极倡导的，由企业领导者和职工恪守的共同信念或共同价值观。"

总的来说，西方学者对企业文化的理解有一定的差别，但以下几方面具有共识：企业文化是一种重视人、以人为中心的企业管理方式；企业文化的主要内涵是企业价值观；企业文化是一个组织形成的独特的文化观念、价值观念、信念、历史传统、价值准则和行为规范等。

我国对于企业文化的研究起步较晚。很多研究者基于国外研究成果，结合我国实际情况，对企业文化的定义进行深入探讨，从更全面的角度分析了企业文化的要素组成。认为企业文化是企业在实现企业目标过程中形成和建立起来的，由企业内部全体成员共同认可和遵守的价值观、道德标准、企业哲学、行为规范、经营理念、管理方式、规章制度等的总和。这些定义大致可归纳为以下3类：

(1) 复合概念说。这种观点认为，企业文化是由企业的"外显文化"与"内隐文化"两个部分构成的。"外显文化"系企业的表层文化，是指企业外在性的、直接可感觉的、现象上的和形式性的文化，包括企业徽记、产品的商标、装潢包装、习俗礼仪、办公环境等；"内隐文化"则体现在企业内在的精神层面，是指在企业内部为达到总体目标而一贯倡导、逐步形成、不断充实、并为全体成员所自觉遵循的价值标准、道德规范、工作态度、行为取向以及由这些因素凝聚而成的整体精神风貌。也有人干脆把"外显文化"等同于企业物质文化，认为"外显文化"就是指企业的设施、原材料、产品等，因而企业文化就是企业物质和精神文化的总和。

(2) 观念形态说。持这种观点的学者认为，企业文化是一种观念形态的价值观，是一个企业长期以来所形成的稳定的文化观念、历史传统和特有的经营精神和风格。《企业管理新谋略》一书的作者许宏认为，企业文化乃是经济意义与文化意义的混合，即指在企业中形成的价值观念、行为准则在人群中和社会上发生了文化的影响，因此，它"不是指知识修养，而是指人们对知识的态度；不是利润，而是对利润的心理；不是人际关系，而是人际关系所体现的处世为人的哲学；不是俱乐部，而是参加俱乐部的动机；不是社交活动，而是社交方式；不是运动会的奖牌，而是奖牌折射出来的荣誉观；不是新闻，而是对新闻的评论；不是舒适优美的工作环境，而是对工作环境的感情；不是企业管理活动，而是造成那种管理方式的原因。总之，企业文化是一种渗透在企业一切活动之中的东西，是企业的灵魂所在。"

(3) 广义和狭义说。这类观点认为，企业文化有"广义的"和"狭义的"两种。广义的企业文化，指企业在经营过程中所创造的具有本企业特色的物质财富和精神财富的总和；狭义的企业文化，指企业在发展过程中形成的具有企业特色的思想意识、价值观念和行为习惯，其核心是企业的价值观。在此基础上，有学者进而提出"层次说"，认为企业文化由企业的行为文化、企业心理文化和企业的物质文化3部分构成，其中，企业文化的中心内容是企业的心理文化，即在企业的经营管理中形成的、浸入整个企业员工灵魂的价值观念和行为准则。

国内外学者对企业文化的内涵和界定存在着很大差异，但无论企业文化的概念如何多变，其核心内容始终是企业的核心价值观和基本信念。剔除相互间的差异，仍能够找到人们对于企业文化的共同见解。如共有的价值观念、行为规范、起指导性作用等。

综合国内外学者的研究成果，本文认为是在一定的社会历史条件下，企业在长期的生产经营过程中形成的具有本企业特色的精神财富及其外在形态，包括企业价值观、企业精神、道德规范、行为准则、风俗传统以及企业行为、企业制度、文化环境、企业产品等。它是一个企业组织在自身的发展过程中形成的以价值观为核心的独具特色的文化管理模式。

连锁企业文化是指连锁企业在经营管理活动中所形成的经营目标、行为规范、企业精神、企业制度的总和，其核心是连锁企业价值观。连锁企业价值观是连锁企业在长期的经营实践中形成的稳定、积极向上的共同心理定势、共同价值取向和企业主导意识，它是保连锁企业的企业文化核心，是连锁企业的灵魂和生命力所在。连锁企业价值观对连锁企业的发展具有导向、激励、团结、促进的作用，是连锁企业发展的指针和灯塔，其他各项都是它的具体形式或实际载体。

9.1.2　企业文化的结构体系

企业文化的层次结构是把企业文化作为一种独特的文化现象来探讨，企业文化一般分为 4 个层面，即精神文化层面、制度文化层面、行为文化层面和物质文化层面，这 4 个层面由里向外，构成企业文化的结构体系。企业文化这 4 个层面，物质文化最为具体实在，属于表层，构成企业文化的硬件外壳；行为文化是处在浅层的活动，构成企业文化的软件外壳；制度文化是观念形态的转化，成为企业文化硬、软外壳的支撑；而精神文化则是观念形态和文化心理，为企业文化的核心。企业精神文化是企业文化的精髓，它主导着企业文化的共性与特性，主导着本企业文化的发展范式。精神文化通过制度文化来表现，支撑着企业员工的行为，使之具有本企业核心文化的特点。4 个层次的关系见下图：

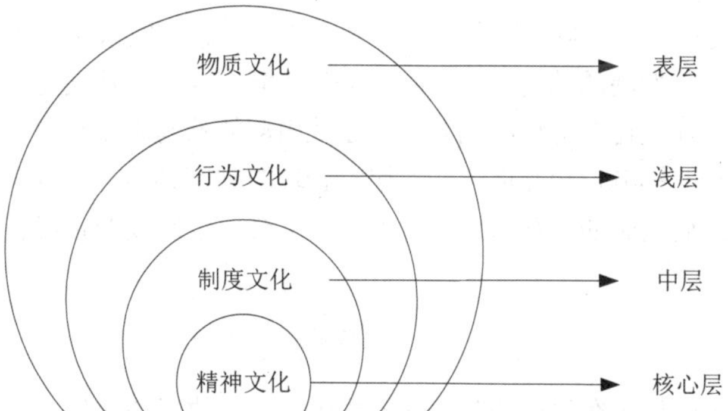

图 9-1　企业文化层次结构图

1. 企业精神文化

企业的精神文化是用以指导企业开展生产经营活动的各种行为规范、群体意识和价值观念等意识形态的总和，是以企业精神为核心的价值体系，对整个企业文化起决定作用。

企业精神是企业广大员工在长期的生产经营活动中逐步形成的，并经过企业家有意识的概括、总结、提炼而得到确立的思想成果和精神力量，它是企业优良传统的结晶，是维系企业生存发展的精神支柱。本来只有人才具有精神，企业精神这一概念的自身就是把企业人格化了，它是由企业的传统、经历、文化和企业领导人的管理哲学共同孕育的，集中体现了一个企业独特的、鲜明的经营思想和个性风格，反映着企业的信念和追求，也是企业群体意识的集中体现。企业精神具有号召力、凝聚力和向心力，是一个企业最宝贵的经营优势和精神财富，它不是可有可无，而是必不可少。正如美国IBM的董事长小托马斯沃森所说：一个组织与其他组织相比较取得何等成就，主要决定于它的基本哲学、精神和内在动力，这些比技术水平、经济资源及组织机构、革新和选择时机等重要得多。

2. 企业制度文化

企业的制度文化是由企业的法律形态、组织形态和管理形态构成的外显化，它是企业文化的中坚和桥梁，把企业文化中的物质文化和精神文化有机结合成一个整体。企业的制度文化一般包括企业法规、企业的经营制度、企业的管理制度和经营观念。

在企业文化的建设过程中，必然涉及与企业有关的法律和法规、企业的经营体制和企业的管理制度等问题。企业的法律形态体现了社会大文化对企业的制约和影响，反映了企业制度文化的共性。企业的组织形态和管理形态则体现了企业各自的经营管理特色，反映了企业制度文化的个性。

(1) 企业法规。企业法规是调整国家与企业，以及企业在生产经营或服务性活动中所发生的经济关系的法律规范的总称。不同国家的企业法规，都是以国家的性质、社会制度和文化传统为基础制定的，对本国的企业文化建设有着巨大的影响和制约作用。企业法规作为制度文化的法律形态，为企业确定了明确的行为规范，是依法管理企业的重要依据和保障。

(2) 企业的经营制度。企业的经营制度是指通过划分生产权和经营权，在不改变所有权的情况下，强化企业的经营责任，促进竞争，提高企业经济效益的一种经营责任制度， 是企业制度文化的组织形态。

(3) 企业的管理制度和经营观念。没有规矩，无以成方圆。一般来说，企业法规和企业经营制度影响和制约着企业文化发展的总趋势，同时也促使不同企业的企业文化朝着个性化的方向发展。但真正制约和影响企业文化个异性的因素，是企业内部的管理制度和经营观念。企业的制度与企业的经营观念有着相互影响、相互促进的作用。合理的制度必然会促进正确的企业经营观念和员工价值观念的形成；而正确的经营观念和价值观念又会促进制度的正确贯彻，使职工形成良好的行为习惯。

3. 企业行为文化

企业行为文化是指企业员工在生产经营、学习娱乐中产生的活动文化。它包括企业经营、教育宣传、人际关系活动、文娱体育活动中产生的文化现象。它是企业经营作风、精神面貌、人际关系的动态体现，也是企业精神、企业价值观的折射。

从人员结构上划分，企业行为中又包括企业家的行为、企业模范人物的行为、企业员工的行为等。企业的经营决策方式和决策行为主要来自企业家，“企业家是企业经营的主角。”在具有优秀企业文化的企业中，最受人敬重的是那些集中体现了企业价值观的企业模范人物。这些模范人物使企业的价值观“人格化”，他们是企业员工学习的榜样，他们的行为常常被企业员工作为仿效的行为规范。企业员工是企业的主体，企业员工的群体行为决定企业整体的精神风貌和企业文明的程度。

4. 企业物质文化

企业文化作为社会文化的一个子系统，其显著的特点是以物质为载体，物质文化是它的外部表现形式。优秀的企业文化是通过重视产品的开发、服务的质量、产品的信誉和企业生产环境、生活环境、文化设施等物质现象来体现的。企业文化不仅体现在产品服务以及技术进步这些物质载体上，还通过企业建筑建设，包括生产环境的改造、文化生活设施建设等诸多方面来体现企业的物质文化。

(1) 生产环境的改造。生产环境的好坏直接影响员工的情绪与心理。企业如果绿化好、厂容美、环境清洁整齐，不仅可以激发员工的自豪感和凝聚力，而且可以直接影响员工的工作效率。因此，优秀的企业特别注重为员工创造优美的工作环境，并把它作为企业文化建设的重要内容，作为调动员工积极性的重要手段。

(2) 文化生活设施建设。人有多种需要，不仅仅是物质需要，更重要的是精神需要。在物质生活水平不断提高的今天，人们对精神需要的追求愈加强烈，求知、求美、求乐等心理迅速发展，构成企业文化建设中不可忽略的课题。建立和完善员工的文化设施，积极开展健康有益的文体活动，是许多优秀企业的重要物质文化内容。

应当说明的是，这里对企业文化作层次上的划分只是为了便于分析，由于文化具有整合性，企业文化的各个层次部分并不是单独存在的，它们相互渗透、互为因果，共同构成企业文化的整体。

9.1.3　连锁企业文化的功能

1. 企业文化是连锁企业的灵魂

任何企业都会倡导自己所信奉的价值理念，而且要求自己所倡导的价值理念成为员工的价值理念，从而使自己所信奉的价值理念成为指导企业及员工的灵魂，连锁企业也不例外。也就是说，企业文化实际上是指导连锁企业及其员工的一种价值理念，这种价值理念体现在每一个员工的意识上，当然最终就成为指导员工行为的一种思想，因而企业文化最终作为连锁企业的灵魂而存在。从现实状况来看，任何一个企业所倡导的企业文化，恰恰就是这个企业在制度安排及企业战略选择上对人的价值理念的一种要求，也就是要求人们在价值理念上能够认同企业制度安排及企业战略选择，并以符合企业制度安排及企业战略选择的价值理念指导自己的行为，因而企业文化实际上是作为企业的灵魂而存在。

2. 企业文化是连锁企业制度与企业经营战略得以实现的重要思想保障

企业实际上是人的组合体，而人又是有思想的，任何人的行为都会受到自身思想的指导和约束，因此，企业文化作为连锁企业员工的一种价值理念存在，当然就会对连锁企业员工的行为发生应有的作用。也就是说，企业文化是连锁企业员工的行为准则，从而会对连锁企业发生重要的作用。正是因为企业文化作为员工的价值理念存在，而员工又会受到自身理念的作用，所以企业文化能够使员工自觉主动地执行企业制度与企业经营战略思想。

3. 企业文化是连锁企业制度创新与经营战略创新的理念基础

连锁企业员工的价值理念往往要受到企业制度和企业战略的约束，也就是员工的价值理念要体现连锁企业制度的要求和企业经营战略的要求，因而企业文化是连锁企业制度和企业经营战略的要求在员工价值理念上的反映，但是反过来，企业文化也会对连锁企业制度的安排以及企业经营战略的选择，有种反作用，所以企业文化的创新，必须会带来员工价值理念的创新，会推动企业制度的创新和经营战略的创新。由此可见，企业文化在连锁企业制度的创新和经营战略的创新上，是具有非常重要意义的。

4. 企业文化是连锁企业的黏合剂

企业文化是连锁企业的黏合剂，可以把员工紧紧地黏合、团结在一起，使他们目的明确，协调一致，即产生企业文化的凝聚力。当一个企业的文化价值观被本企业成员认同之后，它就成为一种基于某种共识的巨大的向心力，从各方面把企业成员团结起来。企业文化可以增强企业的凝聚力，这是因为企业文化有同化作用、规范作用和融合作用。企业文化像一根纽带，把职工和企业的追求紧紧联系在一起，使每个职工产生归属感和荣誉感，使企业不再是一个因相互利用而聚集起来的群体，而是一个由具有共同的价值观念、精神状态、理想追求的人聚集起来的组织。

5. 企业文化是连锁企业活力的内在源泉

企业活力最终来自于人，也就是来自于人的积极性，只有人的积极性被调动起来了，才能使企业最终充满活力，而人的积极性的调动，则往往又要受到人的价值理念的支配。也就是说，只有人在价值理念上愿意去做某件事的时候，那么人才有内在的积极性，如果人对某件事在理念上不认同，那么即使是强迫他去干，也不一定会干好，因为他虽然会被动地被迫执行命令去干这件事，但他并没有内在的积极性，没有发挥自己内在的活力。所以，要让企业中的每一个人能够积极地去从事某项活动，那么就要首先让他在理念上认同这件事。正是因为如此，所以企业文化作为连锁企业员工所信奉的价值理念，必然就会直接涉及连锁企业的活力。

6. 企业文化是连锁企业行为规范的内在约束

企业运营过程中，所有员工的行为都应该规范，而规范的准则，就是要求员工能够很好地遵守和贯彻企业制度的安排及企业经营战略的内在要求。因此，所有员工的行为规范，都来自于企业制度的安排，以及企业经营战略的选择。但是人是有思想的，人的行为受思想的支配，思想是人的内在约束才行，因而对于人在企业运行过程中的规范，应该要有一种内在的约束才行，这种内在约束就是指，当一个人在思想上觉得自己应该如何去干的时候，他才能形成内在约束。也就是说，当人在价值理念上对企业制度安排和企业经营战略的选择认可的时候，那么企业制度安排和企业战略选择就作为一种价值理念而存在，从而人才能内在地约束自己的行为，也就是自己约束自己。只有在这种内在约束起作用的条件下，企业才能最终保证企业制度和企业经营战略的有效实行。总之，企业文化是企业制度和企业经营战略在人的价值理念上的反映，必然会从内在性上约束企业员工的行为，从而成为规范企业行为的内在约束力。

【案例 9-1】

沃尔玛精神——勤恳、节俭、活跃、创新

在世界各地的任何一间沃尔玛连锁店中，你都会感受到一种强烈的与众不同。这是长期以来形成的企业文化，是沃尔玛精神——勤恳、节俭、活跃、创新。正因为此，每一位公司同仁都热爱着沃尔玛，默默地为服务顾客的事业而奉献。

长期以来，沃尔玛的企业文化使沃尔玛公司的同仁紧紧团结在一起，他们朝气蓬勃，团结友爱。沃尔玛公司拥有特有的“沃尔玛欢呼”，比如：我们就是天天平价、我们笑一笑、我们扭扭腰……从中可以感受到一种强烈的荣誉感和责任心。山姆·沃尔顿曾经说过，“因为我们工作如此辛苦，我们在工作过程中，都希望有轻松愉快的时候，使我们不用总是愁眉苦脸。这是‘工作中吹口哨'的哲学，我们不仅仅会拥有轻松的心情，而且会因此将工作做得更好。"

沃尔玛的企业文化崇尚 3 个基本原则。第一条原则是"尊重个人"。沃尔玛不只强调尊重顾客，提供一流的服务，而且还强调尊重公司的每一个人。在沃尔玛内部，虽然各级职员分工明确，但少有歧视现象。该公司一位前副董事长曾经说，"我们是由具有奉献精神、辛勤工作的普通人组成的群体，来到一起为的是实现杰出的目标。我们虽然有不同的背景、肤色、信仰，但坚信每一个人都应受到尊重和尊严的待遇"。在沃尔玛公司里，员工是最大的财富，他们有一套特殊的对待员工的政策，不称员工为雇员，而称之为合作者、同事，一线员工可以直接与主管以至总裁对话，而不必担心报复。员工以佩带"我们的员工与众不同"的胸牌而自豪，充分体现了沃尔玛的独特营销内涵。第二条原则是"团队合作"。沃尔玛鼓励员工与领导者以及员工之间的沟通。在连锁经营中，老板不可能事事亲力亲为，沃尔顿这位零售业巨子总是把事业的成功归功于公司的同仁，他把员工看作公司成功的最重要因素。他说："要和同仁分享利润，视同仁为伙伴，你们一起工作的成绩将超乎你所能想象的，你的行为要像是一位为合伙人服务的领导者。"要想让员工好好地招呼顾客，就先得好好地招呼他们。沃尔顿的成功第七法则是这样说的："聆听公司内的每个人的意见，并设法让他们畅所欲言，站在第一线的同仁，他们是真正和顾客谈话的人，只有他们知道才发生了什么事，你最好知道他们所知道的事，这是全面管理的真正意义。将权下授，而下情可以上达，让员工将好的构想提出来。"这便是沃尔玛成功的秘诀。第三条原则是"良好的培训机制"。培训不仅是员工提高的途径，也是他们了解公司的一种方法。沃尔玛公司设立培训图书馆，让员工有机会了解新闻资料和其他部门的情况。所有员工进入沃尔玛公司后，经过岗位培训，员工对公司的背景、福利制度以及规章制度等都会有更多的了解和体会。

沃尔顿这位出色的领导者始终坚信员工是推动企业发展的原动力，并把这个道理传授给沃尔玛现在和未来的经营者，推广至世界各地的沃尔玛。沃尔顿把这些原则融入他所热爱的事业中，把创新、热情的工作精神注入沃尔玛连锁店，激发每一位员工的热情和创造力，使沃尔玛事业在激烈的竞争中一路领先。曾有一位经济学家评论说："沃尔玛成功的第一步是通过低廉的价格商品和优质的服务去征服消费者，从而不断扩大规模，并强化自身的规模优势。而其能够成为世界第一大零售商的最关键一步，则是完成对整个连锁网络的整合，通过富有生命力的企业文化和现代化的技术设备，抵消了因规模过大则可能出现的两大问题，即管理成本过高或管理漏洞百出，使沃尔玛总部能够高效地控制整个网络。"

9.1.4　连锁企业文化的特征

随着社会经济的发展，连锁经营在工业发达国家取得普遍成功，连锁店的范围不再局限于零售、餐饮与传统行业，几乎所有行业都可以用连锁经营，特别是在服务业被广泛采用，连锁经营还与新的销售方式相结合，从原来的中小企业联合，发展到大型百货店的连锁，当超级市场出现后，连锁经营与超级市场相结合，形成超级市场联合、超级商店连锁、专业商店连锁等形态。可以说连锁企业已经深入影响人们的日常生活，消费者也越来越关注连锁企业的整体形象，包括服务人员素质水平、店铺布局、消费环境以及后续服务等。基于消费者需求，连锁企业文化特征主要表现在经营、人文、品牌、服务等方面。

1. 有特色的经营文化使企业可持续发展

连锁企业在长期的经营管理过程中逐渐形成其自身独特的经营理念和管理风格。有些企业强调“突出时尚主流地位”的经营文化，有些企业营造“满足特殊群体需求”的经营文化，有些企业突出“为顾客节省每一分钱”的经营文化等。良好的经营文化使企业有持续的发展能力，也会产生较强的辐射力，对公众产生一定的影响，使该企业得到社会的认可和接受。

2. 服务文化能增强顾客对企业的忠诚度

服务是商业连锁企业的永恒主题。对连锁企业来说，无论是百货业、超级市场、仓储式商场还是其他连锁业态，服务能力都是重要的竞争力，服务文化的营造是增强企业竞争力的重要环节。首先，树立现代服务理念是营造服务文化的关键。只有全员树立现代服务理念，深切体会到服务的内涵，才能真正地营造连锁企业的服务文化。其次，具体的经营过程反映连锁企业服务文化的内涵。连锁企业周到、细致的服务给顾客带来的是节约时间和心情舒畅，反映出企业优秀的服务文化。

3. 人本文化是企业生存和发展的支柱

人本文化即连锁企业在发展过程中要始终坚持“以人为本”，从本质上来说，是指连锁企业在企业管理实践中一切从人出发，着重调动人的积极性、主动性、创造性的思想观念体系。人是连锁企业最大的资源和财富，尊重和关心每一位员工，并强化其自信和出人头地的心理是提高生产效率的关键因素之一。连锁企业的活力，本质就是发挥人的积极因素，就是发挥人参与企业生产活动和经营活动的活力。

4. 品牌文化增强企业的形象力

品牌是现代企业竞争的焦点，发达国家的连锁企业大都有自己的品牌，一般都有较好的公众形象。连锁企业的品牌代表了企业的信誉，反映了企业的形象力，企业的形象力正是企业竞争力的一个重要方面。不少企业开始提出“形象制胜”策略，用企业的品牌参与竞争。企业有了成熟的品牌文化以后，其富有个性的品牌文化魅力就会展示出来。

【案例9-2】

欧尚的企业文化特征

法国欧尚集团成立于1961年，是以经营大型综合超市为主的国际商业集团，但在短短的五十几年时间里，它就发展壮大成为全世界最大的零售企业之一，是目前法国第二、欧洲第六的大型跨国商业集团。欧尚凭借其强有效的企业文化，保持了企业生命力，不断发展和壮大。

(1) 将越来越多的高质量商品以越来越低的价格提供给越来越多的顾客作为经营文化的根本宗旨。

首先，欧尚将越来越多的高质量商品以越来越低的价格提供给越来越多的顾客作为其经营宗旨。根据本企业的市场定位和特定顾客群的需要，精心设计经营过程的每一个细微环节，真正做到符合人性化的标准，带给顾客以满意，带给员工以舒心。欧尚良好的企业经营文化会使顾客感受到悉心关爱。其次，在管理风格上欧尚追求快速高效、自由舒畅，能最大限度地调动广大员工的积极性，从而提升给顾客带来价值的能力，进一步给顾客带来实惠。欧尚的管理风格给顾客留下较为深刻的印象，企业内部氛围宽松、和谐、舒畅，但又有其内在规范的制约机制，使顾客强烈感受到企业的个性，使顾客愿意接近。

(2) 自上到下较为严谨的美学文化。

欧尚的店容、店貌、店名、色彩和商品布局、购物空间等等，这些硬件设施都在消费者心目中有着良好的形象，吸引了不少消费者。欧尚超市的店容、店貌干净整洁，其店名是Auchan，译为中文是欧尚，标志是一个大写的A和一只鸟，A代表在田埂上，意义是指欧尚超市是建立在低价的基础上。标志色彩也十分鲜明，由红色和绿色构成，红色为主色调，特别喜气，很符合我国的审美观。欧尚员工的高品位服务。员工十分友善、真诚和宽厚，体现企业的宽容博爱之美，给顾客带来好感。

(3) 带给顾客满意的服务文化。

“你好，谢谢，微笑，再见”是欧尚的服务四宝。十二条原则是保证欧尚为顾客提供满意服务的基础。其核心内容是：让每一位来欧尚的顾客满意而归；对顾客的不仅仅是钱的问题，应该首先是一种必须学会的行为举止——“谁不会微笑，便不应该开店”；顾客是评判所提供的服务质量的唯一法宝——顾客的意见占第一位；不能让顾客来适应企业，而应该由企业适应顾客。

(4) 带给顾客全新感受的品牌文化。

欧尚不仅在价格上，而且要在满足顾客需要的商品多样化上，提供最好的选择。在国内品牌、地区品牌、欧尚品牌的商品中，挑选并开发新的商品。欧尚对供应商的产品要求具备该行业的一些著名的国际认证，不然根本就无法出口乃至打开欧盟市场。特别是小家电、玩具类产品，欧尚要求一定要通过国际上一些著名的认证。而相比价格，欧尚更关注产品的品质，更希望看到由供应商提供有创意、质量好且能为企业创造价值的产品。

(5) 以人为本，重视对员工的培训及员工的利益，与员工共享。

成果是其人本文化的核心。欧尚的三个“分享”是对其人本文化最好的诠释，即分享知识、分享权利、分享财富。欧尚十分重视职工队伍建设，努力提高职工综合素质。欧尚始终认为“一个企业的发展离不开企业中每一位员工的努力”。因此在公司经营管理中，实行权力下放，加强员工培训，重视提拔中方雇员担任领导，并建立了业绩奖分配制度。

9.2　企业文化与现代连锁企业核心竞争力

9.2.1　连锁企业核心竞争力概述

竞争是市场经济的必然要求。所谓企业竞争，即在市场经济的客观环境中，作为独立的生产或经营主体的企业之间为了获得有利的产销条件，最终实现自身利益而发生争夺、较量乃至对抗的关系。企业竞争贯穿于市场经济发展的整个历史过程之中，但是，企业竞争力在市场经济发展的不同阶段有着不同的侧重点。当前，在科学技术飞速发展、科技经济竞争日趋激烈的背景下，企业竞争越来越由某一方面的竞争，发展为关系到企业综合实力的“企业核心竞争力”的竞争。“企业核心竞争力”已经成为现代企业生存和发展的关键，成为企业竞争的主体。

1. 连锁企业核心竞争力的内涵

“企业核心竞争力”的概念是 1990 年美国密执安商学院著名管理专家普拉哈拉德教授和哈默尔教授发表在《哈佛商业评论》上的一篇文章《公司的核心竞争力》一文中正式提出的。普拉哈拉德和哈默尔认为，“企业核心竞争力”是指“组织中积累性的经过整合了的知识技能，特别是关于如何协调不同的生产技能和有机整合不同技术的知识和技能”，“是能使公司为顾客带来特别利益的一种技能”。

自1990年普拉哈拉德和哈默尔首次提出“企业核心竞争力”的概念后，西方管理学界掀起了关于核心竞争力研究的高潮，并主要围绕核心竞争力的概念及其内涵进行了不同的研究，因此，实际上他们关于核心竞争力的概念之争，某种意义上代表了国外学者关于核心竞争力的研究流派的不同观点。归纳起来，国外学者关于核心竞争力的定义主要有4种观点：

(1) 以普拉哈拉德和哈默尔为代表的“整合观”认为，企业核心竞争力是“一个组织中的积累性学识，特别是关于协调不同的生产技能和有机结合多种技术流的学识。”这种观点强调企业核心竞争力是一种生产技能与多种技术的整合能力。

(2) 以巴顿(Leonard Barton)为代表的“知识观”认为，企业核心竞争力是指具有特性的、不易交易的，并为企业带来竞争优势的企业专有知识和信息，是企业所拥有的能力提供竞争优势的知识体系。基于知识观的学者比较重视企业的管理系统和价值观在核心竞争力中的作用，认为价值观系统的继承性和独特性有着不可分割的联系，正因此，核心竞争力才不易被竞争对手所模仿。

(3) 拉法(Raff)和佐罗(Zollo)认为，企业核心竞争力不仅仅存在于企业的业务运作系统中，而且存在于企业的文化系统中，根植于复杂的人与人以及人与环境的关系中。核心竞争力的积累蕴藏在企业的文化中，渗透到整个组织中，而恰恰是组织内达成共识并为组织成员深刻理解并指导行动的企业文化为企业形成综合且不可模仿的核心竞争力提供了基础。这种观点可称之为“文化观”。

(4) “组合观”。康特(Many K・Coulter)在《战略管理行为》(1998)一书中认为，核心竞争力是组织中主要创造价值并被多个产品或多种业务共享的技能和能力。梅约(M・H・Meger)和厄特巴克(J・M・Utterback)认为，企业核心竞争力是指企业的研究开发能力、生产指导能力和市场营销能力。

我国理论界、企业界也掀起了一个研究“核心竞争力”的热潮。几年来，关于核心竞争力的研究虽然发表了一些著述，但总的来看，这一理论研究尚不够成熟，不仅尚未形成理论体系，而且其内涵的理解尚未统一。

综上所述，我们认为企业核心竞争力是在企业知识和技能的基础上并在其生产经营的价值链中形成的，适应于企业组织结构、外部环境变化以及竞争需要的，不易被竞争对手模仿的，能够支持企业持续成功的独特能力。连锁经营企业的核心竞争力就是指连锁经营企业所独有的，能为顾客提供价值，不易被竞争对手模仿或替代，最终为企业带来长期竞争优势的能力。它是一个系统工程，是提供企业竞争能力和竞争优势基础的多方面技术、技能和知识的有机组合。

2. 连锁企业核心竞争力的特征

根据“连锁企业核心竞争力”的上述定义，连锁企业核心竞争力应当具备下面几方面的特征。

(1) 优势根源性。哈默尔和普拉哈拉德对企业多元化经营有过一个形象的比喻：多种经营的企业就好比是一棵大树，树干和树枝是核心产品，较小的树枝是经营单位，而树叶、花、果实则是最终产品。树的根系提供大树所需的营养，大树的稳定性就是核心能力。连锁经营企业的组织结构本身就像是一棵大树，配送中心可以比作大树的根系，源源不断地为大树提供营养与水分，树枝就像是一个个的门店，而树叶、花、果实就是提供给顾客的产品、服务与价值。配送中心是连锁经营企业的灵魂。统一采购、统一配送最大的优势就是实现了规模效益。

(2) 价值性。核心能力必须能够实现顾客所看重的价值，在一定的搜寻成本、有限的知识、灵活性和收入等因素的限定下，顾客是价值最大化追求者，他们形成一种价值期望，并根据它做出行动反应，因此，顾客是决定什么是核心能力的最终决策人。以麦当劳为例，人们不会仅仅因为喜欢汉堡包而拥向全世界13 000多个麦当劳快餐店。其他一些餐馆制作的汉堡包味道也许更好。人们是冲着某个系统而来，并不仅仅是汉堡包，这是一个有效运转的系统。该系统向全世界传递一个高标准，即麦当劳公司所谓的QSCV——质量(Quality)、服务(Service)、清洁(Cleanliness)和价值(Value)。麦当劳公司的有效性就在于它和它的供应商、特许经营店业主、雇员以及其他有关人员共同向顾客提供了他们所期望的高价值。麦当劳公司所有的部门和职工相互合作、共同设计和执行一个有竞争力的顾客价值传递系统，这就是它的核心竞争力所在。

(3) 独特性。企业核心竞争力具备独特性，难以被对手模仿和超越。核心竞争力是在长期的生产经营活动中培育、积累、沉淀而成，深深扫了企业特殊组织、特殊经历的烙印。核心竞争力蕴含于企业文化，融合于企业内质，为该企业员工共同拥有。企业可以依靠其核心竞争力赢得顾客充分信赖，从而实现产品或服务市场份额的部分垄断。如果某项竞争能力被行业内企业普遍掌握或易于被竞争对手模仿，那它就难以维持企业的长期竞争优势，就算不上是企业的核心竞争力。强大的物流配送系统是沃尔玛的竞争驱动力，它通过自己的通讯卫星传输数据，在全球实行统一采购与配送，商品价格之低令竞争对手望尘莫及。连锁业同行或许可以学到沃尔玛的“顾客至上”服务形式，却无法模仿其“天天低价”。

(4) 扩展性。核心竞争力具有相当程度的扩展性，是一种基础性的能力，是企业其他各种能力的统领，能为企业提供广泛的产品或市场支持。核心竞争力对企业一系列产品或服务的市场竞争力都有促进作用，同时有效地支持企业向更有生命力的新事业领域延伸。核心竞争力的扩展性可以保证企业多元化发展战略的成功。

(5) 动态性。企业核心竞争力是生长力而不是静态力。如同万事万物一样，核心竞争力不是一种静态不变的竞争力，而是处于动态的发展变化中的。因此，企业可以采取措施培育、构建核心竞争力，并在原有基础提升和保持核心竞争力，从而使企业获得持续成功的源泉。反之，如果企业不从战略高度重视核心竞争力，就有如“逆水行舟，不进则退”，那么原有核心竞争力也会慢慢消失。

3. 连锁企业核心竞争力的构成要素

连锁企业核心竞争力是保持企业竞争优势的关键所在，通过以上核心竞争力的理解，可以认为企业核心竞争力的构成要素主要包括以下几个方面。

(1) 人力资源。人力资源包括员工的知识技能水平、员工的整体素质与知识技能结构，这是核心竞争力得以形成的基础。是由于有了人才，连锁企业才有可能形成优秀的企业文化，才能正确的执行企业战略，充分利用激励机制和企业资源进行技术创新和管理创新，充分发挥企业的创新能力，才有可能对企业资源进行整合并发挥各种资源的协同作用。

(2) 技术能力。1994年，普拉哈拉德和哈默尔在二人合著的《竞争大未来》(Competing for the Future)一书中明确指出，核心竞争力是能使企业为用户提供某种特定好处的一组技能或技术的集合，而不是指单个技能或技术。技术能力从其重要程度上可分为核心技术和一般配套技术，其中核心技术对于企业的竞争力最为关键。但是，我们不能把核心技术等同于核心竞争力。因为，拥有自己的核心技术是企业获得核心竞争力的必要条件，但不是充分条件，关键是要具有持久获得和保持核心技术的能力。

(3) 管理能力。企业是一个由人、财、物、知识和技能等多种要素和行为组成的体系，而这些要素和行为得到有效的组织和管理，使企业的价值最大而成本最小，并创造出 1+1>2 的效应，这就是管理能力的作用。管理具有的这种作用是企业实现有效的内外部协调或组合的保证，不可能被其他资源所替代。从这种意义上说，企业如果没有优秀的管理能力，就不可能保持核心竞争力，也就没有了独特的竞争优势。

(4) 企业文化。企业文化是企业在长期的生产经营、管理实践活动中，通过企业领导者主动倡导和精心培育并为全体员工所认同和遵守，具有本企业特色的价值观念、企业精神、行为准则、传统习俗、员工文化素质，以及蕴含于企业形象、企业制度、企业产品之中的某些物化精神的总和。作为企业发展的凝聚力和竞争力，已经成为支撑企业经营的强大支柱，成为决定企业兴衰的关键性因素。

(5) 整合与协同能力。整合能力是竞争力的转换要素。整合能力的提高有利于企业更有效地利用其资产，扩大经营范围，提高在市场中的竞争力。协同能力，是指企业在内部分工基础上将各个部门进行有效协同，以及将各种资源(资源整合能力)进行充分利用并发挥其协同作用的能力。现代社会化大生产条件下，企业不能只重视分工，更应在分工基础上，将各个部门、各个环节进行有效组织、统一运营，强调资源的整合以及协同效应的发挥，以最大限度地发挥各业务单元各种资源的优势。

(6) 学习创新能力。企业核心竞争力的本质内涵是让消费者得到真正好于、高于竞争对手的不可替代的价值、产品、服务和文化。要做到这一点，必须不断创新和超越，才能保持企业的核心竞争力。因此，创新是核心竞争力的灵魂，主导产品及服务是核心竞争力的精髓。创新能力主要包括体制创新、技术创新和管理创新。

9.2.2 企业文化与现代连锁企业核心竞争力的关系

1. 企业文化是企业核心竞争力的核心要素

企业竞争力可分为 3 个层面：第一层面是企业生产产品及控制其质量的能力、企业的服务能力、成本控制的能力、营销的能力、技术发展能力，所有这些属于产品层；第二层面是各经营管理要素组成的结构平台、企业内外人、事、物、环境、资源关系、企业运行机制、企业规模、品牌、企业产权制度，所有这些属于制度层；第三层面是以企业理念、企业价值观为核心的企业文化、内外一致的企业形象、企业创新能力、差异化个性化的企业特色、稳健的财务、拥有卓越的远见和长远的全球化发展目标，所有这些属于核心层。第一层面是表层的竞争力，第二层面是支撑平台的竞争力，第三层而是最基础、最核心的竞争力。企业要做到最优秀、最具竞争力，必须在企业核心价值观上下工夫。技术、高科技可以学，制度可以制定，但企业全体员工内在的追求这样一种企业文化、企业伦理层面上的东西却是很难移植、很难模仿的。在这个意义上说，以企业理念为核心的企业文化是核心竞争力的核心要素。

2. 企业文化是企业核心竞争力的源泉

企业文化是企业的灵魂。企业文化是一种个性文化，它是企业在市场经济条件下源自内在需求的一种选择。由于企业的情况千差万别，所处的环境、经历的过程各不相同。企业文化因其个性而很难被其他企业所模仿。因此，具有个性的企业文化不仅是一种独特的核心竞争力，而且是企业核心竞争力的基础和源泉，从根本上推动着企业核心竞争力的形成和发展。其原因可以从下面几方面进行阐述。

(1) 文化本身就是一种生产力。文化既是一定生产力、生产组织方式的反映，又与一定的生产力、生产组织方式相适应。它包含着价值判断，标志着社会赞赏什么和反对什么，核心在于对人的创造性潜能的解放和弘扬。

(2) 企业文化是企业经营战略的指南针口企业经营战略都是建立在一系列的假设、前提与信念的基础上，而企业文化的核心引导着企业经营战略的定位，企业文化的氛围引导着经营战略的实施。

(3) 企业文化是企业组织力的灵魂。对于稳定的企业组织，企业文化的沟通功能可以促成企业从协调一致到创新张力的转变；对于松散的企业组织，企业文化的凝聚功能可以使企业快速形成一个有机的系统。

(4) 企业文化是企业竞争的最高境界。当代经济的竞争表面看来是产品和服务的竞争，深一层是经营管理的竞争，再深一层就是文化的竞争。一句话，企业必须建立在高度文化的基石之上，才能立于不败之地。

3. 核心竞争力是企业文化功能的体现

随着经济全球化进程的加快，越来越多的企业已认识到企业文化的重要作用，一个企业的动力及凝聚力都来自于企业的文化，技术只是一个平台，没有一套成功的企业文化，企业的生命力是有限的。企业文化存在的理由。

(1) 企业本身的需要。企业文化是企业概念中必不可少的要素之一，健康的企业文化将能削弱甚至取代个人影响力在企业中的过分存在，为企业的平稳发展创造条件。

(2) 管理制度的需要。如果没有合理的管理制度，制度中存在的各种漏洞导致后果的严重程度完全取决于员工对企业的忠诚度，具有较大的风险性和不稳定因素。

(3) 人才竞争的需要。对共同价值的认同会使员工产生稳定的归属感，从而吸引和留住人才。

(4) 市场竞争的需要。良好、健康的企业文化能够提高效率，减少成本支出，提升品牌含金量，增加产品的价值，从而增强企业的竞争力。

(5) 经营业绩的需要。自从约翰·科特和詹姆斯·赫斯克特在《企业文化与经营业绩》提出企业文化对企业经营业绩有重大作用以来，企业文化对企业经营业绩的促进作用已得到大家的公认。本世纪将成为决定企业兴衰的关键因素。

(6) 管理创新的需要。企业文化作为现代企业管理理论和管理方式的重要内容，其丰富的内涵、科学的管理思想、开放的管理模式、柔性的管理的手段，为企业管理创新开辟了广阔的天地。

综上所述，没有企业文化，就没有核心竞争力。企业的发展源于核心竞争力，核心竞争力来自于技术，技术来自于管理、人才，而管理和人才靠的是企业文化。

4. 品牌是企业文化作用于企业核心竞争力的具体体现

品牌是连锁企业综合优势的集中表现，是连锁企业经济实力的重要标志，也是市场经济条件下连锁企业取得竞争成功的主要支撑点。

品牌根植于企业文化并成为企业文化的重要标志，同时，优秀的企业文化有助于增强企业创品牌的内在激励机制，可以保证品牌战略实施的成果。良好的企业文化是实施品牌战略的坚强后盾。倡导新的企业价值观，强化品牌意识是实施品牌战略的根本保证。企业文化、企业精神与企业价值观对企业实施品牌战略影响最大，两者之间是紧密联系、不可分割的。它们的联系主要表现在以下几个方面。

(1) 品牌战略是一种竞争战略。创立品牌效应，这就需要企业从产品或服务等方面能与竞争对手抗衡，获得消费者的信赖。在企业与同行的竞争中，竞争的残酷性、艰苦性表现得尤为突出。因此，企业领导人的竞争意识、拼搏精神以及企业职工的奋斗精神、团结精神对实施品牌战略至关重要。品牌的背后是一种精神，是一种信念，是企业全体职工乃至整个地区、整个社会的力量汇合，而这些正是企业文化的关键所在。

(2) 品牌战略是一种形象战略。驰名商标、国际品牌，这些品牌商品的实体已不再重要，重要的是这些产品的外在形象与内在品质。如今，企业在公关设计、广告宣传、售后服务、营销策划、人才培训等诸多方面的行为都向外界昭示了企业的内在品质与外在形象，这种形象塑造是否与品牌内涵相一致也决定了品牌能否保持和发展，而形象设计的关键是由企业文化所显示、所倡导的经营理念和管理风格所决定的。

(3) 品牌战略的支撑点是企业的全体员工。松下幸之助有句言："生产出合格商品之前，先培养出合格的人"。若企业员工对企业不忠诚、不热爱、缺乏职业道德、缺乏敬业精神、工作不负责任，那企业就不可能生产出合格产品，更不可能生产出品牌商品。因此，企业在创立品牌之前，先塑造出合格员工是实施品牌战略的关键。只有将品牌战略、品牌意识变成全体职工的自觉行动，才能使品牌战略真正落到实处。

(4) 品牌战略是一种文化战略。品牌创立既是物质的生产过程，也是精神的生产过程。品牌追求丰富的技术含量，它也包含深邃的文化含量。成功的品牌里面包含该民族的优秀文化传统，包括企业自身的文化特色，反映企业的文化地位和价值观念。品牌是文化和生产方式的有机结合，是物质文明与精神文明的有机统一。注重品牌就是注重文化，创造品牌就是发展文化。除此而外，品牌战略还包括科技观、市场观、发展观、改革观。但关键还是文化观、价值观。一个没有相应的文化观念、精神和经营理念支持的企业，就不可能有效地实施品牌战略，也不可能开创出品牌商品，更不能保持品牌和发展品牌。实践和理论从正反两面表明企业文化建设与企业实施品牌战略两者密切联系、不可分割。从某种意义可以认为没有与品牌战略相配套的企业文化网络，没有相应的企业精神与企业经营理念，企业就不可能开创出品牌商品。即便一时创立了一种品牌，也不可能长期保持和发展下去。企业文化是企业品牌战略的支撑和基础，品牌则是企业文化的集中表现与结晶。

5. 企业形象是企业竞争力的外在表现

企业形象是一个企业的外在表现，它在本质上可理解为大众对企业实态的能动反映。良好的形象除了知名度外还有美誉度和忠诚度，它是企业信誉、经营哲学、管理思想、价值取向的综合反映，更是企业整体实力的体现。企业形象是消费者、社会公众对企业、企业行为、企业的各种活动成果所给予的整体评价与一般认定。就整体来说，它还包含处于生产者地位的内部职工的某些评价与认可。

可以看出，企业文化与企业形象既密不可分又各具特色。其联系在于企业文化是企业形象的灵魂和支柱，企业形象是企业文化的外在表现，企业形象必须以企业文化为指导，可以说有什么样的企业文化，就有什么样的企业形象。

综上所述，企业形象是企业文化的一部分，是企业文化的展示和表现，是企业文化在社会或市场上的认知和评价。它必须受企业文化的指导，企业文化是企业形象的灵魂、精神支柱和先决条件，因此，塑造企业形象离不开企业文化建设，离开企业文化，企业形象就成了一盘散沙，没有主题、没有目标、没有核心，所以企业形象塑造必须在企业文化的指导下展开。企业形象是企业文化的重要组成部分，是企业文化的外部特征和综合表现是社会对企业整体的印象和看法，这种印象和看法是指人们对企业的一种态度和心理活动，它是以满足人们的消费需要为基础的。由于企业与人们的需求之间关系不同，因而对企业形象有着不同的好恶态度。因此，树立企业形象的主要目的就是通过满足人们的不同需求，尽快使人们了解企业，对企业产生好感和信赖。

企业形象所包涵的内容很广泛，基本内容主要包括企业外表形象、企业产品形象、企业职工形象、企业目标形象、企业经营服务形象、企业公共关系形象等几个方面。我们知道，企业形象是企业文化的综合外在体现，企业形象所包涵的内容无一不在企业文化所涵盖的范围之内。我们要塑造良好的企业形象，就必然要建设良好的企业文化，没有企业文化建设，塑造企业形象就无从谈起。

9.3　现代连锁企业的文化建设

企业文化的构建是促进企业持续经营的重要原动力，没有自己核心价值观的企业注定生命力不会长久。采用连锁经营模式发展的企业，更多地关注企业的无限扩张，往往忽视了企业核心价值理念的打造，导致企业生命力短暂，因而进行企业文化建设是连锁企业经营发展不可缺少的环节。

9.3.1　现代连锁企业文化建设的一般原则

1. 多元文化融合原则

知识经济时代的经济全球化打破了旧的时空限制，冲击着传统企业的相对封闭圈子，使不同文化交流、开放的进程日益加快。不同国家、民族的企业文化的撞击与融合成为一种普遍现象。就文化自身的发展规律来看，任何一种文化体系都必须以开放性作为其创新的重要条件，封闭自守、盲目排外的做法必然会损伤乃至毁灭自身文化的发展。在当代，一个民族企业文化的生命力就在于既能保持其自身的优良传统又能充分吸收各种适应时代要求的外来文化的积极成果，企业文化的建构，只能是也应当是“全球意识”与“民族意识”的有机结合，是世界化与民族化的辩证统一。随着全球化进程化的加剧和连锁企业的扩张，连锁企业从外来文化中摄取有益的成分来充实和提高本土的文化观念，为其输入新鲜的活力，才能使连锁经营企业文化体系发生创造性的转化，获得实质性的发展。

2. 适合性原则

连锁企业的文化应该是建立在企业精神的基础之上，以完整的连锁管理制度为依托，以鲜明的连锁形象为载体，符合目标消费群的精神和物质需要，适合连锁市场特点的一种先进文化，它是连锁企业的灵魂。它的核心价值在于为连锁企业、为消费者、为社会创造无限的价值。因此，在塑造连锁经营企业文化模式时，除了共性以外，还应坚持本企业的个性特征原则，即要抓住本企业的特点、本企业的具体情况，塑造具有本企业特色的企业文化模式。

3. “以人为本”原则

21 世纪企业必须树立“以人为本”的人才观，企业员工是企业最为重要的资产。尊重员工、信赖员工，积极地创造条件让员工参加管理与决策，促进全体员工和企业共同发展不断成长，尊重员工个人发展的权利，从而实现发挥自己最大的潜力。这种巨大的潜力就会转化成企业巨大的竞争力。因此，坚持把尊重人、关心人、理解人、培养人、合理使用人、全方位地提高企业员工的整体素质，作为企业文化建设的主要内容。要采用教育、启发、诱导、吸引、熏陶和激励等多种方式来培养企业员工的命运共同感、工作责任感、道德规范和行为准则，提高他们的思想道德素质，促使每个员工都能把其内在潜力和创造力最大限度地发挥出来，成为企业活力的真正源泉。

4. 突出绩效原则

作为一种前沿、先进的管理理论，要突出向企业文化要效益的原则。因此，企业文化的创建只有在市场的磨砺和消费者的检验下进行，这样，一个企业才能真正踏上一条人人关心产品、个个为企业发展操心出力的良性循环的创业大道，从而真正建立起企业共有价值观为核心的文化理念。同时，企业文化也只有具备了本企业的特点，充分发挥自身优势，才能被广大职工认同，才能由此创造出效益，也才真正具有强大的生命力。

9.3.2 现代连锁企业文化建设的基本策略

1. 努力培育和弘扬独具特色的企业文化价值观

塑造优秀的企业文化，重在培育企业价值观，而企业价值观的培育主要从两个方面进行：其一是培育适应市场要求的经营理念。其二是培育具有本企业特色的企业精神。一种好的经营理念是打开市场的金钥匙，是树立企业形象的推进器，也是企业创造好的经济效益的主要手段。企业精神就是企业职工在长期实践过程中形成的共有群体意识，这种意识能引起职工广泛共鸣并贯彻到企业的各项工作中去，必将产生巨大的感召力和凝聚力。它是企业文化的灵魂，是企业员工的价值所求，也是企业发展的动力。它更像一面旗帜，在越来越强调协作和团队精神的今天，目标一致、号令统一是对企业精神建设的基本要求。在具体操作过程中，要特别突出特色，企业文化个性塑造要结合企业具体情况、突出企业价值观念、企业精神、经营理念上的差异。在进行企业文化建设时，要充分分析内外因素，提炼核心价值观，首先要考虑行业特点，不同行业的企业文化有自己的特点。其次，要考虑企业文化成员及其构成，不同类型的人及其组合方式都会影响企业文化的形成。每个人在进入企业成为企业一员以前，大都形成了自己的价值观念。个人的价值观与企业的核心价值观是相融、互补或是互斥，这些错综复杂的关系，直接影响到企业价值观能否为每一个成员所接受，成员的影响力大小在企业文化形成中的作用不同。因此，企业文化建设在选取核心价值观时，应该认真分析研究人的因素。再次，要考虑企业的外部环境，包括政治、经济、社会文化、法律等方面，这些因素都会影响企业成员的思想意识和行为。

总之，核心价值观的提炼并非主观有意决定，只有在认真分析研究各种相关因素的基础上，才能确定既体现企业特征，又为全体企业员工和社会所接受的价值观。

2. 充分发挥企业家在企业文化建设中的作用

企业家是企业文化延续、整合、发展的主体，肩负着重新构建企业文化的责任。企业家是企业文化的第一设计者、第一身体力行者、第一宣传者。企业家的经营理念和管理哲学是建立企业文化的基础。企业文化在企业成长与发展过程中起着巨大的凝聚和激励作用，它能凭借一股无形的引力让企业全体员工团结在企业家周围。而企业家的经营理念和管理哲学是企业文化的核心和基础。企业家靠他巨大的威望把这种理念和哲学潜移默化地灌输到全体员工心目中去，从而使得整个企业上下士气高昂、意气风发，使得企业的发展焕发出旺盛的生命力和活力。

3. 注重员工意识的培养，迎接经济全球化的挑战

在企业的文化建设中要注意培养员工的以下意识。

(1) 创新意识。知识经济条件下，企业文化要根据科技和市场的发展及时调整，树立以变求活，使变革成为挑战和机遇的理念，提高员工对知识的敏感性和创新适应能力，使企业学会用创新去适应变化，用创新去创造变化，在变化中成长，在变化中发展形成自己的优势和个性，使求变创新成为企业文化的一个重要理念。

(2) 效益意识。追求效益永远是企业经营的根本原则和主要目标，必须把追求效益作为经营企业的出发点和归宿点，不断推出提高效益的新举措，以便更好地发展自己。

(3) 竞争意识。随着经济网络化、全球化程度不断加深，企业面临的竞争对手越来越多，竞争将更趋激烈，竞争的领域不再局限于本行业，竞争越来越表现为时间的竞争。企业必须具有危机感和竞争意识，抓住机遇，加速发展，以适应网络时代对企业提出的新要求。

(4) 学习意识。崇尚知识将成为新时代的基本素质和要求。在经济全球化、信息爆炸、科技飞速发展的时代背景下，企业持续运行期限或生命周期受到最严厉的挑战，只有通过培养整个企业组织的学习能力、速度和意愿，在学习中不断实现企业变革、开发新的企业资源和市场，才能应对这样的挑战。

(5) 融合意识。经济全球化，导致竞争的内涵发生变化，既竞争又合作的新型“竞和”关系，通过全球性合作实现最佳优势互补，企业文化应当是多元文化、合作文化和共享文化的集合。

4. 培养诚信精神，增强企业竞争力

经济学家诺贝尔奖得主诺思说过，自由市场经济制度本身并不能保证效率，一个有效的自由市场制度，除了需要一个有效的产权和法律制度相配合之外，还需要在诚实、正直、公正、正义等方面有良好道德的人去操作这个市场，否则企业或社会就存在着失败基因。在全球环境下，现代企业的核心竞争力必然是与诚信经营紧密相联的，诚信经营是根基和根本保证，是核心竞争力的提升。彻底解决企业诚信问题，全面提升企业核心竞争力，要以法治和道德环境建设为辅。具体应从以下几方面着手。

(1) 在企业文化建设中，要狠抓企业信用体系建设，建立并强化全社会、特别是企业经营者的商誉意识和经济信用意识，注重权利与义务相统一的思想建设和制度建设。

(2) 每个企业要从自身做起，积极营造公平竞争的市场经济秩序。

(3) 要建立企业信用管理系统和企业的信用评价系统。国外的经验证明，实施上述系统对于强化社会信用意识，建立社会信用体系、防范金融风险发挥着重要的作用。

5. 塑造强势品牌文化，提升企业核心竞争力

人类步入了二十一世纪，企业的竞争从产品的竞争演变到文化的竞争，最突出的表现就是品牌文化的竞争。品牌文化是企业文化的一部分，是企业核心文化的一个具体的说明和表现实例。因此，妥善处理品牌文化和企业核心价值观的关系可以使企业文化在一致性和适应性方面得到平衡，使企业产品能够适应不同的市场。随着消费者需求的多样化、个性化，市场细分对于产品的定位越来越重要。因此一些企业常常发展不同的个性化品牌而针对不同的市场。但是因为消费者是通过品牌个性去了解企业和认识企业的，因此，各种品牌给消费者传播企业的形象，应该在文化的核心上是一致和协调的。

连锁企业在进行塑造强势品牌文化时，需要把握一些重要的环节。

(1) 以文化差异性创造品牌识别。品牌识别有两个基本的目标：一个是创造差异性；另一个

是引起消费者的共鸣。实现这两个目标的关键在于要使品牌识别能够体现品牌带给消费者的情感型与自我表现型利益。品牌的识别必须能够创造差异性，这是建立强势品牌的关键。一切成功的品牌尽管在关联度、推崇度和了解度方面相对较弱，可是在差异度上都占有绝对的优势。企业要通过考察目前和潜在的竞争者，把握竞争者实力、战略和市场定位，经保证企业的品牌策略能够实现彻底的差异化。

(2) 以文化协调品牌系统。品牌系统下的品牌可以面对不同的市场，有不同的认同。但是不同角色的品牌有可能因为竞争削弱另一些品牌，或者产生的信息与其他的品牌传播目标不一致，从而在品牌认同上造成伤害，因此品牌系统下的各品牌应该有共同的特性，以强化相互的影响。因为各品牌的企业联想最终都指向各个企业。因此，必须在企业的价值观下实现一致性，以使各个品牌之间产生良好的影响，形成整合的力量，将它们成一个系统中的成员，相互扶持品牌系统的核心识别反映的是企业文化的核心价值观，因此，核心识别也就是品牌识别系统的核心，是品牌战略的基本点。不同市场中的识别内容可以进行加工，但必须与核心识别协调一致。

(3) 以品牌文化为主要内容整合营销传播。品牌资产主要通过传播过程建立，品牌的价值来源于品牌文化。因此，品牌资产建立过程的核心就是品牌文化的传播。同时，品牌文化是所有与品牌有关的沟通信息的结晶，要建立品牌关系，关键在于对所有的渠道和所有品牌利益关系人接触点传达的信息加以控制，看他们是否与企业的整体营销战略一致。其中最重要的是确保核心与企业任务、企业哲学和品牌识别的一致，也就是在文化层面上的一致。各层次的一致性越高，品牌在顾客心中就越鲜明和清晰。如前所述，整合营销传播是实现此目标的创新模式。整合营销传播是一个战略过程，这一过程整合了品牌与消费者的接触点。它使消费者将他们的经验与企业联系起来，并因此形成他们的感知和喜好。此外，整合营销传播不仅对消费者传播，企业自己的职员更是一个关键的方面。它将品牌价值扩展到沿着内部供应链的第一笔交易行为的管理上，就是将每一个员工都融入营销进程中来，使每个员工的每个行动，都为品牌增加价值。

【案例 9-3】

国美企业文化：以“信”文化支撑企业战略发展

2012 年 12 月 23 日，在北京钓鱼台国宾馆举办的全国企业文化论坛暨首批星级企业品牌评价发布会上，国美集团被授予首批“中国企业五星级品牌”称号，同时还荣获“全国企业文化建设特殊贡献单位”称号。作为国内最大的家电零售连锁企业，26 年来，国美一直以“信”作为企业文化的基因，并以此为基础，立志成为倍受信赖的世界级零售企业。

在中国传统商业文化中，商人最重要的品德就是“信”。在国美看来，首先，“信”是任何一家成功企业必备的文化品质，是企业的本质，是一个多方利益相关者交换价值、创造价值、共享价值的公共平台。企业有“信”，则进可创造更多价值，退可有效降低成本；无“信”，则不仅难以创造新的价值，还将无端损耗成本。得信赖者得天下，失信赖者身不存。“信”之有无，命运两殊。

其次，国美是一个领袖级的商业平台，经营的不是技术，也不是产品，恰恰是人的能力、态度和意愿。正是在这个意义上，“信”是国美立身之本，是谓商道唯信。

再者，“信”是国美领航零售未来的坚实基础。国美以“率先践信、垂范各方”的责任自觉，站在经济发展与社会进步的最前沿，树立并擎起“商道唯信”的旗帜，以真诚的信行赢取消费者及其他利益相关方的信赖，领航零售的未来；以内聚员工、外聚伙伴，共同取信消费者的“信”文化彰显商业文明的发展方向。这既是国美履行使命的必然，也是成就事业理想的必然。

坚守“信”是国美企业文化的核心，在国美的“信”之道中，明确提出了 4 个信行，分别是倍受消费者信赖、互信互利互助汇为产业合力、做值得信赖的员工和互信导向的管理。

消费者的信赖是国美生存与发展之源。国美坚信，唯有不断帮助消费者提升生活品质，成就生活之美，企业才有存在的理由，才能持续领航零售的未来，成为倍受信赖的世界级零售企业。而倍受消费者信赖，要靠强大的产业合力。国美愿以“相融共生”为导向，以契约精神为依据，以彼此的价值贡献为前提，构建与供应商及合作伙伴的互信、互助、互利关系。同时，员工值得信赖是企业倍受信赖的前提。全体国美人均应锤炼信品、塑造信行、凝聚信识、提升信能。具有诚实不虚伪的信之品；心口如一、言行一致、以行取信的信之行；正信不迷的信之识以及专业负责、创造卓越的信之能。最终在实现企业与员工结成共怀梦想、共创价值、共享成功的利益共同体、事业共同体和命运共同体。

自第一家国美电器门店 1987 年在珠市口门店开业以来，至今已有 26 年。国美在创业初期就作出了对价格的承诺：“买电器，到国美，花钱不后悔”。正是凭借统一门店名称、统一商品展示方式、统一门店售后服务、统一宣传，建立起低成本、可复制的发展模式，形成中国家电零售连锁模式的雏形，开创了中国家电零售连锁模式。

在国美率先走出北京，从区域连锁向全国连锁发展后，以国美为首的新型家电连锁，逐步替代了传统的百货商场，成为家电销售的主渠道，完成了业态替代阶段。国美也进入了发展阶段，开始将视线转到消费者服务上，并对服务做出承诺，提出“薄利多销，服务当先”的口号。

现在，整体经济环境处于从高速增长到稳健增长的过渡期，同时互联网的发展促使零售业态产生新变化。面对新的挑战和机遇，国美再一次提出新的口号：“被信任，是一种快乐。”这既是国美诚信商道的继承，也是新时代国美提出的独特的、开创性的品牌理念：在诚信缺失的当下，鼓励“信任是一种快乐”，将为品牌注入全新的、活力的价值内涵，成为与消费者沟通并引导品牌行为的新准则；再者，这是国美自身信奉的价值观，也是国美与投资者、合作伙伴、全社会共同倡导的社会价值，是国美承担企业公民责任，回报社会的正能量。

对于一家企业而言，文化是“内”，品牌是“外”，只有做到内外一致，企业文化和品牌行为相统一，企业才能实现自我价值和发展。对国美而言，“信”文化符合家电连锁行业的属性。国美也具备讲“信”的文化和条件。作为中国最大的零售连锁企业，具有代表性和资格去将“信”。这也是对国美的一种鞭策和要求，使国美的使命和愿景得以实现——成为倍受信赖的世界级零售企业，是指引国美健康可持续发展的条件之一。同时，“信”文化还和企业自身的行为有着紧密的关系，作为一家成功的企业，在对外宣传推广和承诺时，都得和“信”相一致，即内外一致。

所以，对国美来说，商道就是“信”，“信”可融通天下，“信”是国美之本。这是企业能够在激烈竞争的市场丛林中脱颖而出，一跃而为当代中国商业标杆企业的制胜法宝。

9.3.3 学习型的现代连锁企业文化

21世纪最成功的企业将会是“学习型组织”，因为未来唯一持久的优势，是有能力比你的竞争对手学习得更快。现代企业竞争的决定性因素是核心竞争力，而企业核心竞争力的形成与发展源于学习力的提高，企业核心竞争力的形成与发展就是学习力转化为竞争力的过程。因此，塑造新型的学习型企业文化在现代连锁企业的成长和发展中至关重要。

1. 学习型现代连锁企业文化的特点

(1) 它是一种促进建立共同愿景和团队学习的企业文化。共同愿景是企业中人们所共同持有的意象或景象，是学习型企业倡导的一项重要的文化理念。建立共同愿景对于企业价值观的形成，特别是对于企业凝聚力的形成和强化具有重大影响。企业文化中的共同愿景可以将来自不同地方的人组成一个共同体，使企业成员产生一体感，使他们的价值观、工作和学习的目标趋于一致，能激发出人的巨大驱动力和勇气。同时，建立共同愿景的过程会使员工之间产生相互信任感，能产生远高于个人愿景所能产生的创造能力，有助于团队学习精神的形成。因此，培育一种促进建立共同愿景和团队学习的企业文化是学习型企业的使命，也是其重要特征。

(2) 它是一种鼓励个人学习和自我超越的企业文化。学习型企业的学习包括3个层次：个人学习、团队学习和企业学习。彼得·圣吉认为，个人学习是企业学习的基础，只有通过个人学习，企业学习才能成为可能。虽然个人学习并不能保证整个企业都在学习，但如果没有个人学习，企业学习就无从谈起。一个真正的学习型企业的经营理念和价值观应当引导员工认识个人学习的重要性，同时，倡导员工必须有一种自我超越的精神追求，使每个员工在这种企业文化的影响下，建立个人愿景，敏锐地认识到自己知识力量的不足和学习的需要，使员工能全身心地投入，不断学习和超越，将学习作为真正的终身学习，持续扩展自己学习以及掌握知识的能力，成为自我超越的人。企业只有积极培育员工个人学习和自我超越的文化，才能在更新知识、技能以及系统理解的同时，不断提升企业的智力水平和创造力，才能在飞速发展变化的社会环境中生存下去并取得竞争优势。因此，倡导个人学习和鼓励自我超越是学习型企业文化的基础。

(3) 它是一种强调开放创新应变的企业文化。在学习型企业中，不管企业和员工的思想和知识来自何处，学习过程都必须在一个开放的环境中进行，这不仅有利于员工之间的相互学习，同时也有利于企业向外部组织，例如联盟企业、竞争对手、供应商、顾客、设计公司以及软件公司等学习。因此，学习型企业文化应是一种开放型的文化，鼓励企业内部以及企业之间的开放、交流和学习应是学习型企业文化的一个重要理念。同时，在顾客需求和市场环境快速变化的时代，企业文化的发展必须跟上时代发展的步伐。因此，具有能够快速改变和更新知识的能力是学习型企业文化的又一个特点。它要求企业必须有一种创新应变的人文精神，使企业能够根据顾客需求和市场的变化，不断更新组织的知识基础，让员工不断地更新观念，开阔视野，积极参与组织变革和企业文化创新，增强组织的应变能力。

2. 学习型现代连锁企业文化的塑造

建立学习型企业文化是一项系统工程，必须有坚定的信念、得力的组织措施、恰当的切入点和强有力的企业文化才行。其中企业文化的支持起了至关重要的作用。因为在现代企业组织中，是企业文化而不是组织结构成为现代高效企业管理原则的决定因素，而企业文化又涉及更为深层次的价值观和文化理念等问题。现代连锁企业在塑造学习型的企业文化时可以从下面几个方面展开。

(1) 树立学习型价值观。树立学习型价值观是学习型企业文化建设的第一步，也是最重要的一步。这是因为，价值观是连接企业员工的纽带，对人们的行为具有重要的制约和支配作用。因此，价值观是建立学习型组织的灵魂。企业要树立学习型价值观，必须重视在员工中倡导以下价值观念和行为取向。

① 时刻保持强烈的竞争意识和学习能力：对学习有浓厚的兴趣和执着的追求，把学习看成是企业发展的保证和员工人生发展的基点和杠杆。

② 善于吸收信息和知识，掌握有效的学习方法，不断开阔视野。

③ 勇于适应变革，不断更新和积累知识，把学校学习、教育的观念转变为终生学习、教育的观念。

④ 善于交流合作，互助互学，互相尊重，提高学习能力。

⑤ 敢冒风险，具有挑战精神和进取心，勇于创新和尝试，使企业和员工在变动的环境中持续学习和成长。

因此，连锁企业内部应当鼓励学习、崇尚创新的价值观念和行为取向，这对于建立真正的学习型企业、促进企业持续健康发展、增强企业的核心竞争力都是非常重要的。

(2) 创建一系列鼓励学习的组织机制。创建学习型企业及其文化是一个复杂而漫长的过程，它离不开组织机制的配合和支持。为此，要推动连锁企业发展成为一个学习型企业，就必须建立一系列鼓励学习的组织机制。

① 要创建一种对外开放的组织机制。在企业外部，企业除了应通过互联网进行知识、信息的有效交流、合作和共享外还应建立一种对外开放的组织机制，并形成对外开放型的组织文化，使企业能最广泛地从外部收集和积累知识。企业可以与外部专家、客户以及供应商联合起来，通过研讨会、集会、参观学习或建立项目小组等形式，进行交流与合作，使企业及其成员能像其他先进企业学习、向专家学习、向顾客学习，不断汲取各种知识和信息，以最快捷、最经济的方式获得自己所需要的各种知识。

② 打破部门间界限促进形成企业内知识和信息的交流传播机制。学习不只是企业员工和各个部门自身的事，信息、知识必须能在整个企业里迅速有效地广泛交流和传播才能产生强大的作用。在企业内部，组织应充分利用已建立起来的内部沟通网络，增强员工之间的相互交流和学习。由于企业的部门界限阻碍了信息、知识的流动，将个人和各部门彼此孤立起来，不利于学习型企业文化的形成。因此，企业还必须打破这些部门的界限，建立开放式的环境，消除企业内部的条条框框和冗长的程序，促进形成企业内部信息和知识的传播机制，使企业最大限度地扩散和交流知识，为企业实现外显知识和内隐知识的共享提供保证，使企业在此基础上能通过学习不断增强自身创造和积累知识的能力，以最终带来绩效的改善和学习型企业文化氛围的形成。

③ 建立学习型企业文化的促进和激励机制。学习型企业文化的促进和激励机制，主要包括物质激励和精神激励两个方面。物质激励的着眼点应是在企业内部拉开不同知识层次学习、工作能力层次的报酬档次，并将员工的报酬和他们与同事的合作关系挂钩，以鼓励有效的学习和团队沟通。学习型企业的物质激励除了传统的奖金、工作丰富化、职位晋升等内容外，还应包括激励作用更大的股权和知识产权等方面的内容。这样有利于把员工的利益和企业的利益紧密地联系起来，能有效地调动员工学习创新的积极性和主动性。企业的精神激励主要是要通过营造鼓励学习、崇尚创新的文化氛围，给予员工信任、理解、尊重、继续学习和发展机会等方面的激励。企业通过建立这些激励机制，为培养学习型企业文化提供有力的保障。

(3) 创建有利于组织和员工学习的人文环境。真正的学习型企业，应具有宽松、积极、进取和开放的人文环境。要创建这样一种文化环境，企业应重点抓好以下几项工作。

① 培育勇于挑战和创新的企业精神，企业必须营造一种宽松的创新环境，树立崇尚创新、鼓励挑战的风尚，让每个人都成为企业获得新知识的源泉。

首先，企业要鼓励员工挑战传统，摒弃现有的经验和做法，超越书本和实验室等范畴，并对那些陈旧的理论和经营管理方式提出质疑、挑战和创新。其次，企业必须非常重视员工的想象力、灵感、原创性与主动性的发挥，鼓励他们通过学习不断去涉猎更复杂的知识领域，接受更多的挑战，并鼓励他们提出更大胆的新观念、创造出工作新方式，为企业的发展注入更多创新的动力。最后，企业要鼓励员工通过创新进行学习，并通过这种创新和学习不断提高企业应变能力和竞争力。

② 营造有利于组织和员工终生学习和知识共享的文化氛围。首先，企业要树立终生学习的理念。企业要注意引导员工认识到学习对企业和个人成败的重要性，使学习成为人们的自觉行动和

终生追求，使企业发展成为一个具有高度自觉性的学习型组织。其次，企业要充分发挥领导者的关键性作用，促进组织学习文化氛围的形成。领导者要做一个好的学习者，成为企业知识创新的倡导者和带头人；领导者要做一名好教师、好教练，引导员工有效地学习；领导者要善于鼓励、督促员工学习，不断提高组织和员工的学习创新能力；领导者要为员工创造良好的学习环境和机会， 使学习成为企业的一种文化和机制。最后，企业要营造一种有利于知识共享的文化氛围。在企业中营造一种平等、民主、自由、和谐的气氛，形成一种高度信任、有利于知识传播和共享的人文环境，使每个员工的知识都能够为整个企业的其他员工所共享，在企业内部传播和扩散，形成知识分享和交流的网络，以促进员工的相互学习和共同学习，以及团队和企业的持续学习，提高整个企业的学习能力和竞争力。

③ 营造鼓励冒险和容忍失败的文化环境。企业创新，尤其是知识创新，是一种失败率高而成功率低的活动。因此学习型企业应将鼓励冒险、容忍失败作为构建自身具有活力的企业文化的重要内容之一，加以培育和完善。为此，企业应采取以下措施：员工冒险，允许他们失败，重要的是从失败中学到知识，并不断改进；成功与失败都要给予肯定，营造一种能使员工继续尝试、学习和成长的积极的人文环境；鼓励明智的失败而非愚蠢的失败，要鼓励他们放松自己，从冒险和失败中获得享受并学习到知识。

(4) 创办企业大学。激烈的市场竞争环境使企业越来越认识到建设学习型企业文化是培育企业核心竞争力的力量源泉。企业核心竞争力是企业内部知识、技术、资源不断积累、整合、完善的过程。尤其是在知识经济的背景下，企业必须培育全新的学习能力来适应市场，众多的企业大学也就应运而生。

随着知识经济时代的到来，学习已经成为终生的需要，企业为了确保自身的竞争优势并不断提升其核心竞争能力，借助于企业大学这一形式为员工提供各种形式的培训，一方面弥补了社会上职业教育的空档，另一方面，还可以根据企业自身的需要来设定学习项目，训练员工，借此来确保自身持续发展的能力。

企业大学在设计课程时的出发点是企业的核心发展战略和企业核心竞争力，其学习内容主要包括以下方面。

① 推广企业的经营理念和企业的核心价值观。这类课程对加强企业战略沟通、统一思想认识、强化企业文化建设以及改善企业领导的管理能力有很大的帮助。

② 介绍企业相关的经营环境，使员工对企业的业务运作流程、企业的主要产品、服务、客户、竞争对手、行业发展等情况有所了解并逐渐熟悉。

③ 培养员工能力，强化员工素质。日新月异的技术发展和激烈的市场竞争使企业的经营环境比计划经济时代发生了根本性的变化，这些变化使得企业对员工不断有更新的能力要求。电脑的操作和应用能力、思维的创新和解决问题的能力、沟通与合作的能力是现代企业发展对员工的一般的素质要求、而员工的职业生涯的自我管理能力与不断学习接受新知识的能力则是一个员工适应现代企业需要的必备条件。企业大学的课程设计应该迎合这方面的需要。

9.3.4 现代连锁企业识别系统 CIS

1. 现代连锁企业识别系统概念

企业识别系统简称CIS，即Corporate Identity System，起源于20世纪初的德国，其正式的重要诞生标志是1956年美国国际商用计算机公司以公司文化和企业形象为出发点，突出表现制造尖端科技产品的精神，将公司的全称International Business Machines设计为蓝色的富有品质感和时代感的造型IBM。企业形象识别系统(CIS)的主要思想是将企业的经营理念、行为规范和视觉识别三位一体进行系统性分类，从战略的角度来研究企业内涵，丰富企业文化，塑造企业形象，使企业走上规范化、系统化、完善化的轨道。

关于企业形象识别系统(CIS)的定义，不同学者和企业家说法不一，至今仍未有简洁明了并被公认的解释。

(1) 日本学者中西元男认为：意图的、计划的、战略的展现企业所希望的形象；就本身而言，透过公司内外，来产生最好的经营环境。这种观念和手法就叫做 CIS。

(2) 日本 SONY 公司高级主管黑木靖夫则认为：企业形象识别系统(CIS)就是企业的“差别化战略”。

(3) 台湾的 CIS 专家林磐耸认为：企业形象识别系统(CIS)就是将企业经营理念和精神文化，运用统一的整体传达系统(特别是视觉传达设计)，传达给企业周边的关系或团体(包括企业内部与社会大众)，并使其对企业产生一致的认同感和价值观。

(4) 《企业形象制胜》一书则解释为：运用视觉设计与行为的展现，将企业的理念与特质系统化、规范化、视觉化，以塑造具体的企业形象，并发挥它在体制上的管理作用。

企业形象识别系统(CIS)的基本结构涵盖了企业内部各成员、各环节、各方面的综合要素，也涵盖了企业与外界进行联络与沟通的各个方面。从其基本内涵角度来分析，可以认为企业形象识别系统(CIS)是指将企业、机构的经营理念、精神宗旨等文化系统和哲学思想，通过全员的行为表现和整体的识别系统传达给社会公众，促使社会公众对企业、机构产生一致的理解、认同和接纳，从而为企业、机构树立良好的形象，并支撑企业、机构更好地发展。

连锁企业识别系统就是指运用视觉设计，将特定连锁企业的理念与本质视觉化、规格化、系统化，并以其特定服务或产品的内涵与外延形成固定的标志、标识、造型与色彩的设计为表达核心，将连锁企业的经营理念、管理思想以及服务经营战略与策略等，通过视觉的艺术再现技术传播给本企业员工和社会公众。具体地说，将连锁企业的经营活动、经营理念、经营哲学、管理特色、服务标准、社会使命感、服务风格及服务营销策略等，运用多种传播手段与技术的组合系统，特别是运用视觉沟通技术传递给社会公众，从而塑造良好的连锁企业形象，使广大社会公众对其产生一致的认同与肯定，营造一种适合于连锁企业自身发展的外部环境。为进一步扩大和开拓服务或产品市场，增强连锁企业市场营销力、竞争力和形象感染力创造条件。

2. 现代连锁企业识别系统特性

(1) 多面性。企业识别系统不是挂在墙上的一幅单调的平面绘画，它是社会空间中的企业组织在公众心目中的立体的反映。由于公众的层次不同，需求的不同，观察的角度也不同，每个人都可能从个人的需要出发，站在特殊的角度上来观察同一企业的行为，从而在公众的心目中该企业的形象特征就明显地带着这一角度所看到的这个侧面的表现。不同的企业其社会存在的价值不同，目的也不同，所以对企业识别系统的要求也不同。如果再进一步探讨，又可以从不同角度的观察者出发，提出多种多样的企业识别系统要求，这说明每一个企业的形象都存在着多面性。

(2) 相对稳定性。企业识别系统的表征及行为一旦在公众的心目中形成了定势，便使公众形成一种态度取向，态度的相对稳定性便决定了公众对企业识别系统感受的相对稳定性。人们的认识过程不仅仅是观察，更重要的是感受，而感受容易使人们形成固定的经验，经验是不容易改变的。

(3) 战略性。由于企业识别系统是深入到企业“灵魂”(即企业文化)的革命，因而设计CIS、导入CIS均不应仓促行事，而应把它作为一项企业的长期战略来实施。一般企业CI战略的循环作业，可1年至3年不等，在日本有的甚至长达10年、20年的酝酿和计划。同时，企业的形象定位也有一定的周期，一项CI作业陈旧落伍时便应及时调整，要求企业应把企业识别系统提到战略性的高度。

(4) 传播性。是指企业识别系统必须借助于各种媒体和渠道进行传播使企业得到社会的认同，如消费者的欣赏、政府的支持、关系企业和组织的协助等。从而达到企业实施 CIS 战略的目的。另外企业识别系统也涉及企业内部的传播，这是企业识别系统实施的标准化管理的前奏，而企业文化的塑造也需要企业员工通过相应的信息传播达成共识。

3. CIS 在现代连锁企业中的作用

随着连锁经营在世界各地的飞速发展，连锁企业的规模也在不断地扩张和壮大，其组织管理早已超出了旧有的模式，建立和管理如此庞大的系统，需要一种全新、不同于传统模式的管理机制，而唯一有效的途径便是突出企业识别系统。

从一般发达国家的经济增长过程可以看出，经济高速发展时期的企业主要依赖人力、物力、财力，然而当经济发展到了相当成熟的阶段以后，任何一个行业的竞争都将加剧。各企业之间科技开发水平、产品品质、性能、外观的区别日趋减小，仅凭人、财、物3方面的占有来发展企业已经不能满足需要，特别是在信息化、系统化的社会中，企业的竞争力将主要表现在信息传达量和企业理念识别中所体现出的统一的人格力量和文化力量。

《美国周刊》的一篇文章写道："在一个富足的社会里，人们都已不太斤斤计较价格，产品的相似之处又多于不同之处，因此商标和公司的形象变得比产品和价格更为重要"。这句话，不仅可以说是西方发达社会的真实写照，而且也道出了在商品经济的社会里，塑造企业识别系统的重要性。如果把企业识别系统进一步具体化，则可以将其功能划分为8项。

(1) 能提高企业知名度。具有良好形象的企业本身就容易赢得广大消费者的信赖与好感。而且公众对于有计划地实施组织化、系统化、统一化的CIS战略的企业，更容易产生组织健全、制度完善的认同感和信任感。

(2) 能吸引人才，提高生产力。企业能否吸引优秀人才，以确保企业管理水平和生产能力的提高；能否避免人才的流动频繁，从而造成工作上的损失，这一切都有赖于良好的企业识别系统的建立。

(3) 能激励职工士气，形成良好的工作气氛。企业形象好，知名度高，企业的职工就有一种优越感和自豪感，容易调动职工的积极性。再加上企业有着完整的统一视觉识别系统(如工作服、办公用品、企业标志等)，能给人耳目一新的感觉，自然能够激励员工士气，提高工作效率。

(4) 能使营业额大幅度上升。一个企业知名度好，客户自然会慕名上门，而且潜在消费者也会转而选择知名度好的企业产品，有效推动消费者的购买意愿，营业额的提高自然是理所当然的。

(5) 容易筹集资金。企业形象好，一旦企业需要长、短期资金时，各种投资机构和金融机构，都会愿意参与投资经营。

(6) 能增强投资者的好感和信心。企业一旦遭到突发危机，如果企业早已通过企业识别系统获得社会公众的信任，此时政府、银行、同行企业、员工等，自然都会伸出援助之手共渡难关。

(7) 能使企业的基础得以长期稳固。由于企业具有优良的形象，社会上有创见，有前途的企业，也会自动寻找合作，不但投资机会增多，失败的风险也会减少，其结果必然使企业的基础日趋稳固。

(8) 有利于内部管理。连锁企业在面对与日俱增的产品和激烈的市场竞争面前，需要制作一套良好的操作方便的管理系统。以塑造企业形象为目的的CIS战略，可以使这一切都走上规范化、系统化的轨道，简化了管理系统的作业流程，有利于内部管理。

4. 现代连锁企业识别系统的 3 大系统要素

CIS一般分为3个方面，即企业的理念识别——Mind Identity(MI)，行为识别——Behavior Identity(BI)和视觉识别——Visual Identity(VI)。企业理念，是指企业在长期生产经营过程中所形成的企业共同认可和遵守的价值准则和文化观念，以及由企业价值准则和文化观念决定的企业经营方向、经营思想和经营战略目标。企业行为识别是企业理念的行为表现，包括在理念指导下的企业员工对内和对外的各种行为，以及企业的各种生产经营行为。企业视觉识别是企业理念的视觉化，通过企业形象广告、标志、商标、品牌、产品包装、企业内部环境布局和厂容厂貌等媒体及方式向大众表现、传达企业理念。CIS的核心目的是通过企业行为识别和企业视觉识传达企业理念，树立企业形象。

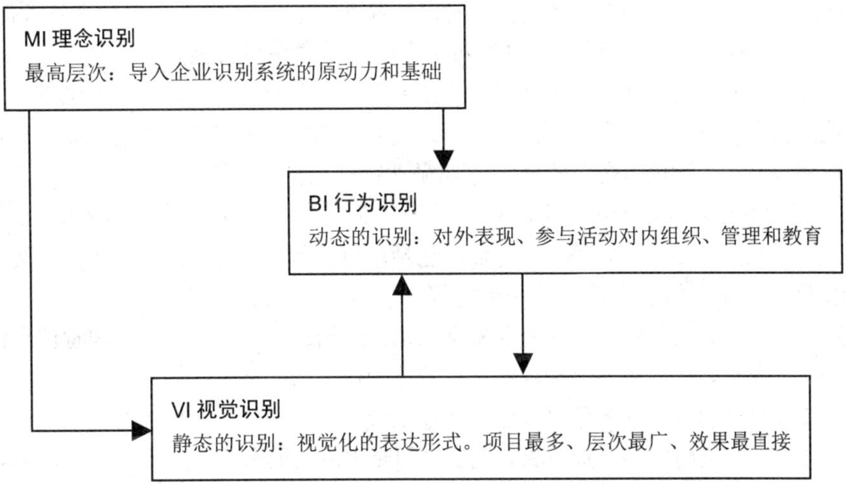

图 9-2　企业识别系统结构图

(1) 连锁企业理念识别 MI。连锁企业理念识别，意指连锁企业经营过程中的经营理念和经营战略，它包括企业在生产和市场中经营原则，方针、规划、制度、和责任的统一化识别。理念的统一就是塑造被连锁企业全体员工所认同的价值观念，并以此作用规范企业行为和全体员工行为的唯一标准。在具体行为活动中，经过千锤百炼，高度概括形成具有强大鼓动性、层次性和有序性的连锁企业诸如宗旨、精神、口号、方针、风格、标语、格言、使命等要素的组合，进而发展成为连锁企业的文化、经营哲学和精神等完整的企业理念体系。这种理念体系是连锁企业生存与发展的“灵魂”驱动器，并形成一种固有的独具特色的企业理念风格，能经得起现代社会的考验与洗礼、选择与淘汰。

另外，MI的内容通常用简明确切的、能为企业内外乐意接受的、易懂易记的语句来表达。比如：麦当劳的理念就是Q、S、C、V。字面上的意思是质量(QUALITY)，服务(SERVICE)，清洁(CLEANLINESS)，价值(VALUE)。这是它的创始人在创业初期就确定的，富有快餐业的特征。四个字母概括了企业对全社会的承诺：在任何情况下都必须向顾客提供高质量食物(Q)，自助式的良好服务(S)，洁净整齐的用餐环境(C)，以及物有所值的消费方式(V)，理念一经确定，它的经营管理模式，它的各项规章制度，它对食物的科学配方及制作规程，它特有的充分尊重顾客的服务方式，以及它的视觉识别系统，都是Q、S、C、V这一经营理念的具体体现。而这一理念也成了企业员工上下一致奉行的信条与信守的准则。

为了设计出有价值、有品味、有助于企业发展的经营理念，必须深入了解企业的精神内涵，在调查研究方面狠下功夫。企业理念定位要准确、富有个性、表达简洁独到，才具有识别性。同时，针对企业员工的实际情况，企业的文化水平、经营素质、传统优势等提炼出振奋人心的、上下内外都能接受的、并且能在企业内部变成大家实际行动、企业外部博得社会认同的理念，才能达到企业形象对内激励、对外感召的效果。

(2) 连锁企业行为识别 BI。连锁企业活动识别，意指围绕着连锁企业理念体系，展示给社会公众诸方面形象在企业活动中的行为准则，是企业理念行为规范的物化表现形式。它是在理念系统得以确立的基础上所形成的，用以规范企业内部行为，管理、教育企业员工的一切社会活动。企业行为识别系统通过所有工作者的行为活动得以表达，使其成为企业传播之手，视之可见，触之可感，把企业理念通过对内、对外的活动全面地表达与再现出来。企业理念系统是行为识别系统的内蕴动力，它在企业内部指导着企业的各项培训、教育、组织建设、管理实施与工作软环境的再创造等项活动；在企业外部指导着企业的市场调查、公共关系、广告宣传和各项促销活动等，从而使企业的行为识别系统从对内与对外两个方面得以表现与实施。

从企业行为识别系统的实施对象来看，它主要包括企业对内、对外行为活动的方式，针对特定连锁企业的服务项目、类型和范围系统周密地规划企业的组织结构、传递系统，质量、能力、市场区域研究与开发、管理、员工教育与培训(敬业精神，服务水准、服务技巧、服务准则和行为规范等)，以及对社会赞助和公关活动。对内活动包括：员工教育，服务环境的优化，职工福利、服务资源开发，服务态度与风格等。对外活动包括：市场调查，促销活动、服务消费引导、社会公益性与文化性活动、信息沟通、公关活动等。

(3) 连锁企业视觉识别 VI。连锁企业视觉识别，意指连锁企业通过多种视觉信息传输形式的统一，使企业形象具体化，生动化和视觉化。具体操作方法：将企业的标志标识或特定服务的象征性图案来装饰企业内外部服务环境或服务传递系统以及一切用品，使社会公众从视觉角度完整地认识企业独一无二的特定的企业形象。它的项目最多、层面最广、效果最直接、影响力最为显著；属于向社会传递信息的硬件部分。将抽象化的企业理念以具体化、生动化的标志形式传播于社会，引发人们的注意，它最容易被人们在无意识中认知、接受，进而达到记忆，且印象极为深刻。借助各种媒介载体，可跨时间与空间的限制，运用视觉系统传播于社会公众，形象化地再现了连锁企业的经营理念，从而达到快速而准确地识别企业，塑造出独特连锁企业形象的目的。

连锁企业的标志由象征性图案、标准字体和标准色等构成。可分两大类，一类是基础要素，包括企业名称，标志、标准字体、标准色、象征性图案与吉祥物；另一类是应用要素，包括办公用品、服务营销内外部环境、服务设施、招牌、旗帜、服务传递系统，建筑外观、交通输送用车、衣着服饰、广告媒体等。运用视觉识别的要素组合系统，以企业标志所蕴含的特定服务为基点，全方位地展开传播，使服务企业形象的特质无时不在，无处不在。

连锁企业理念、活动和视觉识别3者是一个有机整体。它是以理念识别为基础，活动识别为主导，视觉识别为表现三合一的系统工程。由于不同的连锁企业在业态、提供服务或产品的方式存在差别，作为特定的连锁企业应针对自身的特点，纵观企业内外部发展条件，经过系统周密的市场调查，并结合企业面对的公众群体的类型、特点、价值观与审美观等因素，构建出富有个性的连锁企业识别系统，在对其进行策划、设计与运作的过程中，体现诸如良好的风气、安定性、清洁度、规模、服务质量、信赖感、服务营销网的实力，时代潮流和现代化等企业形象特点，并树立全新的观念，使连锁企业识别系统真正成为企业的经营战略和形象战略。

5. 现代连锁企业识别系统导入流程

导入企业形象识别系统(CIS)有许多工作要做，根据它们内在的逻辑联系，可以把诸多的工作内容概括为6大环节，按照先后顺序依次是：

(1) 提出企业形象识别系统(CIS)计划。这是导入企业形象识别系统(CIS)的前提，无论是谁(企业领导者、企业顾问或其他人士)提出，最终都要使得企业遥高领导者对企业形象识别系统(CIS)有所了解并对企业内外环境有正确的认识。导入企业形象识别系统(CIS)不是一个盲目的举动，而是为了解决企业目前或将来会遇到的问题。例如：企业名称陈旧、形象老化，企业形象与产品形象或业务领域不符，企业业务或市场环境有重大变化，与同行企业相比缺乏形象竞争力、公众知名度较差等。提出企业形象识别系统(CIS)计划一般要形成书面的“企业形象识别系统(CIS)导入企划案”，它主要包括目的、理由和背景、计划方针、施行细则、导入计划、实施的组织、费用预算。针对“企划案”，企业一般要组织管理人员、咨询人员、员工代表进行论证，论证通过以后，企业形象识别系统(CIS)计划的提出即结束，转入下一阶段。

(2) 调查与分析。通过调查研究，找到企业问题的关键所在，是成功实施企业形象识别系统(CIS)的保证。调查内容主要是企业现状和企业形象两方面。除此之外，还会涉及对政府法律、法规、政策和竞争对手方面的调查，这是制订正确的、有针对性的企业形象识别系统(CIS)实施策略必不可少的。

(3) 确定企业理念。在分析调查结果以后，立足企业历史、现实和未来发展方向，确定企业的目标、宗旨、精神等。

(4) 行为与视觉设计。在企业理念指导下，设计相应的企业行为识别要素与视觉识别要素。

(5) 发表企业形象识别系统(CIS)。就是将已制订成熟的企业形象识别系统 CIS 方案向内部员工、新闻界和社会公众公开。对内发表的目的是激发员工热情、强化员工决心和执行企业形象识别系统(CIS)各项计划的自觉性，发表内容包括：实施企业形象识别系统(CIS)的意义和原因，企业形象识别系统(CIS)实施过程和进度，新的理念识别、行为识别和视觉识别系统，统一的对外说明方式等。对外发表旨在表明企业改变旧形象的意图和决心，引起公众关注、争取公众认同。许多实践表明，发表企业形象识别系统(CIS)的时机非常重要，确定时机要充分考虑到企业内外环境因素。在以新闻发布会或广告形式对外发表之前，最好提前一点向供应商、经销商、政府等重要关系者通报，这会使它们感到企业对自己的薄重，并对企业新的形象给予积极的认同。

(6) 企业形象识别系统(CIS)实施，如果不能坚决地贯彻实施，再好的企业形象识别系统(CIS)方案和计划也无济于事。在实施过程中，关键在于企业领导者是否有坚定的信念、是否自觉从我做起。企业形象识别系统(CIS)实施虽然离不开政策、措施、制度的推动，但主要应调动广大员工的内在积极性和主动性，因此努力营造一个积极的企业氛围是很有必要的。

【案例9-4】

欧尚的 CIS

欧尚大卖场的 CIS 包括 3 个方面：大卖场理念(MI)识别系统、大卖场行为(BI)识别系统和大卖场视觉(VI)识别系统。具体表现如下。

1. 欧尚大卖场的理念(MI)识别系统

所谓理念识别系统，是指一个企业的企业理念的定位，以形成自己独特的企业理念，从而树立起企业在市场中的形象。表现为以下几个方面。

(1) 大卖场精神：简洁，进步，信任，激情，专业。

(2) 经营宗旨：顾客满意至上。

(3) 经营方针。

① 低价：让欧尚顾客用最低的价格买到最满意的商品

② 省时：让顾客在大卖场用最短的时间内找到自己满意的商品。

③ 健康生活：为消费者选择最优质的商品提供消费者健康生活。

(4) 经营定位：为顾客带来富有责任感的、专业水平高的服务以提高最大量客户的购买力，让顾客在购物的过程中得到最优质完善的服务，一切以顾客满意为我们的最高经营目标。

2. 欧尚大卖场行为(BI)识别系统

行为识别系统指企业围绕自己的理念识别系统而给予社会的种种形象及行为准则。它是企业理念中行为规范的物化表现。表现为以下几个方面。

(1) 全面开展公共关系活动，致力于建立各方关系，树立良好的大卖场形象。

① 加强与社会各界的联系，争取社会公众的理解与支持。

② 保持与学校的良好关系，加强合作与联系，营造良好的环境，赢得支持。

③ 建立及保持与各客户之间的良好关系，为客户提供超值服务，以良好的信誉提高企业的美誉度。

④ 注重内部公共关系，了解内部各部门及员工需求所在，从大处着眼，从小事着手，发挥内部激励机制，做到人尽其才，才尽其用。

⑤ 真诚参与社会公益活动，提高大卖场在学校甚至在邯郸室的知名度和美誉度。

(2) 严格规范内部管理行为，重塑大卖场精神面貌。

① 全面落实企业理念，营造优秀企业文化氛围。

② 形成以人为本的企业文化，提倡尊重知识，尊重人才。

③ 开展“从我做起，从现在做起”活动，全面落实企业理念，将企业理念落实到每个员工的日常工作之中。

④ 全面制定和健全各类规章制度。

(3) 员工行为规范。

① 员工礼仪：坚持礼貌待人，提倡行为举止文明。

② 员工着装：坚持规范着装，体现企业的企业文化氛围。

③ 员工训条：行动迅速、反应灵敏、态度热情、言行得体、举止文明。

④ 素质培训：根据差异有针对地进行。

⑤ 职工管理：强调遵守规章制度。

3. 大卖场视觉(VI)识别系统

(1) 铭牌，如图 9-3 所示。

图 9-3　欧尚铭牌

(2) 企业标准色调。主色：红色。辅助色：绿色。

(3) 员工制服。采用大卖场统一的徽标、标准色，统一着装。在固定节假日定制一系列与节日气氛相符合的服装。

(4) 大卖场内的布置。商品陈列力争做到在不同的季节，针对消费者不同的需求摆放。

(5) 企业名片，如图 9-4 所示。

图 9-4　欧尚名片

(6) 企业信封，如图 9-5 所示。

图 9-5　欧尚信封

(7) 包装袋及胸牌，如图 9-6 所示。

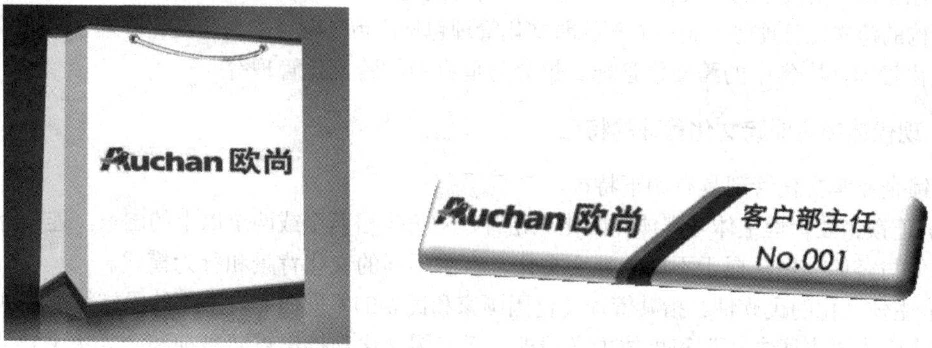

图 9-6　欧尚包装袋及胸牌

9.4 现代连锁企业的跨文化管理

进入21世纪以来，随着全球经济一体化趋势的加强，跨国连锁经营企业的蓬勃发展，连锁企业的跨文化经营已经成为历史的必然。当连锁企业跨国经营时，各国企业的组织结构、技术方法、控制程序等已基本趋同，但员工的不同文化背景使文化差异成为一个影响管理者的管理效果的重要因素。管理者们越来越意识到规范的组织管理文化对企业发展的重要意义，国外许多管理学家的研究表明，跨国连锁经营中凡是大的失败几乎都是因为忽略了文化差异所招致的结果。

跨文化管理是一门全新的管理学科分支，从管理文化研究在美国形成热潮到发展成一门新学科的建立，不过多年的时间。对于这样一个全新的课题，国内外众多的专家、学者都已经开始着手这方面的研究，并且提出了一些具有前瞻性的理论观念，达成了某些共识。

1. 现代连锁企业跨文化管理的定义

所谓跨文化就是我们通常所说的交叉文化，是指具有两种或两种以上不同的个人或群体之间的相互作用。连锁跨文化管理是指与连锁企业有关的不同文化个体或群体，在交互作用过程中出现文化矛盾和文化冲突，如何有效地解决这种矛盾，达到文化的理解、沟通、协调和融合，从而实现有效的管理。其目的在于如何在不同形态的文化氛围中，设计出切实可行的组织机构和管理机制，最合理地配置企业资源，特别是最大限度地挖掘和利用企业的潜力和价值，从而最大化地提高连锁企业的综合效益。

由以上概念可知，连锁跨文化管理有以下几个要素构成：跨文化管理的主体是连锁企业；跨文化管理的手段是连锁企业文化；跨文化管理是一种管理活动，是在交叉文化条件下，通过文化手段的应用，实行管理的各项职能跨文化管理的对象，乃是具有不同文化背景的群体；跨文化管理的目的，就是不同文化群体在相互影响过程中出现矛盾和冲突时，从中找到并形成交叉文化条件下管理的有效模式。

2. 现代连锁企业跨文化管理的内容

连锁企业跨文化管理的内容相当丰富，从管理职能方面来说，可以分为跨文化沟通、跨文化激励跨、文化领导、跨文化决策等。从企业经营的内外方面来说，连锁企业跨文化管理可以分为企业内部的跨文化管理、企业外部的跨文化管理。企业内部的跨文化管理包括：人力资源开发中的跨文化管理、研发中的跨文化管理、运营中的跨文化管理、全面质量中的跨文化管理、组织体制与结构的跨文化管理等。企业外部的跨文化管理包括：市场营销中的跨文化管理、公共关系中的跨文化管理、广告中的跨文化管理、机会与危机中的跨文化管理等。

3. 现代连锁企业跨文化管理的特征

连锁企业跨文化管理具有如下特征。

(1) 连锁企业管理主体与客体异国化。指管理双方来自两个或两个以上的国家，连锁企业管理的主体与客体分别从属于不同的社会文化，有着不同的文化背景和行为模式。

(2) 主体文化的民族性。指其管理文化因国家和民族的不同而具有不同的民族特征。例如，中国文化崇尚“中庸之道”和集体主义精神，而美国文化却推崇冒险精神和个人主义。

(3) 管理模式的多样性。由于是在不同的文化中进行管理，因此，连锁跨文化管理所形成的管理模式是多种多样的，这些管理模式具有各自的文化特色。

(4) 管理的先进性。跨文化管理的重要特征之一就是采用先进的管理方法和理念。这是由于文化的差异和观念的冲突，势必会增加成员的“脑力震荡”为新观念和新方法的产生提供了更大的可能。

(5) 持续的发展性。管理科学是在不断发展的，在当今国际经济一体化的发展趋势下，企业跨文化管理也必将随着管理科学及世界经济的发展而不断发展。但是，其发展势必会受到各自背景的主体文化的影响和制约。

【案例9-5】

肯德基的跨文化经营

肯德基在世界范围内尤其是在中国的成功经营，引起人们的广泛注目。而它的成功也给我们一个深刻的启示：企业在跨文化经营中，只有在文化差异战略上获得成功，才能在国际竞争中立稳脚步，雄霸市场。

1939年，哈兰·山德士上校创建了闻名遐迩的肯德基快餐店，从此开创了“一条鸡腿走天下”的经营壮举。但上世纪80年代早期，肯德基对于大多数中国人来说还是非常陌生的，人们不知肯德基及其所代表的“洋快餐”为何物。但一种文化想要融入另一种文化，其难度可想而知。在肯德基进入到中国大陆以前，他在香港首先就遇到了一次惨败。这次的兵败香港，让他体味了文化投资环境与拓展国际市场间的重大关系。同时，也为他日后进军中国大陆，真正了解不同文化融合与市场竞争间的关系做了一个完美的铺垫。

1. 肯德基的香港攻略

1973年6月，肯德基进军香港，在美孚新屯开设了第一家肯德基店，接着以平均每个月一家的速度连续开了11家连锁店。然而，令肯德基人没有想到的是，香港人似乎对它并不十分青睐，业绩一落千丈。在不到两年的时间里，即1975年2月，这些首批进军香港的肯德基连锁店被迫全部关闭。挫败的经历令肯德基人不得不深思东西两方的思维理念及饮食文化差异。在美国，快节奏的生活方式决定了快餐行业的兴盛，独立座位或根本不设座位的本土经营模式不影响人们的消费。而在香港，人们早已习惯了亲朋好友结伴进餐，边吃边聊，店内如果不设座位就等于拒绝顾客进餐。另一方面，东方人对于鸡的味道和美国人也是有区别的，忽略了这一点，仍沿用美国人的口味标准，必将导致港人对肯德基鸡肉口味的不满。再有，也是非常重要的一点，肯德基在香港仍采用露骨的国际性的“好味道舔手指”的广告词，违反了东方人思维细腻含蓄的文化理念。

在了解了香港经营的惨败是由于缺乏对香港本土文化特别是饮食文化的理解之后，肯德基人在异域文化上大做文章，极力迎合东方人的需求而又不失自己的特色。

2. 肯德基的大陆之行

经过中国香港的失败与成功，肯德基在进入中国大陆前就十分重视文化环境因素，并对文化投资环境进行了先期的深入调查。改革后的中国，“时间就是金钱”的观念在人们心中逐渐加强，传统的中国饮食习惯和一日三餐、自炊自饮的生活方式正在悄然发生变化。另外，年轻一代的崛起和他们头脑中逐渐发展的“崇美”意识也为肯德基在中国的发展客观上起到一定的推动作用。

1987年11月12日，借着在香港获胜的东风，肯德基在北京前门繁华地带开设了中国第一家餐厅，从而开始了它在这个拥有世界最多人口的国家的发展史。从开始的摸索，学习中国社会和文化，到逐步打造具有中国特色的“洋快餐”市场，肯德基在中国大陆已不再是陌生的字眼，它已成为一种饮食文化中快餐的象征。据统计，1992年肯德基在全国餐厅总数为10家；到1995年，发展到71家。1996年6月25日，肯德基中国第100家店在北京成立。这是一个里程碑，标志着肯德基在中国进入了一个更加稳步发展的阶段。而今肯德基在大陆已拥有1400家分店，利润率占全球肯德基的1/3，且每年还以很高的比例递增。可见，中国已成为肯德基的最大市场。

3. 肯德基的跨文化经营的启示

在世界各地80多个国家已拥有超过1.1万多家餐厅的肯德基，时时在为向外拓展而改变着运营策略，它要求企业不要把自己当成外来的市场入侵者，而是当作目标市场中固有的一员融入当地文化，它强调企业以适应文化环境来获得更大的发展空间。它那尊重当地本土文化，以及与本土文化交融的理念让它成功地走过了大半个世纪。它不仅仅为“中国人”而改变，也为“日本人”“韩国人”“法国人”等很多其他国家的人而改变。在世界各地的肯德基餐厅内，每当人们看到、品尝到近500多种其他食品时，看到科威特人吃着鸡肉饼、日本人吃着鲑鱼三明治时，人们不由感叹“肯德基是世界的”。他的成功是一种文化上的成功，是一种在尊重文化差异中求磨合的成功。如果忽略了这一点，肯德基的“鸡腿”现在只能在美国的本土上漫步。“他山之石，可以攻玉”。肯德基在中国饮食市场的成功向我们印证了与异国文化交流与合作中要：既面向未来，又不割断历史；既面向国际，又不悖逆民族；既面向外来文化，又不抛弃自己。只有这样，才能像肯德基一样“既是世界的，又是自己的”。因此任何企业只有在文化差异战略上获得成功，才能在国际竞争中立稳脚步，雄霸市场。

本章小结

本章首先介绍了现代连锁企业文化的基本理论，包括企业文化的内涵、结构体系、功能与特征等内容，然后阐述了企业文化与现代连锁企业核心竞争力的关系，接着介绍了现代连锁企业文化建设的相关理论，以及现代连锁企业的跨文化管理，最后分析了沃尔玛的企业文化。

思考题

(1) 结合实际论述如何塑造现代连锁企业精神。

(2) 企业文化与现代连锁企业核心竞争力有何关系？

(3) 谈谈价值观在现代连锁企业文化中处于怎样的地位。

(4) 企业形象包含哪些要素，它有什么特征？

(5) 现代连锁企业跨文化管理实践中应注意哪些问题？

案例分析

※ 沃尔玛的企业文化 ※

沃尔玛是由美国零售业的传奇人物山姆·沃尔顿先生于1962年在阿肯色州成立。山姆·沃尔顿出身于普通的中西部的农民家庭，靠打工完成大学的学业。1952年10月，山姆在二战服兵役后，回到故乡，和妻子白手起家建了第一家杂货店——“5分～1角商店”，山姆具有经营的天赋，善于创新，并尽量从顾客的角度出发，满足顾客的需求。直接从制造商进货以降低商品的售价，同时注意流行的趋势，将热销品引入商店。山姆的成功使得房东借口收回店面。沃尔玛无奈之下来到本顿威尔镇。1962年，他开了第一家连锁性质的零售店，取名沃尔玛(WAL—MART)。第一年的营业额就有100多万美元，这使得山姆颇感欣慰。

沃尔玛公司一直非常重视企业文化的作用，用良好的企业机制改造传统商业，充分发挥企业文化对形成企业良好机制的促进和保障作用，增强企业的凝聚力和战斗力。公司创始人山姆·沃尔顿为公司制定了3条座右铭“顾客是上帝”、“尊重每一个员工”、“每天追求卓越”，成为沃尔玛企业文化的精髓。在沃尔玛的整体规划中，建立公司与员工的合伙关系被视为最重要的部分。尊重个人是沃尔玛的企业文化。沃尔玛注重与员工的沟通，推行开放式管理，任何员工都有权走进管理人员的办公室讲诉任何话题，实现了真正的人性化管理。沃尔玛独特的企业文化主要有以下几点。

1. 沃尔玛视对员工的精神鼓励

沃尔玛公司总部和各个商店的橱窗中，都悬挂着先进员工的照片。各个商店都安排一些退休的老员工，身穿沃尔玛制服，佩戴沃尔玛标志，站在店门口迎接顾客。这不但起到了保安员的作用，而且也是对老员工的一种精神慰藉。公司还对特别优秀的管理人员授予“山姆·沃尔顿企业家”的称号。

2. 提出“员工是合伙人”的企业口号

山姆·沃尔顿一直致力于建立与员工的合伙关系，并使沃尔玛的万名员工团结起来，将整体利益置于个人利益之上，共同推动沃尔玛向前发展。

3. 别开生面的“周六例会”

沃尔玛的“周六例会”最能体现其企业文化。每周六早上七点半钟，公司高级主管、分店经理和各级同仁近千人集合在一起，由公司总裁带领喊口号，然后大家就公司经营理念和管理策略畅所欲言、集思广益。做出优良成绩的员工也会被请到本特维拉总部并当众表扬。这一周一次的晨间例会被视为沃尔玛企业文化的核心。参加会议的人个个喜笑颜开，在轻松的气氛中彼此之间的距离缩短了，沟通不再是一件难事，公司各级同仁也了解到了各分公司和各部门的最新进展。独特的企业文化使每一位员工有一种家的感觉。员工们为共同目标奋斗，使沃尔玛保持着强劲的竞争能力和旺盛的斗志。

4. 经常的培训

沃尔玛的经营者在不断的探索中，领悟到人才对于企业成功的重要性。如果公司想要发展，就必须引进受过教育的人才并给予他们进一步培训的机会。沃尔玛公司把如何培养人才、引进人才以及对既有人才的培训和安置看成一项重要任务。公司为员工制定培训和发展计划，让员工们更好地理解他们的职责，并鼓励他们勇于迎接工作中的挑战。

通过培训，沃尔玛公司加强了企业与员工之间的沟通。培训不仅是员工提高的途径，也是他们了解公司的一种方法。沃尔玛公司设立培训图书馆，让员工有机会了解公司资料和其他部门的情况。所有员工进入沃尔玛公司后，经过岗位培训，员工对公司的背景、福利制度以及规章制度等都会有更多的了解和体会。

沃尔玛公司重视企业文化建设，不是体现在墙上挂标语、对外搞宣传，而是体现在企业上下实实在在的行动之中。公司有一套十分健全的企业文化制度，保证了“口号与行动的一致性”，这可以从以下几条原则中看出。

1. 日落原则

这是沃尔玛公司的标准准则，它指的是今日的工作必须在今日日落前完成，对于顾客的服务要求要在当天予以满足，做到日清日结，绝不延迟。日落原则能够体现出沃尔玛公司时刻为顾客着想的经营宗旨。

2. 比满意更满意原则

沃尔玛公司要求其员工向每一位顾客提供比满意更满意的服务，即一项服务做到让顾客满意还不够，还应努力想方设法加以改进，以期提供比满意更好的服务。沃尔玛公司的这项服务原则为其带来了大量的回头客，因为在这里，他们总感到十分亲切。

3. 十步服务原则

所谓十步服务，就是沃尔玛公司要求其员工无论何时只要顾客出现在你十步距离范围内，员工必须看着顾客的眼睛，主动打招呼，并询问是否需要帮什么忙。

4. 薄利多销原则

事实上，薄利多销原则在沃尔玛公司之前早已被广泛应用，但像沃尔玛公司这样实行力度之大、范围之广、持续时间之久、运用之成功，倒很难找出第2家。

沃尔玛的成功表明：企业文化是企业生存和发展的精神支柱。文化的运用在整个企业中都有着深刻的影响，企业文化建设的优劣决定着企业的成败。毋庸讳言，我国零售业与沃尔玛的差距十分明显。除了规模不大、竞争力不强、技术落后、员工整体素质不高等原因外，企业文化建设的落后甚至缺乏应该是一个不可忽视的原因。总结沃尔玛公司的成功经验，为进一步促进我国连锁企业的发展提供了有益的启示。

案例思考题

(1) 沃尔玛企业文化的独特性表现在哪些方面？

(2) 沃尔玛企业文化制度建设中遵循哪几条原则？

(3) 谈一谈沃尔玛企业文化给你的启示。

附 录 A

采购业务表格

1. 采购业务记录表格

采购业务记录表格包括商品结构表(见附表1)和新商品市场调查表(见附表2)。

附表1 商品结构表

中 分 类			单 品 数		
编 号	小分类名称	单 品 数	编 号	小分类名称	单 品 数

附表2 新商品市场调查表

<table>
<tr><td>市 调 地 点</td><td></td><td>市 调 时 间</td><td></td><td>组 别</td><td></td><td>市 调 人 员</td><td></td></tr>
<tr><td colspan="2" rowspan="2">商品名称/规格</td><td rowspan="2">售 价</td><td rowspan="2">估计进价</td><td colspan="3">供 应 商</td><td rowspan="2">要 评 估</td></tr>
<tr><td>名 称</td><td>电 话</td><td>联 系 人</td></tr>
<tr><td colspan="2"></td><td></td><td></td><td></td><td></td><td></td><td></td></tr>
<tr><td colspan="2"></td><td></td><td></td><td></td><td></td><td></td><td></td></tr>
<tr><td colspan="2"></td><td></td><td></td><td></td><td></td><td></td><td></td></tr>
<tr><td colspan="2"></td><td></td><td></td><td></td><td></td><td></td><td></td></tr>
<tr><td colspan="2"></td><td></td><td></td><td></td><td></td><td></td><td></td></tr>
</table>

2. 商品管理表格

(1) 商品采购订单(见附表3)。

① 商品采购订单为连锁公司商品供货合同附件之一，在与供应商订合同时签订。

② 本订单不加盖公司专用章无效。

③ 拒收多于订单内容部分。

④ 供应商须持单作为送货凭证。

⑤ 此订单作为采、供双方结算凭证之一，须注意保管。

附表 3　商品采购订单

NO：

供应商编码		供应商名称			
发票送至	公司财务部				
订 单 号		订单下达日		取消日	
如无法在取消日前发货请通知公司采购部采购员				联系电话	
结算方式		支付方式			

采购员(签字)：　　采购主管(签字)：　　公司经理(签字)：　　供应商(签字)：

(合同专用章)　　(合同专用章)

商品条形码 店内码	商品说明	货 号	销售 单位	最 小 包装数	含税 进价	税 率	订购 数量	总价 (进价)	备 注

(2) 商品退货单。商品退货单一式四联，分别送给连锁企业财务部、配送中心、采购部和供应商各一联，具体见附表 4。

附表 4　商品退货单

NO：

供应商名称：　　编码：　　日期：

商品条形码 店内码	商品说明	货号	销售单位	退货数量	零售金额		进价金额		备注
					单 价	总 计	单 价	总 计	
合 计	小 写								

第一联　财务部留存

采购员：　　采购部主管：　　供应商：　　财务部：　　配送中心主管：

(3) 分店商品返库单。分店商品返库单共两联，配送中心、分店各一联，具体见附表 5。

附表 5 第×分店商品返库单

NO：

供应商名称： 编码： 日期：

店内码	商品条形码	商品说明	货号	单位	零售单价	数量	总计	原因
合计	大写				小写			

第一联 配送中心留存

制单人： 店长： 收货人： 配送中心主管：

(4) 商品价格变更单。商品价格变更单共三联，分店、配送中心、采购部门各一联，具体见附表 6。

附表 6 商品价格变更单

NO：

供应商名称： 编码： 日期：

店内码	商品说明	货号	单位	数量	变更前		变更后		变更总金额
					零售单价	金额	零售单价	金额	
合计	大写				小写				

第一联 分店留存

采购员： 采购部主管： 公司经理： 配送中心： 分店：

(5) 商品入库单。商品入库单一式四联，财务部、配送中心、采购部、供应商各持一联，具体见附表 7。

附表 7 商品入库单

NO：

供应商名称： 编码： 日期：

商品条形码 店内码	商品说明	货号	销售单位	退货数量	零售金额		进价金额		备注
					单价	总计	单价	总计	
合计	小写								

第一联 财务部留存

收货人： 核查人： 财务部：

(6) 商品出库单。商品出库单共三联，分店、配货中心、财务部各一联，具体见附表8。

附表8　商品出库单

NO：

收货单位名称：　　　　　　编码：　　　　　　日期：

店内码	商品条形码	商品说明	货号	单位	零售单价	数量	总计	原因
合计	大写				小写			

第一联　分店留存

制单人：　　　　　　发货人：　　　　　　收货人：　　　　　　配送中心主管：

(7) 商品盘点表。商品盘点表共两联，财务部、盘点部门各一联。具体见附表9。

附表9　盘　点　表

NO：

盘点部门：　　　　　　日期：

店内码	商品说明	货号	单位	退货单位	数量		合计	
					小仓	店面	总计	金额
合计	小写							

第一联　财务部留存

制单人：　　　　　　核查人：　　　　　　盘点人：

(8) 分店商品配送单。分店商品配送单共三联，配送中心、分店、采购部各持一联，具体见附表10。

附表10　第×分店商品配送单

NO：

供应商名称：　　　　　　编码：　　　　　　日期：

店内码	条形码	商品说明	货号	单位	零售单价	配送数量
合计	大写			小写		

第一联　配送中心留存

采购员：　　　　　　采购部主管：　　　　　　配送中心接单人：　　　　　　发货人：

(9) 供应商常用报价单(见附表11)。

附表11 供应商常用报价单

销售排行	品名	包装单位	销售单位	每箱件数	产地	交货天数	运送方式	价格(人民币、含税)						
								零售定价	批发定价	进价	进价	进价	连锁店	××进价

注：① 如以上报价不实，经发现将立即停止一切并全数退货；② 能提供以下证明文件：营业执照、税务登记、企业法人代码、卫生许可证、商检合格证、商标注册证、安全认证、签约授权委托书、海关单、外资注册证明、出口商检局检验许可证。

附 录 B

企业连锁经营有关财务管理问题的暂行规定

(一九九七年九月二十九日财政部发)

第一章　总则

第一条　为促进企业连锁经营的健康、有序发展，规范和加强企业连锁经营财务管理，根据《企业财务通则》、《企业会计准则》和《商品流通企业财务制度》等有关分行业财务制度的有关规定结合内贸部《连锁经营管理规范意见》和连锁企业特点特制订本规定。

第二条　本规定适用多种形式各个行业的连锁经营企业具体包括商业、粮食、物资、供销社等系统的直营连锁(又称正规连锁)企业、特许连锁(又称加盟连锁)企业和自愿连锁(又称自由连锁)企业等。

第三条　企业应在实行连锁经营后的一个月内将连锁经营的实施方案报同级财政部门备案各级财政部门应加强对本地区企业连锁经营财务管理的规范工作。

第四条　连锁企业的财务管理应遵循以下要求：

(一) 连锁企业应当按照《企业财务通则》、《企业会计准则》和《商品流通企业财务制度》等有关分行业财会制度的规定全面系统地组织本企业的财务管理及时向政府有关部门报送财务报告并向投资者、债权人等有关方面通报重要的财务信息。

(二) 连锁企业应当根据内部经营管理的特点按照不断提高经营管理水平的要求建立适合企业经营特点的内部财务管理制度。

(三) 连锁企业应当建立完整的财务监控体系。通过建立制度监控、会计监控、实物监控和指标监控等方式使总部及时掌握销售、价格、存货、纳税、资金等方面的信息了解各门店的外部或内部情况并及时调整调控措施。

(四) 连锁企业应当逐步实行财务会计电算化。

第二章　直营连锁财务管理

第五条　直营连锁指各连锁店同属一个投资主体经营同类商品或提供同样服务实行进货、价格、配送、管理、形象等方面的统一总部对分店拥有全部的所有权和经营权统一核算统负盈亏。

第六条　直营连锁财务管理实行统一核算制。同一地区或城市的连锁企业实行“总部—分店”管理模式。跨地区的连锁商店可在非总部所在地区或城市设置地区总部实行“总部—地区总部—门店”的管理模式地区总部在总部监督下严格按总部有关规定开展经营管理活动并进行独立核算从而形成总部和地区总部两级管理体制。门店的所有账目必须并入总部或地区总部账目同时门店应根据管理的需要设置必要的辅助账目并定期与总部或地区总部对账。门店所有的资产、负债和损益都归总部或地区总部统一核算。

第七条　货币资金的管理。各门店经营和改造所需资金由总部或地区总部统一筹措统一安排。各门店存入银行的款项要及时通过银行结算划转到总部或地区总部指定账户由总部或地区总部统一计划调剂。总部和地区总部对门店可建立备用金制度门店，不得支销货款。

为加强总部、地区总部的资金融通和调度力度总部或地区总部在内部资金管理上应通过建立内部资金调剂中心对门店实行统一开户、统一结算、统一管理、统一调度。

第八条　存货管理。除保鲜期短或鲜活商品外总部和地区总部要对所经营的商品进行统一采购、统一配送、统一核算。总部对地区总部的商品配送作为销售处理。总部或地区总部配送给各门店的商品作为内部移库处理其计价可以采取成本加一定费用计价法、成本加一定比例的毛利计价法、市场售价计价法和协议计价法。具体采取哪种计价方式主要应遵循便于管理、便于考核和调动各方面积极性的要求。

总部或地区总部所在城市的门店经营的保鲜期短或鲜活商品由总部统一采购、结算直接配送到门店；不宜统一配送的商品由门店到总部或地区总部指定的生产点取货或在总部或地区总部规定的渠道和价格浮动幅度内由门店用备用金直接采购按规定向总部或地区总部报账。

总部或地区总部对门店实行售价金额核算进价数量控制(不便保管的鲜活商品也可采取进价总金额控制)有条件的企业应实行电算化管理单品进价核算。门店每月对商品进行盘点建立实物负责制度。总部或地区总部要核定商品损耗率超额损耗部分由总部或地区总部从门店的工资或奖金总额中扣除。门店要根据销售情况和市场需求及时提出调整商品结构的建议对接近保质期的商品经常清理以便总部或地区总部及时调换。

对低值易耗品等其他流动资产的管理要明确总部和门店的管理权限实行分级管理。

第九条　固定资产的管理。各门店的固定资产由总部或地区总部按统一标准配置折旧由总部或地区总部统一提取。总部或地区总部统一管理固定资产的采购、调拨、报废等事宜门店无权处置。

第十条　门店要加强总部或地区总部配备给本店的固定资产和低值易耗品的管理因管理不善造成的固定资产和低值易耗品丢失、毁损、提前报废等其损失部分先由有关直接责任人赔偿不足部分从该门店的工资或奖金总额中扣除。

第十一条　成本费用的管理。门店的费用由总部或地区总部规定细目范围及开支标准不允许分店随意扩大和超标。总部、地区总部管理人员的工资按职责确定基本工资奖金额度根据盈利情况具体确定并按规定报有关部门审核批准。各门店单独核算内部经营成果对主要经济指标(包括销售收入、成本毛利率、费用水平、商品周转天数)实行量化管理纳入考核体系。对门店人员一般由总部或地区总部根据企业工资总额增长幅度低于本企业经济效益增长幅度、职工实际平均工资增长幅度低于本企业劳动生产率增长幅度的原则区别不同门店客观条件的优劣根据综合指标考核情况在国家核定的工资总额额度内制订企业内部的工资分配方案。

第十二条 收入和利润的管理。门店每日销售款必须存入总部或地区总部指定的银行并直接向总部或地区总部报送销售日报表、销售流水收款单等。门店无权决定折扣、折让总部或地区总部对折扣、折让的商品品种、范围、时限和幅度要严格规定统一筹划。折扣一般采取指定品种、规格、数量和分店进行不定期折扣；折让一般采取批量折让、节日或节令折让等方式在各门店同时进行。门店应根据库存商品的质量、时限等及时向总部或地区总部提供实施商品折扣、折让的意见。

总部或地区总部应根据内部经济责任制的要求对各门店的利润分别进行明细核算并通过配货数量、销货数量、存货数量、售价金额和费用开支数额等对分店的利润进行监控。连锁企业按规定缴纳税款后其总部或地区总部应严格按《商品流通企业财务制度》等规定对税后利润进行分配。

第十三条 总部或地区总部应及时编报财务报告实行“总部—地区总部”管理模式的连锁企业总部于年度终了后还应编报合如会计报表。

第十四条 直营连锁的其他财务管理仍按现行财务制度规定执行。

第三章 特许连锁财务管理

第十五条 特许连锁指总部同加盟店签订合同授权加盟店在规定区域使用自己的商标、服务标记、商号、经营技术和销售总店开产的产品在同样形象下进行销售及劳务服务。总部对加盟店拥有经营权和管理权加盟店拥有对门店的所有权和收益权。加盟店具备法人资格实行独立核算。

第十六条 加盟店根据合同按不高于销售额(营业额)3%的比例支付给特许者的与其经营有关的特许权使用费计入管理费用。特许者收到加盟店交来的特许权使用费计内其他业务收入。

第十七条 国有企业与集体、私营、“三资”等其他所有制形式的企业连锁时国有连锁企业将连锁经营合同等有关资料报送同级财政部门、国有资产管理部门和企业主管部门审核、备案以防止国有资产流失。

第十八条 特许连锁企业总部和加盟店的其他财务管理按现行财务制度规定执行。

第四章 自愿连锁财务管理

第十九条 自愿连锁是指各门店在保留单个资本所有权的基础上实行联合总部和门店之间的协商、服务关系总部统一订货和送货统一制订销售战略统一使用物流及信息设施。各门店独立核算自负盈亏人事自主且有很大的经营自主权。

第二十条 各门店按规定支付给总部的与生产经营有关的服务费列入管理费用。总部收到后计入其他业务收入。

第二十一条 总部经营所得税后利润可视情况部分返还各门店。具体返还比例和返还方式由总部和门店在连锁协议中确定。

第二十二条 国有企业与集体、私营、“三资”等其他所有制形式的企业连锁时应将其连锁经营合同等资料报同级财政部门、国有资产管理部门和企业主管部门审核、备案以防止国有资产流失。

第二十三条 自愿连锁的其他财务管理按现行财务制度规定执行。

第五章 附则

第二十四条 对在原商店、粮店、副食店等国有老企业基础上改制而成的连锁企业必须报同级财政部门以确定其同财政部门的财务关系同时报同级国有资产管理部门进行资产评估妥善清理债权、债务。

第二十五条 各省、区、市财政厅(局)可以在此规定基础上结合当地实际制定实施细则。连锁企业总部可根据本办法和当地实施细则研究制订适合企业特点的内部财务管理制度并报同级财政部门备案。

第二十六条 本规定自发之日起执行。

附 录 C

连锁超级市场、便利店管理通用要求——术语规范

(中国连锁经营协会2001年3月22日)

范 围

本标准规定了连锁超级市场、连锁便利店的有关术语及其定义。

本标准适用于连锁超级市场和便利店业态的经营。

定 义

本标准规范了下列术语及其定义。

1. 零售业态 retailing format

零售企业为满足不同的消费需求而形成的不同经营形式。

2. 连锁经营 chain operation

企业经营若干同行业或同业态的店铺，以同一商号、统一管理或授予特许经营权方式组织起来，共享规模效益的一种经营组织形式。

3. 直营连锁(正规连锁)company-owned chain

连锁的门店由连锁公司全资或控股开设，在总部的直接控制下开展统一经营。

4. 自由连锁(自愿连锁)voluntary chain

若干个门店或企业自愿组合起来，在不改变各自资产所有权关系的情况下，以共同进货为纽带开展的经营。

5. 特许连锁(合同连锁、加盟连锁)franchising

加盟连锁店的门店与总部签订合同，取得使用总部商标、商号、经营技术及销售总部开发商

品的特许权，经营权集中于总部。加盟连锁店的门店均为独立法人。

6. 直营店 chain store

以同一资本直接采取连锁经营的门店，也称连锁店。

7. 加盟店 franchised outlet

以特许连锁方式经营的门店。

8. 超级市场 supermarket

采取自选销售方式，以销售生鲜商品、食品和向顾客提供日常必需品为主要目的零售业态。

9. 便利店(方便店)convenience store

满足顾客便利性需求为主要目的的零售业态。

10. 连锁公司 chain corporation

连锁超市(便利店)公司应由10个以上门店组成，实行规范化管理，必须做到统一订货，集中合理化配送，统一结算，实行采购与销售职能分离。

连锁超市(便利店)公司由总部、门店和配送中心(或委托配送机构)构成。

11. 总部 headquarters

总部是连锁公司经营管理的核心。它除了自身具有决策职能、监督职能外，还应具备以下基本职能：网点开发、采购配送、财务管理、质量管理、经营指导、市场调研、商品开发、促销策划、人员招聘、人才培训、教育及物业管理等职能。

12. 门店 outlet

门店是连锁经营的基础，主要职责是按照总部的指示和服务规范要求，承担日常销售业务。

13. 配送中心.distribution center

配送中心是连锁公司的物流机构，承担着商品的集货、库存保管、包装加工、分拣配货、配送、信息提供等职能。配送中心由分货配货(TC)、流通库存(DC)、生鲜加工(PC)三部分构成。

14. 单品 stock keeping unit(SKU)

商品的最小分类。

15. 单品管理 SKU control

单品管理是通过电脑系统对某一单品的毛利额、进货量、退货量、库存量等，进行销售信息和趋势的分析，把握某一单品的订货、进货情况的一种管理方法。

16. 客单价 per customer transaction

每一位顾客平均购买商品金额。

(1) 客单价=商品平均单价×每一顾客平均购买商品个数

(2) 客单价=销售额÷顾客数

17. ABC 分析 ABC analysis

对重点商品或项目的管理手段。ABC分析的具体做法是：首先将商品依畅销度排行，计算出每一项商品销售额比及累计构成比，以累计构成比为衡量标准，即80%的销售额约由20%的商品创造，此类商品为A类商品；15%的销售额约由40%的商品创造，此类商品为B类商品；5%的销售额约由40%的商品创造，此类商品为C类商品。

18. 商圈 trading area

来商店购物的顾客居住区域。商圈的大小，主要依据有效吸引来商店购物所需时间而定。根据时间、距离、占有率等，将商圈分为第一商圈、第二商圈、第三商圈。

19. 商品供应计划 merchandising

商品由原料开始到最终消费的全过程。即由原料筹集、产品设计、成本控制到向顾客提供商品的所有活动的总称。

20. 自有品牌 private brand

零售业为建立商品差异化形象而选定某些合适商品，委托制造商加工，并冠以零售企业自身的品牌之称。

21. 畅销商品 fast selling merchandise

补货频度和订货频度高，销售量和订货量都大的商品。一般多指 ABC 分析中的 A 类商品，即用 20%的商品，创 80%销售额的商品。

22. 交叉比率 cross ratio

交叉比率=周转率×毛利率

通常以每季为计算期间。交叉比率低的为优先淘汰商品。

23. 信息系统 information system

信息系统由营业信息系统、管理信息系统和外部关联信息系统构成。

24. MIS 系统 management information system

商店管理信息系统。企业把经营所必要的信息(会计管理信息、人事管理信息、经营管理信息等)储存于电脑，按需要进行加工、分析，所得信息再灵活运用于企业决策中的一种技术方法。

25. POS 系统 point-of-sale system

是商店的时点销售数据管理系统。

26. EOS 系统 electronic ordering system

电子订货系统。指销售商与供应商的电脑相连接，达到正确、迅速开展补货、订货业务的系统。

27. EDI electronic ordering system

电子数据信息交换系统。指以电子方式开展资料交换的交易，用不同机种连接不同行业的企业电脑，开展无电话、无传票(无纸)的数据交换系统。

28. ECR efficient consumer response

食品行业防止缺货迅速、有效的补货系统。

29. QR quick response

服装衣料业为减少缺货、缩短加工时间，减少经营费用，能准确预测补货信息的、适应顾客需求变化的快速反应。

30. 增值网 value added network

将收集的商业信息通过电脑网络，附加各种服务，再提供给第三者的有偿资讯信息，即称增值网。

31. 店外条码 out-store bar code

产品在制造商生产阶段已印在包装上的商品条码，通常由产品的供应商事先提出申请，在产品出厂前已印好条码。店外条码适合于大量生产的产品。

32. 店内条码 in-store bar code

仅供商店自行印贴、店内使用，不能对外流通的条码，适用于非大量规格化的产品。

33. POP 广告 point of purchase

零售店的店内海报。

34. 3S 原理 3S principles

(1) 标准化 standardization。为持续性地生产、销售预期品质的商品而设定的既合理又较理想的状态、条件以能反复动作的经营系统。

(2) 专业化 specialization。企业或个人等在某方面努力追求卓越，将工作特定化，并进一步寻求强有力的能力和开发创造出独具特色的技巧及系统。

(3) 简单化 simplification。为维持现定的作业，创造任何人都能轻松且快速熟悉作业的条件。

附 录 D

连锁超级市场、便利店管理通用要求——总部管理规范

(中国连锁经营协会2001年3月23日)

范 围

本标准对连锁超级市场、连锁便利店总部的主要经营管理进行规范。

本标准适用于超级市场和便利店业态的连锁经营。

连锁超级市场、连锁便利店总部管理规范

1. 连锁超级市场、连锁便利店总部的组织机构

连锁总部根据企业发展规模和速度不同，应设立相应的组织机构。主要有发展部、人事教育部、商品(开发)采购部、商品配送中心、企业管理部、财务部、信息部以及相关的后勤部门。

2. 总部各部门的职责

(1) 发展部的职责。发展部具有网点开发、选择、论证、项目谈判、签约、档案工作以及开店前后的设备管理和对外联络工作职责。

① 网点的选择应注意策略性和原则性。在选址上应遵循以下原则。

在选择网点前，要有规划地进行环境分析：如商圈发展潜力，将来可能变化的趋势、城市规划、交通状况、人文景观变化等。

开展市场调查，主要调查人口结构、就业状况、人均收入、住房状况以及周边的机关团体、企业事业单位入住等项。

对竞争店或同业态店开展调查，主要调查销售额、商店规模、客流量、商品价格、商品陈列、商品质量等项。

分析开店市场，分析新建城市、新居民区或新商业区的市场潜力，预测近期或将来发展潜力

以及开店后达到盈亏平衡点所需时间等。根据分析，决定选址与否。避免在竞争激烈的地方或因同业态的商圈重叠造成的两败俱伤。

在发展网点时，要坚持区域集中开店原则，为开展组织化、集约化经营创造基础条件。

② 新开门店的租金确定和投资预算。

租赁年限和租金确定：考虑租赁网点租金时，应为门店每平方米销售额的 3%左右，同时还要考虑租赁年限。

投资预算：根据国际惯例，一般在 2～3 年内收回投资成本为宜。

③ 新开门店卖场、仓库、办公室配置。

合理配置前后台面积：合理配置营业场所、仓库、办公室的比例，尽可能增大营业面积，缩小仓库、办公面积。

前台配置必须做到：整个卖场布局主次通道设定、设备布局需求适量，内外装饰设计协调、玻璃透明、灯光明亮、墙壁坚固、价廉美观，地板耐久、耐脏、易清洗。

④ 新开店工程进度控制、监督验收。

控制好进度，在保证质量的前提下争取早开业。

严格按施工标准进行监督、验收，验收不合格一律不能交付使用，特别是水、电的配套工程。

⑤ 设备采购和维修。

设备采购：超级市场营业时间较长，采购设备必须本着牢固、耐用的原则，必需设备有敞开式货架、收银机、空调机等。

设备维修：定期对设备进行检查、保养、维修。

(2) 人事教育部职责。人事教育部具有人员的调配、提升、分配和人才培训两大职责。此外，还应协助其他部门研究企业发展战略。

① 人员的调配、提升、分配职责。

人员的调任、提升：企业要为每一个人创造提升、增薪的机会。连锁公司网点分散，因此，在用人、提升、调任方面都要有一套考核标准，严格按标准进行操作。

人员调配和聘任。管理人员的招聘：一般指店长、副店长和店长助理的招聘，对他们的基本素质(如学历等)必须有一个标准。同时，再进行一段时间的培训、考察，以确定其是否掌握门店的各种岗位技能，还要考虑是否具备领导能力和组织经营能力。一般工作人员的招聘：对理货员、收银员也应有一套完整的考核标准。

用工分配。根据销售额与利润率、人均销售额等，合理地确定门店用工人数。根据工作量和操作技能，合理调配各部门的用工数。

② 人才培训职责。对各层次人员进行培训，其中包括上岗前的培训和在岗的培训。

③ 研究企业发展方向和发展战略。人事对企业的强项、弱项开展经常性分析和研究，协助其他部门制订出企业发展的中长期计划和经营战略。

(3) 商品(开发)采购部的职责。

商品的采购和开发，根据市场定位，制订进货商品计划和开发商品计划。根据销售情况、竞争条件和市场变化，调整商品结构、商品定价和商品销售方法。

① 商品采购职责。采购人员根据各店的进货量、销售量、退货量和库存情况，调整和制订商品采购计划、商品销售计划、商品促销计划、商品陈列规划、开展市场和调查、与相关部门交流信息等。

连锁总部商品采购人员应具备以下条件：

- 具有商品采购的专业知识。
- 市场商品信息灵通。
- 具有良好的道德品质。
- 有刻苦、勤奋的工作态度。
- 有较高的交易谈判技巧。
- 有良好的交际能力。

② 商品开发职责。

商品开发的原则。根据开发创造低成本、高效益的本企业商标商品的要求，商品开发必须符合超级市场、便利店业态的经营特点和市场定位，坚持为企业创造高毛利，树立企业形象，创造企业自有品牌，为顾客服务等原则。

连锁公司开发的商品，应具有以下特点：

- 居民每天都消费的大众用品、实用品。
- 不需多程序加工，可快捷消费的商品。
- 多数人能购买的价格。
- 是其他公司或商店没有的商品或商品品种。
- 应有独特的、简易的包装或标记。

商品开发形式。商品开发有以下几种形式：

- 共同开发。向生产厂商提出新产品性能、规格、质量等要求，与厂商共同开发。依市场需求购进，风险由厂商承担；还可以选择没有竞争利害关系的同业者，开展联合开发。
- 独自开发。连锁公司负责原材料、设计等，委托厂商加工，产品全部收购，风险自负。
- 特色商品开发。连锁公司在掌握市场需求信息和开展充分的需求预测的前提下，为适应多样化需求和丰富商品品种，对生鲜商品等，可考虑开发一些定期、定量直接配送商品和适量的半加工小包装商品。

(4) 商品配送中心的职责。

① 要以合理的费用将短距离、多品种、少批量的商品，按门店的补货计划要求，准确配货、按时配送。

② 严格把住进货、验收关，建立、健全商品进货质量检验制度，做到进出库商品单和货物一致。有条件的要实行定期实物检验。

③ 科学、合理地安排库容，对库存商品实行仓卡货制度，根据商品生产日期、保质期等，做到先进先出。

④ 科学地开展库存管理，根据商品销售速度，将商品区别存放管理，以便于通过销售速度，判断或掌握进货量，促进商品周转。

⑤ 与企业相关部门交流商品库存信息和销售信息，对滞销商品提出处理意见。

⑥ 强化对各门店的服务意识，扩大配送份额，加强配送业务管理，设立送交货登记制度，确保门店顺利经营。

⑦ 配送中心要定时提供库存商品分析，提供库存上下限报警和保质期提示。

(5) 企业管理部的职责。

企业管理部负责各种规章制度的制订、推行和监督；各种经营活动的组织和策划，门店的经营指导和消费者的投诉处理。具体内容如下。

① 负责组织制订各部门各种制度，制订门店营业手册和各种岗位职责，制订对员工的考核、实施办法和管理细则，监督管理实施。

② 促进各门店经营目标的实现。

③ 组织各类促销活动，设定促销目标，拟定促销计划的要素及实施方式。

④ 开展业绩竞赛活动。业绩竞赛应该做到：明确业绩竞赛要素；开展公平竞争；制订竞争目标。

⑤ 对门店的经营指导。

总部对门店的经营指导由企业管理者或专职经营指导员(督导员)来完成，经营指导员是总部和门店之间的重要桥梁，代表总部监督指导门店，把总部的指令和决策及时、正确地传达到门店，把门店的需要、困难及有关经营的各种信息及时反馈给总部。经营指导员除了掌握门店的一些基本技能外，还必须掌握门店的管理要点：

- 营销分析。
- 各种报表的数据分析与对应策略。
- 商品管理与商情分析。
- 损益分析与对策。

⑥ 消费者投诉处理。企业管理部门接受消费者的投诉，对投诉的处理，要本着圆满解决和迅速解决的原则，目的是最大限度地减少负面影响，增加正面效应。

(6) 财务的职责。

① 财务的主要职责。

财务的主要职责如下。

- 制订资金运用计划，在主管经理领导下管理和调度资金。
- 编制和分析各种财务报表、会计报表。
- 审核进出货款凭证、汇总进货原始凭证、处理订货、进货及其他账务。
- 统计每日营业额。
- 负责组织各门店商品盘点。
- 负责申报、缴纳税金。
- 负责编制年度结算报表。
- 辅导门店会计作业。
- 完成总经理交办的其他工作。

② 财务管理规范。

财务会计汇总原始凭证时应注意以下几点。

- 审核收货单与发票开出的商品是否一致。
- 审核收货单上是否有采购主管部门的商品验收章。
- 凭合乎规定的收货单及发票做会计应付款账目。

归集门店营业收入时应做到以下几点。

- 各门店按总部规定的时间和方式上缴营业款。
- 财务部详细登记各门店营业款上缴情况。
- 财务部要及时督促门店上缴营业款，对迟交营业款的报有关部门并协助处理。

门店的结算：财务部在归集门店营业收入时，应该核对各门店的营业收入、价格等，做到准确无误。

对供应商的结算财务部应注意以下几点：

- 核对付款时间是否符合总部计划。
- 核对价格、金额是否准确。
- 核对商品与发票是否一致。

商品盘点管理有如下步骤。

- 准备：财务部根据本企业规模和运营情况制订计划，确定盘点区域和盘点人员。门店一般 1～2 个月盘点一次，配送中心一个季度盘点一次。
- 盘点实施：一般进行初点，再更换盘点负责人进行复点，记录两次结果。必要时总部可派人进行盘点抽查。
- 盘点的结果处理：各门店及配送中心在盘点复审之后，结算毛利，编写盘点报告，根据盘损率找出原因，制订并采取相应的纠正措施。总部要对纠正措施的执行情况进行跟踪检查。

(7) 信息部的职责。信息部的职责是管理本企业信息系统，并维护计算机系统。信息系统主要包括以下几个方面。

① 营业系统。

- 商品管理系统：商品采购、进货管理，商品进货、订货管理，商品物流配送管理，商品促销管理。
- POS 系统：是商店的销售时点数据管理系统。
- 营业管理：销售额管理以及对不同部门的利益管理。

② 管理系统。

- 会计管理：会计管理、财务会计、欠款支付、货主管理、固定资产管理。
- 人事管理：工资管理、出勤管理、人事信息管理。
- 经营信息管理：预算管理、顾客管理。

③ 外部信息管理。主要有竞争对手的门店信息管理、客户信息管理和银行信息管理。

以上是连锁公司总部的几个主要职能部门。此外，还有相关后勤部门，负责整个公司的后勤工作；广告部门负责形象设计。各企业在发展过程中，可根据自身情况适度调整或增减这些职能部门和分工。

附 录 E

连锁超级市场、便利店管理通用要求——门店管理规范

(中国连锁经营协会2001年3月22日)

范 围

本标准对连锁超级市场、连锁便利店的门店进行规范。

本标准适用于超级市场和便利店业态的连锁经营。

连锁超级市场、连锁便利店的门店管理规范

1. 现场管理规范

主要是创造良好的企业形象，增加来店顾客，提高客单价，扩大销售。现场管理重点有以下几个方面。

(1) 卫生管理。确保销售场地整洁，过道通畅，设备、货架布局合理，时时保持设备、货架、柜台、橱窗等的干净、明亮，不擅自乱贴店内广告等。

(2) 陈列管理。商品丰富、货架丰满，根据商品保质期，先进先出，显而易见、易拿易放，商品组合陈列合理。

(3) 商品管理。开展科学的商品管理，注意收集时点销售数据管理系统(POS)的信息，利用ABC分析法筛选出畅销商品。灵活运用订货、补货，扩大畅销商品陈列空间，定期检查畅销商品的库存和货架卡，以确保畅销商品不断档。

2. 服务管理规范

(1) 服务用语。服务语言：“您好”、“请稍等”、“对不起”、“让您久等了”、“欢迎再来”等。忌讳用“不知道”、“卖完了”、“不行”、“没有了”等语言。

(2) 对缺货的处理。发现顾客购买的商品缺货时，首先应表示道歉，然后应告知该商品何时到货，或主动建议其他能取代的商品，最后店员必须将缺货的商品作为下次订货或补货的参考信息，反馈给店内相关的负责人。

(3) 客诉处理。处理客诉时，严禁对客诉推诿责任，应以诚挚的关心态度，耐心听取其陈述后，酌情处理，不能因此造成顾客流失。

3. 门店人员的岗位职责。

(1) 店长、副店长的职责。店长是门店的核心人物，店长必须服从连锁公司总部的高度集中统一指挥，积极配合总部的各项营销策略，以达到门店的经营指标。要做到以下几点：

① 监督商品的要货、上货、补货，做好进货验收、商品陈列、商品质量和服务质量管理等有关作业。

② 执行总部下达的商品价格变动。

③ 执行总部下达的销售计划、促销计划和促销活动。

④ 掌握门店的销售动态，向总部建议新商品的引进和滞销品的淘汰。

⑤ 掌握门店各种设备的维护保养知识。

⑥ 监督和审查门店会计、收银和报表制作、账务处理等作业。

⑦ 监督和检查理货员、服务员及其他人员作业。

⑧ 负责对职工考勤、仪容、仪表和服务规范执行情况的管理。

⑨ 负责对职工人事考核、职工提升、降级和调动的建议。

⑩ 负责对员工的培训教育。

⑪ 妥善处理顾客投诉和服务工作中所发生的各种矛盾。

⑫ 监督门店内外的清洁卫生，负责保卫、防火等作业管理。

⑬ 监督门店商品损耗管理，把握商品损耗尺度。

⑭ 做好与门店周围社区的各项协调工作。

店长、副店长除具备各岗职技能外，还要有全盘管理能力和组织能力。

(2) 店助理(部门主任、组长)的职责。店助理对本岗位工作应有相当丰富的经验，掌握本岗位技能，熟知门店各岗职技能，熟悉店长、副店长的工作职责，协助店长、副店长做好工作。

(3) 门店收银员的职责。门店收银员具有：熟悉商品的货区、商品基本价位、收银业务、结算小票管理业务、收集和提供商品销售信息、顾客信息、退货处理以及收银台安全职责。

收银员的具体岗职规范有以下几点。

① 做好营业前的准备工作：服饰、仪表、清洁卫生，做到举止大方，佩戴好工号牌。

② 营业前认领备用金并清点确认。

③ 营业前调试好收银机，准备好其他备用品，并了解当日变价商品和特价商品。

④ 顾客进店时，应表示欢迎顾客光临。

⑤ 登记或扫描商品价格时，应报出每件商品的金额；登记或扫描结束时，应报出商品金额总数；并主动将结算小票置于购物袋中或交顾客。

⑥ 收银时要唱票“收您多少钱”，找零时要唱票“找您多少钱”。

⑦ 当顾客不多时，应替顾客做好商品装袋服务。要做到将生鲜商品、冷冻食品和其他商品分装，大且生的商品应先装入袋中；顾客多时，要以尽快疏散顾客为主，加快收银速度。

⑧ 收银时要做到正确、快速，对顾客保持亲切、友善的笑容，做到更好地接待顾客。

⑨ 耐心地回答顾客的提问。

⑩ 记录和保管遗失的物品。

⑪ 发生顾客抱怨或由于收银有误顾客前来投诉交涉时，应通知店长或值班经理来处理，避免影响正常的收银工作。

⑫ 在非营业高峰期间，听从店长或值班经理安排从事其他的工作。

⑬ 营业结束后，按所收货款填写交款清单，现金、支票分别填写，本人签字后将货款交给核算员。

⑭ 经核算员按收银机的存根审核后，如长款要写报告，短款自付。

⑮ 向有关部门提供销售信息及顾客信息等。

(4) 门店理货员的职责。理货员是超级市场、便利店中从事商品整理、清洁、补充、标价、盘点等工作的人员。门店理货员的职责是巡视货场，耐心解答顾客的提问，对所属货区商品的保质期做到心中有数，必须熟悉所负责商品范围内商品名称、规格、用途和保质期，掌握商品标价的知识，正确标好价格，掌握商品的陈列原则和方法、技巧，正确进行商品陈列，保证商品安全。

理货员的作业流程有以下几个方面。

① 领货作业：营业中陈列架上的商品在不断减少，理货员就必须去库内领货以补充货架。

- 领货必须凭领货单。
- 领货单上要写明商品的大类、品种、货名、数量和单价。
- 对内库管理员提供的商品，必须按领货单上的款项逐一核对，以防造成提错货物。
- 标签打贴位置要一致，以方便选购、定向扫描和收银计价。
- 打价签前要核对商品的代号和售价。核对进货单和陈列架上价格卡，作业完后妥善保管价签纸。
- 商品变调价需重新打价时，对原价签去留应有一个统一的规定。

② 补货作业：理货员将标好的商品依照商品各自规定的陈列位置，定时或不定时地将商品补充到货架上的作业。

- 定时补货。指在非营业高峰的补货。
- 不定时补货。指只要货架上的商品即将售完，就立即补货，以免造成缺货，影响销售。补货作业不能影响顾客购买。
- 核对卡、货。先检查对欲补货的陈列架前的价目卡是否与要补上去的商品一致。
- 先进先出。补货时将原商品取下，然后打扫陈列架，将补充的新货放在里面，再把原架上的商品放在前面，做到商品陈列先进先出。
- 对特殊商品要控制。对冷冻食品和生鲜食品的补充要进行时间段投放量的控制。这要根据每天销售量和销售高峰来具体确定。理货员除了领货、标价、补货之外，还肩负着盘点作业。

(5) 验收人员的职责。严格商品验收。商品验收是确认检查商品质量、审核商品产地、生产日期、发货时间、数量、价格、品种等的环节，因此，门店验收人员应手持送货单或发票、收据、与送货人逐项清点，减少事后因退货或其他原因造成的浪费，避免以后发生不必要的争执。

(6) 门店会计的职责。不折不扣地执行公司财务部对门店的财务管理；准确、真实、及时地向财务部上交门店各种报表，对报表的数据进行汇报、分析和处理。

(7) 服务人员的职责。服务人员需要了解理货员和收银员的基本岗位技能，同时掌握服务礼仪规范，还要了解和掌握门店商品分布情况、商品知识及有关知识，以便能流利地回答顾客的各种询问，掌握公司便民服务的内容和措施。

附 录 F

连锁店经营管理规范意见

国内贸易部文件

内贸政体法字[1997]第 24 号

第一条 连锁店指经营同类商品、使用统一商号的若干门店，在同一总部的管理下，采取统一采购或授予特许权等方式，实现规模效益的经营组织形式。

第二条 连锁店应由 10 个以上门店组成，实行规范化管理，必须做到统一采购配送商品、统一经营管理规范、采购与销售分离。全部商品均应通过总部统一采购，部分商品可根据物流合理和保质保鲜原则由供应商直接送货到门店，其余均由总部统一配送。

第三条 连锁店由总部、门店和配送中心构成。

(一) 总部是连锁店经营管理的核心，必须具备以下职能：采购配送、财务管理、质量管理、经营指导、市场调研、商品开发、促销策划、教育培训等。

(二) 门店是连锁店的基础，主要职责是按照总部的指示和服务规范要求，承担日常销售业务。

(三) 配送中心是连锁店的物流机构，承担着各门店所需商品的进货、库存、分货、加工、集配、运输、送货等任务。配送中心主要为本连锁企业服务，也可面向社会。

第四条 连锁店包括以下 3 种形式：

(一) 直营连锁。连锁店的门店均由总部全资或控股开设，在总部的直接领导下统一经营。

(二) 自愿连锁。连锁店的门店均为独立法人，各自的资产所有权关系不变，在总部的指导下共同经营。

(三) 特许连锁(或称加盟连锁)。连锁店的门店与总部签订合同，取得使用总部的商标、商号、经营技术及销售总部开发商品的特许权，经营权集中于总部。直营连锁、自愿连锁和特许连锁这三种形式，可以在一个连锁企业中相互交叉存在。

第五条 连锁经营的形式，可在超级市场、便利店、专业店、综合商场等多种业态中实行。

第六条 连锁超级市场门店营业面积一般在 500 平方米以上；经营商品以肉类、禽蛋、蔬菜、水果、水产品、副食调料、粮油及其制品、日用百货为主，其中经营肉类、禽蛋、蔬菜、水果、水产品及粮油食品(包括上述商品的活体、鲜品、冻品、半成品、熟制品形式等)的面积占全部营业面积的 30%以上；开架自选售货，出口处集中收款。

第七条 连锁便利店经营商品以食品、速食品、饮料、小百货、副食调料、粮油制品为主；以开架自选售货为主，营业时间在 16 小时以上。

第八条 连锁专业店主营类商品及连带商品占全部品种的 90%以上；以开架售货为主。

第九条　连锁综合商场门店营业面积一般在3000平方米以上；经营商品以日用百货、服装、家用电器、食品为主。

第十条　连锁超级市场、便利店和综合商场必须使用电子收款机，并逐步建立时点销售(POS)和电子订货(EOS)系统，完善商业综合信息管理网络(MIS)系统。连锁超级市场和综合商场销售的非鲜活类商品中，条形码的使用率(包括商店自制码)要达到90%以上。

第十一条　特许及自愿连锁总部与门店签订的合同，应包括下列事项：授权使用总部商标、商品的内容；统一采购、配送商品的内容；提供经营技术的内容；设立加盟店地点及目标市场的内容；门店装潢设计方面的内容；总部对门店实行财务监控及收取加盟费、管理费等方面的内容；公平竞争和保护知识产权的内容；合同的期限、更新与解除的内容；对违反合同的行为进行处罚的内容等。

第十二条　饮食业、服务业和生产资料销售业的连锁店，由行业主管部门参照本规范意见另行做出规定。

附录 G

商业特许经营管理条例

第一章 总 则

第一条 为规范商业特许经营活动，促进商业特许经营健康、有序发展，维护市场秩序，制定本条例。

第二条 在中华人民共和国境内从事商业特许经营活动，应当遵守本条例。

第三条 本条例所称商业特许经营(以下简称特许经营)，是指拥有注册商标、企业标志、专利、专有技术等经营资源的企业(以下称特许人)，以合同形式将其拥有的经营资源许可其他经营者(以下称被特许人)使用，被特许人按照合同约定在统一的经营模式下开展经营，并向特许人支付特许经营费用的经营活动。企业以外的其他单位和个人不得作为特许人从事特许经营活动。

第四条 从事特许经营活动，应当遵循自愿、公平、诚实信用的原则。

第五条 国务院商务主管部门依照本条例规定，负责对全国范围内的特许经营活动实施监督管理。省、自治区、直辖市人民政府商务主管部门和设区的市级人民政府商务主管部门依照本条例规定，负责对本行政区域内的特许经营活动实施监督管理。

第六条 任何单位或者个人对违反本条例规定的行为，有权向商务主管部门举报。商务主管部门接到举报后应当依法及时处理。

第二章 特许经营活动

第七条 特许人从事特许经营活动应当拥有成熟的经营模式，并具备为被特许人持续提供经营指导、技术支持和业务培训等服务的能力。

特许人从事特许经营活动应当拥有至少两个直营店，并且经营时间超过1年。

第八条 特许人应当自首次订立特许经营合同之日起15日内，依照本条例的规定向商务主管部门备案。在省、自治区、直辖市范围内从事特许经营活动的，应当向所在地省、自治区、直辖市人民政府商务主管部门备案；跨省、自治区、直辖市范围从事特许经营活动的，应当向国务院商务主管部门备案。

特许人向商务主管部门备案，应当提交下列文件、资料：

(一) 营业执照复印件或者企业登记(注册)证书复印件。

(二) 特许经营合同样本。

(三) 特许经营操作手册。

(四) 市场计划书。

(五) 表明其符合本条例第七条规定的书面承诺及相关证明材料。

(六) 国务院商务主管部门规定的其他文件、资料。

特许经营的产品或者服务，依法应当经批准方可经营的，特许人还应当提交有关批准文件。

第九条 商务主管部门应当自收到特许人提交的符合本条例第八条规定的文件、资料之日起10日内予以备案，并通知特许人。特许人提交的文件、资料不完备的，商务主管部门可以要求其在7日内补充提交文件、资料。

第十条 商务主管部门应当将备案的特许人名单在政府网站上公布，并及时更新。

第十一条 从事特许经营活动，特许人和被特许人应当采用书面形式订立特许经营合同。

特许经营合同应当包括下列主要内容：

(一) 特许人、被特许人的基本情况。

(二) 特许经营的内容、期限。

(三) 特许经营费用的种类、金额及其支付方式。

(四) 经营指导、技术支持以及业务培训等服务的具体内容和提供方式。

(五) 产品或者服务的质量、标准要求和保证措施。

(六) 产品或者服务的促销与广告宣传。

(七) 特许经营中的消费者权益保护和赔偿责任的承担。

(八) 特许经营合同的变更、解除和终止。

(九) 违约责任。

(十) 争议的解决方式。

(十一) 特许人与被特许人约定的其他事项。

第十二条 特许人和被特许人应当在特许经营合同中约定，被特许人在特许经营合同订立后一定期限内，可以单方解除合同。

第十三条 特许经营合同约定的特许经营期限应当不少于3年。但是，被特许人同意的除外。特许人和被特许人续签特许经营合同的，不适用前款规定。

第十四条 特许人应当向被特许人提供特许经营操作手册，并按照约定的内容和方式为被特许人持续提供经营指导、技术支持、业务培训等服务。

第十五条 特许经营的产品或者服务的质量、标准应当符合法律、行政法规和国家有关规定的要求。

第十六条 特许人要求被特许人在订立特许经营合同前支付费用的，应当以书面形式向被特许人说明该部分费用的用途以及退还的条件、方式。

第十七条 特许人向被特许人收取的推广、宣传费用，应当按照合同约定的用途使用。推广、宣传费用的使用情况应当及时向被特许人披露。特许人在推广、宣传活动中，不得有欺骗、误导的行为，其发布的广告中不得含有宣传被特许人从事特许经营活动收益的内容。

第十八条 未经特许人同意，被特许人不得向他人转让特许经营权。被特许人不得向他人泄露或者允许他人使用其所掌握的特许人的商业秘密。

第十九条 特许人应当在每年第一季度将其上一年度订立特许经营合同的情况向商务主管部门报告。

第三章　信息披露

第二十条　特许人应当依照国务院商务主管部门的规定，建立并实行完备的信息披露制度。

第二十一条　特许人应当在订立特许经营合同之日前至少30日，以书面形式向被特许人提供本条例第二十二条规定的信息，并提供特许经营合同文本。

第二十二条　特许人应当向被特许人提供以下信息：

(一) 特许人的名称、住所、法定代表人、注册资本额、经营范围以及从事特许经营活动的基本情况。

(二) 特许人的注册商标、企业标志、专利、专有技术和经营模式的基本情况。

(三) 特许经营费用的种类、金额和支付方式(包括是否收取保证金以及保证金的返还条件和返还方式) 。

(四) 向被特许人提供产品、服务、设备的价格和条件。

(五) 为被特许人持续提供经营指导、技术支持、业务培训等服务的具体内容、提供方式和实施计划。

(六) 对被特许人的经营活动进行指导、监督的具体办法。

(七) 特许经营网点投资预算。

(八) 在中国境内现有的被特许人的数量、分布地域以及经营状况评估。

(九) 最近两年的经会计师事务所审计的财务会计报告摘要和审计报告摘要。

(十) 最近5年内与特许经营相关的诉讼和仲裁情况。

(十一) 特许人及其法定代表人是否有重大违法经营记录。

(十二) 国务院商务主管部门规定的其他信息。

第二十三条　特许人向被特许人提供的信息应当真实、准确、完整，不得隐瞒有关信息，或者提供虚假信息。特许人向被特许人提供的信息发生重大变更的，应当及时通知被特许人。特许人隐瞒有关信息或者提供虚假信息的，被特许人可以解除特许经营合同。

第四章　法律责任

第二十四条　特许人不具备本条例第七条第二款规定的条件，从事特许经营活动的，由商务主管部门责令改正，没收违法所得，处10万元以上50万元以下的罚款，并予以公告。企业以外的其他单位和个人作为特许人从事特许经营活动的，由商务主管部门责令停止非法经营活动，没收违法所得，并处10万元以上50万元以下的罚款。

第二十五条　特许人未依照本条例第八条的规定向商务主管部门备案的，由商务主管部门责令限期备案，处1万元以上5万元以下的罚款；逾期仍不备案的，处5万元以上10万元以下的罚款，并予以公告。

第二十六条　特许人违反本条例第十六条、第十九条规定的，由商务主管部门责令改正，可以处1万元以下的罚款；情节严重的，处1万元以上5万元以下的罚款，并予以公告。

第二十七条　特许人违反本条例第十七条第二款规定的，由工商行政管理部门责令改正，处3万元以上10万元以下的罚款；情节严重的，处10万元以上30万元以下的罚款，并予以公告；构成犯罪的，依法追究刑事责任。 特许人利用广告实施欺骗、误导行为的，依照广告法的有关规定予以处罚。

第二十八条 特许人违反本条例第二十一条、第二十三条规定，被特许人向商务主管部门举报并经查实的，由商务主管部门责令改正，处1万元以上5万元以下的罚款；情节严重的，处5万元以上10万元以下的罚款，并予以公告。

第二十九条 以特许经营名义骗取他人财物，构成犯罪的，依法追究刑事责任；尚不构成犯罪的，由公安机关依照《中华人民共和国治安管理处罚法》的规定予以处罚。以特许经营名义从事传销行为的，依照《禁止传销条例》的有关规定予以处罚。

第三十条 商务主管部门的工作人员滥用职权、玩忽职守、徇私舞弊，构成犯罪的，依法追究刑事责任；尚不构成犯罪的，依法给予处分。

第五章 附　　则

第三十一条 特许经营活动中涉及商标许可、专利许可的，依照有关商标、专利的法律、行政法规的规定办理。

第三十二条 有关协会组织在国务院商务主管部门指导下，依照本条例的规定制订特许经营活动规范，加强行业自律，为特许经营活动当事人提供相关服务。

第三十三条 本条例施行前已经从事特许经营活动的特许人，应当自本条例施行之日起1年内，依照本条例的规定向商务主管部门备案；逾期不备案的，依照本条例第二十五条的规定处罚。前款规定的特许人，不适用本条例第七条第二款的规定。

第三十四条 本条例自2007年5月1日起施行。

参考文献

[1] 韩肃，苗钟颖. 连锁经营管理[M]. 哈尔滨：哈尔滨工业大学出版社，2004.
[2] 刘星原. 连锁经营与管理[M]. 北京：中国商务出版社，2005.
[3] [英]克拉潘. 现代英国经济史(下卷)[M]. 上海：商务印书馆，1997.
[4] 赵盛斌. 商业连锁经营与管理[M]. 北京：企业管理出版社，2001.
[5] 杨顺勇，魏拴成，郭伟. 连锁经营管理[M]. 上海：复旦大学出版社，2008.
[6] 邓汝春，卢丁宁，丘晓东. 连锁经营管理原理[M]. 北京：电子工业出版社，2007.
[7] 王吉方. 连锁经营管理——理论·实务·案例[M]. 北京：首都经济贸易大学出版社，2007.
[8] 蒋令，杨立佳. 连锁经营管理基础[M]. 北京：机械工业出版社，2008.
[9] 邱建国. 中石化成品油销售企业连锁经营模式的改革与完善[J]. 北京：中国石油大学，2007.
[10] 肖怡. 企业连锁经营与管理[M]. 大连：东北财经大学出版社，2007.
[11] 张晔清. 连锁经营管理原理[M]. 上海：立信会计出版社，2007.
[12] 杨谊青. 连锁经营原理与管理技术[M]. 北京：高等教育出版社，2004.
[13] 余文声. 商品采购管理[M]. 广州：广东经济出版社，2005.
[14] 王吉方. 连锁经营管理教程[M]. 北京：中国经济出版社，2004.
[15] 陆正飞. 财务管理[M]. 大连：东北财经大学出版社，2001.
[16] 杨谊青，胡学庆，朱庆章. 经营原理与管理技术[M]. 北京：高等教育出版社，2004.
[17] 丁元霖. 财务管理[M]. 上海：立信会计出版社，2004.
[18] 陈昌龙. 财务管理[M]. 北京：北京交通大学出版社，2007.
[19] 张海燕. 连锁企业的配送管理[M]. 北京：中国物资出版社，2002.
[20] 韩肃，苗钟颖. 连锁经营管理[M]. 哈尔滨：哈尔滨工业大学出版社，2004.
[21] 刘庆元. 商业连锁经营和配送中心发展问题研究[M]. 大连：东北财经大学出版社，1999.
[22] 戢守峰. 物流管理新论[M]. 北京：科学出版社，2004.
[23] 郑光财. 连锁企业物流管理[M]. 北京：电子工业出版社，2005.
[24] 黄金火. 连锁经营[M]. 武汉：武汉大学出版社，2004.
[25] 孙宏岭. 连锁经营企业的物流效率与效益[M]. 北京：中国物资出版社，2005.
[26] 王燕，蒋笑梅. 配送中心全程规划[M]. 北京：机械工业出版社，2004.
[27] 清华大学继续教育学院. 企业培训手册[M]. 北京：机械工业出版社，2007.
[28] 金延平. 人员培训与开发[M]. 大连：东北财经大学出版社，2006.
[29] 欧阳洁，董国峰，范岚. 员工培训[M]. 北京：清华大学出版社，2004.
[30] 郭京生，潘立编. 人员培训实务手册[M]. 北京：机械工业出版社，2005.